中国学术思想史

中国政治思想史

童 强 著

南京大学出版社

南京大学人文社会科学"九八五工程"重大项目

中　共　江　苏　省　委　宣　传　部

资　助　出　版

中 国 学 术 思 想 史

－ 学术与出版委员会 －

汤（成汤）曰：“予有言，人视水见形，视民知治不。”

——《史记·殷本纪》

圣人之养民，非求用也，性不能已，若炎之自热，冰之自寒，夫有何修焉！

——《淮南子·缪称》

根据古罗马记录，人民的同意是一切权力正当性的来源。

——阿伦特《论革命》

深刻认识人民性质的人应该是统治者，而深刻认识统治者性质的人应属于人民。

——尼科洛·马基雅维利《君主论》

一旦奠定了基业，最要紧的就是让这个国家能够长存下去。为使这一点成为可能，独自一人奠定基业的君主，必须按照马基雅维利的说法，成为众人，建立一个法律体系，用它来保护人民反对贵族的暴行。还要建立一个复合的政府，一个能够代表国王、人民和贵族三方的政府，这是第二个环节，它意味着权力扎根于人民，准确地说，扎根于人民和贵族相互斗争的矛盾之中。

——路易·阿尔都塞《马基雅维利的孤独》

目　录

导　论

中国传统政治思想有着悠久的历史和丰富的内容，它是人们对政治变迁的反思，是对政治经验的总结、政治危机的解救，又是对政治可能性的思考。这些构成了中国政治思想史的核心。

但描述这一观念发展的历程是非常困难的事情。我们已经不能满足于仅仅将人们熟悉或不太熟悉的政治家、思想家、学者的政治言论，按照朝代的顺序一一罗列出来的做法。我们渴望了解中国政治思想的特征，它的发展轨迹以及内部的动力机制；希望知道漫长的社会治理过程中值得总结的政治经验。我们需要了解，何以西方世界撞击国门时，我们却对整个世界毫不知情？清代前期既已声称"盛世"，何以在并不长的时间里变得如此贫弱，以致在面对西方世界的挑战时，毫无竞争力？甚至隐含着我们想知道的，在一片战乱废墟之中，中国何以又能够重新组织、屹立？这些都应该是我们在今天撰写一部中国传统政治思想史需要尝试回答的问题。一部政治思想史，不仅在于记录各种言论与历史片断，更在于通过重述政治及政治思想的变迁，获得深刻的政治洞察与思想领悟。

当然事实上并不存在一种标准的、可以衡量其他一切历史撰述的历史。每一次的历史讲述都是一次建构的过程，政治思想史是我们主动建构的产物。各种政治思想史的研究、写作与解读都参与了这一建构过程，它们彼此之间相互关联、冲突，又相互补充。通过一系列复杂的建构过程，符合我们某种或明或暗的期待与愿望的政治思想史被塑造出来。当然，这并不意味着政治思想史完全是主观想象、随意编造的结果，作为历史的陈述，它总是基于大量复杂的历史材料。历史材料具有限定性、客观性，但是按照什么原则选择、复述、概括材料，按照什么原理陈述、评价一段历史事实，却不是确定的。这些原则、原理并不是历史材料自身直接显现出来的，它基于更复杂、更庞大的观念系统。

历史留给我们非常丰富的政治及政治思想材料；阐述哪些内容需要做出选择，而问题是如何做出选择。选择不可能是无意识的，尽管无意识的选择在某些场合具有一定的意义，但作为政治观念的反思，我们不可能意识不到自己在说什么。 选择不可能是在一片模糊含混的观念背景中展开；也不可能是随机的选择，不可能偶然遇到什么材料，就铺陈开一种政治观念史。 我们应该清楚地知道政治思想史展开的前提，不断地审视我们陈述背后的理论预设以及尚未知觉的、有意无意忽略的前提，充分了解并明确政治以及政治观念史所涉及的诸多核心概念。

确实，在中国政治思想史的撰述中，总是存在着某些先在的观念。 事实上，只有基于一定的认识与原则，才可能形成对政治思想史的领悟，然后才谈得上对历史材料进行取舍、描述、分析和研究。 我们有可能讨论中国政治思想史的某些方面，有可能不提某些内容，客观上我们无法知道思想史的全部。 我们会把看起来不相关的政治现象联系在一起，却有可能忽略在另一些研究者看来非常重要的关联。 我们总是基于一定的理论基础，陈述自己心目中十分肯定、看似客观的思想史。

当然，这些理论或理论的预设并不是凭空产生的，它们基于各种复杂的历史了解、文本解读才可能形成。 这些预设有可能只是某种不自觉的、模糊的倾向性，某种猜测，但它们对于进一步的研究探讨而言非常重要。 总之，政治思想史的理论来自认识的循环。 我们凭借最初的预设来观察历史，又通过历史的研究来丰富我们的理论。 观念与史料、整体与局部、内部与外部，经过多次循环，我们越来越趋向于全面地理解历史，洞察历史的深处，同时获得深刻而切实的理论认识。

对于政治思想史而言，最核心的问题是政治是什么。 如果不理解这一概念及其在历史不同时期的差异性、不同政权形态和体制之间的差异性，从理论上来说，我们就没办法写作中国政治思想史。

当然，古人根本不会理会我们今天的概念定义。 在实际的历史进程中，是利益、行动、斗争与言说共同界定着政治。 中国政治具有鲜明的独特性，究竟是什么因素塑造了中国特有的政治，影响了中国政治及其观念的发展，这是我们希望探讨的主要内容，同时还有三个方面值得关注：

首先，是一元体制的发展进程。 中国传统社会是一个高度的一元体制，从政权统治的开端，它就是一元体制，宗教、经济、文化等社会力量都没有充分发展到足以与政治权力相抗衡的程度。 一元体制日益强盛，最终在中国历史的后期形成专制政权。体制的形成需要经历漫长的演变，一元的王权同样需要观念、官僚体制以及技术上的各种支持。

其次，是王朝不断更替的进程。中国传统政治最明显的变化、最突出的特征就是改朝换代，它对中国传统政治观念造成了极为深刻的影响。

实际上，在历史的大部分时期，政权都比较稳定，王朝变换并不是经常发生的事情。随着一个王族统治天下数百年，人们无论是日常认知，还是感受性上都会视天下为王族所"拥有"，而上古时代"藏天下于天下"、天下为天下所有的政治观念则为后世所遗忘。基于天下为王族所拥有的观念，统治阶层才会把政权的丧失看成王朝政治的失败，才会把王朝的成败存亡，以及始终拥有统治权、领导权作为政治的第一原则。然而，政治的真正失败是民不聊生，是政治体失去它的未来。总之，王朝变迁表面下汹涌的暗流是权力的消长转移，这使得人们把关注的焦点集中于权力之争，而古典时代的政治蕴含，即政治在于确保民众共同生活的核心发生了偏转。权力者越来越倾向于认为，权力的作为就等于政治，政治就是权力，就是自身权力的捍卫。然而正是在这种捍卫中，政治消失了。

第三，是知识探索的进程。宋代以后人们思考的焦点集中在心性道德方面，缺乏真正的格物致知，特别是严格意义上事物之理的探究，也缺乏知识后续发展所需的体系化、形式化的动机。现代意义上对外部事物的知识，即现代科学，所带来的政治影响主要在于这种具有确定性的知识获得了前所未有的话语力量。这是现代科学对于政治学的重要意义，科学的话语改变了权力话语的垄断地位。经验的理论化、形式化，就是理论思维。知识界缺乏理论形式，实际上是政治权力压抑的结果，而理论的贫乏也反过来进一步影响到现实政治革新变化的深刻程度。

本书着重讨论中国政治思想史发展的基本历程和重要的政治概念，主要章节内容如下。

导论部分主要是概念准备。我们把中国政治思想史划分为古典政治、精英政治以及专制统治三个时期，强调中国传统政治发展过程中始终保持君主政体的一元特征。我们提出来，君主政体，特别是进入后期的专制时代，始终存在着"集权"与"放权"这一不可克服的内在矛盾，这是造成王朝行政效率低下乃至崩溃的重要原因。"政治的本质"和"政治的知识系统"两节讨论了王权的长期统治改变了政治的蕴含以及知识系统中缺乏理论化思维等问题。 在政治思想史中关注知识系统的影响是本书具有新意的地方。 只有相对独立的理论思维才可能真正对政治加以反思，否则政治始终处于经验的范畴。

第一部分古典政治时代，主要讨论了先秦时代儒、道、法家的政治观念。这三家构成了中国传统政治思想的基础。 第一章论述"道术"作为中国政治思想的起源，诸子时代道家继承了"道术"的主要思想。 道家理论不仅切合上古社会政治的实际状况，而且提出了诸如"无为"、"清静"等许多政治概念，至今仍有重大的启发意义。 第二、三章结合西周封建社会的血缘结构特点以及儒家思想内容，分别讨论君主和臣仆两种身份的内涵。 第四章描述了上古时代基层生活状态以及整个政治体的防卫。 战国后期，法家出现了，带来许多新的观念，极大地改变了上古朴素的社会形态。 第五章讨论社会从礼教到法治的变迁过程。

第二部分精英政治时代，叙述了从秦汉到两宋的政治思想发展的历程。 这一历程有着千年的历史。 如果说，古典政治时代的贡献主要在思想层面，那么，精英政治时代的贡献则主要在行动层面：汉唐确立了中国基本的版图，确定了儒家思想在官方的主导性地位，全国的行政已经能够实现良好的运转，这表明行政机构以及运行机制已经比较成熟。 第六章讨论行政体制结构以及官僚制。对于一元化的权力而言，权力中心拥有很强的实力，向边缘扩散，力量趋于减弱，形成"胸之使臂、臂之使指"的结构。 官僚制充分切合了这一权力的结构形式。 第七章论述意识形态的形成，汉武帝时代确立了儒家的正统地位。 官员培养选拔的机制也在这一时期定型成熟，第八章加以讨论。 第九章主要涉及魏晋南北朝时期反抗体制的思潮与行动。 玄学、隐逸、饮酒、闲适等都可以视为对体制的游离与抵抗，个体化的生活得到充分的肯定。 第十章描述唐代清明政治以及唐人对于前代政治的经验总结。 宋代既是古代的结束，又是新时代的到来，第十一章讨论了宋代的社会转型。 王安石的熙宁变法正是要切合这一转型，但变法遭到强烈的反对而没能持续下去，社会转型也就没有完全实现。 新旧党争并没有获得任何政治成果，很大程度上在于当时缺乏公开的、诉诸理性的政治反思机制。

第三部分专制统治时代，讨论了元、明、清专制统治的特征以及晚清变革。第十二章主要讨论专制的成因以及王朝的更替循环。 历代王朝的兴废轮回并没有激发出消除不平等的政治意识，王朝在不断更迭中，人口不断增长，社会生活日益复杂，行政日趋成熟，但政治并没有太多的进步，因而给人一种超稳定的、静态的历史轮廓。第十三章着重介绍了在专制时代对专制统治的思想批判，这是最可贵的思想遗产。在古典政治时代，我们就看到政治对于诸如地理学知识的依赖，但专制强调的是统治者的意志，而不是客观知识，这大大影响了客观知识系统的发展，也影响了知识对于政治本身可能产生的调节和引导作用。在第十四章里专门阐述了政治与知识之间的复杂关系，但显然，专制时代两者之间的关系大大简单化了，知识只是权力的附庸。第十五章介绍了晚清的变革。在晚清统治难以为继的情形下，人们设想各种改革、改良，但最终历史选择了革命。清王朝像其他王朝一样，在革命时代的血火中淹没。

最后一部分**结语**，讨论了中国近现代革命的意义。传统时代结束之后，整个 20 世纪都是一个革命的时代。仿佛压抑得太久，人们强烈期待一场翻天覆地的革命。

1. 君主体制

中国政治思想史，可以理解为一元体制影响下的思想观念的变迁。一元体制在中国古代的现实形式是君主政体，它对中国政治、政治思想的影响最深，对中国传统的社会生活影响最大，应该说，君主制及其专制化的演变为我们提供了展开中国政治思想史的切入点和简明框架。抓住这一体制的根本及其演变就可以把握中国政治思想最核心的内容。

政体是政治体系运转的现实形式，包括组织者、组织结构、运转机制以及观念等。中国历史上始终是君主政体，即最高权力属君主所有。这对中国的政治思想造成了极为深刻的影响。中国传统时代只经历过一种政体形式——君主制，事实上它还是随着时代的进程而产生了某些变化，如西周封建制逐步演变为秦汉郡县制；早期行政机构相当小，功能灵活，其后官僚体制的规模越来越大，功能明确；特别是，这种官僚制的中央集权伴随着各种因素，最终演变为专制体制。尽管君主政体在现实的进程中会有实际操作、体制、手段上的变化，但就本质而言，君主制这一基本框架并没有变化，只是在后期，它趋向于专制。

专制，是一个非常复杂含混的术语，要概念化地加以描述，远比我们想象得困难和复杂。它是统治的独断形式①，本意只是在于排除他人参与政事，一人决断。中国古代对此早有准确的理解。《管子·七臣七主》曰："权势者，人主之所独守也。"《商君书·修权》曰："权者，君之所独制也。"这里虽然是对权力的定义，但实际上是在定义专制。这在很大程度上说明，古人更倾向于从权力垄断的意义来理解权力，而这一点，符合权力的本质，权力的本质就是专制，并总是趋向于专制。②

权力虽然都有专制的冲动，但中国传统政治并不是从一开始就是专制体制，专制体制的形成有着特定的条件，它像许多事物一样，有着自身漫长复杂的演变过程。统治，需要借助某种组织形式——封建形式或是官僚体制，这样才可能在广大区域中实现某种政治秩序。即使专制体制，也需要借助体制上的支持，官僚机构的成熟以及相契合的观念等。它需要观念上的条件，即被统治的人们都认为这种统治专制是应该的；它需要一个相关物质资源上以及行政机构上的保证，即专制的指令通过机构传达并能够调动资源保证其执行；更值得关注的是专制模式在整个统治领域不断得到模仿、复制并在深度与广度上不断拓展。当官僚制的行政机构成熟，特别是在社会各阶层当中，没有什么社会力量能够与王权抗衡时，君主制的中央集权就很容易转变为君主专制。

有学者认为，中国自秦汉以来就是专制的极权统治，甚至认为西周封建就已经是专制统治。这些说法值得商榷。严格意义上说，"封建专制主义"这个词本身就存在矛盾。封建是朝廷分权的过程，它将区域权力分配给诸侯。在这种权力分散的情况下，周王室根本无法专制天下。

不过，早期的某些政治观念，初看起来，确实带有专制色彩，如《诗·北山》中所说："溥天之下，莫非王土。率土之滨，莫非王臣。"但这仅仅只是当时流行的尊君观念，还不是一个现实化、有效的统治行为。上古时代的君主并

---

① 政治理论上定义：在独裁政体（autocracy）这类统治形式中，权力的权重主要集中在一个人手中；在寡头政体（oligarchy）中，权力的权重主要掌握在一群统治者手中；在共和政体（republic）中，权力的权重是在整个领域内进行分配。见［美］拉斯韦尔、［美］卡普兰《权力与社会：一项政治研究的框架》，上海：上海人民出版社2012年，第199页。

② 齐格蒙特·鲍曼："独裁是一切权力的梦想。"［英］鲍曼《现代性与矛盾性》，北京：商务印书馆2003年，第21页。

非如后世人们想象的那样与诸臣悬隔，时刻操生杀大权，群臣唯命是听。 事实上，"莫非王土"的原因正在于"莫非王臣"，而"王臣"不仅是君主的卿、大夫、士，同时又是君主的伯父、叔父、伯舅、叔舅。① 这种关系是后世专制时代所没有的。

西周封建，理论上讲只是具有统一的中央政权形式，但并不是真正的中央集权。 封建是分权的体制，天子将自己对地方的管辖权力授予诸侯。 而周王室的中央权力依赖于诸侯贵族的拥戴支持，依赖于血缘姻亲等社会关系的维系，它事实上无法对诸侯各国的大小政务做出决断。 即使在某些事务上周王室能够干预诸侯，它在本质上也不同于后世的中央集权，更不同于明清的专制统治。

先秦甚至秦汉时代，君主想要实施专制也缺乏相应的行政基础、技术条件以及观念认同。 即使如秦始皇"天下事无大小皆决于上"（《史记·秦始皇本纪》），甚至已经具备了某些专制政治措施，但从整体来看，其绝对专制的统治并没有维持很长的时间。 此时的专制在相当程度上只是对权力的渴望与想象。 实现专制统治，依赖于具有专制特征的官僚行政体制、官民对于专制统治的认同以及相应的技术条件等。 数千里之外的战况如果是在三四天甚至更长的时间内送抵朝廷，而朝廷调集兵力又受到当时运输能力的影响时，所谓的专制是相当有限的。

即使进入中古时代，虽然中央力量在加强，但门阀势力很大，当时官僚体制仍处于成长发展阶段，中央权力虽有专制意志，但下行的官僚机构仍然不能使其纵意所如。 汉代不得不实行郡国制，借助封国的藩屏护卫，说明当时的统治还不具备完全专制的基础。

汉代设宰相，负责政府事务，此时皇室与政府职权相对分离，相权之重足以制衡君权，皇帝只是国家领袖、国家象征，并不负责实际事务，也就谈不上独裁专制了。② 钱穆说："中国人一向意见，皇室和政府是应该分开的，而且也确实在依照此原则而演进。 皇帝是国家的唯一领袖，而实际政权则不在皇室而在政府。 代表政府的是宰相。 皇帝是国家的元首，象征此国家之统一；宰相是政府的领袖，负政治上一切实际的责任。 皇权与相权之划分，这常是中国政治史上

---

① 可参瞿同祖《中国封建社会》，上海：上海人民出版社 2003 年，第 25、26 页。
② 参钱穆《中国历代政治之得失》，北京：三联书店 2012 年，第 3 页。

的大题目。 我们这几十年来，一般人认为中国从秦汉以来，都是封建政治，或说是皇帝专制，那是和历史事实不相符合的。"①唐代皇帝下诏敕，必先由门下省、中书省在政事堂进行商讨，通过之后在敕字之下须加盖"中书门下之印"，然后再送尚书省执行。 未加盖此印，而下达各级机关，则是不合常规。 唐太宗非常明确门下、中书对于政策政令展开辩驳所起到的积极作用，谓臣曰："中书所出诏敕，颇有意见不同，或兼错失而相正以否。 元置中书、门下，本拟相防过误。 ……卿等特须灭私徇公，坚守直道，庶事相启沃，勿上下雷同也。"又说："中书、门下，机要之司。 擢才而居，委任实重。 诏敕如有不稳便，皆须执论。 比来惟觉阿旨顺情，唯唯苟过，遂无一言谏诤者，岂是道理?"②唐代君主如太宗这样英明之君，亦不主张专断独行。 所以，认为中国传统政治从一开始即专制，这并不符合历史事实。

宋王朝兴起，中央集权进一步加强，当时的观念、机构、行政机制、官僚体制等都在进一步为中央集权服务。 虽然有官场倾轧、党争、文人因文字得祸的例子，但总体说来，政治氛围还比较宽松。 君主也能够像唐王朝的君主那样比较开明，统治手段当中还保留着对民众心怀仁慈这一古典政治的基本精神，中央集权尚未堕入专制统治的陷阱中。 但这时的中央集权已经在行政、机制以及观念等方面为专制统治奠定了基础。 元、清两朝的统治则通过民族压迫开启了一个专制时代。

不论何种政体，行政中实际上包含着某种需要充分理智应对的客观过程。国家行政都有令行禁止的强制性，但在理论上国民都同意、甘愿接受这样的强制，专制体制的强制从来不考虑国民的同意，所以中央集权不等于专制统治，前者更多的是行政方式，后者则是政体性质。 两者既相联系，也有区别。 君主制也不同于专制体制，尽管两者有很多共同点，而且君主制很容易滑向专制，但一般意义上，君主制仍然不同于专制政体，我们倾向于对两者做出严格的区分，中国历史的前期主要还是君主制，而后期元、明、清三代则主要是专制统治。

进入了专制时代的元、明、清三代，仅从中央集权的形式上看，与历史前期的王朝没有太大的差别，但政治的意蕴发生了根本性的变化。 统治者的立场、

---

① 钱穆《中国历代政治之得失》，北京：三联书店2012年，第3页。
② 吴兢《贞观政要》卷二《政体》。

感情完全不同于此前的君主,君主把庶民降到可以任意处置的物的水平。古典政治以民为本、为民父母的核心观念荡然无存。

总之,专制体制包括了如下主要特征。

第一点,专制与最高统治者有关。一个独断专行的君主必将主导专制政体。但是专制王朝中并非所有的君主都是极其残暴专断的,当遇到一个优柔寡断、怯懦软弱的君主时,政体就不再是专制了吗?并非如此。

这涉及第二点,专制权力是一种结构性的体制。它指围绕独裁者所形成的复杂的关系与行动结构。这种权力结构具有一定的稳定性,体制一旦形成,那么即使是一个年幼的皇帝在位,体现的也是同样的专制统治。尽管不同王朝的君主,如南朝皇帝与清代皇帝,其统治状况有着很大的差异,甚至同一王朝的不同君主也会有一定的区别,但从权力的结构角度来看,它们本质是相同的并且具有较大的稳定性,通常它不会因为君主的个体差异而使权力系统随之发生变化。从长时段来看,权力结构以及观念系统总是会缓慢地积累并保持稳定。

在政治领域中,专制统治意味着它不在乎民众是否同意,是否支持,或者说它能够操纵民众的观念而获得支持。整个权力系统执行的是君主无须获得普遍同意与认同的个人意志。不仅军国大政,甚至一些无关紧要的琐事,而且特别是一些细碎小事,都体现出君主的意志。秦始皇过江,遇大风,几不得渡,大怒,"使刑徒三千人皆伐湘山树,赭其山"①。在这里,过江遇大风而激起的愤怒是通过染红湘山来消弭的。为什么如此荒诞的命令仍会得到执行?这涉及专制权力的结构特征。正因为在这种结构中,无论执行者多么不情愿,无论君主下达的命令多么荒诞,都会不折不扣地得到执行。

第三点,保证这样的命令不受阻碍地得到执行,还在于整个意识形态系统、观念系统的支持。君主至高无上、忠君的观念等都在保证执行系统不受干扰,不会提出质疑。

第四点,这样的专制结构性体制与观念体系都是长期积累形成的。除了权力的直接作用对集权结构性的影响外,其他很多方面都有可能形成积累效应,如宰相权力的削减等制度上的变化,思想观念的钳制,甚至从"官箴王阙"到官员

---

① 《史记》卷六《秦始皇本纪》,北京:中华书局1982年,第248页。

自箴这种官箴文体旨趣的变化中①，都可以看出权力不断向君主那里集中的趋势。

在此，我们对中国政治思想史做出了一个基本的分期。

2. 中国政治思想史分期

中国政治思想史的分期有多种。萧公权《中国政治思想史》将其分为四个时段：一是创造时期，指春秋战国时期，亦即通常所谓先秦时代；二是因袭时期，指秦汉至宋元（前221—1367），约一千六百年；三是转变时期，指明初到清末（1368—1898）约五百年；四是成熟时期，指民国时代。② 这一分期非常切合我们对整个政治思想史的理解，本文以此作为参照，讨论起自先秦，止于清末。第四个民国时期，不在我们的论述范围内。对应于萧公权的创造、因袭、转变的三个时期，我们划分中国政治思想史为三大段：一、古典政治时代；二、精英政治时代；三、专制政治时代。以下我们进一步讨论它们的特征。

（1）古典政治时代

先秦时期是中国的古典政治时代。这一时期的政体是西周的封建君主制。天子作为最高统治者，名义上拥有最高的权力。诸侯在自己的封地上实施社会管理。他们都是贵族，拥有世代相传的贵族文化和道德优越感。

先秦时期，人口较少，社会生活朴素，行政制度、官员设置等都相对比较简单，所以古典政治时代在制度、操作层面上留给后世的东西很少，但古典的政治思想，特别是古典的政治精神是中国传统中最值得重视的遗产。

先秦思想是中国传统思想能在文献上寻找到的最早源头，然而，当我们看到它时，它就已经相当成熟；不仅成熟，而且具有原创性；不仅成熟、具有原创性，而且充满了救时之弊的伟大情怀。先秦诸子，虽然各家立场不同，著作内

---

① 参童强《一个文本的文体史与思想史解读：嵇康〈太师箴〉研究》，《文学评论丛刊》第10卷第1期，南京：南京大学出版社2008年。

② 萧公权《中国政治思想史》，北京：商务印书馆2011年，第10页。

容缤纷，但旨趣都在现实政治，所以，诸子之学在很大程度上可以说都是政治学说。① 诸子学说构成了中国古典政治理论的核心内容，也奠定了中国政治思想学说最重要的基础。

古典政治思想是西周封建政治的产物。 此时的政体是家族制度向政治领域的扩大，因此，古典政治理论保持着基本的人本核心，政治的主要任务是安民保民，而在具体的统治过程中始终没有排除人情的因素。 在把各种政治关系纳入家族家庭的关系模式中时，亲亲的原则始终能够发挥作用。

古典政治时代，由于社会生活相对简单，基本的政治原则较之后世反而显现得更为清晰。 政治究竟是什么，在先秦著作中阐述得尤为明确。 这些基本的政治原则构成了中国政治观念的主要源泉。 当然，先秦政治思想并没有解决中国传统政治的所有问题，而且，它强化权力、强化集权的观念一旦脱离西周封建背景，便为后来的权力集中、权力专制埋下了伏笔。

（2）精英政治时代

从汉魏到唐宋，大致相当于中古时代②，我们称之为精英政治时代。 精英政治时代最大的特点就是精英统治。 此时政治体制已经从西周封建形式转变成了郡县制。 郡县制是官僚制的中央集权体制，最高统治者是君主，但从中央到地方的行政，却是由一大批举荐或者考试录用的官员来实施。 这些官员掌握着文化，被认为是道德的代表，是国家精英。 他们从事社会治理，在君主与民众之间进行协调。 这一时期政治领域发生了如下几方面的明显变化。

首先，官制发展。 中古时期，人口增加，社会生活日趋复杂，官僚体制得到充分发展。 特别是中央官制，从秦汉三公九卿逐步发展成为能够较好应对当时社会状况的三省六部制。 自隋朝确立后一直到清末，六部制基本沿袭未改。

---

① 郭沫若说："先秦诸子可以说都是一些政治思想家。 为什么有这样的通性呢？ 那是因为为士的阶层所制约的缘故，士根本就是一些候补官吏。 所谓'学而优则仕'，'学古入官'，倒不限于儒者，就是墨法名道诸家都是一样。"见《十批判书》，北京：东方出版社 1996 年，第 83 页。

② 中古划分，史家意见不一。 内藤湖南的"唐宋变革论"认为，唐代是中世的结束，宋代则是近世的开始，唐宋是中世向近世转变的过程。 白寿彝总主编《中国通史》划分秦以前为上古，清朝 1840 年以前为中古，1840 年以后为近代。

其次，官员输送渠道的完备。 从前期的举孝廉、九品中正制，到后期的科举以及各级学校的兴办，为培养选拔官员创立了较为完备的体制与渠道。

第三，官员的身份发生了巨大的变化，从官员拥有贵族身份转变为仅仅只是接受皇帝任命的臣属。 精英时代前期高层官员大多出身世家大族，他们拥有贵族的地位，是文化精英的代表。 他们大多拥有土地庄园，但这只是他们财富的来源，而不像古典时代他们的前辈那样，对分封土地拥有行政权。 从地位上来说，他们与皇族的距离并不大，皇族只是众多贵族当中的一支，因此六朝贵族对皇权尚能形成重要的牵制与平衡力量。 唐代已经没有真正的贵族，有的只是对前代士族名望的仰慕，人们热衷于谈论氏族谱、望族通婚等。 此时官员多数是从科举这一精英选拔机制中产生的，即使皇帝也非常重视这些文化精英。 就宋代而言，文士的地位还是比较高的，通过科举进身的官员对皇权具有充分的进谏权力。 但精英时代后期，官员又毕竟只是皇帝任命而已，在根本上，他们失去了六朝更不用说封建时代的那种显性或隐性的"贵族联盟"力量的支持。 单个的官员孤立无援，根本无法与皇权相抗衡。 这种身份变化，为后世皇帝的专制统治打开了通道。

从汉到唐，政治思想领域中占主导地位的阐述仍然是尊君这一主题。 精英时代各种危机并没有引发政治思想领域中根本性的变化。 君位继承，如何对待一个不明智的君主，当时政治反思仍然没有给出答案。 古典政治中某些专制因素通过精英时代政治悄然传递到后世，明清的专制统治几乎成为不可避免的宿命。

第四，精英时代政治尚能保存传统古典政治的精神。 两汉去古不远，从精神上，它更接近古典政治的本质。 不论从早期崇尚黄老，到汉武独尊儒术，到儒士经世致用，两汉政治一直保留着古代政治的纯朴气质。 汉魏禅让，使古典政治在根本的合法性上第一次遭遇虚伪，政权合法性第一次通过言辞的表述形式得以阐述、确认。 古典时代，统治的合法性，理论上讲，从来都是不言而喻的，无须说明，因为血统、身份、高贵的地位根本不用，也无须用言辞来描述和指认。 曹魏篡汉，后世仿效不绝。 政治失去了自身应有的真诚品格。 直到隋唐，再次通过武力形式捍卫古典不言而喻的合法性时，可以说，古典的精神又回归到政治当中。 这是政治的起点。 唐宋鼎盛时期的政治充分代表了精英时代政治所能达到的成就。

（3）专制政治时代

元、明、清三代是中国政治的专制时期，是古典政治的蛮化过程。

蛮化始于元的统治。 大体说来，中国传统政治自上古一直延续到南宋，而元则第一次开启了中国非传统的异族统治。 蒙古统治者依靠强大的游牧军事力量，入主中原，横扫欧亚大陆，但他们的政治组织形式适合于军事化的部落管理，而无法应对中原的社会状况。 他们不得不继续采用唐宋以来的行政管理模式，在京城中央机构设立六部。 地方行政方面有所改革，采用金代的做法，建立中书省管辖下的行省制度。 启用儒生作为合作的管理者，但他们不得为正官，绝少能够进入统治的上层。 终元之世，汉人任宰相者仅史天泽、贺惟一两人而已。 尽管中原经典的典籍犹在，耶律楚材还劝说元主倡导文教，重视汉文化，但在统治的决策层，汉人、汉文化都很难形成真正的影响，中原古老的政治精神可以说荡然无存。 汉人遭受深重的民族压迫，归附较早的北方汉人以及南方汉人都处于社会等级的最下层。

中国传统政治的发展在此形成了严重的断裂。 元、明、清在延续中原政治主体框架的同时，丧失了传统政治的内在精神。 宋代具有实际政治经验的宰臣在经历了许多年的元代统治之后，消亡殆尽。 等到朱元璋恢复汉人统治，建立大明王朝时，实际上已没有任何人在传统政治的意义上具备中央朝政的实际经验，充分意识到传统政治的内在精神。 从社会底层崛起的朱元璋，骨子里只能以他在元代所经历的压迫来憧憬一个王朝的理想政治，想象一种蛮化政治所激起的更强有力的续写。 政治上的蛮化仍在继续，甚至变本加厉，废除宰相制、大搞特务监视、实施恐怖的统治手段等，完全符合专制权力的本质。 在政治观念、社会力量无法制约的地方，权力只会朝专制权力的方向发展。 清军入关，其统治只是在原有的专制体制上，再次残酷地加上民族压迫，专制统治愈演愈烈。

当然，中原传统的君主统治为这种专制演变提供了某些观念以及行政结构上的基础。 但我们不能认为，中国政治自古以来就是专制。 政体都有其漫长的成长过程，专制体制也不例外。 即使先秦时期有些观念、说法具有专制色彩，也不能说明当时已经在真正意义上实现了专制统治。 专制统治需要普遍的观念、行政、司法以及技术等方面的支持，而先秦时代还不具备那些条件。 经过精英时代的发展，行政、司法、财政等体制及运行机制相对完备，元、明、清时代的专制统治才可能毫无阻碍地发展起来。

蛮化政治并非不能实现统治，相反，它依赖某些正常社会中不太可能动用的压迫和钳制手段，看起来往往更有效，更有成就；它更倾向于通过人们对专制权力的内在恐惧和顺从来维护社会秩序，实现自己的统治目标。它甚至创造了"盛世"局面，学者盛称"从 1368 年至 1644 年的明代是人类历史上政府有序、社会稳定的伟大时代之一"①。然而，"盛世"来得如此强劲，随后的衰败又来得如此彻底，一蹶不振，延续很久，以致学者不得不怀疑促使它兴盛的因素恰恰是它随之而来衰败的直接原因。"在多大程度上他们（清）保持传统秩序的极大成功可能会成为这一秩序后来崩溃的一个因素。"②从这个意义上来说，专制体制对于中国政治形成的最为深刻的影响，不在于它对社会、经济、文化等方面的直接作用，而在于它对国民的塑造。是统治者造就了自己的国民，也是国民在无可选择的条件下选择了自己的统治者。

我们使用"蛮化"一词，主要强调元、明、清三代的政治在根本性上背离古典政治精神，其强势的统治中包含着某些令人恐怖的手段，政治失去了真诚，失去了信仰，失去了令人心悦诚服的氛围。中国古典政治的精神已经所剩无几。

明、清政治思想值得重视的是对专制体制批判的言论，但这时的批判言论并没有对政体的改善或改良产生影响。更为关键的是，专制王朝因其专制而导致衰败、灭亡的事实，并没有转换为政治反思，转换为公共政治观念而启发新兴的统治者，新兴王朝依然沿袭旧王朝的旧体制。尽管新兴统治阶级励精图治，实施新措施革除弊端，但旧体制在制度上的根本缺陷并没有消除。为了压制体制所激化的各种矛盾冲突，专制政权只能变本加厉。甚至，在旧王朝已经看到体制弊端而形成新的政治认知时，如晚清新政一样，也很难达成不同政治集团的政治共识。革命成为晚清留下的未曾意料的政治遗产，然而革命之后是什么，始终是近代之后中国政治思想的关键性问题。

---

① ［美］费正清、［美］赖肖尔《中国：传统与变革》，陈仲丹等译，南京：江苏人民出版社 1996 年，第 178 页。

② ［美］费正清、［美］赖肖尔《中国：传统与变革》，陈仲丹等译，南京：江苏人民出版社 1996 年，第 213 页。

3. 专制体制的内在矛盾

本质上，专制统治中是找不到政治的。

专制的权力总是按照自己的意志强悍行事，并且不顾一切地支配整个社会生活领域。 理论上讲，完全从自身意志与利益出发，且各方面都能服从这一意志，那么这种体制就不会崩溃；但事实正相反，强大的专制王朝同样会轰然倒塌。 当然，一个王朝的覆灭有很多原因，但我们认为，导致其覆灭的最突出因素是专制体制内在的、不可克服的矛盾。

所有的统治都包含着强制，所以，专制统治的问题并不在于它使用强制，而在于它的强制从未考虑过需要得到臣民的同意。 这意味着，专制在根本上对人的忽略，它只满足于通过残酷的镇压实现绝对的服从。 这种"建立在非自然——如害怕和恐惧——基础上的权力，不会拥有真正的忠诚，只会留下反抗的永恒种子"[1]。 确实，专制忽略了民众的意志，因此不可能在民众的内心中获得积极的认同与真正的拥护。 在与民意相左而依靠强制获得"同意"的地方，不可能有自主性的认同。 出于对专制恐惧而形成的只是一种僵硬的、缺乏主动性的服从；而一旦权力的强制出现松动或消失，民众就会报复性地摆脱一切甚至最基本的社会规范，成为暴戾的群体、暴民。 他们只服从自身利益、欲望的驱使，根本无法形成超越个体日常生存意义的政治意识，超越个体之上的群体政治认同也无法建立起来。

实际上，完全的专制只是统治的幻想。 从根本上讲，一个人不可能在全部的意义上控制另一个人的行动与思想。 但在政治领域中，它确实可以依赖特定的手段与措施，不顾民众意愿决定大部分人的行动与观念。 这时，我们可以说，这就是专制统治。 这种幻想的危害性不在于其多么不切实际，而在于君主意志、长官意志从来不受质疑、辩难、反驳的政治习惯与政治文化。 当君主或长官从来都没有学会尊重自然与社会的客观条件限定而始终都是从自我意志出发，发号施令时，所带来的不是灾难性的后果，就是荒谬的结局。

---

① 见［美］谢尔登·S. 沃林《政治与构想：西方政治思想的延续和创新》引哈利法克斯语，辛亨复译，上海：上海人民出版社 2009 年，第 13 页。

我们认为，专制体制内部有着不可克服的矛盾，即集权与放权的冲突。

专制的本质在于所有的裁决都集中在最高统治者手中，但在传统技术条件下，要实现全国范围内的有效统治，中央机构不得不给予各级管理者充分的权力。理论上讲，专制总是渴望全面的控制，所有一切都在它控制范围内，没有任何事情在它视野之外；它不仅倾向于管制所有的方面，并且管制所有的进程。[①] 它想象的是天下臣民在听命之后迈出左脚时，它又发布迈出右脚的命令。但全国范围内，基层从气候物产到风土人情的状况，各不相同，而这些差异性、特殊性，中央机构很难细致了解并一一对策，它只能以一刀切的方式发布政令。这很容易使地方管理陷入难以同时满足中央与地方要求的困境。于是，中央的政策得不到真正的落实，而地方管理由于缺乏政策框架内充分的处置权而很难奏效。时间一长，地方行政日趋敷衍，最终导致社会贫弱，社会各阶层普遍缺乏认同，缺乏凝聚力。贫弱诱发各种危机，包括无力抵抗外来的侵扰，当危机加剧时，朝廷又不得不加大放权的力度。朝廷非常清楚，在当时条件下，只有授予地方全权负责才有可能实现高效的治理。然而，由于缺乏政治信仰、政治认同，放权的结果在许多王朝中往往导致尾大不掉，最终威胁到中央。

学者也注意到地方权力扩张的机制，"它们都发展在中央统治受到内部动乱或外力侵入的直接威胁时，中央不得不借助地方的力量，从而导致地方政府权力的扩大并逐步成为威胁中央力量的结果"。东汉、唐朝中后期以及晚清都是如此。晚清外受西方列强的侵扰，内有太平天国的暴动，"清政府不得不又一次依靠地方政府，下放权力，从而使 19 世纪 60 年代以后，地方督抚通过编练湘军、淮军，通过就地筹款，逐步取得了地方军事、财政权力，以此为基点，又进一步扩大了人事、司法、交涉等权，形成了地方性的制度体系"[②]。地方割据形成之后，朝廷等待的就是覆灭。而割据势力或被统一，或以自身强大的军事力量实现新的统一。一元复始，万象更新。从这一方面来说，中国漫长的政治史就是

---

① 政治理论学者定义："极权主义（totalitarianism）是组织化统治最大化的一种形式；自由主义（liberalism）是一种适度的组织化统治；无政府主义（anarchy）是组织化统治最小化的一种形式。"［美］拉斯韦尔、［美］卡普兰《权力与社会：一项政治研究的框架》，上海：上海人民出版社 2012 年，第 201 页。

② 刘伟《晚清地方主义的形成及其影响》，中国社科院近代史研究所政治史研究室、河北师范大学历史文化学院编《晚清改革与社会变迁》（上），北京：社会科学文献出版社 2009 年，第 62、63 页。

这种集权与放权、分裂与统一的动荡历程。 动荡有时急促，有时缓慢，天下太平只是这一历史震荡曲线上较长的平缓段落。 集权与放权、分裂与统一的冲突促使整个政治体制缓慢变化，我们可以把中国政治思想史看成围绕这一体制演变而展开的思想过程。

权力统治是一个结构化的过程。 传统的统治结构包括了三大阶层：高层、中层和底层，即最高统治集团，以官员为核心的中间阶层以及基础民众。 简单地说，一元化的统治，就是高层通过组织化手段，借助中层力量对基层实现的管制。 专制理想的统治是，高层决策一切，通过值得信赖的中层实施管理，在基层得到不折不扣的完成。

但这种政治设计会遭遇两个环节上的问题。 第一点是在集权过程中，如何保证高层决策能够切实地针对差异性极大的具体环境，这是当时难以克服的困难。 高层并不直接面对基层的现实状况，而基层实际状况千差万别，决策者要在一个整体层面上下达符合基层复杂状况的正确指令即使不是不可能，也是非常困难的。 过多的中央政令很可能不切实际，但地方行政迫于行政压力，不得不加以实行，便只能敷衍了事。 早期道家的策略是最高统治者以最少的政令实现管理，这意味着统治者对自身权力欲望的节制，肯定地方性的自治与自组织能力。 可行的办法就是放权，在政策法律的框架内，给予基层以很大的支配权，使他们能够针对具体环境充分自主地处理问题。 战争期间正是保持了这种关系，将在外，君命有所不受。① 汉朝君主奉行无为而治，地方官有着充分的自主权，恰恰应对了这一矛盾。

但放权不仅违逆专制的冲动，而且也不能让朝廷放心。 这正是第二点，在放权过程中，将会遇到信任的问题。 王朝总是缺乏信任，不愿少数大臣掌握朝政。

传统时代，忠诚总是针对与自己有关系，对自己有恩德的君主或上级，而不是超越个体层面的、针对抽象体制或原则的忠诚。 这使得官场上的忠诚很难积累、扩展并形成某种政治道德与政治文化。 封建时代，分封诸侯因血缘关系而获得朝廷"天然的"信任，但在科考取士的时代，如何在名利关系之外使官员形成基本普遍的政治忠诚，始终都是一个问题。 很大程度上，旧官场上只有针对

---

① 见《孙子兵法·九变》。

施恩者的忠诚，而缺乏政治忠诚。 如果没有真正意义上的政治，也就谈不上政治忠诚。

在缺乏普遍信任的行政领域中，中央机构只能通过限制各级官员的权力，以降低可能的损害及背叛行为所造成的危害。 除非亲信宠臣，事实上君主总是对拥有实权的宰臣心存担忧。 王朝上升时期，臣属对王朝的合法性充分认同，凭借君主或上级的信任而攫取个人利益的情况较少，但王朝衰落时期，官员利用职务之便谋取私利的情况通常会变得普遍。 此时放权只意味着给予他们更多营私舞弊的机会。

王朝处在上升时期，有能力削弱中下层权力，使权力向上集中，正如我们在北宋初期"杯酒释兵权"例子中所看到的那样。 从整个历史长时段来看，最高统治者始终都是尽可能削弱中间阶层的力量，拉开它与中间阶层之间的距离。唐甄在《潜书·抑尊》中描述这种距离说："圣人定尊卑之分，将使顺而率之，非使亢而远之。 为上易骄，为下易谀；君日益尊，臣日益卑。 是以人君之贱视其臣民，如犬马虫蚁之不类于我；贤人退，治道远矣。"

臣民日益卑贱在很大程度上只是满足统治者的权力欲。 但这样一来，就很难谈得上真正的地方行政和地方建设。 地方只能在自给自足的小农经济运转和传统礼俗中维持基本的社会秩序，很难形成普遍的社会活力，积累有组织性的地方力量。 通常，统治者宁可以专制手段严重困扰社会生活，也不肯放权，使其统治受到某种也许并不存在的威胁。

但真正遇到社会危机，统治者就不得不下放自己的权力了。 实际上，中间力量强大，拱卫君主的力量才可能强大；组织化的地方富有实力，才可能为整个国家提供实质性的支持。 这是汉代不得不实行郡国制，以及晚清在面对洋人的一片忙乱当中给予督抚以极大自主权的重要原因。 一方面君主不得不通过赐封诸侯或授权地方大臣进行帝国广袤国土的治理，特别是危机的应对；但另一方面又因为诸侯势力壮大，尾大不掉，或者大臣功高震主，对君权形成威胁，因此只要有可能，君主对这些势力总是大加砍削。 于是宠幸与贬抑交替、褒奖与惩罚互用，君主不得不从一个极端走到另一个极端。 实际上，等到中央的权力不得已彻底下放之时，王朝已经走上了末路。 朝廷黔驴技穷，分下去的权力再也无力收回来，只能等着衰落灭亡。 中国政治由此形成周期性的震荡：新兴王朝励精图治，力量强大，能够实现权力的充分集中，但权力过于集中以及腐败滋生往往导致行政不公以及效率低下，懈怠而脆弱的行政根本无法应对突发危机。 危机出现，王朝中央不得不分权地方以求尽快实现安定。 然而即使危机解决了，朝廷也无力集中权力，最终导致覆灭，为新兴政权所取代。

传统君主时代最重要的价值是政治权力，整个社会，上至帝王，下至庶民，均以权力为可争取的价值和资源，价值取向在权力。 争夺越激烈，供求关系形成的权力价值越大；权力的价值越大，争夺越激烈，社会越容易陷入激烈的权力争斗中。 资本主义革命的成功，在很大程度上可以视为这一价值取向的转换，以财富的获得取代权力的争夺。 这一现代性转换，使得政治权力受到多重法律限制，根本不可能直接寻租以获得非法或灰色财富，权力的含金量降低，权力的价值大为贬值。 人们通过正常的市场竞争环境以获得财富以及社会地位，而不是通过获得更大权力来获取财富并保证自身的社会地位。 这一转换保证了现代社会的政治稳定。 渴望获得财富以及地位的各种社会力量被集中在一个受到法律制约的市场环境中，社会财富的积累也趋于稳定。

4. 一元化的政体

中国传统政治最显著、最重要的特征就是一元体制，即整个政治领域、社会生活领域中政权始终维持着一元中心的地位。

这与历史的开端有关。 在距今约 3000 年的上古时代中国就形成了统一、强大、至高无上的君主政权。 这个开端深刻地影响了中国政治思想史发展的进程。

与现代政权不同，商周王朝的政权依赖庞大的氏族、家族关系。 这样，君臣之间的权力关系不仅是一般的政治信任，而且还有牢固的家族血缘支撑。 王权依靠氏族关系的忠诚不仅形成稳固的社会基础，而且充满竞争力，其他部落政权，所谓外方，很难发展起来抗衡这样的王权。 王位继承不是兄终弟及，就是父子相继，王权总是保持在一个王族的手中。 商朝末期，西周克商并建立自己的权力中心，几乎可以说是非常罕见的例外。 如周王朝这样的权力模式建立起来之后，数百年内都没有遇到真正的挑战。

商周一元的权力模式给后来的历史造成了两种长期的影响。 一是王权支配整个社会生活。 从农业生产到工匠手工，从宗教祭祀到军事组织，都是由王权实施组织管理。 这一点在后世直接体现为官本位。 二是由于王权优先强大，几乎没有什么社会力量能够在王权的笼罩下不断壮大，并足以与王权相抗衡。 除了六朝时期的贵族阶层较为强大，其他时代，各种社会力量非常微弱，缺乏组织化和政治意识，很难寻找到政治诉求表达的渠道。

对比欧洲，可以更充分地理解这种一元体系。 欧洲中世纪时期，王权力量较弱，许多城市与地方实行自治，各种社会力量，包括地方贵族会议、城市会议、宗教团体、团体协会等都有充分的发展，形成相当成熟的组织形式和法律环境，有着一定的政治力量、政治诉求与社会影响。 如 13 世纪的汉萨同盟，完全是一个保护商人利益的城市联盟。[①] 后来国家力量即使强大起来，宗教、商业势力也已经形成了可与世俗政权相抗衡的局面。 这种多元的政治格局直接影响着现代的政治权力形式。 政治权力维度并非仅仅只有高度制度化的政府机构，事实上还包括政党组织、压力集团以及各种网络和政策共同体。 政治的目的在于使对立的各方走到一起，寻找各种社会政治力量的共同基础，达成共识并实现联合，寻求多数赞同的、合理合法的解决办法，并拥有接近决策者的渠道。[②] 在这个过程中，中间人、政治家的角色非常重要。 但在一元体制、威权制度之下，力量博弈的可能性以及余地非常有限。 团体的意愿表达有赖于王朝的恩赐。

两千多年前，各种社会力量尚未发展起来之时，中国的王权已经相当强大，而维护王权一元的观念在当时非常明确。 我们在《书·洪范》中可以看到一种意欲支配天下的强大力量，虽然在很大程度上这只是某种政治渴望、权力冲动，但这一观念影响了中国后来所有的政治格局：人们以"一"为常态，以统一为正常。《书·洪范》有九大政治要点，称"洪范九畴"。 其中第五点是"建用皇极"，"皇建其有极"；"无偏无党，王道荡荡；无党无偏，王道平平；无反无侧，王道正直。 会其有极，归其有极"。"极"就是独一无二的中心、标准、法则。"皇极"就是"王极"，即建立并保持君主权力至高无上的地位。 庶民不能抱团结社，官员不能拉帮结派，一切都以皇极作为旨归。 令人惊讶的是，两千多年前，权力似乎已经意识到任何性质的团体都有可能挑战权力的中心地位，因此禁

---

① 参［美］詹姆斯·W. 汤普逊《中世纪晚期欧洲经济社会史》，徐家玲等译，北京：商务印书馆 1992 年，第 205 页。

② ［英］安德鲁·甘布尔《政治和命运》，胡晓进等译，南京：江苏人民出版社 2007 年，第 7 页。

绝一切结党结社。

传统的社会上层虽然一直坚持"皇极"的观念，行政领域也有相应的集权措施，但事实上，在古代技术和行政条件下，权力还不能真正实现整个社会生活领域的严格控制。基层在绝大部分时候都保持着自己的生活秩序与节奏，有着自身的礼俗传统与维系。当然，基层民众还不能以有效的组织化形式进入政治领域并实现其政治表达，民众的基层生活、经济、商业、民俗总是在权力一元中心的框架下展开，很难形成自主的、能动的、具有创新性的社会生活形态。

5. 政治的本质

值得关注的第二个方面，是政治共同体的性质。当共同体陷入权力之争时，共同体的性质也会发生变化。政治的性质并非人为随意定义，它取决于共同体的基本特征。共同体一旦形成，把共同体所有成员凝聚在一起、实现共同生活的基本要求决定了政治的本质意义。

政治是什么？它的定义一直存在争议，古今中外有着不同的看法。我们今天会把政治看成国家作为主权实体的一系列活动；把它看成一个公共领域，在其中各社会阶层、社会力量都能够平等地提出自己的诉求；或者把它看成各种利益集团、权力派系、人物相互斗争的场所。[1] 这些不同方面的结合也许正是政治的本来面目。尽管政治涉及很多方面，但它首先关乎群体。群体是政治的特征。维系群体的生存构成其最初意义上的政治性，同时也提供了群体政治的首要目标。换言之，政治就是人们在一起共同生活的方式。如何把充满矛盾甚至不断发生冲突的人们凝聚在一起，实现特定的秩序，这是政治的目标。

如果群体所有成员的各种愿望都得到充分满足，那就不可能出现所谓的政治。[2] 只要群体获得的食物不是无限量，食物问题就是政治性的。物质分配的

---

① 参［英］安德鲁·甘布尔《政治和命运》，胡晓进等译，南京：江苏人民出版社 2007 年，第 3—5 页。

② 柏拉图说："当上帝为牧者时就不存在政治体制。"见［美］谢尔登·S. 沃林《政治与构想：西方政治思想的延续和创新》所引，辛亨复译，上海：上海人民出版社 2009 年，第 35 页。所引参《柏拉图全集》第三卷《政治家篇》，王晓朝译，北京：人民出版社 2003 年，第 110 页；［英］本杰明·乔伊特英译《柏拉图著作集》第五卷，桂林：广西师范大学出版社 2008 年，第 133 页。

公正成为群体得以长期凝聚的政治。 这个群体我们称之为"政治体",即具有一般政治维系的群体。 这一群体可以是非常松散的组织,但只要它具有哪怕是最粗略的政治目的、政治倾向,它就是一个政治体了。 游击队区别于土匪流寇的决定性标志,不是服装、装备或作战形式,而是它的基本政治意图。① 因此,小到具有政治倾向的团体,大到国家,都是我们这里所说的政治体。

政治体可以视为政治共同体。 商周时代,氏族组织构成了最初的政治共同体。 在古希腊,城邦就是政治共同体。 亚里士多德说:"所有城邦都是某种共同体,所有共同体都是为着某种善而建立的(因为人的一切行为都是为着他们所认为的善),很显然,由于所有的共同体旨在追求某种善,因而,所有共同体中最崇高、最有权威、包含了一切其他共同体的共同体,所追求的一定是至善。这种共同体就是所谓的城邦或政治共同体。"②按照德国社会学家滕尼斯的区分,共同体是有机的、道德的,而社会则是契约性的、非道德的。 有学者认为,民族可以视为在文化上具有同质性的情感共同体,在这个共同体中,对国家的归属感,能够并应该成长为道德和政治观念的重要源泉。 还有学者定义,共同体是一群人,他们在表达其认同感时,吸收了一组相同的符号资源。③ 还有一个说法是政治统一体(body politic),它是一个至高的地域性群体。 这一定义与国家的定义,一个拥有主权的地域性群体,非常接近。 但政治统一体涉及有效权力,而不是正式权力。④ 总之,我们试图用政治体这一相对比较宽泛的概念涵盖各种政治群体,避免先定地给予政治群体、政体以某种标签,这样可以使我们更多地注意到从部落到国家政治体的最一般特征。

于是,政治就成了共同体维护的技艺,即统治的艺术,中国传统文献中称之为"君人南面之术"。《汉书·艺文志》云:"道家者流,盖出于史官,历记成败

---

① 参〔德〕卡尔·施米特《游击队理论》,朱雁冰译,施米特《政治的概念》,刘宗坤等译,上海:上海人民出版社 2003 年。

② 〔希腊〕亚里士多德《政治学》,苗力田主编《亚里士多德全集》第九卷,北京:中国人民大学出版社 1994 年,第 3 页。

③ 〔英〕阿兰·芬利森《想象的共同体》引 Gilroy、Cohen,〔英〕凯特·纳什、〔英〕阿兰·斯科特主编《布莱克维尔政治社会学指南》,李雪等译,杭州:浙江人民出版社 2007 年,第 297、301 页。

④ 〔美〕拉斯韦尔、〔美〕卡普兰《权力与社会:一项政治研究的框架》,上海:上海人民出版社 2012 年,第 173 页。

存亡祸福古今之道，然后知秉要执本，清虚以自守，卑弱以自持，此君人南面之术也。"这里的"成败存亡祸福古今之道"，可以看作政治体维系、保全的基本原理。柏拉图认为，真正属于政治性的东西，就是能够掌管整个共同体的技艺。它与法律以及共同体生活的一切都有关系，它掌握着其他技艺，并且能够"用完美的技巧将所有一切都编织成一个统一结构"。这是政治家的才能。①

共同体涉及它的所有成员，正是所有非政治性的个体形成了政治共同体。②所以，政治的本质是它与所有成员有关的这一基本事实。反映在实际的行政操作上就是政府的所有政策总是倾向于并能够保持各社会力量的均衡，充分地实现不同阶层利益的满足。古希腊政治家梭伦（Solon，前638—前559）曾说："我站立着，以一个强有力的盾牌保护双方（富人和穷人），不容许任何一方不公正地胜过另一方。"③孟德斯鸠提出法治的概念，虽然法治涵盖所有的人，但实际上它只有一个目标，即保护被统治者免遭统治者的侵犯，使他们具有"免于恐惧的自由"④。路易·阿尔都塞在《马基雅维利的孤独》中说："独自一人奠定基业的君主，必须按照马基雅维利的说法，成为众人，建立一个法律体系，用它来保护人民反对贵族的暴行。还要建立一个'复合的'政府，一个能够代表国王、人民和贵族三方的政府，这是第二个环节，它意味着权力扎根于人民，准确地说，扎根于人民和贵族相互斗争的矛盾之中。"⑤这些言论，都强调政治在于保持社会力量之间的均衡。

中国古代同样充满着政治的宽容。一代开明皇帝唐太宗有着"视四海如一家，封域之内，皆朕赤子，朕一一推心置其腹中"的眼界与胸襟。⑥虽不能说唐人完全做到，但至少存有四海一家的理念。史载：

---

① ［美］谢尔登·S. 沃林《政治与构想：西方政治思想的延续和创新》，辛亨复译，上海：上海人民出版社2009年，第34页。

② ［法］雅克·朗西埃《政治的边缘》，姜宇辉译，上海译文出版社2007年，第13页。

③ 参［英］M. I. 芬利《古代世界的政治》，晏绍祥、黄洋译，北京：商务印书馆2013年，第2页。

④ ［美］茱迪·史珂拉《政治思想与政治思想家》，左高山等译，上海：上海人民出版社2009年，第26页。

⑤ ［法］路易·阿尔都塞《马基雅维利的孤独》，见［意］葛兰西《现代君主论》附录，陈越译，上海：上海人民出版社2006年，第108页。

⑥ 《资治通鉴》卷一九二，高祖武德九年，北京：中华书局1956年，第6022页。

或上言秦府,宜尽除武职,追入宿卫。上(唐太宗)谓之曰:"朕以天下为家,惟贤是与,岂旧兵之外皆无可信者乎! 汝之此意,非所以广朕德于天下也。"①

上尝语及关中、山东人,意有同异。殿中侍御史义丰张行成跪奏曰:"天子以四海为家,不当有东西之异;恐示人以隘。"上善其言,厚赐之。自是每有大政,常使预议。②

胡三省注曰:"唐太宗以武定祸乱,出入行间,与之俱者,皆西北骁武之士。 至天下既定,精选弘文馆学士,日夕与之议论商榷者,皆东南儒生也。"③可见太宗以天下为怀的观念。

从根本上来说,政治是保持各方意愿充分表达、利益均衡满足的艺术。 均衡就是公平、公正,正如《论语·颜渊》中孔子所说:"政者,正也。""政"字,最初的含义是土地征税能够合理公平,如果征收不同土地的税赋能使人感到均平,那就是"正",也就是"政"。 正,就是平正、公正,它遵守的原则就是公道,所以大同理想中提出"天下为公"。 其他例子也能看出古人对于政治含义的理解。《史记·陈丞相世家》载:"里中社,(陈)平为宰,分肉食甚均。 父老曰:'善,陈孺子之为宰!' 平曰:'嗟乎,使平得宰天下,亦如是肉矣!'"肉食无法平均,然而陈平"分肉食甚均",这里的"均",就是公平、公正,而陈平认为管理天下也当是如分肉食一样公正。 唐太宗以为"为政莫若至公"④。"至公"不仅包括政令政策、管理运作的公正,也包括王朝在当时所能考虑的范围内给予社会各阶层一定的参与朝政的机会,唐太宗所谓的"广德",而不能"示人以隘"。 应该说,唐人已经理解到政治所必须具有的最大的代表性和广泛性。当然,还不能说这是平民天然具有权利意义上的民主,但在古代,蒙昧民众的意愿可通过具有崇高德行的君主得到表达与满足,这种观念具有一定的现实意义。

君主代表子民的意愿,具有悠久的历史渊源。 我们知道,民意的表达往往

---

① 《资治通鉴》卷一九二,太宗贞观元年,北京:中华书局 1956 年,第 6040 页。
② 《资治通鉴》卷一九二,太宗贞观元年,北京:中华书局 1956 年,第 6044 页。
③ 《资治通鉴》卷一九二,高祖武德九年,北京:中华书局 1956 年,第 6023 页。
④ 《资治通鉴》卷一九二,太宗贞观二年,北京:中华书局 1956 年,第 6048 页。

取决于特定的社会组织形式以及政体形式，而政体只是权力维系政治体的制度化、体制化的产物，它与民众的关系形式有两种：直接代表民众，间接代表民众。

按照本书的历史分期，在第一阶段古典政治时代，统治者自然而直接地代表自己的臣民。 上古时期，商周王朝充分依赖氏族、宗族的自然组织形式，氏族首领保持着与臣民的血缘亲属关系，统治者"天然地"代表自己臣民的意愿，就像孩子的父母天然代表并充分满足孩子的意愿一样。 封建君主"为民父母"，不需要借助法律形式的保障，理所当然地被认为代表其臣民的利益，并且为民着想。 现代的民主政体是通过法律形式（选举、代议制）保障政府充分代表人民的利益，而氏族制则是"天然"的保障，理论上讲，这两种体制都直接代表民众。 剩下的其他形式政体诸如君主制、贵族政体等都是以间接形式代表民众。

进入第二阶段精英政治时代，随着政治体的扩大，部落首领、封建君主已逐步转变为郡县体制下的君主及长官。 此时君主与民众的关系发生了重大的变化。 治理地方的统治者已经不是封建领主，而是朝廷任命的官员。 秩满离任或晋升、随时接受调任以及职位非世袭等制度解除了官员与地方性的紧密关系，解除了早期曾与当地民众之间内在的本质联系，诸如血缘、地缘性的关系等。 对于封建领主而言：人民是我的；对于地方官而言：人民不是我的，他只是因王朝的任命而具有代为照看地方百姓的责任。 如果说当地的民众是地方性的共同体，京师任命的地方官本质上则属于官僚系统，他随时有可能调任，他不属于地方，无法成为共同体的一分子。 相对于上古时代的那种本质关系，他已经游离于百姓群体之外。

尽管上古君子为"民之父母"的观念仍在延续，但此时的地方长官因为官僚体制而失去了与当地民众血缘、地缘性的联系，即使他能够代表民众，也只是间接、象征性的代表，民众的意愿无法通过共同体内部诸如血缘、氏族等内在统一性直接体现在行政运作当中，民意不得不通过某些偶然的或旧体制的残存渠道得到表达。

在上古"为民父母"的时代，天下百姓尽管没有直接表达，但依赖于君民的内在一致性，理论上讲，民众的意愿已经在君主的意志当中体现出来。 古典政治的温馨，使"为民父母"成为超时代的教条。 但事实上，进入精英政治时代，君民本质的统一性消失，官员与百姓完全处于统治与被统治、治理与被治理的关系当中，官员作为"民之父母"的教义还在，但他们已经无法在内在一致性的保障下代表人民的意愿。

进入第三阶段专制统治时代，统治者完全漠视民众的存在及其意志。对于统治者而言，民众不断物化为单一的劳动生产工具、税赋的来源；更有甚者，民众遭受异族的压迫，完全失去了在政治共同体中的主体地位。

在中国政治及其观念史上，民意的表达经历了多重的转变。早期，统治者因为血缘、地缘关系而天然地代表民众的利益，民意作为君主意志的一部分自然地体现在政治当中。人民的意愿不需要表达，它已经被表达。后期，人民的意愿也不需要表达，它被认为已经得到表达。尽管明智的统治者会因自身长治久安的需要而不得不兼顾民意，尽管正直的官员与诗人会在他们的奏章或诗文中向朝廷反映民生的疾苦，但在政治生活中，如果有的话，民众始终是缺席的、无声的。不同于西方历史上基督教所激发的民众觉醒，中国的老百姓始终缺乏自己的政治表达语汇和话语。沉默的民众成为政治体中虚幻的主体，政治意愿和政治意识始终没有发展起来。他们的渴望得不到理解，直到怨恨酝酿成为一场社会暴乱，但那仍然是情绪的宣泄而不是新的政治构想。统治者与被统治者的矛盾作为政治共同体辩证运动发展的环节，正是推进政治进步的动力。但如果民众还只是一个虚幻的主体，那么，这种矛盾就还不是关于政治本身的冲突。也就是说，当发动暴乱的首领入住豪华的宫殿之时，矛盾就被解决了。

在这样的政治体中，政治的本质，即共同生活的问题转变为争夺政权的问题。而事实上，在历史中，传统政治的最大变化正是王朝的更迭，政权的兴废。统治者最为关心的，也只是夺取权力、捍卫自己的权力这一问题，即《汉书·艺文志》所谓的"成败存亡祸福古今之道"。政治在此成为掌握权力并为权力辩护的工具。民众作为政治的主体已经虚幻化，因此，权力的争夺也永远与他们无关。

6. 政治的知识系统

值得关注的第三个方面，是知识探索的进程。中国历史前期，知识的探索步伐从未停止过，到魏晋南北朝，以玄学形式为主的包括事物之"至理"在内的哲理探讨非常活跃。但宋代以后思考的焦点集中在心性道德方面，真正的格物致知，特别是严格意义上事物之理的探究，大凡阙如。 当然，事实上古人面对外物拥有丰富的实践经验与技能，但总体上缺乏知识后续发展所需的体系化、形式化思路。 现代意义上对外部事物的知识，即现代科学，它所带来的影响不仅在于对物有精确的了解，更在于这种具有确定性的知识获得了前所未有的话语地位。 缺乏对事物规律的精确掌握，我们就不可能体会外在客观性所具有的不以人的意志为转移的强大力量。 人们掌握客观的事物规律，才可能据此并仅仅据此获得对抗权力傲慢的力量。 这是现代科学对于政治学的重要意义，科学的话语改变了权力话语的支配地位。 君主原先只听从自己的意志，但现在他需要咨询科学；前科学时代，严格意义上的事物规律相当有限，但现在，明智的君主需要遵循科学来维护自己的领导权。

这样，经验的进一步理论化、形式化，或者说理论思维，就变得非常重要。一般说来，经验的反思可以引起改革，但那多半是行政体系内部的调整，中国官僚体制从基本定型到不断成熟，充分反映了我们并不缺少反思。 但真正的政治进步，基于对人的理解，基于理论的反思。 知识界缺乏一种理论形式，这是政治权力、社会文化抑制理论的产物，而理论的贫乏也反过来进一步影响到现实政治革新变化的深刻程度。 理论具有求真的意志，进入理论思维才可能以理性为引导，摆脱现实的束缚，探索事物的真相。 理论无疑改变了权力话语的一元模式，但当理论话语受到抑制时，它就不可能以一种独立的姿态构建对于现实政治具有批判力量的政治理论。

知识以及知识的探索系统，即共同体知识增长的体系，原本是与政治的进步紧紧联系在一起的，但这种关联在我们大部分的历史进程中，特别是后期反映得并不明显。

知识与权力原有着天然般的联系。 拥有知识即意味着拥有权力，能够发号施令；拥有强大权力的人通常拥有渊博的知识。 上古时代历史积累的政治经验，我们以为主要是由道术家掌握，他们通常作为君王的史官谋臣，随时提供政治方面的参考意见。

后世的知识与权力两者逐步分离开来。 这一方面在于知识系统日益庞大复杂，越来越趋于专门，春秋时的君主要辨识古汉字，阅读典籍已经相当困难，也很难想象，汉代的君主像司马迁那样拥有天文学知识。 知识趋于专门，需要专业人士来掌握。 另一方面，秦汉之后，王朝统治的基本结构已经生成，君主早已不再依赖渊博的知识而产生的神秘感。 传统的政治经验对于现实政治的指导意义逐渐变得相当有限，汉代以后，儒家观念更多的是作为一种知识形态，作为书生的学习内容。 知识与政治的关系变得非常疏远。 历史上尽管出现了《商君书》、《韩非子》、《贞观政要》、《通典》、《资治通鉴》等重要著作，但这些著作主要还是经验的总结与反思，还不是在普遍层面上对政治理论的探索，或者说有一些隐含的理论探索并没有得到充分的文本表达。 这导致了中国政治两方面的特点，一是政治的变化主要集中在行政措施方面的改进，二是政治体制很少发生根本性的变化。 正如萧公权所说，中国政治重实际而不尚玄理；因袭多而创新少。 这两个方面实际上都与知识系统或者说都与理论思维有关。

我们首先讨论第一个方面，传统政治的实践性。 传统政治始终保持着强烈的实践性，而政治的理论概括和探索相对较弱。 萧公权说：

> 盖西洋学术，重在致知。中国学术，本于致用。致知者以求真理为目标，无论其取术为归纳、为演绎、为分析、为综合，其立说必以不矛盾，成系统为依归。推之至极，乃能不拘牵于一时一地之实用，而建立普遍通达之原理。致用者以实行为目的，故每不措意于抽象之理论，思想之方法，议论之从违，概念之同异。意有所得，著之于言，不必有论证，不求成系统，是非得失之判决，只在理论之可否设张施行。荀子所谓"学至于行而止"，王阳明所谓"行是知之成"者，虽略近西洋实验主义之标准，而最足以表现中国传统之学术精神。故二千余年之政治文献，十之八九皆论治术。其涉及原理，作纯哲学之探讨者，殆不过十之一二。就其大体言之，中国政治思想属于政术（politik，art of politics）之范围者多，属于政理（staatslehre，political philosophy，political science）之范围者少。

诚如萧公权所说，中国政治领域中的思考，大多基于实践，主要是针对现实治理问题的应对。 这意味着相当多的内容实际上是具体行政措施方面的讨论，正所谓"政术",而政治的理论探讨相对欠缺。① 牟宗三也认为,中国只有治道而无政道,亦如只有吏治而无政治。 政道是对政权而言,治道是对治权而言。 中国于治道能够达到自觉境界,而于政道则始终无进展。②

中国政治具有强烈的实践精神。 在实践领域中,虽不擅长理论,但这并不意味着中国人缺乏思想。 古人常常是以现在看起来有些特殊的形式表达自己的观念,如文学理论采用诗歌或者形象化语言表述等,但更值得重视的是中国不离事而言理的性格。 古人大多通过实际的社会政治实践、社会治理来体现其思想。 正如钱穆所说:"近代的中国人,往往蔑视自己以往的政治传统,又说中国没有成套的政治理论,没有大的政治。 当然在中国以往著作里,很少有专讲政治理论的书,也很少专以政治思想而成名的人物。 这并不是中国人对政治无理论,无思想。 只因中国读书人多半做了官,他们对政治上的理论和思想,早可在实际政治中表现了。 用不着凭空著书,脱离现实,来完成他书本上的一套空理论。 于是中国人的政治理论,早和现实政治融化合一了。 否则为什么皇帝和宰相定要分权呢? 为什么仕途必经察举和考试呢? 为什么田租该力求减轻呢? 为什么商业资本要加节制呢? 为什么国民兵役要到二十三岁才开始呢? 所以我们要研究中国以往的政治思想,便该注意以往的政治制度。 中国决不是一个无制度的国家,而每一制度之后面,也必有其所以然的理论和思想。"③他清楚地说明了中国政治思想所具有的实践性,特别是制度特征。 正因此,本书既注意分析论述性的著作文本,也注重分析制度以及政治运作过程所体现出来的观念。我们强调,中国两千多年的政治实践充满了反思、思考,而这些反思、经验往往不是系统化、概念化的理论表达,而是通过一般性论说、书信、奏章等形式交流,它们充分体现了中国的政治经验与智慧。

当然也需要看到,对于现实政治而言,政治的理论化究竟意味着什么? 按照苏格拉底的观念,概念的知识是唯一的真知识。④ 理论并非只是以抽象的概

---

① 学者界定,政治理论,就是"任何关于政治或与政治相关的思想",是人类有意识地理解和解决其群体生活和组织中的各种问题而做出的努力。 对于西方而言,它源于公元前 5 世纪古希腊哲学。 参 [美] 乔治·萨拜因著,[美] 托马斯·索尔森修订《政治学说史》上,邓正来译,上海:上海人民出版社 2008 年,第 12 页。

② 牟宗三《政道与治道》,桂林:广西师范大学出版社 2006 年,第 1 页。

③ 钱穆《中国历代政治之得失》,北京:三联书店 2012 年,第 24 页。

④ 参 [美] 梯利《西方哲学史》,葛力译,北京:商务印书馆 1995 年,第 64 页。

念术语表达或翻译既有的观念，理论会要求与自身相适应的政治实践形式，它"天然地"具有某种政治形式。理论的成长需要特定的政治形态、文化条件的支持。对于中国政治思想史而言，恰恰是这种非体系、非概念化表达的观念，折射出了特定的政治形态。

公元前 5 世纪，希腊城邦特定的背景，形成了一种民主的体制。民主基本上表明了平等。所有公民（不包括奴隶、外邦人），无论其地位、出身和家族资历，在法律面前一律平等。他们有同样的权利在法官席前参加决定城邦集体命运的公民大会并发言。此时，话语成为主宰，精通它的人将占据政治上的优势。于是精通辩术的智者（sophistes）成为人们学习论辩的家庭教师，但他们擅长的其实只是说服术（persuation），而新兴的哲学家却是要建立确信术（conviction），即通过对话的艺术——辩证法探求真、真理。说服术在本质上是律师的技巧，他的本意不在真实性上，而只考虑他的客户能够被宣告无罪。

柏拉图试图创立一种新的哲学，一种话语，一种能够成为一切话语评判者的话语。这实际上是由哲学家引导的提问与回答的游戏，哲学家围绕诸如"军事道德"这样的中心概念，提出日常经验中的简单问题，所有的参与者都尝试回答，每个回答都需要获得在场对话者的赞同，他们原本对问题各有各的想法，但通过对话，所有在场的人在概念层次上会最终获得一致的看法，形成共识。

对话本身就是一种政治情境。所有在场的人参与对话，并且只带着探求事实之真的目的发表意见，这就已经决定了它所形成的话语性质。这是平等的话语，是所有人参与其中的话语。参与者处于平等的地位，没有人比其他人享有更高的地位，或者拥有更大的权力。即使作为提问者的哲学家，也没有权力决定或影响各人的意见。在柏拉图的对话中，"有时会突然出现作为作者的柏拉图也没有预料到的对立，至少看上去如此"①。让大家意见一致的是体现在话语当中的理性。如果哲学家能够决定，那这里就不可能建立起来一种话语，更谈不上评判其他的话语；如果当权者依靠自身的权威决定大家的意见，那也就谈不上共识。

对话使众人进入平等并且由理性占主导地位的领域。这种对话就是辩证法

---

① ［法］夏特莱《理性史》，冀可平等译，北京：北京大学出版社 2000 年，第 27 页。

的形式，也即理论的形式，也就是哲学。 一旦对话开始，就超越了权力的范畴，摆脱了权力的影响。 一元体制的权力无法形成真正的对话，它不对话，只有发号施令。 只要权力意识到自身，它就无法维持对话所需要的平等。 权力只是让谁说，允许谁有发言权，或者按照惯例同意下属谏官进言等，它有权决定采纳谁的话，或者将自己的决定变为众人的"共识"。 这个决定力量不是来源于话语本身，而是话语之外的权力。 所以，理论形式本身就意味着某种多元自由的政治形态。

政治理论成为一种相对独立的话语领域，它通过反思或者理论的形式，试图找到公正、正义、合理的真正含义以及实现的途径。 正义的实践固然重要，但追求公正之前，必须充分明确什么才是公正，什么才是人们一致接受的公正概念，这似乎更重要。 在这一开放的领域中，不仅统治者、官员可以表达，知识分子、民众也可以说话。 当这一领域的观念对现实社会产生了实际的影响时，那么任何社会阶层、社会集团都不会放弃自己在这个领域中表达的权利。 通常情况下，现实政治越是能够对人们的政治思考、反思做出明确的反应，人们越是热衷于讨论政治。 它成为不同社会力量交流、冲突、让步、达成一致的场所，政治共识通过这一途径得以形成。"政治思想是我们让自己成为共同体或国家成员的方式，它规定我们在其中的位置，设定它们的目标，建构相互之间的要求，形成社会机制。 它们也是我们表达对彼此不满的一种方式，有时还成为相互之间采用合法化暴力的手段。 如果没有政治思想和表述它们的语言，政治文化和公民文化将既不会有理性，也不会有明确的目标。"[1]在这个意义上，理论形式具有重要意义，它是理性的形式，是进入交流领域并且具有客观说服力的重要引导。

中国古代政治有着非常丰富的思想内容以及实践经验，但很少采用理论表述形式。 这显然不是能力问题，尽管与学术传统、文化偏好有关，但我们在魏晋玄学中还是看到了非常严密的理论探讨。[2] 事实上，政治的非理论形式意味着

---

① ［英］彼得·斯特克、［英］大卫·韦戈尔《政治思想导读》，舒小昀等译，南京：江苏人民出版社 2005 年，第 1 页。

② 曹魏时期嵇康的《声无哀乐论》等文章对"至理"的客观性、确定性已有深刻认识，并且展现出"推类辨物"和"辨名析理"的理论论证方法。 参童强《嵇康评传》，南京：南京大学出版社 2011 年，第 456—477 页。

另一种政治形式，它不仅仅与学术、思维特征有关，而且主要与政体有关。如前所述，中国政治最初的开端就已经是颇为成熟的君主政体，它并没有如古希腊那样经历多种政体形式。单纯从这一事实讲，最初的政治形态构成了中国政治观念的基本视野：人们只讨论最高统治者君主治下的事情，讨论并只能讨论君主制这一种政体形式。政治家几乎没办法想象除了君主制外的其他政体模式，最多只能想象类似无政府的体制。实际上，只有进入理论领域，政治家才可能按照理性、现实的真正需求、事实可能性的推测来想象一种理想的政治。当然，政体的实际变化需要社会综合因素的支持。在单一视野中，政治无法获得理论讨论的形式，它直接就是现实。权力的现实形式已经决定了政治理论存在的基本特征。

讨论的第二个方面，即政治领域中的因袭。从某种意义上来说，中国传统政治以及政治观念并非没有变化。诸如君主政体延续两千多年，后来演变为专制；制度上如宰相设置、兵制、税收等都有很大的改变；思想观念尽管常常不是以严格理论文本的形式表述的，甚至不是以话语的形式呈现在人们的意识当中，但它仍然是在缓慢发生着变化的。总之，政治及其观念领域变动不居，这是可以肯定的，但缺乏真正的新变，缺乏根本性的、革命性的理论创新。

政治面对自身的问题与危机时，不仅需要操作层面、行动层面上的应对，更需要理论问题的解决。如果理论上不能给出政体可能性的新方案，那么仅仅操作层面上的改善不可能自然而然走向深刻的变革；或者说，行政措施的调整不可能自动走上政治变革。如果没有政治理论上的引导，那么政治体制上就不可能有革命。事实上也正如萧公权所说的，漫长的历史进程中，中国政治思想史因袭多而创新少，人们大多固守既有的政治观念，主要在于理论观念上的虚弱。他说：

> 盖学术既主致用，则多注重于此时此地之问题而求解决之途径。于是思想为事实所限制而随之转移，超越时地之创说自难生产。……吾国之政治，除商周之交，周秦之际，曾有部落为封建、分割归统一之重大变迁以外，由秦汉至明清二千余年之中，君统无改，社会少变。环境既趋固定，思想自多因袭。必至海通以后，外患与西学相共侵入，然后社会骚然，人心摇动，激成清季空前思想之转变。以视欧洲，其事大异。西人论政，不

甚注意于眼前之问题,比较易为高瞻远瞩,超轶环境之新学说。例如柏拉图、亚里士多德之思想,虽然以希腊之政治为背景,而又不全受其限制。后此之霍布斯、洛克、卢梭诸大家亦能于历史之现实中,求普遍之真理。惟其不过于致用,故能免短视之弊。脱陈言之窠臼,得先时之前知。加以欧洲社会政治之变化,二千余年中,至繁且速。故其政治思想,无论是否针对一时一地之问题,亦新旧遭替,变化多端。

诚如萧公权所说,传统时代,中国的政治观念创新不足。诸子学说百家争鸣之后,随着独尊儒术,儒家政治学说的广泛传播,至少在由章表、奏启、议对构成的政治话语领域中,皆尊儒术,倡仁义,少有越雷池半步者。即使有一些特异新见,也始终没能成为观念的主流。我们在另一种系统中,看到的却是政治观念不断发生新变。特别是进入现代,西方政治思潮更是一浪高过一浪。亨廷顿描述说:"20世纪伟大的政治意识形态包括自由主义、社会主义、无政府主义、社团主义、马克思主义、共产主义、保守主义、国家主义、法西斯主义和基督教民主。它们在一点上是共同的,即它们都是西方文明的产物。没有任何一个其他文明产生过一个重要的政治意识形态。"①不单是政治思想,哲学、社会、文学、艺术、宗教、科学等涉及观念的领域也大多是由西方带动产生了各种冲击。

中国多静态,西方多变化,造成这一差别的原因固然在于中西理论的催化作用各不相同以及其他多种因素,但根本性的关键仍在于社会力量构成上的差异。

欧洲历史上社会力量始终是多元存在的。多元则必然有冲突,而政治正是这些冲突的政治性解决。西方社会充满各种力量,王室、教会、贵族、军队、地方、商业、城市、市民等,各种社会阶层、团体机构都有自身的经济利益,这些实在的经济利益在政治上反映为具体而强烈的政治诉求。各个社会阶层为了生存,皆强烈表达自己的诉求,进行激烈的斗争,由此形成持续而复杂的社会力量的较量。各种社会力量中,即使王室、教会也没有强大到足以压迫其他团体至完全屈服的地步,因此这些力量的谈判、妥协、较量、斗争通常都是在法律框架下展开的,并且是以法律的形式保存政治斗争的成果。当然也会诉诸战争,如

---

①　[美]亨廷顿《文明的冲突与世界秩序的重建》,周琪等译,北京:新华出版社2002年,第40页。

英国内战时期国王与新教—议会之间的战争，但战争的结果最终还是会以法律的形式体现为政治上的深刻变化。 1688 年光荣革命颁布《权利法案》(*The Bill of Rights*)，宣布议会对国王具有至高无上的权威。

中国早在上古时代，至少观念上已经接受天子一统的统治模式。 这是一种一元体制，即社会生活的各个领域，从祭祀到战争，从耕种到手工，都受到王朝权力的支配与影响。 而且千百年来，人们只习惯这一种"政治"形式。 它的极端形式可以表述为：要么拥护（无论是真心，还是口头的），要么去死。 这也是公叔座伦理：魏王要么任用商鞅，要么杀了商鞅。 一元体制不能忍受多元，即使是想象上的多元也不能忍受；它无法想象多元的存在、诸多社会力量共处的政治秩序。

中国古代社会始终保持官府权力决定社会生活秩序的状态。 基层社会虽有一定的自组织、自治机制，但无法在广大区域形成特定的社会力量的政治表达；各地的商人始终没能茁壮成长并在政治上成熟起来。 整个政治层面缺乏多元共处的机制与实践经验，也缺乏政治意义上的斗争与较量。 社会多重异质成分只有进入政治领域即公共话语领域才可能通过各种矛盾冲突激发出政治观念的进步以及相应的理论创新。 在社会生活较不发达时，这种"政治不在场"状态并没有暴露很多的问题，但在复杂社会中，一元权力体制除非更大程度地压制各阶层，否则很难真正有效地协调好各种社会力量的冲突。 社会进步恰恰是不同的社会力量之间的矛盾推动的。 各种社会力量都有自己的经济、文化、政治诉求，特别是在具体的社会生活领域中，不可能无条件地接受某种指定的观念和立场。 教师可以传授学生知识，但不可能指定学生的立场，更无法把自己的诉求当作学生的全部诉求。 各种社会力量的政治诉求、社会愿望都引导到一个建构起来的公共领域加以讨论、争辩、协调，才可能最终形成平衡、达成协议，最大化地满足各阶层的利益。

现在的问题是，如果撇开中国晚清这一特殊时段不论，为什么在诸多危机之时，没有出现政治理论家对危机提出政治性解决的构想？ 当然，首先的问题是，在官府之外并没有学者独立面对并介入政治的领域。 中国很早就有专门的人才教育机构。 但随着一元体制的强化，特别是隋唐以后科举制度的定型与成熟，人才培养与权力体制之间日趋吻合。 官方的教育机构以及科举制度最直接的作用就是为整个官僚系统培养与选拔文官，以此满足一元化权力体制发展的需要。 这一教育再生产的机制，使得文官的培养，包括由此形成的副产品——学者的培养，都在很大程度上与官方认可的观念体系保持着高度的一致。

中国历史上遭遇了很多的危机，但它们大多是各种类型的社会危机、民族危机，从根本上来说，都不是政治性的危机，更准确地说，都没有被意识为政治危机。 甚至当政权遭遇到威胁或者异族入侵时，那也只是一个"接下来谁能够用更大的武力或阴谋掌握政权"的问题，而不是一个需要政治方案来解决的政治性危机。 这也意味着"统治的本质是什么"、"政治是什么"、什么是正义与权利之类并不是其急于考虑的问题。 此时即使有所谓政治理论家，他们也是在武力与强权的对决中显得多余的角色。 对于任何一个接下来的执政者而言，君主政体都是不需要思考论证的问题，它以前在那里，未来还会在那里。 人们无法想象除君主政体之外任何政体形式、任何政治的可能性。 传统时代所谓的"革命"仅仅只是王朝更迭，旧姓灭亡，新王朝崛起，至于君主政体依然如故。 即使如东汉末黄巾起义（184、188）、明末李自成（1606—1645）、清代太平天国运动（1851—1864），义士们也没有能力提出政治上的问题，他们渴望也只能渴望按照他们所看到的统治者的模样成为统治者，这意味着他们成功地改变了自己农民的身份，变成富贵者，但农民作为一个阶层的政治问题从来未曾被提及、未曾被意识到。 农民阶层以及其他阶层在社会生活中如何实现自身的权益，如何形成自身的政治意识、实现自身的政治地位并且参与到未来的政治格局中，这些问题超越了人们的眼界。 如果没有各种社会力量较量的客观形势，也就谈不上一种各社会力量、各社会阶层共同参与对话的政治格局。 这个意义上的政治问题，从来就没有出现过，也就谈不上问题的理论解决。

中国多因袭，西方多变创，形成这一差异的因素与如何获得知识和认识的思维模式有关。

如何认识事物、获得知识，中国古代思想家并非没有思考。 在很多技术发明中，如战国李冰都江堰治水等例子中，都可以看到古人已经充分领会了某一技术或事物的知识，否则他们的技术不可能获成功。 但李冰治水过程中涉及的具体知识究竟是什么，如何获得这样的知识，如何验证，又如何获得更多的知识或技术等，这些认识论、知识论方面的考虑总是非常混沌的。 正因为模糊，求知求真的动机并不十分明确，也因此无法形成相关知识形式化、体系化的积累，也很难形成明确的知识传授、发展的传统。 如何进一步获得知识，缺少观念以及技术方面的框架。 这意味着仅有格物致知的愿望不可能获得事物的客观知识，明代王阳明格竹七日而一无所得，并非格物之理的想法错了，而是其探求事物的知识缺乏相应的"配套"方法。

探索事物之理的路径没有真正的收获，于是宋明理学家把注意力转向了心性道德方面。 学者、读书人希望通过学习圣贤著作达到道德的高尚境界，进而为王朝政治服务，实现平治天下。 一元体制下，通经致用，学以致用，以所学知识为王朝服务是最正当、最崇高的目标。 所以，我们在人事之理方面有深厚的积累与洞察，然而纯粹的求知求真变得微弱，事物之理的探索没有独立发展起来。

西方哲学有着完全不同的倾向。 古希腊哲学家相信，理念是真实的、不变的世界，而感官所知觉的现实世界并不真实，它不断变化。 这一观念即使不是错误的，也很难让人理解。 然而这一很可能错误的观念却对西方哲学、思想史产生了重大影响。 要获得真知识，就不能依赖于感官知觉形成的结论，而必须认识事物不变的本质。 真正的知识以理性为基础，并能够确证自己。 具体的方法就是辩证法，早期哲学家沉浸于观念思辨，试图"运用纯粹理性对概念进行分析就达到对世界的认识"①。

随着认识的深入，对事物的认识不再是通过沉思的方式求得对理念的揭示，而是经验的科学，一种基于经验观察、事实验证、规律揭示的研究。 对事物客观性的认识使人的认识上升到一个新台阶。 事物的本质是我们不得不去适应的不可改变的给定性，它要求我们放弃所有关于我们自身的想法，甚至迫使我们悬置所有对人的考虑。 正是这一点产生了对客观性的认识，这是西方"哲学的典型态度"②。

理念世界既然是真实的，因此，求真必定要面向不变的理念世界，找寻其真理，而对真理的表述又必然要具有确定性的形式，体系严谨，逻辑一贯，高度概念化、抽象化的表述形式，最理想的就是数学。 正是这一观念促使自然科学的探索最终必然要与数学结合起来。 自伽利略（Galileo Galilei, 1564—1642）以

----

① ［德］伽达默尔《赞美理论》，夏镇平译，上海：上海三联书店 1988 年，第 49 页。

② ［德］伽达默尔《事物的本质与事物的语言》，严平选编《伽达默尔集》，邓安庆等译，上海：上海远东出版社 1997 年，第 195 页。

后，理想化物体运动的数学模式上升为认识现实的方法。牛顿1685年完成的巨著，书名是《自然哲学的数学原理》，直接体现了这一观念。成体系、概念化的表述或者说哲学形式，成为试图揭示真理的必要手段。

如果说现代科学形成之前，人们对于确定的真理、确定的理念的认识，还只是猜测想象，只是某种逻辑形式，那么在现代科学出现之后，一种不以人的意志为转移的客观陈述出现了。它打破了传统时代的权力话语格局，自身成为一种具有权威以及普遍性的话语形式。而在此之前，人们都是服从权力的话语、宗教的话语，现在多了一个话语权威。"客观性意味着反对偏执，即反对为了局部利益而滥用法律。从法律意义上说，'事物的本质'这一概念并不指派别之间争论的论题，而是指限制立法者任意颁布法律、解释法律的界限。诉诸事物的本质，就是转向一种与人的愿望无关的秩序。""事物的本质"的出现，改变了一元结构体制的一元性，权力被祛魅。

科学的出现，首先要求人们以一种新的、求真的立场上来看待政治。在相当程度上，把政治作为科学的对象，由此获得的认识才有可能对现实政治起着某种校正、借鉴的作用。只有明确了什么是正义的概念，什么是正义，人们才可能评价一个政府是否正义。其次，现实政治必须形成某种渠道，能够接受政治理论思考的成果，并将这些成果通过法律的形式体现出来。

西方世界经过漫长的斗争，在很大程度上形成了政治中的理性。在社会冲突中，哲学家的理论成了对现实的创造性回应，特别是对社会危机的积极应对。它们更多是以思辨性的理论形式出现，但绝对不会与现实经验无关。"政治哲学家大多数伟大的论述均出自危机时代；也就是在机构形式统一政治现象不够有效的时期。"学者认为："每一种政治哲学，无论其范畴如何深奥和多变，总是代表它从中观察政治自然现象的一种必然有限的透视法。"理论的论述实际上是"现实的缩写形式"①。托马斯·霍布斯撰写《利维坦》时，正值英国政治急剧变化，从英国内战（1642—1648）到君主制恢复，英国充满动荡。霍布斯的政治哲学正是试图找到稳定政治秩序的条件。洛克的《政府论》是1679—1681年间黜王危机期间（罗尔斯认为不是1689年），其作为辉格党人为反对查理二世的事

---

① ［美］谢尔登·S. 沃林《政治与构想：西方政治思想的延续和创新》引哈利法克斯语，辛亨复译，上海：上海人民出版社2009年，第9、20页。

业而写作的政治檄文。^① 现实的政治矛盾触发了政治哲学家的诸多思考，洛克的《政府论》不仅否定了国王神授权利的观点，实际上也反驳了霍布斯的绝对主权论。 1688 年英国的光荣革命不仅推翻了詹姆斯二世，而且更重要的是使英国变成了一个君主立宪国家。 冲突之后获得政治上进步的关键在于各种社会力量都有着自身明确的政治表达与诉求，理性的思考使得政治领域的斗争能够以法律的形式向着社会普遍的意愿方向发展。

这些观念和机制是在我们的历史上未曾出现过的。 传统思维习惯上满足于在经验性层面上解决问题，同时一元体制限定了知识的功能以及求知求真的目标。 尽管古人有着知识的探索经历，但这些经验性知识并没有明确构建成一个理论化的知识体系，而是以满足实用为目的。 知识为王朝政治服务的目标在一定程度上限制了它的理论化发展的方向。 事实上，如我们在西方哲学、科学发展历程中所看到的，理论形式并不仅仅只是一种知识的抽象化，而是求得真知的必由之路，也是在社会政治生活中建立理性的必由之路。 通过获得的真知来校正人类自身的观念，方可实现观念上的进步。 如果现实政治"天生"就抑制本该与之并行的理论话语，那么缺乏理论创新就是不言而喻的。 如果传统政治"天然"就缺乏相应的理论形态，那么政治的变化就很难谈得上是根本性的、创新性的。 求真的动机与目标的政治意义在于，当哲学家意识到自己在追寻真、真理之时，他才可能从权力的阴影中、从单纯地为政权服务的义务中摆脱出来，成为能够自由探索的学者。 而当他说出事物隐藏的奥秘与本质时，他就获得了客观事实能够给他的不再依附权力、不需要权力判断的独立力量，从而克服权力的自以为是及其惯有的傲慢。

7. 未来的政治与政治的未来

我们需要一种能够全面理解政治的政治思想史。

这意味着回溯历史的过程中包含着未来的维度，而当下的立场决定了我们可能谈论的过去与未来。 就政治的目的在于政治体保全而言，一切政治本身都包

①　见［美］约翰·罗尔斯《政治哲学史讲义》，杨通进等译，北京：中国社会科学出版社 2011 年，第 106 页。

含着它时间与空间的双重视野：最大限度地面向外部世界，最大跨度地面向未来。

首先是大跨度的时间视野。 政治必须看到现在，更必须透过现在与过去、现在与未来的种种交织状况看到未来，并具有当前、中期以及长期的目标与规划。①

传统时代的世袭王朝已具有长远规划的要求。 秦始皇登上皇位，即无限展望皇权能够传至万代；后世王朝，莫不如此。《韩非子·喻老》亦曰："邦以存为常。"《安危》又曰："社稷常立，国家久安。"古代家国一体，明智的王朝不仅看到眼前的问题，更有长远的关怀，但这里的政治安排往往着眼于一家一姓王朝之捍卫。 以现代观念来看，这只是私家王权接续的愿景，并不是政治的全部。 政治体保全是政治本体的存在，而不仅仅是权力的延续，当然权力的延续是政治延续的重要保证。 世袭性的王朝都谈不上真正的政治视野和政治规划，共同体政治必须考虑共同体的所有人。 然而一代王朝统治数百年的现实往往模糊了朝廷与国家的区别。 虽然一个新兴王朝取代旧王朝时，通常来说国家并没有改变，但王朝本身并不等于国家。

只有政治思想家能够超越一家一姓王朝政权的局限，在更为根本的意义上提出长远的政治目标，这就是全体民众的福祉。 按照儒家学说，就是通过礼的规范，实现全社会"大同"的理想。 儒家的"小康"、"大同"都是从政治体内部界定政权保全的条件。 政治体内部保持团结，增强实力，才有能力迎接外来的挑战。 然而政治体内部政治的有效性以及自身的综合实力究竟如何，却是通过与外部世界的关系显现的，尤其是通过抵抗异族的侵扰加以衡量的。 政治体的内部状况决定它在外部世界中的地位，而其外部关系决定着政治体自身的命运。

政治的时间视野给予当下政治与未来以紧密的联系。 政治固然需要解决眼下急迫的现实问题，但必须在长远的时段上，考虑它的未来影响。 政策措施越是强调当下立竿见影的效果，越容易在未来产生难以消除的负面影响。 有些弊端当下就发生了，但有些是隐性的，要经过很长时间积累才显现出来。 然而一

---

① 埃德加·莫兰提出政治在时间中的进程应当包括当前政治、中期政治和长期政治这三种内容。 当前政治是实用主义的规划，它的要求是"较少的弊端"；中期政治是规范性的规划，它应当从现实进展的分析出发建立发展的标准；长期政治是人类革命的规划。参见莫兰《人本政治导言》译者序，陈一壮译，北京：商务印书馆 2010 年。

且显现，即以一种断裂崩溃的方式对王朝政治形成巨大的损毁。 就一定时期内能够维持政局稳定而言，专制政体是相当有效的，而且人类历史上有过多种专制政体。 但就专制的强制与压迫往往使其国民失去自主性、热情、想象力以及公共意识而言，它对政治的损害变得显而易见，而且往往是以崩溃的形式显现出来。 明、清两代皆称盛世，乾隆（1736—1795 年在位）之时号称军力强盛，能够开疆扩土，然而 50 年后的鸦片战争（1840）、100 年后的甲午战争（1894—1895）皆一败涂地，尽显颓败无力之势。 盛衰之变为何如此之速？ 实则彼时强盛之中已隐含未来虚弱之病，彼时强盛只属于旧时代，它缺乏应对未来世界所需要的各种准备，尤其是与新时代相切合的国民。 明清以后实行闭关锁国政策，对周边乃至海外形势缺乏了解。 世界开始转型，逐步进入现代，特别是现代科学技术快速发展，然而中国对此一无所知。 甚至八国联军已经到了北京，我们都不清楚他们来自何方。 西方启蒙开智，而中国时至晚清还谈不上普遍的国民教育。 中西对峙，与其说是西方列强太强，不如说是中国国民太弱，社会动员乏力，国家认同缺失。 以千年压迫规训出来的民众应对号称民主治下的民众，相去何止以道里计！

其次是大跨度的空间视野。

政治就是空间，就是有能力处理好各种复杂的空间关系。 保持最大跨度的空间视野，不仅需要处理自身控制的领域，还必须了解势力范围之外的状况，了解其他政权的空间状况，并妥善处理自身与其他政权、权力空间之间的关系，这构成了我们现在所熟悉的国际关系领域。

从历史上来看，中国一直受到周边部族的陆续侵扰。 前期中原政权发展迅速，政治成熟，文化发达，凭借自身实力成功地阻止了各种入侵。 周边的游牧民族缺乏与中原抗衡的政权形式。[①] 但后期中国所遭遇的外部环境已经完全不同。 辽金形成了比较成熟的政权，大量吸收了中原政治经验，这使得中原作为曾经的帝国遇到了强大的对手，抵抗颇为吃力。 汉族政权甚至两度中断，时至

---

① 斯特雷耶说："地理上，必须有一个核心地区。 在那里，人群能够建立他们的政治体系，当然其边界可以经历一定的波动。 一个国家需要恒久的制度，如果地区不断变动或一年中季节间的差异巨大，这种制度是很难建立起来的。 这就是为什么真正的游牧民族没有建立国家。"［美］斯特雷耶《现代国家的起源》，华佳等译，上海：格致出版社、上海人民出版社 2011 年，第 3 页。

晚清，更是受到海外力量的入侵。①

　　直到这一时期，中国的政治视野着眼的仍然是自古以来就存在的大陆格局，此时政治体需要对付的是地缘政治形成的各种关系。按照德国地理学家恩斯特·卡普（Ernst Kapp，1808—1896）关于历史发展阶段的划分，我们仍属河流文明。他认为历史首先是起源于幼发拉底河、底格里斯河平原以及尼罗河流域形成的河流文明时代；其次是内海和地中海盆地形成的内海文明时代；最后是海洋文明时代。② 明清时期，世界已经转变为海洋格局，或者说已经进入海洋文明时代，而我们对此茫然无知。未来世界将是外太空格局，人们的生存不再局限于陆地、海洋，甚至太空，而可能是外太空的类地行星。我们不能再次茫然无知。

　　政治的当下目标固然是使民众安居乐业，但长远的目标必须是塑造它的人民。它通过造就能够应对未来的人民实现政治体的保全。拥有可以依赖的人民，政治才可能长存。然而，再没有比政治造就它的人民更加漫长而艰难的事情了。

　　政治时空中的具体内容就是人。古之为政，爱人为大，中国古典政治传统中，最值得重视的经验正是其中对人的关注。政治的意义在于维护政治共同体的生存，但共同体的生存、发展根本上基于每个成员，政治体正是依靠在每一个个体意义上高度发展起来的人民力量而获得发展。政治是人的塑造过程，在塑造人的历史进程中，人们也造就了自己的政治。在这一点上，中西方的观念是相通的。西方政治家也强调，政治的目的在于为人类的灵魂服务，引导人向善，因此，统治者只是灵魂建筑师，治国的才能就是灵魂工艺。③

　　人是政治的核心，是政治的根本。④ 这一点并不取决于统治自身的政治表

---

　　① 自北宋起，北边和西边是辽、夏和吐蕃等政权。其后又有在东北崛起的金政权。宋金对峙贯穿北宋和南宋。南宋末，漠北兴起蒙古政权，入侵中原，建立元朝。明朝再与北方蒙古、东北满族抗衡，最后满族进入中原建立清朝。

　　② ［德］卡尔·施米特《陆地与海洋：古今之"法"变》，林国基等译，上海：华东师范大学出版社 2006 年，第 11 页。

　　③ ［美］谢尔登·S. 沃林《政治与构想：西方政治思想的延续和创新》，辛亨复译，上海：上海人民出版社 2009 年，第 37 页。

　　④ 用马克思的语言来说，一个发展的政治就是一个实现总体的人的政治。埃德加·莫兰《人本政治导言》，陈一壮译，北京：商务印书馆 2010 年，第 59 页。

述，甚至并不取决于官员在自己的政历中实施仁义、关心百姓的措施，它关乎的是根本意义上的政治体制、政治制度、政策措施，其立足点是人。政治由此进入一个悖论，政治的生命并不在自身当中，而是在它的对象——民众身上，它通过关注对象而获得自身的生命；政权越是想保全自身时，就越容易忘掉它是因其对象而存在，失去统治对象的政权终究不能保全自身。正如《老子》第七章所说："圣人后其身而身先；外其身而身存。非以其无私邪？故能成其私。"

政治是人的解放，人通过自身而实现人的全部。正是在这个意义上，政治不是管束、管制，不是让人民像植物一样固定在被完全控制的土地上的手段，而是人实现自我解放的途径。

基于这样的认识，我们判断一个朝代的政治及其政治观念就有了一个基点，即一个好的王朝政治总是能够给后世带来更多积极的影响，特别是为后来的民众应对未来的挑战奠定充分的基础。这样说来，中国传统政治及其政治思想，从孔子时代一直持续到晚清，总体上是值得充分肯定的。历史地看，在历经 2500 年的各种考验与危机之后，中华民族以及中华文化仍然延续至今，其中原因固然很多，但很大程度上不能不说是传统政治的功绩。

但另一方面，这一伟大的政治传统，又有一些部分给它的民众带来困惑与痛苦，特别是近代以来所遭受到的巨大挫折，不禁使我们认为传统政治在什么地方出了问题。站在现代政治学的立场，我们对传统政治观念更是提出了某些疑问。但无论如何，我们都会在这种反思与批判中，保持我们与传统的情感联系，正是强烈的情感认同使得我们的批判、质疑能够与传统文化精神保持内在的一致性。

我们希望这是一种能够激发自我批判、自我反省的中国政治思想史，我们不仅能够从中获得自我的理解，更能够获得应对未来的启发。通过理解历史，我们试图发展一种新的政治，未来的政治。通过政治，我们能够像世世代代的祖先那样赢得未来。

按照本书的设想，我们将沿着中国政治思想所经历的古典政治、精英政治以及专制统治这三个主要阶段，着重考察一元体制、政治观念的变迁以及知识体系对政治的影响等方面的内容，展现中国政治思想史的丰富面貌和曲折经历。

我们试图摆脱某种文化自恋情结以及对传统的情感疏远，找到一种对传统政治更为客观的态度，从新的角度为未来的政治提供某些参考基点，立足当代来理解历史。 正因此，这一政治思想史不仅在于展现传统政治思想的博大精深，更在于追问，有哪些源自传统的政治观念消失了，哪些仍然在发挥作用，什么是我们至今仍能信守的传统政治观念，什么是当今需要重新审视的政治思想，哪些是仍在妨碍我们进步的不利因素与根源。 这是我们写作一部政治思想史时希望能够充分展现的内容。

第一部分　古典政治时代

先秦是中国政治思想最具有原创性的发展时代。它不仅是中国政治思想发生的源头，也是中国政治思想的核心，它提供了一系列最为重要的经典著作。如果我们的言行发生偏差，它是可以校正的基点。

当时虽然是狭义的封建社会，社会生活简单，与我们现代社会政治生活形式相距甚远，但那个时代的政治思想内容，却是最接近人，接近人本身。政治不是为了政治，为了权力，而是为了人。这一点在古典政治时代的许多政治论述中都有体现。上古时代政治观念作为思想的源泉，即使在今天，我们仍然能够从中获得源源不断的启发与力量。回到古典政治，恢复古典政治精神，具有重要的现实意义。每一次回归，都是一次新的出发。

这一部分我们首先讨论中国政治思想的起源，在接下来的几章里，讨论它的一些重要的议题。

第一章

先秦古典政治的起源

中国传统政治思想的最早源头，早已渺茫不清。有大量文献讲述政治与政治观念的时代，已经到了春秋战国时期。这个时期，思想活跃，百家争鸣，呈现出各种潮流相互冲突激荡的壮观场景。我们试图从这一宏大壮丽的场景中推测更早时期的观念起源。

1. 起　源

中国古代政治思想可以认为起源于黄帝。黄帝时代久远，古文献中记载其事玄虚缥缈，充满传说、神话，但现代认为神话实际上是用了另一种形式描述古人眼中的事实。上古记述帝王世系非常准确的例子也反映出古人对于口头传说的态度，远比今人所认为的神圣、严肃。古文献中传说古之道术源起于黄帝，至少反映出一个事实，即古人相信古代政治思想起源于黄帝。

"道术"，古典文献中又称之为道论、帝王之术、黄老之术、君人南面之术等，大体都是一个意思，即统治术。我们完全有理由认为，这是政治思想的核心内容。道术是随着远古部落、族群社会的发展逐步形成发展起来的，但很难说明它形成于何人之手，起源于何时。但有一点可以肯定，道术并不是在作为诸子之一的道家兴起之后才有的，也不是从《老子》书出现之后才形成的，在此之前，它已经存在了很长时期，是相当古老的学说。胡适所说的"老子是最先发见道的人"，显然不合其他文献记载。张舜徽首先举《老子》书第十五章"古之善为道者，微妙玄通，深不可识"等例，说明"在老子之前，已有不少的人阐明过这些道理，为他所继承了"。其次，《庄子》书中的一些记载也表明，在"老聃之前，还有这方面的老前辈，为老聃学说之所自出"。第三，从《汉书·

艺文志》"道家"类著录的情况看，在《老子》书前，还有《伊尹》等著作。① 从张舜徽的说明可以见出，有关道术的思想，确实源远流长。 按照传统的看法，道术就是起源于黄帝。

黄帝事迹已经不得而知，但从典籍中流传下来的片言只语中可以看出大概。《史记·五帝本纪》中说，他能够"修德振兵，治五气，蓺五种，抚万民，度四方"，"举风后、力牧、常先、大鸿以治民。 顺天地之纪，幽明之占，死生之说，存亡之难"。 他治理的时期，天下太平，《管子·五行》中称达到了"治之至"。黄帝本人，《管子·法法》中也称赞他是"帝之隆也"。 他治理天下的办法，涉及诸多方面："修德振兵"；设立官职，制定礼法，"为君臣上下之仪，父子兄弟之礼"②；"置法而不变，使民安其法者也"③；"钻燧生火，以熟荤臊"；④发明五音，制作五钟，又"令伶伦作为律"等。⑤

来自不同记载的片段似乎都表明黄帝是一个追求"道"的统治者。

《管子·地数》载，黄帝问于伯高曰："吾欲陶天下而以为一家，为之有道乎？"

《庄子·在宥》载，黄帝立为天子十九年，令行天下，闻广成子在于空同之上，故往见之，曰："我闻吾子达于至道，敢问至道之精。"

《列子·黄帝》载，黄帝曰："朕闲居三月，斋心服形，思有以养身治物之道，弗获其术。 疲而睡，所梦若此。 今知至道不可以情求矣。 朕知之矣！ 朕得之矣！"

论者当然可以轻而易举地质疑这些文献以及记载的可靠性，但如果不计较故事的细节，那么这些记载至少可以简化为一个基本陈述：黄帝求道。 这些来自不同时期、不同地域的记载都在说明黄帝留心于治道，或求师，或自省，都试图获得修身治国的道术。 如果所有的文献都指向一个基本的事实时，至少可以说明这些文献的记述者相信这一事实。 我们不可能假设，来自不同时代、不同地

---

① 张舜徽《周秦道论发微》，收入《张舜徽集》，武汉：华中师范大学出版社 2005 年，第 18 页。

② 《商君书·画策》。

③ 《管子·任法》。

④ 《管子·轻重戊》。

⑤ 《管子·五行》、《吕氏春秋·古乐》。

域、不同文本系统的陈述者，都相互合谋，巧妙地将这些有着基本一致性的不同故事共同伪托在黄帝身上。 巧合的概率自然远远小于确实存在这一事实的概率。 黄帝时代口耳相传下来的记忆，可能比我们想象的更可靠。

黄帝对道的追求构成了道术的源头，道术的最基本原则应该是在黄帝时代就确立了。 商周时期，随着当时政治形势的复杂化，道术也形成了新的发展。 战国诸子兴起，道术的主要内容在道家学说中得以保存。 应该说，黄帝之道、古之道术以及道家学说，有着高度的一致性。《管子·任法》："黄帝之治天下也，其民不引而来，不推而往，不使而成，不禁而止。"这应当就是无为而治。 道术就是自黄帝以来积累的政治经验，黄帝是其源头。 道家也将思想的源头推到黄帝，合称黄老之术。 这样，黄帝之术、道术以及老庄道家思想就形成了一个发展线索。

西周时代，中国上古政治思想获得了真正的发展。

西周立国之时，统治范围之广，政治关系之复杂，社会矛盾冲突之激烈，而当时应对处理之明智，其政治意识之明确，政治思想之智慧，可以说都已达到非常成熟的高度。 无疑，西周可以作为中国政治思想史实际讨论的起点。 这不仅因为西周制度与后来的制度有着密切的关系，也不仅在于周公制礼作乐，为后来的王朝奠定了政治、文化基础，而且还因为周代已经有《诗》、《书》等"五经"，周人的政治思想我们可以看得比较清晰，而且五经直接孕育了儒家政治学说，至少儒家相信他们是周人精神上的继承者。 今人看来最具有原创性的诸子思想，班固认为正是起源于周代王官之学。 探讨中国政治观念发展史，周代是我们可以选择的开端。

萌芽阶段的思想大多具有强劲的生命力，但有待成长与发展。 然而，我们打开中国先秦政治思想发展的第一页，就会发现它已经相当成熟。 原因在于，在先秦诸子的思想书诸竹帛之前，中国已有商周上千年漫长的政治实践以及思想发展的历程，由此积累了极为丰富的政治经验和充满智慧的思想观念。 只不过因文献缺乏，我们看不到早期政治思想发展的详细过程，能够看到的已经是它的成熟形态。

2. 隐秘的道术

中华文明起源很早。 文明总是意味着特定的社会组织形式，而组织，即使最初级的形态，都有相应的组织形式、领导策略、行动原则等，这些经验日积月累，形成了所谓的政治经验、政治知识。 这些政治经验古代称为道术、道论、黄老之术、君人南面之术、帝王之术等，即统治术。 换成今天习惯的表述，可以说是一个有机群体为保持其生存、适应性而形成的组织措施。

《庄子·天下》中列举老聃、关尹、墨翟、禽滑厘、慎到、彭蒙、田骈、宋钘、尹文、庄周等人的学术，只称"道术"，并认为"道术将为天下裂"。《韩非子·难言》中也以伊尹、傅说、比干、管仲、孙膑、吴起、公孙鞅等为"仁贤忠良有道术之士"。 胡适说："不论是老聃，是墨翟，是慎到、尹文，他们求的都是一条道路，一个方法，尽管不同，终究可称为道术。"① 《汉书·地理志》曰："初，太公治齐，修道术，尊贤智，赏有功。"此外《管子·制分》、《墨子·尚贤》等都提到过"道术"②。 何为道术，文献中并没有清晰的界定，但从这些相关文字的上下文，不难理解，所谓道术就是治道之术。

"道论"的意思与"道术"一样，也是治道之术，君人南面之术的意思。《淮南子·要略》："著书二十篇，则天地之理究矣，人间之事接矣，帝王之道备矣。……夫道论至深，故多为之辞以抒其情。"《史记·太史公自序》："太史公……习道论于黄子。"③《汉书·司马迁传》："司马谈习道论于黄子。"《太史公自序》"集解"："徐广曰：《儒林传》曰：黄生好黄老之术。"则道论即黄老之术，亦即道术。

《汉书·艺文志》说："道家……历记成败存亡祸福古今之道，……此君人南面之术也。"这是说，道家掌握的是历代王朝"成败存亡祸福古今之道"，这个"道"就是"君人南面之术"、统治术，亦即《庄子》所说的"道术"，古人所谓

---

① 胡适《中国中古思想史长编》，上海：华东师范大学出版社 1996 年，第 33、34 页。

② 《管子·制分》："圣人贤士，不为爱尊爵；道术知能，不为爱官职。"

③ 张舜徽《周秦道论发微》，收入《张舜徽集》，武汉：华中师范大学出版社 2005 年，第 6 页。

"道论"。

道术就是权力维持、治理天下的知识经验。如果在中性的意义上使用"统治"一词，那么"道术"就是统治术，即最高统治者的政治知识与经验。上古文献中"道术"大多用作专门的术语，这意味着统治者是把政治作为一个特殊领域中的特殊技术来理解，这说明统治者已经能够从政治角度来观察社会生活。

上古社会生活相对简单，政治经验内容包罗万象，文辞简明而深刻。最主要的劝诫都是针对统治者而言，要求君主清虚自守，卑弱自持，少私寡欲，无为而治。这些现在早已为人熟知的内容，在当时却是以一种机密形式存在的知识体系。我们来看"道术"的隐秘性。

道术，是最高统治者掌握的治国方针，一般官员、民众不得了解，因此不可公开，正如《老子》第三十六章所说："国之利器不可以示人。"《韩非子·难三》曰："人主之大物，非法则术也。法者，编著之图籍，设之于官府，而布之于百姓者也。术者，藏之于胸中，以偶众端而潜御群臣者也。故法莫如显，而术不欲见。"道术事关重大，除了极为有限的共享者外，它既不会被公开谈论，更不会诉诸文字。大约周代，这些原本口耳相传的秘密知识才逐渐著于竹帛。但即使书于竹帛，亦如司马谈《论六家要旨》中所说："其实易行，其辞难知。"其言难知的原因，在于用语晦涩而记述简略，如《老子》书中"治大国若烹小鲜"，初闻者不知所谓；又多为韵文，当是易于记忆。"其辞难知"提高了内容的保密性。

这些机密的内容类似格言，文辞简略，段落很短，分别书写在矩形木板上，称之为"方"。当时的习惯大约是把经验、方法、法则等概括为简短的文字书写在"方"上。道术写于"方"上，药方也是写于"方"上，写在"方"上的内容大约都是经验总结，可以用来指导未来的实践。现代汉语中"药方"、"处方"、"秘方"、"方法"、"方针"、"方略"等词语仍然清晰地表明了它们来自"方"上记录的事实。这类方版多了，需要集中管理，所以《礼记·乐记》中说："方以类聚，物以群分。"古人是按照特定的类别将"方"放在一起，以类相从，便于查找。

周之"藏室"中显然有很多方书。《史记》中说老子是周朝"守藏室之史"。藏室，就是收藏存放图书文献的地方，大概是建在殿柱之下，所以又称"柱下"，类似《商君书》中所谓的"禁室"①。 老子是守藏室之史，也称"柱下史"。 史书中还说"柱下方书"，则老子所守，多为方书可以无疑。

周代，道术诉诸文字，写在"方"上，属于机密文献，收藏于藏室，即汉代兰台之类的机要部门，一般人根本无从接触，即使一般官员贵族也不得其详。老子管理这些方版及类似图书，研究这些书的内容，所以他熟悉"成败存亡祸福古今之道"。 吕思勉说，《汉书·艺文志》"所谓'历记成败存亡祸福古今之道'者，实当在秘书之中"。 周王朝藏室所藏，正是此物。② 晚周之时，周室衰微，藏室中的方书逐渐散佚民间。《庄子·天下》曰："惠施多方，其书五车。"此"方"当即记载道术内容的方版。《韩非子》中颇有类似《老子》的押韵格言，推测起来也当是写在"方"上的文字，后散佚民间，为韩非子所了解。

天下动荡，方书内容为学者所重。 史传称老子"见周之衰，乃遂去。 至关，关令尹喜曰：'子将隐矣，强为我著书'"。 关令尹高兴（一说喜是关令尹的名）的原因正在于即将隐居的老子可以传写藏室中机密的道术。 老子已经辞官，可不必坚守保密的职责。"老子乃著书上下篇，言道德之意五千余言而去"，道术内容通过这种方式进一步传播到民间。 秦汉之际的"帝王之术"，在新王朝的崛起过程中发挥了重要作用。

3. 道术的传承

任何知识系统、实践经验都有相应的传承，上古道术也不例外。 道术作为与政治、统治有关的特殊的"术"，"不可以示人"，并且必须由专门的人掌握。

最高统治者必须掌握南面之术。 君主不仅掌握运用道术，还可以根据自己的实际政治经验丰富这一知识体系。 理论上讲，他可以亲自将统治术传授给未来继位的君主，但这显然有很大风险。 实际政治中，继承人常常会发生变动，既定的太子很可能在最后一刻没有登上王位。 如果遇上改朝换代，那么依靠帝王传承的统治术显然会有中断的危险。

更直接掌握道术的人是王朝的辅臣、史官等。 他们掌握道术，不仅作为帝

---

① 《商君书·定分》："为法令为禁室，有铤（键）钥为禁而以封之。"
② 吕思勉《先秦学术概念》，上海：东方出版中心1985年，第26页。

王之师，指导帝王实施统治，而且还负责道术的传承。古典文献中经常称统治者为体道者、得道者，《荀子·儒效》曰：“圣人也者，道之管也。”君王并非都是得道之人，但传递道术的辅臣史官一定是得道者。《庄子·在宥》载黄帝称广成子“达于至道”，故要向其学道。

《汉书·艺文志》里说道家出于史官。老子是史官，后来的道家思想都从他这里发展起来的，所以道家出于史官。周王朝的史官，最初地位很高，他一方面是朝廷重大事件的书记官；另一方面，又通晓天文、地理以及历代王朝成败兴衰的各种经验教训，知识渊博，因而是王朝政治上的指导者，为统治者提供各种劝谏指导和历史借鉴。张采田《史微》曰：

> 昔者黄帝既执道以济天下矣，知道为君人之要术，得之者昌，失之者亡，故立史官而世守之，以垂诫后王。非得道者如夏之终古，商之向挚，周之辛甲、尹佚，莫能居是职焉。而一时佐人君、明治理者，若伊尹辅汤；鬻熊、太公兴周；管仲治齐，亦无不推原斯学以秉要而执本。降及东迁，天子失官，老聃乃以守藏史述黄帝上古之言，著道德五千言。庄、列、关尹之徒羽翼之，号为道家，盖始此矣。是故道家者，君人南面之术，六艺之宗子，百家之祖，而我孔子所师承也。[①]

说得很清楚，“道为君人之要术……立史官而世守之”，而伊尹、太公、管仲等皆通道术，其间皆当有一定的传承关系，只是时代久远，不能确指。

在天下太平之时，掌握治道的辅臣的作用往往不明显，但在改朝换代之际，他们所掌握的道术就显得特别重要了。旧朝的辅臣史官总会以某种方式将这一知识经验传递给新兴的统治集团。道术显然超越了新旧王朝的冲突，成为某种客观性的知识。

成汤克夏，如果没有伊尹的辅助可能会更加艰难；武王克商，如果没有太公望的辅佐也是不可想象的。伊尹、太公都来自旧王朝的核心集团，新兴的政治集团早已把目光集中在了那些掌握道术的人身上。《史记·殷本纪》说，汤使人聘迎伊尹，“五反然后肯往从汤，言素王及九主之事。汤举任以国政”。《齐太公

---

① 张采田《史微》卷二《原道》，上海：上海书店出版社 2006 年，第 24 页。

世家》载，周文王与太公语，大悦，曰："自吾先君太公曰当有圣人适周，周以兴。 子真是邪？ 吾太公望子久矣。"

伊尹辅佐成汤伐桀，平定海内。 汤崩，太子太丁未立而卒，两任继任者皆短命，伊尹于是立太丁之子太甲为帝。 帝太甲暴虐，伊尹放之于桐宫，自摄行政当国，以朝诸侯。 太甲改过，伊尹迎帝太甲而授之政。 商朝立国，伊尹发挥了重要的作用。 伊尹显然就是道术家，掌握着古代积累传承下来的道术。《史记·殷本纪》曰伊尹"负鼎俎，以滋味说汤，致于王道"，或曰伊尹"从汤，言素王九主之事"，伊尹所说的这些内容，姚振宗、顾实、张舜徽等学者一致认为就是君人南面之术。《汉书·艺文志》道家类首列"《伊尹》五十一篇"。 班固也把伊尹看成道术的开山祖。

伊尹的道术自当有所传承。 伊尹本为夏臣。 皇甫谧《帝王世纪》曰："帝桀淫虐……伊尹举觞造桀，谏曰：'君王不听群臣之言，亡无日矣。'"《尚书大传》曰："伊尹入告于桀曰：'大命之亡有日矣。'桀哑然笑曰：'天之有日，犹吾之有民也。 日有亡哉？ 日亡吾乃亡矣。'是以伊尹遂去夏适汤。"《帝王世纪》曰："伊尹，力牧之后，生于空桑。"[①]力牧是黄帝之臣，则伊尹的道术渊源于黄帝、力牧自当可以推测。

其后，辅佐之臣掌握道术成为传统。 商朝武丁时代的傅说、祖己，纣之臣祖伊、箕子等也当是道术家。 周武王克商，特意访问箕子，问"彝伦攸叙"。 箕子所述内容，记录在《书·洪范》中。 众所周知，《洪范》所述就是君人南面之术，历代帝王非常重视，朱熹亦说它"是治道最紧切处"，"天下之事其大者，大概备于此矣"。 不难看出，箕子是道术家。[②] 殷商一代，从伊尹开始，通过傅说、箕子等重要的辅臣，道术不断得到学习、运用，并传递下来。

道术在辅臣手中，就不会因为王朝的覆灭而失传。 太公望吕尚，是商周之际道术的集大成者，《汉书·地理志》曰："初太公治齐，修道术，尊贤智，赏有功。"直接称他"修道术"。 但其道术传自何人，已不得而知。《史记·齐太公世家》载："或曰：太公博闻，尝事纣。"如太公事纣是事实，那么，他与箕子一类重要的辅臣来往并学习道术，就是极为可能的事情了。 武王即位，九年，"上祭

---

① 见《史记·殷本纪》索隐引，北京：中华书局1982年，第94页。

② 《庄子·大宗师》："若狐不偕、务光、伯夷、叔齐、箕子、胥馀、纪他、申徒狄，是役人之役，适人之适，而不自适其适者也。"

于毕。 东观兵，至于盟津"。"诸侯皆曰：'纣可伐矣。'武王曰：'女未知天命，未可也。'"《齐太公世家》解释，这只是"东伐以观诸侯集否"的一次演练而已。"居二年，纣杀王子比干，囚箕子。 武王将伐纣，卜，龟兆不吉，风雨暴至。 群公尽惧，唯太公强之劝武王，武王于是遂行。 ……誓于牧野，伐商纣。"纣王虽暴，然而此前其辅臣都在，他们当中甚至可能就有太公的老师，因此并不是讨伐的最好时机。 纣王杀比干，囚箕子，能够出谋划策的辅佐尽去，太公的真正对手已经不可能发挥作用，此时，即使"龟兆不吉，风雨暴至，群公尽惧"，太公也充分意识到时机已经成熟，强劝武王行动。

武王克商，旋访箕子；箕子传《洪范》；克商之前，太公把他视为真正的对手。 这三条线索，促使我们相信，箕子是殷商末期的道术家，而且很可能就是太公学习帝王之术的老师。

太公辅助文王、武王两代君主，完成克商的大业，史籍记载主要是太公的谋略。《齐太公世家》曰："（文王）与吕尚阴谋修德以倾商政，其事多兵权与奇计，故后世之言兵及周之阴权皆宗太公为本谋。 ……天下三分，其二归周者，太公之谋计居多。"武王克商，"迁九鼎，修周政，与天下更始。 师尚父谋居多"，封吕尚于齐营丘。 协助周王完成如此伟业，太公仅仅依靠个人的才智是远远不够的，掌握历史积累的政治经验即所谓的道术是获得成功的关键因素。 从其经历中可以看出，他当是从殷商辅臣那里继承了道术。

周公显然是这一知识的共享者，子夏说周公师从太公。《史记·周本纪》曰："武王即位，太公望为师，周公旦为辅。"在此后的多次征伐过程中，周公旦常常辅翼武王，与太公望俨然成为武王的左右辅佐。 当时，成王幼，周公在武王诸弟中最贤，在这种共同事业中，太公望将传统政治经验传授给周公是情理之中的事情，况且，周公目击而道存，不可能于太公望的道术没有丝毫的领会。而周公的行事与当年伊尹的做法又何其相似！ 成王年少即位，周室根基不稳又面临叛乱、分裂的局面，周公毅然摄政，终于成功地巩固了周政权。 就其行迹而言，他仿佛就是参照了商初伊尹的做法而重新加以实施，这就没有理由使人不相信他继承的是自伊尹时代以来的道术传统。

太公的道术在齐国当有流传。 齐桓公时高傒（高敬仲），太公的后裔，为齐卿，富有治理之才。《左传·庄公九年》鲍叔称："管夷吾治于高傒，使相可也。"管仲比高傒更有政治才能。《管子·四称》载管子曰"夷吾闻之于徐伯曰"

云云，可见管仲之术亦自有传承。至少在《管子》书中，能够看到很多道术方面的言论。

周公的道术在鲁国似乎并没有传承。周公摄政于京师，其道术传承或集中在周室。周之藏室、柱下保存着道术方面最重要的文献。春秋末，周室衰微，文献散佚，道术于是流传民间。《老子》书的出现标志着春秋战国时期政治学的重大转折。原先仅为极少数人掌握的道术，如今了解的人增多了。战国时期，潜心研究的人更多，许多学人都在学习。《史记》、《汉书》列传中记载，年轻学者都到京师学帝王之术，可见道术之流行。

4. 道术裂而百家兴

春秋战国之时，道术体系发生了变化：原先为少数人掌握的秘密知识，如今成为学者研究的内容；原本作为整体统一的知识体系，现在分化了。

最早提及这种分化的是《庄子》书。《庄子·天下》曰："悲夫！百家往而不反，必不合矣！后世之学者，不幸不见天地之纯，古人之大体。道术将为天下裂。"百家兴起之前[①]，道术浑然统一；百家之学兴起之后，"道术将为天下裂"，道术分裂为诸子百家之说，"天下多得一察焉以自好"，"天下之人各为其所欲焉以自为方"。作者感叹，"天下之治方术者多矣"，然而"古之所谓道术者，果恶乎在"？许多人都在讲道术，他们讲的是道术吗？这是思想史、学术史经常出现的现象：随着一种观念、知识的普遍流传，带来的是各种衍变。

古代道术思想具有统一性、整体性，用《庄子》的话说，就是"古之人其备乎！配神明，醇天地，育万物，和天下，泽及百姓，明于本数，系于末度，六通四辟，小大精粗，其运无乎不在"。兼收并蓄，面面俱到，浑然一体，这是古代思想的共同特征。能够"见天地之纯，古人之大体"的道术，实际上是上古思想学术的集大成，是从政治角度对古代知识体系的总结。

---

① "百家"一词见于《庄子·天下》篇，而"诸子"一词相对晚出。陈柱曰："诸子一名，始见于刘歆《七略》。在《庄子·天下》篇则称曰百家，汉司马谈亦尚称为百家。谓之诸子，不知何自，始疑始于司马谈。以后而略本于荀卿，盖荀卿有《非十二子》篇，有实数可指，故曰十二子，无实数可指则曰诸子矣。"见陈柱《子二十六论》，桂林：广西师范大学出版社 2008 年，第 1 页。本文中"百家"即"诸子"，不做分别。

　　文献缺乏，现在已经无法了解上古道术的具体内容，但推测起来，《管子》书有些篇目或最近于上古道术的面貌。《管子》，《汉书·艺文志》属之道家，《隋书·经籍志》隶之法家，今人吕思勉谓其"实成于无意中之杂家也"。其中不仅有道、法家内容，还涉及阴阳家、兵家、纵横家、农家言。如果说古代学术集大成的特点就是杂的话，那么把《管子》书看作杂家或有道理，而胡适说"杂家是道家的前身，道家是杂家的新名"①，似乎也可自圆其说。但《管子》书大体是管子时代流传下来的文献，其时百家尚未兴起，与其说《管子》书涉百家之言，有近杂家的话，还不如说《管子》书是古代道术的汇编，为后来百家之学的渊源之一，各家都能在其中找到自家影子。《管子》书中所论，如《侈靡》一篇，颇难理解，轻重之说，皆不见于他书。《管子》一书最可见出未"为天下裂"之前的道术。

　　从管子与齐桓公的对话中可以看出，管子相齐，起初就有按照时间进程的明确规划，而规划的依据当是作为古代政治传统的道术。依靠这个传统，统治成为一种可以预先构想、设计的技术与操作。管子治齐，事涉多端，筑城安民、相土征税、赏罚劝诫、财政管理、基层组织、军队建设等，无所不包，涉及古代社会生活的各个方面。又如"方六里为一乘之地"、"万家之众可食之地方五十里"之类，②皆为经验之谈，绝非闭门造车、纸上谈兵之见。管子政治，不仅有具体的实践操作，更有内在的原则指导，从上到下，细大不捐，由此形成一个整体，体现的正是古代道术综合、统一的特征。

　　后世道术分裂为各家之说。晚周之世，社会分崩离析，动荡不安。王室衰微，封建体制走向衰落，社会固有的秩序面临瓦解，传统礼义正在失去它的权威，约束力量减弱。诸侯国内的政治局面混乱，通过强力夺取权力的做法越来越普遍，齐之田氏、晋之六卿、鲁之三家等贵族世卿皆排斥君主把持朝政。权力更迭也越来越频繁，正如《孟子·滕文公下》中所说："世衰道微，邪说暴行有作：臣弑其君者有之，子弑其父者有之。"《春秋》记载二百四十年的历史弑君就有三十六次。《荀子·解蔽》曰："诸侯异政，百家异说。"当时英杰四起，目击世变，皆欲竭其所学，以救时艰。他们基于自己的经验与知识，设计了不同

---

　　① 胡适《中国中古思想史长编》，上海：华东师范大学出版社 1996 年，第 33、34 页。

　　② 分别见《管子》卷一《乘马》、卷五《八观》。

的社会矛盾解决方案，彼此争论，形成百家争鸣。

　　春秋战国，官学演变为私学，道术散佚民间，逐步成为私学的组成部分。西周学术在官府，民众以官为师，以吏为师。道术实为官学最核心的内容。晚周之世，道术一方面作为古典政治学的源头哺育了后来的思想家，但另一方面，它又失去了与现实统治完全融合一体的基本特征。诸子人物已非昔日朝廷中的辅臣史官，不再作为最高统治集团内部的成员；诸子之说也非统治者直接掌握的治国之道，而是知识阶层为统治者、为现实政治提供的治道指南、政策咨询。政治与学术、权力与知识两者之间由此形成分离。这种分离使得传统时代的学者、思想家始终渴望着重新回到能够影响现实政治的地位上来，捷径就是成为帝王之师。

　　古典政治思想经历了一个变化：诸子兴起之前，有所谓"道术"的存在，它主要关乎政治，浑然一体；战国诸子兴起之后，道术思想在诸子之学中分化，并得到继承和发扬。本来已有的游士说客都从道术思想中汲取资源，根据各自的不同倾向（对社会的观察、性情、教育、阶层）发展出不同的学说，并且相互之间竞争。竞争削弱了原先道术中"中和"、综合、不可分离的特点，而加强了各派学说鲜明的特征。不同于《管子》浑然杂糅，战国时代诸子的言论，多执一端。它首先需要打动人主，夸张自己学说的有效性，由此形成了诸子政治学说在说辞上的共同特点。

　　先秦的政治思想发展的主要特征在于从浑然统一走向分化。传统道术孕育了不同的诸子政治学说。在政治的观念层面上，各种学说处于相互竞争的阶段，虽有彼此消长，但还没有一种学说能够完全占据主流。但在政治的操作层面上，列国竞相寻求富国强兵之道，法家思想及其变异、融合的形式成为趋势，秦国以此作为政治实践的主导思想。随着秦国统一中国，法家观念在短时间里成了政治领域中最重要的指导原则。

5.《老子》及道家理论

　　《老子》是口述史时代道术的文献残存。口述史时代，道术、君人南面之术主要是通过口耳相传的形式传承，后来书诸竹帛，我们推测，主要书写于"方"即方版之上。《老子》当即这类方版文献再次汇编的产物。

关于老子，我们知道得很少，仅有一些很不确定的记载。他是陈国人，楚国灭了陈，他又算是楚国人。他生活在春秋后期，与孔子同时但略早于孔子。《史记·老子韩非列传》中说老子姓李，名耳，字聃，是周王朝的"守藏室之史"，即王朝的史官。史官掌握着道术、统治术，即治理国家的法则，熟悉王朝"成败存亡祸福古今之道"，可以为统治者提供必要的借鉴。后来的道家就是从这一路发展起来的。

《史记·老子列传》说在关令尹的请求下，"老子乃著书上下篇，言道德之意五千余言而去"。老子"著书"，不仅不同于我们今天意义上的著书或写作，也不同于《论语》、《孟子》的成书。今天的写作，是作者把自己的闻见、想法、观念撰写出来的过程。《论语》是弟子或再传弟子亲耳聆听孔子教诲之后的记录；《孟子》也是弟子记录孟子的话。老子写书，严格说来，并不是写他自己的想法，他只是把藏室中的方版或者其他文献中他认为最重要的话传抄出来。具体说来，他只是默写他所背诵、所熟悉的"成败存亡祸福古今之道"的内容。所以《老子》书，是老子之前古老道术思想的摘编、汇编，正如吕思勉所说："所谓道德五千言者，实藏室中之故书，而老子著之竹帛者耳。"①就是说老子是把当时藏室中所藏旧书的部分内容写了下来。

《汉书·艺文志》说："清虚以自守，卑弱以自持，此君人南面之术也。"班固概括南面之术，就是"清虚"和"卑弱"两句话。从行动方面来说，统治者自守的、自持的就是"清虚"和"卑弱"。

"清虚"就是虚，就是清静寡欲；"卑弱"，就是自谦、柔弱。合在一起就是"谦虚"两个字。需要说明的，这话是针对统治者而言，不是针对百姓说的。百姓本来就卑弱，还需要"卑弱以自持"吗？不管自持与否，百姓都卑弱。草民本来就很难有填饱肚子之外的其他渴望，有还是没有，都从没实现过，他还需要"清虚以自守"吗？所以，"清虚以自守，卑弱以自持"，即所谓谦虚，都是针对统治者、在位者而言。

统治者为什么需要"清虚"和"卑弱"？因为他强势，有权力，能够做到想做的事情。所以老子提出来，要用清虚和卑弱来应对自己，以避免因为自身的傲慢、强势而带来灾难。

---

① 吕思勉《先秦学术概念》，上海：东方出版中心 1985 年，第 26 页。

在道家哲学看来，太过强势或一味强盛的东西都不可能长久。这正是老子"反"的概念。《老子》第四十章曰："反者道之动。"第二十三章又说："飘风不终朝，骤雨不终日。孰为此者？天地。天地尚不能久，而况于人乎？"强劲的风不会刮一个早晨，猛烈的雨不会下一整天，谁做的这些事情呢？天地。天地尚且不能保持长时间的强劲猛烈，更何况人？这其中包含着基本的辩证思想，对于政治尤其如此。

所以老子提出来，强势的权力者必须以"弱"的面貌出现，必须"用弱"，正如《老子》第四十章所谓"道者弱之用"。道之所以能够长久，在于它总是以弱的方式实现自身的作用。人法自然，强悍者须以柔弱的方式处理事情，雄壮者须以雌柔的面貌出现，正如《老子》第二十八章所说："知其雄，守其雌"；"知其白，守其辱"。学者解释："深知雄强，却安于雌柔"；"深知明亮，却安于暗昧"[①]。这些话都是针对统治者、优胜者、强势者说的：你是雄强，却安于雌柔；你充满睿智，却安于蒙昧。对于弱者，这些话就没有太多意义了。他本来就是一个弱者，还让他守着柔弱吗？根本不用守，他就是弱。他是蒙昧者，还让他守其蒙昧吗？根本不用守，他就是蒙昧。只有强势的权力者才需要用弱。用弱只是渠道，韬晦只是手段，争取社会的长治久安才是统治追求的目标。用弱才可能赢得人们的拥戴。相反，强势者如果一贯以强悍霸道的面貌出现，在所有的领域都要争先得胜，这势必会造成社会底层情感上的疏远，引起不必要的麻烦，所谓"富贵而骄，自遗其咎"。

不仅要柔弱，而且还要处下。处下就是谦卑。《老子》第八章说："上善若水。水善利万物而不争，处众人之所恶，故几于道。……夫唯不争，故无尤。"老子说，最好的善就像水一样。水滋润生命，清洁万物，而不与万物相争。在水中洗手，你带走了干净，却把肮脏留给了水。水总是往低处流，处在大家不喜欢的地方，所以水最接近道的品质。正是因为它不与万物争，所以没有灾祸。

道能柔弱，水能处下，所以圣人、统治者治理天下也须谦卑。《老子》第六十六章说："圣人欲上民，必以言下之；欲先民，必以身后之。"这是说，圣人作为统治者要治理人民，就要说话谦卑；要让人民紧跟你，就必须把人民的利益放

---

① 陈鼓应《老子注译及评介》，北京：中华书局 1984 年，第 181 页。

在最前面。 这样，圣人即使处在统治的地位上，人民不觉得你压得很重；你带领人民，人民也不会与你作对，都会始终拥戴你，所谓"圣人处上而民不重，处前而民不害。 是以天下乐推而不厌"。《老子》第七章又说："圣人后其身而身先；外其身而身存。 非以其无私邪？ 故能成其私。"领导者必须把自己的利益放在群众的后面，群众就能紧跟你；把自己的利益置之度外，你的利益就能够在群众中保存。 对于统治者而言，你最大的"私"就是争取天下归心，赢得万众支持。 因此，只有无私，才能够成就自己的这一"私"。《老子》第六十六章："以其不争，故天下莫能与之争。"在名利上都不争，天下就没有任何力量与你抗争，圣明的统治就能够长久。

《老子》一书提及"小国寡民"，又有"牝牡"等古词，所以我们倾向于视它为古老道术思想的摘编、汇编。 另外，它与老子所处春秋时代的关联反而不甚紧密，不像《论语》、《孟子》，可以透过文本看到当时的社会状况。

上古时代的道术思想，大约还散布在其他的文献当中，如《管子》书中的有些篇章以及《书·洪范》等，当然它们很可能经过了各种形式的编辑，很难看作直接的文献证据。

6. 无 为

古典政治在统治、社会治理方面有一个基本倾向，就是尽可能少做、尽可能减少扰动的保守倾向。 用道家术语来说，这就是"无为"。

道家强调必须抓住政治的关键。《汉书·艺文志》说："道家者流，盖出于史官，历记成败存亡祸福古今之道，然后知秉要执本，清虚以自守，卑弱以自持，此君人南面之术也。"道是根本，因此"秉要执本"的"要"与"本"，不是某一具体事务的方法，而是所有事务的法则，这就是"无"，即清虚，无为。 统治者抓住这个根本，"清虚以自守，卑弱以自持"，那么治理的最重要的问题就解决了。

无为，是道家政治思想的核心。 为什么政治的根本是无为？

道家所谓"无为"，绝非死寂，完全不行动。 不能把无为理解为取消作为，不做事情。 它确实是不做什么，保持清静。 不过，不做什么，并不是什么都不做；也做，做得很少，只做最关键、最急迫的事情。《淮南子·主术》曰："无为者，非谓其凝滞而不动也，以其言莫从己出也。"这意思是说，如果社会秩序、行为准则建立起来，人人都知道自己该做什么，那么所谓统治根本就不需要发布什么政令了。《淮南子·原道》又说："所谓无为者，不先物为也；所谓无不为者，因物之所为。"这些话强调的都是最高统治者所具有的积极应对状态。

《老子》第十六章说："致虚极，守静笃。"就是说，做得很少，坚守清静。无为学说的关键在于针对当时的社会生产条件下，物质分配与人们欲求之间存在着难以适应的矛盾。这实际上是政治史永恒的话题。这个矛盾的正常解决基于两个方面：一是扩大物质生产，二是降低人们的欲求。前者在当时的生产技术条件下，很难有根本性的改观，因此只剩下一种办法，让人们降低欲求。传统政治学说的共通之处就是限制欲望，并且充分肯定抑制欲望所获得的积极成果和崇高境界。道家在这一点上的基本看法是，能够通过修炼实现自我克制的君主就是圣王。

道家认为，首先，统治者应当避免刺激欲望。统治者由于掌握着极大的权力，他的欲望很容易就被鼓动起来；一旦产生欲望，想要满足这个欲望的欲望也会比普通人强烈得多，因为借助权势，他的欲望总是更容易得到满足。所以，欲望的产生与人们控制的能够满足欲望的资源与力量密切相关。

任何人都会产生欲望，但得不到满足的痛苦会阻碍欲望的再产生。相反，欲望获得满足之后，便会进一步激起新的欲望。君主掌握着权力和各种资源，很容易滋生各种欲望，权力越大，欲望膨胀得就越大，"为"的动静就越大。穷奢极欲，耗费天下财力以奉一人之私，必致民众怨声载道。所以，《老子》第十九章说："见素抱朴，少私寡欲。"第三十七章曰："道常无为而无不为。侯王若能守之，万物将自化。化而欲作，吾将镇之以无名之朴。镇之以无名之朴，夫亦将不欲。不欲以静，天下将自正。"《庄子·天地》亦曰："古之畜天下者，无欲而天下足，无为而万物化，渊静而百姓定。"权力者不能有什么欲望，要保持内心清静；他的内心清静，天下就太平。

广大百姓当然更需要降低欲望的水平。《老子》第三章说："不见可欲，使民心不乱。是以圣人之治，虚其心，实其腹，弱其志，强其骨。常使民无知无欲。"《老子》第十二章又说："五色令人目盲；五音令人耳聋；五味令人口爽；驰骋畋猎，令人心发狂；难得之货，令人行妨。"道家的美学观念包含着政治意图。朴素，从生产方面而言，就是节约；从感性方面而言，就是降低感官刺激。

道家的欲望学说中包含着对"自然"的理解。它强调寡欲，而不是禁欲；强调在正当欲望满足的基础之上，避免不必要的感官外在刺激。因为当欲望形成之后，再压抑禁止它，显然不合乎自然。所以三国曹魏思想家嵇康在《养生论》中说："清虚静泰，少私寡欲。知名位之伤德，故忽而不营；非欲而强禁也。识厚味之害性，故弃而弗顾；非贪而后抑也。外物以累心不存，神气以醇白独著。旷然无忧患，寂然无思虑。"清楚地阐释并发展了道家的欲望学说，这一学说包含了道家对"自然的人"的正确认识。

其次，道家强调基于人的认知局限而采取的无为策略。无为就是不轻易行事，不妄作为。在道家看来，社会生活持续千百年，已经形成了它运行的"自然"秩序，统治者应当顺应这个"自然"。自然的过程精深微妙，以人的认知水平很难全面把握，因此最好就是无知无识，和光同尘，如《老子》第十章谓："专（抟）气致柔，能如婴儿乎？"随同自然的运转，而不要自作聪明，设计各种规划，试图去改变社会"自然"的秩序。那些即使看起来有益于民的事业，实际上我们也并不知道是否真的有益，所以要坚持无为，即第十章所谓："爱民治国，能无为乎？"爱民、尚贤的欲望势必会引发一连串的"有为"，结果往往使臣民日夜奔波忙碌，劳民伤财。但统治者拥有强大的资源与力量，往往自恃聪明以及掌握的知识与技术，过于自信，跃跃欲试，此时的"作为"会因为干扰"自然"的社会生活而带来不良后果。总之，老子、庄子对于人们所拥有的智慧与知识，颇存怀疑，主张"绝圣弃智"，清静无为。

有人说，老子是反智主义，这是误解。《老子》书中充满了智慧，充满了对社会、人性以及政治的深刻洞察与反思。这样一本充满智慧的书，却认为它主张反智主义，这很难解释。老子所谓的"弃智"，并不是去除智慧，而是不用智。《老子》第十章说得非常明确："明白四达，能无知乎？""明白四达"，说明是富有智慧，非常明智，但又能够"无知"，就是有智而不用。上古知识有限，认识事物很难精确全面，道家多次提到人的认知的局限性，主张人们应当顺应自然，不要费尽心智去筹划，运用充满不确定性的知识来规划政治上的未来。《老子》第三章说："圣人之治，……使夫智者不敢为也。为无为，则无不治。"这是说，圣人之治，智者不会轻率地运用自己的聪明。

第三，在具体的行动方面，无为学说就是主张"因循"，充分利用现有的条件。司马谈《论六家要旨》说："道家无为，……其术以虚无为本，以因循为用。"这是说，道家无为，就是守住虚无的根本，虚无就是清静寡欲，同时在现实操作过程中要注重"因"。 因，就是因循、因袭，前后相承；前人是如何，后人还是怎样，这是因。 因还指凭借、借助、依靠。 做任何事情，都需要从现有的条件出发，凭借已有的基础，这也是因。 顺应事情发展的趋势，取得成效，所谓"有法无法，因时为业；有度无度，因物与合"。 因时、因物，都需要对事态有观察与判断，所以"无为"，确实是不做什么，但是高度的关注，正如司马谈所说："道家使人精神专一，动合无形，赡足万物。"这很像中国功夫，出手之前，凝神静气，随时出击。 只有专注，才可能体察到"不为物先，不为物后"的真正时机。

不难看出，无为，并不是消极的，而是非常积极、有效的行动原则。 当然，它没有具体指导该如何行动，但指明了行动的策略。 这实际上是政治领域的节约原则，以最少的行动获得最大的效应。

总之，在诸子百家兴起之前，中国的传统政治思想，即通常所称的道术、道论或者君人南面之术等，已经相当成熟。 它作为早期思想的集大成，不仅催生了诸子之说，而且深刻地影响了后来中国传统的政治实践。 道家学说作为道术的直接传承，应该说保留了道术思想的主要内容。 虽然道术所处的时代背景、历史条件都发生了很大的变化，但它作为中国最早的政治理论至今仍然富有启发意义。

第二章

政体与君主

政体是理解政治的关键。 早期商周政治奠定了中国古代政体最初形式的基础。 有学者认为殷商是"氏族封建制",周朝是"宗法封建制",两者差别在此可以不论,关键在于商周至少名义上都是统一的政治体。 不论氏族或者宗法,政权的维系在很大程度上都依赖于家族血缘关系,西周成功地将家族血缘关系扩展到整个封建体制的范围内。 各种政治观念,包括"为民父母"等,都与当时的政体特征密切相关。 脱离了政治体中血缘的联系,当时的许多政治现象就无法得到历史性的确切解释。

1. 政治视野中的政体

中国上古时代对于政体的认识与反思,既深刻又局限。 深刻在于,当时对于政体是什么,如何建立政体,如何加强政体的力量,政体如何保存等都有独特而精深的认识;局限在于,它只能认识到自身这一种政体。

这与古希腊时代政治思想的开端完全不同。 古希腊哲学家在阐述对政体的认识时,城邦已经历了多种政治体制的演变。 而中国古典政治理论对政体的认识,主要是针对自身历史形成的政体,原则上说来没有参照其他的政体。 这是中国传统政治的独特性,也是中国传统政治理论重要的基本特征,它构成了中国古代政治思想起源性的基本视野。 亚里士多德(前 384—前 322)在写作《政治学》(前 325)时,对君主政体、贵族政体、寡头政体、共和政体、民主政体等已经非常了解。 但在中国古代,人们只知道一种政体,这就是以君主为中心的君主体制。 所以从某种意义上来说,中国政体的发展没有借鉴过其他的体制。

亚里士多德《政治学》中明确提到了君主政治、贵族政治、共和(民主)政治等三种政体,并且对于每种政体都有详细的讨论。 按照亚里士多德的描述,这些政体经历了一系列历史演变的过程。 古代是君主政体，后来有才德的人增多，参与共同治理，形成了立宪政体（贵族政体）。 其后贤良腐败，贪图财富，城邦的名位逐渐以财产为根据，由此兴起了寡头（财阀）政体。 寡头政体经历僭政而转变为平民（民主）政体。[①] 可见，当时的政治视野包括了君主、贵族与民主等多种政体，统治者及政治家对于历史上各种政体都有清楚的了解。

中国古代政治思想的起源中，对政体的反思主要是对君主政体的认识。 历史上，政治家、将军、使臣都会接触到周边部族、国家不同的统治形式，但很多都是君主制或类似政体。 即使其他与君主制存在较大差异的政体，人们也很容易把它们当作君主制来理解。 中国传统时代，人们视君主制为政体的必然，几乎没有设想过其他政体的可能性，历史上各种变革都是在君主政体的框架内完成的。 这几乎构成了中国政治与政治理论的"天然"前提。

君主制且只有君主制，构成了中国传统政治理论的基本视域。 我们的理论，既比其他政体更了解君主政治，也因为缺乏他者的对照而更不了解自身。

2. 人口与政治

人口是影响政治体制的重要因素。

中国上古时代的人口虽少，但相对古希腊城邦而言已是非常之多。 从某些方面来说，人口稀少，有利于形成城邦的民主政体；人口众多，则是君主政体形成的天然条件。 孟德斯鸠提到，雅典只有两万公民。[②] 只有公民人数非常有限时，城邦才能生存下去。 人口众多，如果内部没有形成相对独立的群体的话，则统一的号令更容易见出成效，而具有成效又会加强整个群体对于统一号令的认同。 治理洪水、发动或参与大规模的战争、完成筑城之类的巨大工程都涉及大规模人口，这些社会实践都需要统一号令。 最终，发布统一号令扩展到全社

---

① 见［古希腊］亚里士多德《政治学》，北京：商务印书馆 1965 年，第 165 页。

② 见［法］孟德斯鸠《论法的精神》上，北京：商务印书馆 2009 年，第 28 页。 原注："公民两万一千人，异邦人一万人，奴隶四万人。"

会，成为一种政治模式。①

中国在商周时代，王朝统治就集中了大量的人口。殷商卜辞中反映出当时的用兵数量大多三五千，最多时用兵一万人。商为大邦，周为小国，所以学者多认为周之军队人数不会超过数千人。不过，纣王暴虐，诸侯皆叛，武王伐纣，戎车三百乘，虎贲三千人，另有甲士四万五千人。甲士的人数，学者有疑问，以为应当包括了各路参加会战的诸侯军队的人数。在此之前，盟津之会时，不期而至者就有八百诸侯。这样说来，参战人数或可达到四五万人。周人尚武，西周王朝早期具有很强的军力，其六师总兵力约为一万八千人。

整个传统时代，中国均属于地广人多的国家，它需要统一的政治以整合各方面的资源以寻求民族发展和政治保全。

但统一的政治并不意味着各种事务均由朝廷主持，如地方行政、经济及国民教育等。吕思勉说："凡事都由国家主持，只有国小而社会情形简单的时代，可以办到。国大而社会复杂，根本是不可能的，因为（甲）国家不但不能胜此繁重的职务；（乙）并不能尽知社会的需要。因（甲）则其所办之事，往往有名无实，甚或至于有弊。因（乙）则其所办之事，多不能与社会趋势相应，甚或顽固守旧，阻碍进步。"②政治上的统一并不意味着需要国家直接主持各种具体事务。

3. 封建与血缘

西周封建体制的成功，在于它把基于家族血缘的关系扩展到整个政治结构当中，政治权力的关系由此获得了血缘关系的支持和保证。秦汉之后，皇室与政府机能逐渐分离，政府机构不断增大，而皇室机构减小，国家行政逐渐明确起来。但整个历史中，家族关系仍然在王朝政治中扮演着重要的角色。

周，原本只是商代的一个小邦，但它不断发展，积蓄力量，直到周人意识到自己能够与殷商王朝对抗时，他们派遣了一支军队，离开了陕西渭河流域自己的

---

① 阿伦特说，众多的人口几乎不可避免地会倾向于专制政体，一人的专制或者多数人的专制。［美］汉娜·阿伦特《人的条件》，竺乾威译，上海：上海人民出版社1999年，第33页。

② 吕思勉《吕著中国通史》，上海：华东师范大学出版社1992年，第246页。

家园，长途跋涉，在洛阳北面跨过黄河，直逼商王都城。"甲子"一日的牧野之战，商纣王朝就崩溃了。随后的三年，周人平息了叛乱，重新获得对殷商旧都的控制权，并且东征淮夷，征服了整个东部平原及其边缘区域。

周人取代商王，开始统治整个商朝的疆域。对原先局限于西北一隅的周人来说，这无疑是一个超大的王国：疆域辽阔，部族众多，各种潜在的敌对势力，矛盾重重。无论是周武王，还是中央机构，都很难直接管理这片疆域。疆域之广袤远远超过了朝廷直接管辖的能力。面对这个难题，周人创立了一种新的办法，这就是西周的封建。天子将自己控制或企图控制的疆域划分为许多较小的区域，分别赐封给自己的同姓亲戚以及异姓功臣，从而形成主要以血缘关系为纽带的政治体制。

周王朝除了保留方圆千里的王畿作为自己实际控制的领地之外，疆域内重要的地方，分别赐封给同姓与异姓的诸侯，让他们各自为政，治理自己的封地。①这无疑是中国历史上最早的有意识、有计划、有步骤的超大规模的空间组织。

尽管文献中有"夏分封"、"殷分封"，但多数学者还是认为，封建是周人的创制。即使承认夏、商、周三代都是封建，它们之间实际上也存在着重要的区别。

夏、商、周三代主要的政治遗产就是一个部落权力懂得如何在远远超出部落的范围之外——天下，维持其权力中心稳定的知识经验。它不仅懂得维持自身部落的生存，懂得在部落人口持续增长时如何开辟新的生存空间，更关键的在于，它懂得如何维持自己在部落之外、在天下范围内的权力。

生存空间是群体生存的保障。群体的自我意识，在很大程度上讲，就是对自身生存空间的意识，即它明确地意识到整个族群生活的位置与边界；食物来自哪里，在什么地方居住；如何保卫自己的生活空间；在人口增长的时候，如何扩展自己的地盘；在自己的领地内，必须要有一种权威，一种正义，一种智慧，它拥有权力，能够决定群体生存空间的命运；同时它还必须能够保证这种权力、权威的持续性，用各种手段维护自身的主权，不受其他外来力量的干扰。这是群体最重要的政治经验、政治遗产。

---

① 《礼记·王制》曰："天子之县内诸侯，禄也；外诸侯，嗣也。"意谓天子王畿内的诸侯，不享有土地的所有权，只以封地的租税作为自己的俸禄。王畿之外的诸侯，则享有土地所有权，能够将封地传给后嗣。

群体、部落必须不断扩大自己的领地以适应人口的增长，通常的做法就是部落的支系迁徙到领土之外的地方，或开垦荒地，安家落户，或征服弱者，鸠占鹊巢。在物质生存的层面上，这实际上是生物领域中普遍的法则。夏、商、周三代都有把自己的族群支系分离出去的做法，但我们不能简单地仅从"外观"上就把所有的族群分离都看作封建。如果这样的话，那么，那些逼着自己子女、兄弟姐妹远走他乡的猎豹、狮群也多少都懂得了封建。显然，族群的分离，或者说殖民还不是封建最为关键的因素。

西周的封建是商代政治框架的基础之上创建起来的。它与前代相比，最主要的特征在于周室政权在封建过程中所体现出来的主动性。这种主动性首先表现为军事上的强大与主动，正如钱穆所说："西周的封建，乃是一种侵略性的武装移民与军事占领，与后世统一政府只以封建制为一种政区与政权之分割者绝然不同。因此在封建制度的后面，需要一种不断的武力贯彻。"[1]

其次，西周的封建表现出卓越的空间战略眼光与空间设置能力。政治是一系列复杂的空间设置过程，建造新城、分民耕地、架设桥梁、开通道路、设立边关等都是权力的空间设置。一个统治总是需要将行政体系、社会关系、经济机制以及信仰观念等各种体系恰当安排在自己的领地当中，并且将这些体系绾结在一起，形成一个整体。

封建本身就是某种权力结构，包括天子、诸侯、卿、大夫、士等不同等级。这种等级不是抽象的序列，而是在空间中有着明确分布的结构。天子把远方的国土分封给自己的亲戚，而诸侯再将自己的封地划分为更小的部分，分别赐予同样与自己有着血缘关系的卿大夫，使他们成为许多小封邑主。[2] 天子的分封以及诸侯的复封使整个土地（耕地），即生产生活资料，按照权力的结构（天子—诸侯—卿大夫）得以划分、组织，并形成稳固的结构；同时，这意味着耕地所产生的收益也会按照与权力等级体系相契合的方式分配、流动。通过土地的分

---

① 钱穆《国史大纲》，北京：商务印书馆 1996 年，第 45 页。

② 关于次一级采邑，学者有不同的看法。瞿同祖持肯定的看法，多次讨论到复封制。许倬云说："周的封建制度是否曾经发展了次一级的采邑授予？马伯乐认为没有。……但我在郭沫若《两周金文辞大系考释》第 85 页中著录的一件西周铜器铭文中发现了次一级采邑授予的清楚证据。"许倬云《中国古代社会史论》，桂林：广西师范大学出版社 2006 年，第 7 页。

封，每个受封者对于上一个等级的权力者，不仅有着血缘上的亲近，而且也有着物质生活及财富上的依赖。围绕着权力等级，财富分配体系也得以稳固。对于一个贵族而言，他所拥有的土地既是他物质生活的基础，财富的来源，又是其权力、地位的标志。这样，西周的权力结构，包括经济结构，就稳固地分布在权力所在的空间当中了。

同样关键的是，封建是一种天然而强有力的血缘关系结构。

三代封建都可以看作一种诸侯方国的联盟，但它们之间存在着某些重要的差异。夏、商时代所谓的诸侯当是部族自身繁衍而新生的氏族组织，就一般考察而言，殷人的"族"似乎并没有作为王室的屏障在更远的地方分散开来，并建立起诸侯国。商"王畿"以外众多的方国不是真正意义上经过商王分封而建立的，他们只是土著的方国，与商人不存在血缘亲属关系。所以，从权力结构方面来看，商王与各地方国之间只是比较纯粹的支配与服从关系。这与周人通过拥有血缘关系的诸侯来组织权力空间，无疑有很大的区别。有些论者认为，商代并无分封制度，他们认为商代侯国的土地和人民并非商王赐予，这与周代制度有质的区别；侯国的首领本是方国统治者，同样与商王没有血缘关系；商代侯国仍然保持族居的状态；侯国对商王朝的隶属关系并无制度上的明文规定等。[①]

西周封建赐封的对象非常有限。吕思勉概括："封建之道，盖有三端：慑服他部，责令服从，一也。替其酋长，改树我之同姓、外戚、功臣、故旧，二也。开辟荒地，使同姓、外戚、功臣、故旧移殖焉，三也。由前二说，盖出于部落之互相吞并。由后之说，则出于一部落之内外拓殖者也。一部落之拓殖于外者，于其故主，固有君臣之分；异部落之见慑服者，对其上国，亦有主从之别；此天子诸侯尊卑之所由殊，而元后群后之所以异也。自彼此无关系之部落，进而为有关系之天子诸侯，则自分立进于统一之第一步也。"[②]在同姓、外戚、功臣、故旧的封建当中，同姓诸侯彼此有着血缘关系，最为关键。异姓诸侯之间，多为联姻关系。这样，封建疆域各地权力者之间保持着非常稳固的社会关系，特别

---

① 董作宾、胡厚宣、张秉权、岛邦男、杨升南等均认为商代存在分封制度，陈梦家、黄中业等持否定态度。参见李雪山《商代分封制度研究》，北京：中国社会科学出版社2004年，第5—8页。

② 见吕思勉《中国制度史》，上海：上海教育出版社1985年，第411页；吕思勉《中国社会史》，上海：上海古籍出版社2007年，第297页。

是血缘关系。血缘成为权力克服遥远空间距离的最值得信赖的保证。

封建，就是权力、血缘与空间关系上的结合。它意味着权力与血缘随处都与土地（空间）的分割、所有、收益、保卫紧密联系在一起。封建的目的就是建立"藩卫"，通过分布各地诸侯国的联盟，利用其中的兄弟亲属关系，许倬云直接称之为"驻防体系"①，共同捍卫周室，使得周王朝的势力遍布整个寰区。

这个体系对内联盟团结，对外抵御入侵，正如春秋时富辰所说："封建亲戚，以藩屏周。""周之有懿德也，犹曰莫如兄弟，故封建之。其怀柔天下也，犹惧有外侮，扞御侮者，莫如亲亲，故以亲屏周。"②周初分封的诸侯都具有很强的实力，他们在自己的封国周围还拥有一批附庸小国，实际影响力超越了自己封国的领域而扩展至邦国所在的整个地区。诸侯成为周王室权力的延伸。借助诸侯的分治，整个归属于王朝之下的区域，所谓"溥天之下"，成为周王朝至少在名义上掌控的空间。对于超大空间的控制，封建确实提供了一种实用的组织模式。吕思勉说："谓汉族统一中国，封建之制，实有功焉，非虚语也。"③

通过分封制度，诸侯增强了王室的权力，扩大了周室权力影响的范围。通过这些关系密切、可以信赖的诸侯，诸侯支配的空间统一到周王室的权力空间之中。天下的范围扩大了。血缘关系的介入之后，王朝权力对地方的影响变得更加多样，更具主动性，更有力量，就此而言，西周封建确实是一种新的权力空间形式。

有学者认为："西周政权的基础仍十分薄弱，为了保持胜利果实，力求稳定局面，武王不得不采取与天下诸侯及殷遗势力共治的政策，其裂土分封之制，使周王室一开始便成为弱势的中央政权。"④在当时的社会条件以及交通、通讯等技术条件下，封建不是削弱，而是加强了中央政权。因为，空间的扩大，在很大程度上就是权力的加强。将血缘等亲密关系渗入政治组织结构之中，从而加强组织关系的稳定性，进而又加强了空间组织关系的稳定性，这是当时既自然而然又富有创造性的政治构想。正如其他学者所指出的："西周封建乃是周人根据自己的民族特性创造的一种新的政治体制，是他们面对空前广阔的征服地域不得

---

① 许倬云《中国古代社会史论》，桂林：广西师范大学出版社 2006 年，第 3 页。
② 《左传·僖公二十四年》。
③ 吕思勉《中国制度史》，上海：上海教育出版社 1985 年，第 418 页。
④ 郭伟川《两周史论》，北京：北京图书馆出版社 2006 年，第 37 页。

不采取的一种新的统治方式。"①

　　周人的封建，完成了一种"权力—血缘—空间"复杂结构的设置。 封建权力体系由此形成一个多重关系耦合的空间系统。 权力依据不同的空间分布组织化、结构化。 不同等级的权位，不仅意味着不同的权力与职责，也意味着不同的空间。 周天子在各地分封诸侯，天子与同姓诸侯之间，诸侯与卿大夫之间，既有上下尊卑的君臣关系，又有兄弟叔侄的血缘、宗族关系，异姓之间还往往具有姻亲关系。 因此，封建权力体系不仅结合了血缘、宗族、姻亲等关系，还借助军事力量的威慑、利益的鼓励以及君臣道德伦理的传统维系，共同作用，加强中心权力的力量。 总之，整个疆域，通过军事力量的威慑、血缘关系纽带、联姻通婚、财富收益以及传统的君臣道德规范等各种关系力量的支持，凝聚成一个强大的整体。

　　权力意志第一次真正意识到自身，并且将自身与空间结合在一起。 西周封建开创了一个新的时代，它是"周民族对于政治组织富于一种伟大气魄之表现"②。

4. 为民父母

　　封建时代把对血缘关系的理解，扩展到统治与被统治的关系上：君主视民为子民，臣民视君为父母。

　　"为民父母"理论在现代受到很大的质疑，常被视为虚假的意识形态学说，是对支配与被支配、剥削与被剥削关系的掩盖与美化。 但结合历史来看，就不难发现这种观念形成有着特殊的社会历史条件，包含着先民对政治的独特理解。不难推测，在早期部落时代，领袖只可能产生于带领自己儿子成功抵御危险与灾难而生存下来的父亲。 父亲成了最初的国王，并且代表了统治的理念。 不过这种统治与后世人们所理解的统治有所不同。 学者强调："父亲的地位最纯粹地阐明在共同体意义上的统治的理念：统治并不意味着使用和支配以利于主人，而是意味着作为完成生养任务的教育与教导，传授大量的亲身生活经验，这种传授只

---

　　① 沈长云《上古史探研》，北京：中华书局 2002 年，第 94 页。
　　② 钱穆《国史大纲》，北京：商务印书馆 1996 年，第 39 页。

能随着孩子的长大逐步增强地得到回应，并建立一种真正的相互关系。"①随着聚族而居的扩大，家庭中的父亲成了整个家族的领袖——族长。当若干宗族联合成为部族的时候，领导者才成为比喻意义上的父母。欧洲中世纪同样有着类似的理解，神学家托马斯·阿奎那在《论君权》中说："父亲的地位与君主有某种相似之处，因而有时君主也被称作人民之父。"②在先秦的封建时代，政治体制依赖血缘关系的扩展，因此，为民父母能够得到普遍的情感上的理解，这与上古经典文献中"亲亲"、"尊尊"的原则完全吻合。从封建制转型到郡县制，父母官的说法失去了血缘、家族关系的基础，才变得像美化掩饰的托词一般。

"为民父母"出现在最早的一批汉语文献中。《书·洪范》曰："天子作民父母，以为天下王。"伪古文《泰誓上》曰："亶聪明，作元后，元后作民父母。""元后"即天子，天子作为最高统治者，他所要做的就是"作民父母"。《诗·大雅·泂酌》曰："岂弟君子，民之父母。"《诗·小雅·南山有台》亦曰："南山有杞，北山有李。乐只君子，民之父母。"《荀子·王制》曰："君子者，天地之参也，万物之总也，民之父母也。"此外《孟子》、《礼记》、《大戴礼记》中都有类似的概念。汉人对此做出解释。《太平御览》卷四百一引伏生《尚书大传》云："圣人者，民之父母也。母能生之，能食之，父能教之，能诲之，圣王曲备之者也。能生之，能食之，能教之，能诲之也，为之城郭以居之，为之宫室以处之，为庠序之学以教诲之，为之列地制亩以饮食之，故《书》曰'作民父母以为天下王'。此之谓也。"

"父母"这一家庭内部自然关系形成的角色，在此作为一个政治概念，延伸到家族之外的社会领域；对应的组织形式，则是家族统治模式借助封建结构扩展到整个政治领域；通过语义类比，父母角色向统治者角色转换，并得到界定和解释。简言之，家中父母是什么角色，朝中君主就具有什么样的权威与地位；父母如何对待自己的子女，统治者就如何对待自己的臣民。

父母对于子女而言有养育之德，因此，君主首先必须有仁德。《诗·小雅·南山有台》亦曰："南山有杞，北山有李。乐只君子，民之父母。乐只君子，德

① ［德］斐迪南·滕尼斯《共同体与社会》，林荣远译，北京：商务印书馆1999年，第61页。

② 参［英］彼得·斯特克、［英］大卫·韦戈尔《政治思想导读》，舒小昀等译，南京：江苏人民出版社2005年，第13页。

音不已。 ……乐只君子，德音是茂。"在权力发展初期，每一个子女或者说臣民都很容易感受到家长或者君主对于自己的恩德。① 这一类比的关系，促使后来的政治家、思想家特别注重从仁德方面探讨君主的本质。

君主的德行包括了诚敬。《礼记·祭统》曰："祭而不敬，何以为民父母矣。"古典政治理论非常强调对君主的教育。 儒家兴起，就是相信自己承担着教育君主的职责，他们要助人君、顺阴阳、明教化。 理学家同样认为，君主的主要任务是修身。 君主如果道德上达到高标准，那么治国就易如反掌。

概念上，父母与君主之间的类比，在现实当中就是家的概念扩展到天下，正如《荀子·王制》中所说"四海之内若一家"。 概念上的类比，为理论上的拓展提供了便捷，家长的职能延展至整个政治领域就是君主的职能。 也就是说，父母对于子女的职责，顺理成章的就是君主对于臣民的职责；父母对于子女的支配，理所当然地就成了君主对于臣民的支配。 其中还隐含的是，父母对其子女而言的无可选择性，从某种意义上来说，君主对于天下臣民具有不可逃避的命定性质。

父母对于子女具有"天然"的职责，就是养育的责任，因此，君主对于自己的百姓，也必须担负起上天赋予的养育万民的责任。 正因此，孟子强调了君主对于民众无条件负有的责任。《孟子·梁惠王上》载：

> 梁惠王曰："寡人愿安承教。"孟子对曰："杀人以梃与刃，有以异乎？"曰："无以异也。""以刃与政，有以异乎？"曰："无以异也。"曰："庖有肥肉，厩有肥马，民有饥色，野有饿莩，此率兽而食人也。兽相食，且人恶之；为民父母，行政，不免于率兽而食人，恶在其为民父母也？ 仲尼曰：'始作俑者，其无后乎！'为其象人而用之也。如之何其使斯民饥而死也？"

君主对于民众生存负有"天然"职责，因此"民有饥色，野有饿莩"就被孟子斥

---

① 亚里士多德也认为最初的统治者功德是赢得民众支持的重要因素。 他说："王制（君主政体）所以适于古代，由于那时贤哲稀少，而且各邦都地少人稀。 另一理由是古代诸王都曾经对人民积有功德，同时少数具有才德的人也未必对世人全无恩泽，但功德特大的一个首先受到了拥戴。" [古希腊] 亚里士多德《政治学》，吴寿彭译，北京：商务印书馆 1965 年，第 165 页。

为君主是在"率兽而食人"。

《韩诗外传》卷六第二十二章中也提到为民父母，这样的君子不仅指最高统治者，也包括地方上的统治者。"诗曰：'恺悌君子，民之父母。'君子为民父母何如？曰：君子者，貌恭而行肆，身俭而施博，故不肖者不能逮也。殚尽于己，而区略于人，故可尽身而事也。笃爱而不夺，厚施而不伐。见人有善，欣然乐之，见人不善，惕然掩之，有其过而兼包之。授衣以最，授食以多。法下易由，事寡易为。是以中立而为人父母也，筑城而居之，别田而养之，立学以教之，使人知亲尊。"君子深感自己作为民之父母的责任，定民之居，分民之田，并且以礼义引导百姓，使其知道亲亲尊尊的道理。

《礼记·表记》中，对于为民父母做了更为细致的阐发，曰：

> 子言之："君子之所谓仁者，其难乎！诗云：'凯弟君子，民之父母。'凯以强教之，弟以说安之。乐而毋荒，有礼而亲。威庄而安，孝慈而敬。使民有父之尊，有母之亲。如此而后可以为民父母矣。非至德其孰能如此乎？今父之亲子也，亲贤而下无能；母之亲子也，贤则亲之，无能则怜之。母亲而不尊，父尊而不亲。水之于民也，亲而不尊；火尊而不亲，土之于民也，亲而不尊，天尊而不亲。命之于民也，亲而不尊，鬼尊而不亲。"

在这里，父与母得到了区分。作者通过对父母责任的比较分析，揭示出作为民之父母的君主更为具体的责任。他要像父亲一样具有尊严，具有"威庄"，有礼的等级限制，同时具有不受情感影响的理智，"亲贤而下无能"。《孟子·梁惠王下》所提到"为民父母"必须兼听，这也是君主理智的体现。但君主还必须具备母亲的慈爱、亲情，给人安乐的氛围，对于自己的子女，"无能则怜之"。

应该说，为民父母，为权力的合法性解释提供了一个重要的途径。权力本身是通过强制、武力来获得权威、尊严，通过自身行使正义来获得人们的普遍拥护，但权力自身缺乏"天然"让人接受的情感基础。通过类比于父母，特别是母亲般亲近慈爱的阐发，权力获得了它原本不可能获得的亲近感。也就是说，尽管权力的支配难以忍受、令人讨厌，但权力像父母一样的本质使人们觉得支配是必要的，心悦诚服。

在上古的政治条件下，以父母的天然职责来界定君主的职责，可谓是政治理论最自然的推演形式。 按照当时的理解，君主实际上包含着多重二元对立的因素，他既是理智的，又是情感的；他既代表礼的等级，又代表乐的和谐；他既是立法者，让人感到无比的威严，又是仁德的象征，给予养育之恩而让人备感亲切。

从根本上来说，当解释系统已经给出肯定的回答时，现实当中，君主是否真的能像父母关爱自己的子女那样关爱自己的臣民，已经变得不重要。 荀子的理论认为，君主之所以能够爱民如子，在于其中存在某种"交换"。《荀子·王制》曰："君人者欲安，则莫若平政爱民矣。"意思是说，君主要想获得安宁，就要"平政爱民"，通过仁爱赢得民众的拥戴。 但他又认为，最高的政治恰恰摆脱了这种"交换"。《荀子·富国》中分析了政治的两种情况：一是不干实事，讨好民众；一是只要功绩，不管民众。 这两种作为"垂事养誉，不可；以遂功而忘民，亦不可，皆奸道也"。 应该是"垂事养民"，既有事功之成，又有养民之实。文曰：

> 古之人为之不然：使民夏不宛暍，冬不冻寒，急不伤力，缓不后时，事
> 成功立，上下俱富；而百姓皆爱其上，人归之如流水，亲之欢如父母，为之
> 出死断亡而愉者，无它故焉，忠信调和均辨之至也。

这是一种双赢的结果。 上下俱富，君民俱利。 但这里爱民的背后还隐藏着某种交换、交易的前提，即为了能够得到民众"出死断亡而愉者"，故而爱民。 最高的政治不是以这种交换为基础。 曰：

> 不利而利之，不如利而后利之之利也。不爱而用之，不如爱而后用之
> 之功也。利而后利之，不如利而不利者之利也。爱而后用之，不如爱而不
> 用者之功也。利而不利也，爱而不用也者，取天下矣。利而后利之，爱而
> 后用之者，保社稷矣。不利而利之，不爱而用之者，危国家也。

荀子讲了三个层次：第一个是"不利而利之、不爱而用之"的层次，就是统治者"不利"、"不爱"，通过损害民众利益而获得自己的利益。 这无疑是遭受谴责的统治。 第二个是"利而后利之，爱而后用之"的层次，就是对民"有利"、

"有爱"，而统治者在赢得民众的拥戴之后，民众能为其所用。 前引"上下俱富"，就属于这个层次。 能够做到这样，已经是相当好的统治，通常认为几乎是理想的政治。 但荀子又提出来政治的更高境界，即第三个层次，这就是超越了利益对等交换层次的政治。 统治获得的是"不利者之利"、"不用者之功"，即对于统治者自身而言，他并非想从统治中获得所谓的利益，他爱民并非是想换来用民。 在利益层面上，统治取消了自己私人的目的。 孟子也主张统治者不言利。

这使人联想到父母与子女之间的关系。 父母爱护、养育子女如果仅仅只为换回子女对自己晚年的照顾，那么这种关系就存在着功利的局限，还没有达到真正的爱。 真正的爱，从没有想到回报。

"为民父母"，是家长制推向整个政治领域过程中反思君主本质所形成的理论。 在当时的思想条件下，这是富有建设性的观念。 事实上，这种观念几乎延续了整个传统时代。 当然，随着西周封建的解体，宗族与政治体系的分离，"为民父母"失去了它的现实条件，不免在社会矛盾、政治矛盾激烈的时期，成为意识形态的掩饰。

5. 修身治国

君主制的中心就是君主；古典政治理论的核心内容就是思考如何做君主。它大致包括了三种理论形式：道术、道家和儒家的理论。 道术与道家都认为，君主只有身治才能实现国治，儒家则强调君主具有崇高的道德修养，是国家政治的重要保证。[①]

修身于是与王朝政治形成了联系。 概括地说，修身就是调节身心。 上古时代道术的要点在于秉要执本，本要即道，如何秉持，在于治身。 古典政治理论以为，统治者必须神清意平，平心静气，这样的"虚静"状态是正确判断事情的前提。 水静则明，过度兴奋或愤怒往往不能实施公正的赏罚，当然也不可能正确地决策。 另一方面，统治者清静寡欲，则不会动辄滋生欲望，兴师动众，劳

---

① "道术"与"道家"两者思想上前后相承，贯通一致，这里的区分主要强调时代先后的不同。 我们对于道术的了解，几乎全是基于道家著作，因此很难将两者真正区别开来。

民伤财以奉一己之私。如此则民众正常的生产生活秩序就不会被打破，保证国泰民安。在古代的社会条件下，君王真能如此身治，则庶几能够实现国治。

道家之前的道术之士詹何认为"身治国治"，未有身治而国乱者。《淮南子·道应》载：

> 楚庄王问詹何曰："治国奈何?"对曰："何明于治身,而不明于治国。"楚王曰："寡人得立宗庙社稷,愿学所以守之。"詹何对曰："臣未尝闻身治而国乱者也,未尝闻身乱而国治者也。故本任于身,不敢对以末。"楚王曰："善。"

《淮南子·诠言》亦记载了詹何相同的话。楚庄王（前613—前591）差不多与鲁宣公同时，就时间上来说，詹何当先于老子。对其生平，我们一无所知。《吕氏春秋》卷十八《重言》："圣人听于无声，视于无形，詹何、田子方、老聃是也。"旧注："詹何，体道人也。"《庄子·让王》中称"瞻子"[1]，唐成玄英疏曰："魏之贤人也。"《淮南子·道应》载："中山公子牟谓詹子曰：'身处江海之上，心在魏阙之下。为之奈何?'詹子曰：'重生。重生则轻利。'"记载与《庄子·让王》中基本相同。然中山公子牟即魏牟是战国时人，与楚庄王时之詹何不合，或借为寓言。应该说，詹何所谓"身治国治"代表了道术时代的观念，其重生的观念与后来的道家思想有着一脉相承的关系。

重生，简单地说就是珍爱自己的生命。但重生就是称意顺欲吗？如何才是重生？这是古代思想家需要探讨的一个政治问题。君主体制早期，反思者已经深刻地看到了这一体制的症结：君主奢侈淫逸怎么办？对于广大平民而言，欲望的克制是现实迫使他形成的"自觉"，但对于有能力调动资源以不断满足欲望的君主而言，寡欲并且还要形成自觉，则是一个巨大的难题。身治则国治，是思想家在体制之内为解决这一问题提出的办法。

这一思考实际上包含着对人自身欲望的认识。通常情况下，人们总是渴望欲望得到最大的满足，但外部世界满足的匮乏，欲望因压抑而被扭曲、夸大，变得过度膨胀，极其强烈。此时人们会把欲望的扭曲当作自然。然而就人的本性

---

① 《庄子·让王》中之"瞻子"与《淮南子·诠言》中之"詹子"，或即詹何。

而言，需要的满足是非常有限的。 正因此，重生不是过度满足，穷奢极欲，而是生活朴素自得，顺应自然；甚至不愿处天下之尊位，因治理天下会妨碍自己自在自得的生活。 正因此，道家认为，重生的人，才可以将天下的重任托付给他。《老子》第十三章曰："故贵以身为天下，若可寄天下；爱以身为天下，若可托天下。"爱身、贵身超过了天下，则可以治理天下，暗含的意思是他不会宰割天下以奉一人之私。 第二十六章亦曰："虽有荣观，燕处超然。 奈何万乘之主，而以身轻天下？"轻天下，正是重生，亦如《管子·戒》中所谓"身在草茅之中而无慑意；南面听天下而无骄色，如此而后可以为天下王"。 重生的君主，能够遵循人性之本。 人性本是虚静，虚静就能寡欲，寡欲就能节用，节用百姓就省事，百姓省事，就能够安心务农，则国泰民安。 故《淮南子·诠言》解释说：

> 为治之本，务在于安民。安民之本，在于足用。足用之本，在于勿夺
> 时。勿夺时之本，在于省事。省事之本，在于节欲。节欲之本，在于反性。
> 反性之本，在于去载。去载则虚，虚则平。平者，道之素也；虚者，道之
> 舍也。

返回人的本性，在于"去载"。"去载"，旧注曰："去浮华，载于亡者也。"就是去掉本性中多余的欲望，摆脱因压抑扭曲而夸大的欲望的想象。"去载"能够实现清虚，回复到本性的清静，君主就不会对百姓提出额外的要求，那么百姓就能足用，国家就能实现安定。 养生，于此转变为一个政治问题。

《庄子·在宥》载黄帝问广成子，如何治国？ 广成子说："奚足以语至道！"黄帝此时想到的还是治国，所以广成子说不足以与他讲"至道"。 后来，黄帝再问："治身奈何而可以长久？"广成子曰："善哉问乎！"黄帝已经不再纠缠于治国，而是考虑治身了，广成子于是与他讨论"至道"。 这里，既包含道术所认可的身治而国治，亦有老子贵身而可以寄天下之意。

上述为有关修身的一种观点，即身治而国治，另一种观点是修身者能与"道"相通。 能与道通，则是体道，体道则治国也就不成问题。

道术家所谓的修身包括了身体的修炼、实现身体的某种特殊状态，而后来的修身，特别是儒家所说的修身，则主要强调个体的道德提升和精神境界，两者有

所区别。

《庄子》中已经提到了"吹呴呼吸，吐故纳新，熊经鸟申"等导引之术，还提到"梦"、"忘机"、"坐忘"、"心斋"等特殊的身心状态，或许可以理解为道术之士类似催眠状态下特殊的精神、意识活动。《列子·黄帝》中记载，黄帝"斋心服形"，终未能获得"养身治物之道"。"疲而睡"，进入梦境，最终得道，并且"知至道不可以情求"。 黄帝"昼寝而梦"当是类似某种催眠状态。 此时人的意识仿佛游离出去，所谓"吾丧我"，身体如同槁木一样。《庄子·田子方》曰：

> 孔子见老聃，老聃新沐，方将被发而干，慹然似非人。孔子……曰："……向者先生形体掘若槁木，似遗物离人而立于独也。"老聃曰："吾游心于物之初。"

老子形如木偶，而"游心于物之初"。《齐物论》又曰："南郭子綦隐机而坐，仰天而嘘，荅焉似丧其耦。"南郭子綦同样形如槁木，日常之"心"如同死灰，然而另一种意识却沉浸于天籁之中。

道家相信，通过专门的引导与修炼，使身体处于某种特殊状态，要比常态更容易获得道的真知。 如何修炼，道家著作中有各种说法。《庄子·人间世》载：

> （颜）回曰："敢问心斋。"仲尼曰："若一志，无听之以耳而听之以心；无听之以心而听之以气。听止于耳（俞樾：当作耳止于听），心止于符。气也者，虚而待物者也。唯道集虚。虚者，心斋也。"

《大宗师》又载颜回解释"坐忘"："堕肢体，黜聪明，离形去知，同于大通，此谓坐忘。"这些修炼都是身体的特殊过程。《大宗师》又记载，女偊有圣人之道，卜梁倚有圣人之才，女偊讲述教导卜梁倚的经过，曰：

> 吾犹守而告之（闻一多：当作告而守之），三日而后能外天下；已外天下矣，吾又守之，七日而后能外物；已外物矣，吾又守之，九日而后能外生；已外生矣，而后能朝彻；朝彻而后能见独；见独而后能无古今；无古今而后能入于不死不生。

"唯道集虚"（《人间世》），道是无，因此对道的体验表现为"日损"、"损之又损"的过程，可以称之为自我的虚空化。 自我不断地抛却对外在世界的知觉、意识、观念体系，将天下万物乃至生死都置之度外，从而达到"朝彻"的境界。清明洞彻之境几近于无。 体验者通过屏蔽知觉、意识的活动，使整个心理状态趋于沉寂，"解心释神，莫然无魂"（《在宥》），唯有一"气"尚存。 我是虚无，道是虚无，于是相通契合。 道因我之虚空而呈现，我因虚空而"见独"。

　　早期对道术的体验都与具体的身体过程相结合。 后来的理论，逐渐偏向人的精神性方面。 对于如何实现清虚，詹何未给出具体解释，《淮南子·诠言》接下来说：

> 矩不正，不可以为方；规不正，不可以为员（圆）。身者，事之规矩也。未闻枉己而能正人者也。原天命，治心术，理好憎，适情性，则治道通矣。原天命，则不惑祸福。治心术，则不妄喜怒。理好憎，则不贪无用。适情性，则欲不过节。不惑祸福则动静循理，不妄喜怒则赏罚不阿，不贪无用则不以欲害性，欲不过节则养性知足。凡此四者，弗求于外，弗假于人，反己而得矣。

修身主要不是身体的过程，而是包括了"原天命，治心术，理好憎，适情性"四个环节的精神锻炼，应该说，这一解释已经融合了后来道家的思想。

　　到了儒家那里，修身的含义有所变化。 一是修身从身体的层面开始转向道德、精神的层面。 早期道家的修身强调"吐故纳新，熊经鸟申"那样实质性的身体作为，而儒家则强调精神修炼，道德提升。《庄子·天道》载士成绮问老子："修身若何？"老子曰："而（尔）容崖然，而目冲然，而颡頯然，而口阚然，而状义然，似系马而止也；动而持，发也机，察而审，知巧而睹于泰，凡以为不信。"皆是从身体的状况来描述修身，可见其根本。 二是道家强调修身，主要针对统治者，特别是君主本人，儒家则主要针对士人而言。 三是儒家修身概念相对于道术、道家的理论，包含了更丰富、更广泛的内容。

第三章

士人与儒家

儒，作为文献典章、制度礼仪方面的专家，上古时代可能是负责教化的官员。随着西周封建的衰落，他们逐渐流入民间，凭借熟悉礼仪，为人们主持婚丧仪式；凭借熟悉文献典籍，教授学生，以此谋生。

儒家代表人物是孔子、孟子，但"儒家"一词形成较晚，至少《荀子》书还没有将孔孟视为儒家学派的代表人物。《荀子》一书大约是荀子及门弟子编辑，书中《儒效》篇推崇孔子，而《非十二子》篇又贬斥孟子。《荀子》书中提到"儒"，还有"俗儒"、"雅儒"、"大儒"之分，又讲"大儒之效"，视周公、仲尼、子弓为大儒，却没有提到"儒家"；而在《非十二子》中对"子思唱之、孟子和之"的思想、学风大加谴责，而子思、孟子，后来的学术从来都是将二人作为儒家学派中的人物。这说明至少在《荀子》成书之时，还没有明确的作为学派群体的"儒家"概念。理论上讲，没有儒家，就谈不上道家以及诸子百家。后来人们所习惯的作为学术派别的阴阳、儒、墨、名、法、道德，很可能是到了西汉刘向、刘歆编辑《别录》、《七略》时才出现的。

孔子把"儒"提高到了一个新的高度。他钻研典籍和礼学，是当时的大学问家。他循循善诱，因材施教，教育的弟子有三千人，杰出者有七十二人。他周游列国，宣传自己的思想。他关注个人的道德生活、精神世界，阐发什么叫"仁"，说明如何成为"君子"，为整个民族指明了道德提升的路径。

作为政治学说，儒家主要关注的议题不再是君主，而是可以参与到政治当中的"士"，孔子培养的人也是未来将要"从政"的人。这是非常重要的变化。随着社会生活日趋复杂，在君主与民众之间，官员的角色越来越重要。

1. 孔子与道德理想

　　诸子之学的出发点都在政治，他们试图改变现状，重建秩序。 这一点在孔子之前的子产身上已显端倪。《左传·昭公六年》记载子产答叔向（肸）书曰："吾以救世也。"司马谈在《论六家要旨》中也称诸子"务为治者也"。《淮南子·要略》也认为诸子起于救时之弊。 孔、墨诸人都怀有拯救时代的宏大志愿。

　　孔子出生在春秋时期，鲁国人。 父亲是武士，但在孔子幼年时就去世，孔子完全靠母亲的抚养成长。 孔子好学，博闻强记，知识渊博。 年轻时曾担任过小吏，十九岁成婚，生子，取名"鲤"。 由于精通古代的礼，所以很年轻时已有贵族跟随他学礼。 鲁国国君要到东周都城洛阳，有人推荐孔子随行，鲁君同意了，让他一同前往。 孔子在洛阳，曾向老子问礼。

　　有学者觉得，孔子不可能向道家的祖师老子求教学礼。① 但此事《礼记》中相关记载非常明确。② 而实际上，孔子之时有所谓"儒"（具有读书人、学者的身份），却还没有"儒家"（诸子之一派）。 儒家的出现是孔子之后的事情。 没有"儒家"，也就无所谓"道家"，更谈不上后来所界定的儒道区分。《淮南子·要略》载："墨子学儒者之业，受孔子之术。"孔子之时，儒墨之分尚未显现。法家李悝曾师从孔子弟子子夏，儒法分界亦尚未分明。 此时思想学术大体还是一个整体，学人虽有纷争，但樊篱尚未像后代学术史描述的那么固化僵硬。 孔子是当时礼学大家，问礼于东周史官老子，是情理之中的事情。

　　五十岁后，孔子在鲁国做官，但时间不长。 他无法在鲁国实现自己的政治理想，于是周游列国，寻找推行自己政治主张的机会。 周游列国十三年后，他回到鲁国，集中精力整理古代典籍，教授弟子。 又六七年后孔子去世，享年七十三。

　　孔子一生非常关注政治，除了曾短暂为官，他的很多言论亦都与政治有关。他教导学生，多从政治方面开导；弟子求教，也多"问政"。 但在孔子那里，政治并不等于行使权力，从政并不意味着做官。

---

　　① 如杜维明认为，孔子问礼于老子，是"一个明显具有编造痕迹的故事"。 见杜维明《儒教》，上海：上海古籍出版社 2008 年，第 25 页。

　　② 《礼记·曾子问》中有四段文字记载孔子曰"吾闻诸老聃"云云。

孔子的政治理想是提高政治领域的道德水准。 大体而言，他有两个步骤：
一是做人要有道德；二是道德的真正意味在于政治。

孔子是道德的最早倡导者。 原先的"君子"只是指在位者，但现在孔子用
这个词来指道德高尚的人。 他开创了一种新的价值观，即衡量评价一个人，不
是根据爵位高低、职官大小，而是道德品质的高低。 这种道德自觉、精神自觉
的意识极大地提高着传统士人的精神境界，也大大提高了我们民族的道德水准。

在历史上，人并不是一开始就知道人是什么样，应该成为什么样的人。 人
们出于本能，会解决自己的吃饭穿衣问题，也会繁育后代。 但随着社会的发
展，人们仅仅满足于饮食男女是远远不够的，从某种程度上来说，仅仅作为一个
"自然状态"下生存的人，还不能称之为"人"，至少还不是一个已经成长、得
到充分发展的人。 对人自身的发现，意识到自己是"人"，首先在于"道德自
觉"，即意识到人必须具有道德感。 全球各大文明都经历过这种自觉的阶段，无
论是基督教、佛教，还是伊斯兰教，都通过不同的渠道，形成了这种自觉。 中
国历史上正是孔子等一系列伟大的思想家把我们的民族带进了一个道德自觉的
时代。

在孔子之前，道德实践已有很长的历史，出现过许多有德行的人。 但是，
强调一个人，不论他的性别年龄，不论他是平民官员，都必须具有道德，这却主
要是孔子及儒家学派所取得的伟大成就。 在兵器、食物、诚信三个选项中，孔
子宁愿去掉兵器和食物，也要保留诚信这一项。 去掉食物，意味着人无法生
存，但孔子说："自古皆有死，民无信不立。"[①]孔子显然不是让人们绝食，而是
说，在道理上，道德是绝对的，具有一种绝对的地位。 这意味着人，不论你是
打铁卖布，还是做官行商，首先必须是一个有道德的人。

有道德，就是有道德感，通俗地说，就是有耻辱之心。 当官的利用不正当
手段谋取私利，就是"行己"，孔子说"行己有耻"[②]。 君子不该口头上一套，
行动上另一套。 言行不一，"言过其行"，应该感到耻辱。 孔子说："国家政治
清明，社会安定，做官的领取俸禄，这没有问题。 可是国家政治黑暗，社会不
安，做官的还领取酬金，就该感到耻辱了。"

---

① 《论语·颜渊》。
② 《论语·子路》。

在道德上，孔子提出最高的仁的标准。所谓仁，就是"爱人"，就是"己所不欲，勿施于人"。有了这一道德，社会才可能进入和谐状态。没有道德的维系，非但人不可能有高尚的精神境界，而且所谓的自然状态下的生存也是不可能的。所有的个体都是弱肉强食，贪婪掠夺，怎么可能建立一个人人享受美好生活的和谐社会呢？所以，道德体系不仅是一个民族的精神境界，也是其有序的物质生活的基本保障。

孔子为向往道德生活的人们指明了一种新的生活方式、人格的精神形态。有志于道者，身体康健，心胸开阔，道德高尚，境界卓越，这样的人，可以称之为"士"，可以称之为"君子"。《论语·述而》中，他说："志于道，据于德，依于仁，游于艺。"作为士、君子，首先必须有追求"道"的志向。孔子说自己"十有五而志于学"。这个"学"，冯友兰说，就是"学道"。这个志向必须坚定，"三军可夺帅也，匹夫不可夺志也"①。孔子十五岁时就立志求道，这个志向始终没有动摇。

"立志"是一个单向、没有回应的承诺，是自己给自己的承诺。子贡问孔子："古代的伯夷、叔齐是什么样的人？"曰："古之贤人也。"又问："他们有抱怨和后悔吗？"孔子说："求仁而得仁，又有什么怨悔？"②立志，就是无怨无悔。所以，孔子说："朝闻道，夕死可矣。"立下志愿的人，无所畏惧。

在"志于道，据于德，依于仁，游于艺"这句话中，孔子点明了有志于道者的日常道德生活形态，这就是"据于德，依于仁"。依就是据，据就是依，仁就是德，德就是仁。这是说，日常当中求仁者依据的总是仁德。仁，既是高度发展的完全的人格，也是一种崇高的精神境界；达到高尚的仁者境界的人就是"仁人"。

仁人不仅在于能够做点好事，还在于有仁心，因此，修身的目标主要在于具有仁者之心。如何才能具有仁者之心呢？就是心时刻不离开它，"据于德，依于仁"；"君子去仁，恶乎成名。君子无终食之间违仁，造次必于是，颠沛必于

---

① 《论语·子罕》。

② 《论语·述而》。冉有曰："夫子为卫君乎？"子贡曰："诺；吾将问之。"入，曰："伯夷、叔齐何人也？"曰："古之贤人也。"曰："怨乎？"曰："求仁而得仁，又何怨？"出，曰："夫子不为也。"

是"①。 孔子的学生颜回能够长时间依恋于仁的境界，孔子称赞他"其心三月不违仁"，而其他学生只是偶尔能这样。②

达到仁的崇高境界最显著的标志，就是"乐"，就是感受到喜悦、愉悦的心态。

孔子称自己"饭疏食饮水，曲肱而枕之，乐亦在其中矣"③；形容自己的精神状态是"发愤忘食，乐以忘忧，不知老之将至云尔"④。 又称赞颜回："贤哉回也！ 一箪食，一瓢饮，在陋巷，人不堪其忧，回也不改其乐。"⑤同样清贫的生活，颜回也感到有"乐"。 孔子又说："知者不惑，仁者不忧，勇者不惧。"⑥又说："知者乐水，仁者乐山。 知者动，仁者静。 知者乐，仁者寿。"⑦这些话里都提到了仁者的主要特征"乐"。

在对"道"、对仁的追求中，孔子、颜回都感到了"乐"。 这种乐，与物质满足没有关系，正如冯友兰所说，"是一种精神的平静与满足"⑧。 后来宋代理学家注意到了这种"乐"。 周敦颐教导程颢、程颐要"寻孔、颜乐处，所乐何事"。 这是宋明理学中的一个重大问题，也是儒家关于人格修养的关键。

君子，就其风度，是"君子坦荡荡"⑨，"夫子温、良、恭、俭、让"⑩。 谦逊温和是其主要特征。 就其待人接物，则是"温而厉，威而不猛，恭而安"⑪。又"君子有三变：望之俨然；即之也温；听其言也厉"⑫。 君子既持重沉稳，又温和亲近。

①　《论语·里仁》。
②　《论语·雍也》。 子曰："回也，其心三月不违仁，其余则日月至焉而已矣。"
③　《论语·述而》。
④　《论语·述而》。
⑤　《论语·雍也》。
⑥　《论语·子罕》。
⑦　《论语·雍也》。
⑧　冯友兰《中国哲学史新编》第一册，北京：人民出版社 1982 年，第 166 页。
⑨　《论语·述而》。 子曰："君子坦荡荡，小人长戚戚。"
⑩　《论语·学而》。 子禽（陈亢，郑玄、《檀弓》说是孔子弟子）问于子贡曰："夫子至于是邦也，必闻其政，求之与？ 抑与之与？"子贡曰："夫子温、良、恭、俭、让以得之。 夫子之求之也，其诸异乎人之求之与？"
⑪　《论语·述而》。
⑫　《论语·子张》。

君子说话，"子所雅言，《诗》、《书》、执礼，皆雅言也"①。 君子闲居，"申申如也，夭夭如也"②。 教学，则是"默而识之，学而不厌，诲人不倦"③。 出处，则是"用之则行，舍之则藏"④。

君子率直、真诚。 古代有个人叫微生高，有人到他家向他要一点醋，不巧他家里没有，于是他就到另一个邻居那里借了醋再给这个人。⑤ 孔子听说后，说微生高怎么算是率直呢？ 孔子的意思，家里没有醋，就应该直接告诉人家说没有。

孔子认为，仁的基础就是直，直就是能够诚恳直率地表达思想情感。 他说："刚毅木讷近仁。""巧言令色，鲜矣仁。"⑥刚毅木讷的人，不会讨好别人，所以才有憨直木讷的样子，这是他的真面目，是他的真情实感，孔子认为这样的人近仁。 而巧言令色，往往都是虚假的伪装，他想要迎合他人，才会巧言、谄媚，这类人"鲜矣仁"。 对"巧言、令色、足恭"以及"匿怨而友其人"的人，孔子感到耻辱。 冯友兰认为，孔子"仁"的基础正是人的真性情、真情感。⑦

通过各种言论片断，可以看到，孔子描绘出了一个士人、有德行的人，其道德的崇高境界。 这一描述在中国政治实践上具有重大意义，理论上讲，他为进入政治领域的士人、官员指明了基本的条件。

2. 道德与政治

孔子之前的传统中，"道"与"德"都是与天地、君主有关，是与政治有关的概念，而并非首先与个体相关联。《论语·宪问》：

子曰："君子而不仁者有矣夫？ 未有小人而仁者也！"

---

① 《论语·述而》。
② 《论语·述而》。
③ 《论语·述而》。
④ 《论语·述而》。
⑤ 《论语·公冶长》。 子曰："孰谓微生高直？ 或乞醯焉，乞诸其邻而与之。"
⑥ 分别见《论语·子路》和《学而》。
⑦ 冯友兰《中国哲学史新编》第一册，北京：人民出版社1982年，第132页。

这里的"君子"指在位者,"小人"则是普通百姓。"未有小人而仁",可以从现实与可能性两个层面上来解读。 在现实的层面上,小人,古代的小民百姓,没有受过教育,说他们没有道德素养,"未有……仁",也是可以想见的事情。 但在未来可能性的层面上,期待"小人而仁"的状况为什么不能保留呢?《颜渊》篇孔子不是说"克己复礼为仁",《里仁》又说"无终食之间违仁,造次必于是,颠沛必于是",那么,为什么要否定小人实现仁的可能性呢?

这里,并非是要消除或者看不到百姓具有善的实践的可能性,而是就道德自身蕴含政治性而言,更需要关注的是政治领域中的道德。 道德只有在政治上成为善时,才更具有意义。 孔子强调,仁是君子、统治者对普遍民众的善举,而不是"小人"、百姓个人之间的善意。 那么,普通人不能做好事、行仁义吗?很显然,一般人的善事,个人之间的恩德,在孔子看来都缺乏政治维度,他们的行为无法对普遍民众产生影响。 所以子贡问:"如有博施于民而能济众,……可谓仁乎?"子曰:"何事于仁! 必也圣乎! 尧舜其犹病诸! 夫仁者,己欲立而立人,己欲达而达人。"[1]仁,只有面对广大民众时才更具有意义。 因此"博施于民而能济众",给一方百姓带来福祉,拯救天下百姓于水火,在孔子看来,那是圣人的功业。 以仁政实施统治构成了孔子的政治理想。《淮南子·俶真》亦曰:"舜之耕陶也,不能利其里;南面王,则德施乎四海。"给予万民以恩德,是道德的本意,也是政治的本意。《礼记·哀公问》中记载孔子的话:"古之为政,爱人为大。"所以,只有在政治领域中来讨论道与德,谈论仁,才可能揭示仁德的本质,政治性决定了道德是一个政治概念。

在儒家看来,个体的美德固然重要,但作用范围有限,它不是政治学要关注的重要内容,而君主的美德善意则至关重要。 由此,孔子的政治路径变得很清楚:那就是如果进入政治领域的人们能够充满仁心,行使仁政,那么就可以将一种新秩序带入政治体,引起政治的根本变化。 正因此,道德在根本意义上不是个体的美德,而是与政治结合的本质特征。

让未来的政治家,通过道德修身,提高自己的德行修养而进入现实的政治领域,进而实现政治的道德理想,这是孔子教育弟子、讲求仁义的基本目标。 后来的儒家始终坚持这一基本原则,让具有德行的政治家从事政治,而且只有通过

---

[1] 《论语·雍也》。

进入政治领域才可能真正实现普遍的道德。

　　早期道术的传承者主要是历代王朝的辅臣、史官，他们能够直接影响最高统治者，其职责就是为君王提供指导、咨询，因此道家思想的核心就是君人南面之术，讨论的重点就在君主、最高统治者。　这一关系模式及其历史背景，在儒家以及其他诸子百家的时代消失了。　事实上，春秋战国时代，王室衰微，周天子的权力根本不及诸侯，政治家要说动的并非权力形式上的最高统治者，而是诸侯霸主。　另一方面，儒家以及诸子学者大多并不拥有一个像王朝史官那样固定的职位，他们只是有可能影响政治并努力争取这种影响的人物。　这种关系决定了包括儒家在内的诸子学说的中心议题从传统的道术、君人南面之术扩展为更广泛的政治议题，关注的内容不仅仅是最高统治者，更注重一个对未来政治有可能产生影响的阶层——士人阶层以及士人如何影响现实政治等问题。　这一转变在包括儒家在内的诸子百家那里是自然而然的事情，而客观上它为将来的官僚阶层的形成，提供了思想观念上的重要准备。

3. 士　人

　　君与民之间存在着一定数量的士人阶层，他们大多是官员，是中国传统行政的关键。

　　从构成上来说，这一阶层最明显的标志是他们都是读书人，其次，他们当中有一部分是官员。　学而优则仕，传统时代的读书总是与做官有关。　正因此，士人阶层实际上包括了在职官员、大量准备进入官场的读书人以及退休官员。

　　在士人发展的早期，儒家就提出了修身的观念，奠定了理想士人形象的基础。　士人乐于通过读书与实践，提高自身的文化素质、道德修养和精神境界，如果条件允许，他们便进入政治领域，为王朝政治服务，实现儒家的政治理想，所谓"修身、齐家、治国、平天下"。　儒家思想为士人阶层的基本价值观确定了方向。　应该说，不论士人阶层发生了什么样的变化，也不论士人的社会功能如何变化，中国历史上，士人的这一"政治—道德"理想始终没有改变。　这是中国政治观念史上的重要特征。

　　当然，士人进入政府机构、介入现实政治、在朝廷中享有一定政治地位等，这些状况都会随着时代的变迁而不断地发生变化。　概括地说，士人阶层的变化总体上适应了历代王朝中央权力日益集中的趋势。

首先，从身份上来说，官员的身份地位下降了。中国历史前期，官员大多还是贵族出身，而后期官员的贵族背景消失。官员仅仅只是官员，贵族作为能够与君权抗衡的阶层逐渐消失了。士人主要通过科举考试的遴选而进入官场。理论上讲，他们只是具有官员身份的平民，这一变化的政治后果是君主与官员之间的地位越发悬殊，中央集权力量得到加强。

其次，从官员选拔、任命机制上来看，主要官员的权力减小，人事任命最终都集中到了中央。前期，部分地方、部门长官享有下属官员的任命权；然而后期，官员任命权全部集中在朝廷中央。前期，任命一位行政部门或地方长官，基本上与赐封诸侯的性质相类似，天子把某一行政权力或者地方权力交给长官，一切都由这个长官全权处理。中央当然有一定监督，但地方或者行政治理的具体细节、属官任命等，中央并不介入。如周代，天子赐封诸侯，诸侯国的官员则由诸侯自己任命，实际上与天子无关。汉代，三公九卿、郡太守、县令虽由皇帝、中央政府委派，但其属官皆由长官自己征辟。宰相下面职能部门十三曹的官员，由宰相自己辟用。中央委任郡太守、县令，而郡县的掾属皆由长官任命。所以在中国历史的前期，地方或者行政长官的权力实较后代大得多。但在后世，官员的权力逐渐削弱，很多权力集中到了中央。事实上，权责总是相配，这在一定的程度上，使官员的责任心减弱，行政效率下降，给整个政治体、官僚群体带来了深刻的变化。

第三，官员对政治体的认同发生变化，旧式的忠诚有所改变。政治领域中的行为很复杂，人们不可能对所有的行为活动都给出明确的条文规定。大多数情况下，限于古代的技术条件和监管手段，人们如何行动，取决于他对政治体的认同和忠诚。古典政治的传统始终推崇官员的服从、能力、勇敢以及忠诚等品质，一般地说，忠诚的概念在历朝历代并没有根本性的变化，臣仆忠诚的对象却存在着某些变化。

如上所述，中国历史前期，高级官员通常具备推荐或选拔自己掾属的权力。[1] 汉代地方守相命于朝廷，而守相手下的官员，曹掾以下，任用皆出于守

---

① 参顾炎武《日知录》卷八"掾属"条，黄汝成集释《日知录集释》，上海：上海古籍出版社 2006 年，第 479 页。

相。 所以，士人一旦获选，会把这种任命视为专门针对自己的提携与恩赐，因此对上级怀有牢固的忠诚和感激。 理论上讲，这种忠诚与感激是终身的，这使得它具有一定的人身依附特征。 当然，这种依附并非体制化、成文性的，而是道义与行为模式上的。 所以，被提携者会处处为上级着想，不仅在工作领域，甚至在私生活领域中也会为上级效劳。《礼记·杂记》记载，春秋时代的臣子要为以前的上级（诸侯、大夫）服丧，这一传统在汉末仍能看到。 春秋齐国召忽、管仲同为公子纠的辅佐之臣，他们奉齐僖公之命，辅佐公子纠登上君主之位。然而齐桓公先行即位，公子纠死，召忽以桓公"犯吾君命而废吾所立，夺吾纠也，虽得天下，吾不生也"，于是为其君公子纠而自刎，使公子纠能"有死臣"①。

古代以提携者为中心的忠诚，随着中央集权的官僚制定型而改变。

早期政治领域的忠诚来自非常直接的政治关系、利益关系，带有某种互惠性质。 臣仆的顺从、效力是与未来能够从恩人那里获得进一步提携照顾之类的恩惠相关联，它不分职务内或职务外的责任与义务。 这种忠诚容易形成王朝政治中的利益集团。 正因为这种直接性，臣仆的忠诚并不是直接针对天子或国家，而是局限于非常狭小的领域，很难扩及宏大统一的政治体。 随着隋唐王朝疆域的扩展，中央集权力量的加强，特别是官员通过王朝统一科举考试而得到选拔任命，以往郡守高官作为恩主的特征大大降低，新人的忠诚逐渐移向天子，移向统一的王朝那里。

但这种忠诚情感很难抽象上升到国家层面，对皇帝的忠诚要转换为普遍的政治信仰，实际上还依赖于一定的文化条件和文化传统。 传统时代的臣民并未普遍形成对国家的信仰。 朝廷中掌握大权、主持考试的官员仍然享有恩主的地位，受到官场新人的感激与效忠，早期的忠诚模式一直存在着，正因此，官员的职业化进程受到很大的阻碍。 甚至到了晚清，推行各种政治改革仍然阻力重重，不能不说与整个官僚阶层缺乏对现代国家的认同大有关系。

职业化是现代性的特征。 现代职业是个人生活的一个组成部分，而职业化的官员，正如韦伯所说，"是在一台机器上赋予专门化任务的一个环节"②。 官

---

① 见《管子·大匡》。

② 参见［德］马克斯·韦伯《经济与社会》下卷，林荣远译，北京：商务印书馆1997年，第309页。

员们通过这台机器形成利益共同体，为了保证机器的正常运转，他们必须服从上级的领导①，完成并且只需要完成自身岗位所规定的各项任务。

现代职业公私分明，每个岗位的职责范围非常明确，职责内容可以通过书面文字得到清晰的说明。从业者的私生活领域，非常明确地属于职责范围之外，因此任何上级无权要求下级提供职责范围之外的效力。但在传统的官僚体制中，职位虽然是按照某种原则预先设定的，职责多少也是明晰的。但职责范围的内外界限往往交织在一起，比较模糊。受恩者非常愿意在职责之外通过对恩主的服从与效力，获得未来可希望的恩惠。与个体恩德相联系的忠诚很难抽象发展为对政治体的纯粹信仰。

总之，传统时代君臣、上下级关系往往超出了现代职业关系限定的范畴。理论上讲，现代官员只需遵守职业领域中的规范，就是称职，而并不要求从业者尽到职业范围之外的义务；但传统领域中，做官为臣的领域几乎扩大到了他的整个生活领域。官场职责限定之外的人际关系有着更为实际的内容和更有力、更内在的联系。它虽不可见，又没有成文规则，却是行政运作过程不可忽略的推动力。这构成了中国传统时代人际关系的基本模式。这种行为模式实际上包括两种层次、两套法则：一种是表层的、可以传达给任何人的一般法则，但依靠这些法则行事效率很低。中国传统的社会生活规范依赖的主要是礼俗习惯，各种社会阶层、社会力量非常薄弱，不同的社会团体、组织相互协商而形成共同遵循的法律体系也就非常薄弱，一般环境中社会行动也就缺乏严格的法律依据和支持。公共领域的事务只有依赖君主的行政力量来推动。

另一种是深层次上的、依赖于个人交往而形成的规则。这是早期君臣关系的延续。这些规则只有进入实际的关系领域才可能理解掌握，密切的个人关系可以大大促进办事的效率。传统时代的王朝行政并非处于纯粹普遍的、与个体无甚相关的公共领域，而是处于行政与诸多官员个体人际关系交织在一起的网络之中。

---

① 韦伯说："服从应该意味着，服从者的行为基本上是这样进行的，即仿佛他为了执行命令，把命令的内容变为他的举止的准则，而且仅仅是由于形式上的服从关系，而不考虑自己对命令本身的价值或无价值有什么看法。"［德］马克斯·韦伯《经济与社会》上卷，林荣远译，北京：商务印书馆1997年，第240页。

4. 臣的职责

古典政治理论在强调臣的服从、忠诚的同时，又强调其"从道不从君"的特性。 就臣的最初本质而言，朝臣最重要的品质并不是服从君主，而是服从政治的最高利益，对社稷天下的负责。

早期儒家经典著作充分强调了这一点。《论语·述而》载孔子对颜渊说："用之则行，舍之则藏，惟我与尔有是夫。"又《卫灵公》篇载孔子语："邦有道，则仕；邦无道，则可卷而怀之。"这是说士可以参与政治，也可以退出，关键要看邦国政治是否有道。 孟子同样强调了士人在政治当中的独立性。 尽管士人做官需要服从、忠诚，但他仍然可以自由选择。 孟子曰："说大人，则藐之，勿视其巍巍然。 堂高数仞，榱题数尺，我得志，弗为也。 食前方丈，侍妾数百人，我得志，弗为也。 般乐饮酒，驱骋田猎，后车千乘，我得志，弗为也。 在彼者，皆我所不为也；在我者，皆古之制也，吾何畏彼哉？"①孟子以君主的指导者自居，对当时君主的所为不以为然，欲劝谏君主，故能藐大人。 于此可见，上古时代的臣是对君主负责，当君主所为不当，臣必须成为指导者，教育君主。 如果仅仅用服从来界定臣，实际上消除了臣性中最重要的特征。

《诗·小雅·北山》中说："溥天之下，莫非王土。 率土之滨，莫非王臣。"但古典政治理论家坚持认为，大臣具有一定程度的自主性，他的职责或者说他的德行并非只是听命和服从。 当臣民完全听命于君主时，事实上隐含着一个假设，那就是君主与社稷天下的利益完全吻合。

社稷、天下的概念，是在君臣关系的历史中形成的，是政治体发展的自然结果。"社稷"或者"天下"可以理解为一个政治体，更准确地说，政治共同体的象征。 保证这个共同体长存的使命，赋予它的成员——君与群臣共同的责任，即与政治共同体共存亡。 由于实际统治、管理的需要，君与臣在权力分配上是不平等、不平均的，但在政治上，君与臣必须被认为是平等的，他们都必须为政治共同体负责。 君臣政治上的平等，还基于早期政治共同体基本上又是血缘共同体的基本事实，在作为血缘共同体成员这一点上，所有的成员都是相同的、平等

---

① 《孟子·尽心下》。

的。 当后世遗忘了君臣在政治上的平等关系，再读"莫非王臣"时，只能想象王臣纯粹服从听命的臣性，而事实上，政治共同体的平等政治权利，恰恰要求的是所有王臣担负起与君主相同甚至更多的政治责任。

按理，在对社稷担负责任的意义上来说，君主由于其权力与地位，理应负有更大的责任。 但现实是他享有比群臣更大的权力时，往往会变得更不负责任。古人似乎认识到，至高无上的权力既是统治的必要手段，又是某种毒化，它会给统治者带来某种幻觉，以为权力的目的是让群臣服从自己的意志，而事实上君主个人的意志常常违背国家与人民的意志。 还有一种情况，就是由于世袭等因素，君主实际没有能力承担责任（如年幼）。 因此，对社稷的责任，在更多的时候只能由王朝的大臣承担。

因此，服从、听命就不再是衡量王臣德行的唯一尺度，在古典政治理论中，德行体现为能够负起社稷天下的责任。《荀子·臣道》中划分了四种状况："从命而利君谓之顺；从命而不利君谓之谄；逆命而利君谓之忠，逆命而不利君谓之篡。"在这里，"从命"与"逆命"都有是有非。 君命为什么会不利于君自身呢？ 这显然不是君王自我的判断，而是根据社稷利益衡量的结果。 君虽有命，但不利于社稷则不利于君，此时从命则是"谄"，是"篡"。

大臣听命、顺从以及行动上的选择必须在更高层次上考虑社稷的利益。 春秋齐桓公即位，召忽于是为公子纠而死。 管仲不愿自杀，曰："夷吾之为君臣也，将承君命，奉社稷以持宗庙，岂死一纠哉！ 夷吾之所死者，社稷破，宗庙灭，祭祀绝，则夷吾死之。"管仲考虑的不是针对某一个人的忠诚，而是忠于社稷。 作为政治共同体，社稷的利益永远都高于君主的利益。 这就规定了当两者利益发生冲突之时，君臣必须以社稷为重。 如果君主贤明，他的意志体现社稷的意志，那么全体臣民就听命于君主。 此时听命于君是合理正当的，所谓"事圣君者，有听从无谏争"[1]。 如果君主行为或决策不当，朝臣就有责任指出并纠正，所谓"事中君者，有谏争无谄谀"。 君主意志与社稷利益不相吻合之时，社稷的形象出现了，那些不顾君主个人意志而坚决捍卫社稷江山的人体现了真正的忠诚。 在古代，谏净被看得很重；能够谏净君主、匡时救世、真正捍卫社稷利益的大臣被视为"社稷之臣"。 故《荀子·臣道》曰：

---

① 《荀子·臣道》。

君有过谋过事，将危国家、殒社稷之惧也，大臣父子兄弟有能进言于君，用则可，不用则去，谓之谏。有能进言于君，用则可，不用则死，谓之争。有能比知同力，率群臣百吏而相与强君矫君，君虽不安，不能不听，遂以解国之大患，除国之大害，成于尊君安国，谓之辅。有能抗君之命，窃君之重，反君之事，以安国之危，除君之辱，功伐足以成国之大利，谓之拂。故谏、争、辅、拂之人，社稷之臣也，国君之宝也，明君之所尊所厚也，而闇主惑之，以为己贼也。故明君之所赏，闇君之所罚也；闇君之所赏，明君之所杀也。伊尹、箕子可谓谏矣，比干、子胥可谓争矣，平原君之于赵也，可谓辅矣，信陵君之于魏也，可谓拂矣。传曰："从道不从君。"此之谓也。

荀子将朝臣"从命而不利君"的行为斥为"谄"，充分强调大臣对抗君主的力量，竭力主张大臣"从道不从君"。从这里不难看出几点。一是君臣不是对立、对峙的关系，而是同属一个政治共同体的成员。正因此，君主应将能够谏诤辅弼的人视为社稷财富、国君之宝，而不是视为"己贼"。二是正是社稷天下这个超越君主的抽象政治体，赋予了大臣独立决断的权力。大臣具有不受君主制约的自主性，这种自主性来源于社稷。

臣性，最初所认为的臣的特性，远比我们现在想象得高远。臣，是从天下国家的角度出发，对君主真正负责。所以，当君主的意志合乎社稷利益时，臣下必然服从君主；当君主的意志不符合社稷天下的利益时，大臣需要作为君主的老师，劝诫君主，对抗君主的意志。

在整个政治体系中，君臣的功能作用颇有区别。如秦始皇那样励精图治、事必躬亲的做法，并非君主制的通常做法。君主制最基本的一条原则是设有宰相，并由宰相总理政务。事实上，这是政治领域中的基本法则，就像国家主权一样，最高的权力不应当应对庶务，必须保持最高权力的神圣性。《周礼》中所谓"坐而论道，谓之王公"，即指人君不须处理具体事务。刘邦诏书中说："吾立为天子，帝有天下，……与天下之豪士贤士大夫共定天下，同安辑之。"①皇帝应该被视为国家元首，最高权力的象征，日常朝政则由丞相总揽。西汉前期君主往往并不具体过问朝政，而是把朝廷政事委托给丞相，也非常仰仗丞相。

① 《汉书》卷一下《高帝纪》，北京：中华书局 1962 年，第 78 页。

丞相体制颇尊，权限很大，是政府行政的最高负责人。 所谓楚庄王三年不听政，虽然意在批评君主懈怠，但亦可见朝政委托给执政大臣是先秦政治常例。君权与相权的分立，是巧妙的政治机制。 它通过双方的均衡对立保证任何一方出现问题时，都可以得到纠正调整。 如确立皇位继承人总是须在丞相率领的朝臣首肯下通过；而丞相人选则是由皇帝任命的。 一旦相权完全隶属于君权之下，则完全失去了相权对君权的制约力量。 君权与相权的分立、宰臣的行政决断权力终因没有制度化而消失，后世的君主往往直接总理万机，逐步发展成为君主的专制体制。

　　君权与相权的分立是古典政治的重要观念。 但像其他很多观念一样，这一原则并不是明确的法律条文，它在很大程度上只是行政习惯，到了后世就不免完全改变了。"中国一向似乎看重的不成文法，往往遇到最大关节，反而没有严格明白的规定。 这也可以说是长处，因为可以随宜应变，有伸缩余地。 但也有坏处，碰着一个能干有雄心的皇帝，矜才使气，好大喜功，常常要侵夺宰相的职权。"①这往往也是政治缺乏理论研究的结果。 君权相权的分离，在制度上的优势与重要性，在经验层面上很难阐释清楚，它依赖于理论上对于国家行政运作机制、权力结构的解释。 一种习惯做法为什么需要坚持，一种由来已久的制度为什么需要改革，只在经验层面上是难以认识清楚的。 只有依赖理论探讨，只有通过理论思维，现实的政治经验才可能通过制度化得以稳定，并且通过概念化进入政治理论的体系当中，成为比较可靠的政治原则。

　　更为现实的是，君主十分担心大权在握的宰相对自己君位或者权威造成威胁，所以常常要削弱他们的权力。 在王朝的衰落期，当其统治的合法性受到怀疑时，君主更是担心这一点。 相比较而言，如汉高祖刘邦那样，君臣之间有着较多的信任，才可能为相权保持相对的独立性提供基本条件。 高祖晚年，吕后问刘邦，萧何之后谁可担任丞相，刘邦称曹参。 问其次，王陵，陈平辅佐。 复问其次，刘邦说："此后亦非乃所知也。"②可见高祖对重臣的了解与信任。

　　从个体掌握的知识系统方面来说，相权保持相对独立性也有利于王朝政治的安定。 一般说来，君主并不是从政府行政系统中成长起来，这与丞相、宰臣完

---

① 　钱穆《中国历代政治之得失》，北京：三联书店 2012 年，第 29 页。
② 　《汉书》卷一下《高帝纪》，北京：中华书局 1962 年，第 79 页。

全不同。 宰相通常都是从政府基层做起，经过多年的历练，成为朝廷大臣。 理论上说，他们更了解政局，知道如何治理国家，并且富有处理实际行政事务的经验。 在这一方面，君主不插手具体政务，反而更有利于行政。 当然，君主可以君主的名义参与议政，并最终决策。 治国知识掌握在大臣手上，这一点可以从管仲等人的例子中看出。 齐桓公欲霸诸侯，鲍叔推荐管仲，然而管仲时在鲁国。 鲍叔劝桓公"亟召则可得也"，若不赶紧想办法把管仲从鲁国夺回来，他为鲁国所用，必定弱齐；他不为鲁国所用，必为鲁国所杀，齐国也失去用管仲的机会。[①] 于此可见，齐国政治实把富国强兵的主要希望寄托在管仲这样的大臣身上。 魏国公叔座劝魏王杀商鞅亦是同样的意思。

当然，明智的君主也有他们的政治经验。 他们在政治实践中积累经验，成为传统政治知识的贡献者。 如《管子》卷八《中匡》载：

> 管仲会国用，三分二在宾客，其一在国，管仲惧而复之。（齐桓）公曰"吾子犹如是乎？ 四邻宾客，入者说，出者誉，光名满天下；入者不说，出者不誉，污名满天下。 壤可以为粟，木可以为货。粟尽则有生，货散则有聚。君人者，名之为贵，财安可有？"管仲曰："此君之明也。"

桓公以为君主不必贪图财富，而应散财招揽各地宾客，让他们传播君主的美名。管仲承认这是君主明智的地方。

实际的朝政必须交给宰臣，而不是皇帝，不仅在于宰臣富有行政经验，更主要的在于他是唯一能够担负起安保社稷责任的角色。 如何保全社稷？ 什么才是真正的社稷利益而不是顺从君主的私欲？ 这是王朝的重臣体现其德行崇高、才识卓越的地方。 在这个意义上，古典政治理论非常重视朝臣对社稷命运所具有的使命感，至少在君主昏聩的情况下，还能指望朝廷重臣拯救社稷天下。 儒家相信，只有"社稷之臣"而没有社稷之君。《荀子·儒效》曰："彼大儒者，是隐于穷阎漏屋，无置锥之地，而王公不能与之争名。"大儒正是担负社稷使命的人。

---

① 见《管子·大匡》。

第四章

基层管理

　　古典政治思想并不是纯粹的理论，而是长期政治实践经验的积累与总结，它因此而保持着强烈的实践性，即作为与当时的社会管理、生产实践紧密相连的知识形式而存在。它关注土地与农业生产、定民之居、基层组织、军队、民俗等一系列事关群体生存的现实问题。

1. 民众的空间组织

　　古典政治的思路非常清楚：安民、富民、教民，保国。《汉书·食货志》曰："殷周之盛，《诗》、《书》所述，要在安民，富而教之。"虽然未提及保全社稷，但这必然是安民富民的题中之意。古典政治思想的朴素性于此可见，理论的这种朴素、明晰与先秦时代社会生产生活的纯朴简单息息相关。理论的朴素并非肤浅，而是在纷繁的现实面前以深刻的洞察直接抓住问题的关键与本质。

　　《汉书·食货志》概括上古时代的政治理论，认为政治的起点在于百姓生存所需的物质财富，"财者，帝王所以聚人守位，养成群生，奉顺天德，治国安民之本也"。所谓"安民"就是让百姓能够生活下去的一系列政治安排：

> 是以圣王域民，筑城郭以居之；制庐井以均之；开市肆以通之；设庠序以教之；士、农、工、商，四民有业。学以居位曰士，辟土殖谷曰农，作巧成器曰工，通财鬻货曰商。圣王量能授事，四民陈力受职，故朝亡废官，邑亡敖民，地亡旷土

又曰："理民之道，地著为本。"地著，颜师古注曰"安土"，即民与土地的结合，民众受田从事生产，维持生活。殷商、西周都曾实施过井田制，甲骨文中

有些"田"字写成如"井"字形，先秦来源不同的文献记载都可以说明周代延续殷制，继续实施井田。①

井田，就是将九百亩土地按"井"字形分成九块，构成一个单元，称之为"井"。一井四周的八块耕地，每块百亩，分别配授给八个农户，土地优劣再以"爰田"等形式调整。井田中间再分出八十亩公田，由八家农户共同耕作，一户十亩；剩余二十亩作为八家的宅基地，每家两亩半。上古时代，土地与农民就以这种方式组织起来。

到了春秋时代，虽然组织形式可能有一定的变化，但民众与土地、空间稳固结合的原则始终得到贯彻。齐桓公问管仲如何治国，在具体措施上，管子的解释就是"参其国而伍其鄙，定民之居，成民之事，陵为之终"②。什么是"定民之居，成民之事"？就是以一定空间组织形式安排民众，士农工商，使之能够安居并从事相应的生产。社会空间的组织安排，不仅是将邻近的住户组成不同的社区单元，更为关键的是民生的安排，结合地理条件、土地特性以及生产生活状况对民生做出安排，特别是空间上的规划布置，即所谓"定民之居，成民之事"③。这里的"事"，就是民生，即整个国民经济的生产；这里的"居"，就是以"成民之事"为目标，建成民众得以安居的空间。《国语·齐语》说得很清楚：

> 桓公曰："成民之事若何？"管子对曰："四民者，勿使杂处，杂处则其言哤，其事易。……昔圣王之处士也，使就闲燕；处工，就官府；处商，就市井；处农，就田野。"

《管子·小匡》也有同样的记载。士、农、工、商承担着不同的社会生产功能，这些功能总是与特定的空间联系在一起的。没有相应的空间和空间安排，就无法从事相应的社会生产，因此，农民居处必须靠近田野，完成农业生产；工匠主要是为朝廷服务，须就官府；商人主要集中在人口聚集的区域，须就市场。

基层社区具有分级组织。如国中即城中的组织，有轨、里、连、乡等。《管子·小匡》曰："五家为轨，轨有长。十轨为里，里有司。四里为连，连有长。

---

① 赵冈、陈钟毅《中国土地制度史》，北京：新星出版社 2006 年，第 1 页。
② 《国语·齐语》，并参《管子·小匡》。
③ 见黎翔凤《管子校注·小匡》，北京：中华书局 2004 年，第 400 页。

十连为乡，乡有良人。三乡（或作五乡）一帅。"此与《国语·齐语》中所谓"五家为轨，……十轨为里，……四里为连，……十连为乡"的记载完全一致。《周礼·大司徒》、《管子·度地》、《管子·乘马》中都有类似的组织形式：大约五十家形成一个"里"的社区，连、乡的划分只是地方行政单位。

"参其国而伍其鄙"也是齐国实施的社会组织形式。参国（叁国），就是三分其国，以一定的基层单位形式将"国"中居民组织起来，然后划分为三部分，作为三军人员物资供应的单位。《管子·小匡》："制国以为二十一乡，商工之乡六，士农之乡十五。公帅十一乡，高子帅五乡，国子帅五乡，参国故为三军。"同篇另一段文字说得更加明白，曰："作内政而寓军令焉。为高子之里，为国子之里，为公里。三分齐国，以为三军。"这是将齐国二十一个乡分为三部分，组成三军，齐侯、齐卿高子和国子分别率领一军。[①]"参国"之法就是在平时与战时对国中民众的组织之法。

"伍其鄙"，旧注以为"五分其鄙以为五属"。这是说在郊野的民众也以一定的形式组织起来，划分为五属。《管子·小匡》说："三乡为属，属有帅。五属一大夫，武政听属，文政听乡。"《国语·齐语》："三乡为县，县有县帅；十县为属，属有大夫。五属故立五大夫，各使治一属焉。"记载虽然异辞，但并不影响我们对这一行政手段的理解。综合各方面的材料，可以了解到，第一，齐国基层民众都有着严格的组织，每级组织都有相应的负责人。第二，"商工之乡"、"士农之乡"等基层组织承担着双重的功能。平时是社会生产、生活的组织单位，战时即转变成为军事组织的单位。所谓"作内政而寄军令"，就是地方行政与军队组织完全合二为一。第三，在当时条件下，军地合一的组织方式有利于提高军队战斗力。《管子·小匡》说："卒伍政定于里，军旅政定于郊。内教既成，令不得迁徙。故卒伍之人，人与人相保，家与家相爱。少相居，长相游，祭祀相福，死丧相恤，祸福相忧，居处相乐，行作相和，哭泣相哀，是故夜战其声相闻，足以无乱；昼战其目相见，足以相识；欢欣足以相死。是故以守则固，以战则胜。"

从《周礼》、《管子》、《国语》等来源不同的文本中均可发现类似的地方行政组织模式。尽管记述异辞，但它们有着共同的指导思想，基本精神是一致的。

---

① 《国语·齐语》："有中军之鼓，有国子之鼓，有高子之鼓。"

从这种地方组织模式中不难看出：无论是国中还是郊野，基层民众都有着严格的组织；这些组织有着多层级的结构；每层级的组织都有相应的负责人。

稳定的社会组织形式意味着空间组织、社会生产、民众生活都具有稳定的组织形态。更关键的是，民众比邻而居，有固定的生产活动，就能形成相同相近的生活方式和风俗观念。从某种意义上来说，地方性、地域性是教化形成的基本条件。教化除了兴办学校，"里有序而乡有庠。序以明教，庠则行礼而视化焉"[①]，更重要的是基于生产生活实践自然而然形成的行为规范。

士的子弟跟着父兄，耳濡目染而成为士。《管子·小匡》曰："今夫士，群萃而州处，闲燕（谓学校之处），则父与父言义，子与子言孝，其事君者言敬，长者言爱，幼者言弟，旦昔（朝夕）从事于此，以教其子弟。少而习焉，其心安焉，不见异物而迁焉。是故其父兄之教，不肃而成。其子弟之学，不劳而能。夫是，故士之子常为士。"

农民的子弟跟着父兄，耳濡目染而成为农民。《小匡》又曰："时雨既至，挟其枪刈耨镈，以旦暮从事于田壄，税衣就功，别苗莠，列疏遫，首戴苎蒲，身服褊襏，沾体涂足，暴其发肤，尽其四支之力，以疾从事于田野。少而习焉，其心安焉，不见异物而迁焉，是故其父兄之教，不肃而成，其子弟之学，不劳而能。是故农之子常为农。"

工匠和商人的子弟跟随父兄，耳濡目染也就成了工匠和商人。教化在这里是融合在"父兄之教，不肃而成"的实践活动当中展开的。《汉书·食货志》曰："冬，民既入（城），妇人同巷（里中道路），相从夜绩，……必相从者，所以省费燎火，同巧拙而合习俗也。男女有不得其所者，因相与歌咏，各言其伤。"特别提及女性在"相从夜绩"的活动中习俗自然而然相合统一。

生产者与特定生产空间的稳固结合，或者说减小空间的流动性，在当时的社会条件下，不仅有利于保证农业、手工、商业的发展，而且有利于新一代劳动者劳动技术的掌握，"其父兄之教，不肃而成。其子弟之学，不劳而能"，由此实现劳动者的再生产，"士之子常为士"，"农之子常为农"，"工之子常为工"，"商之子常为商"。古代思想家、政治家在此已经充分揭示了有关人的生存、社会政治的稳定与空间之间的重要关系。

---

① 《汉书·食货志》。

民众稳定的空间组织形式，能够大大促进地方、区域风俗的形成和民众凝聚力的加强。古典政治特别强调民众与空间区域之间的稳固关系。管仲治齐，强调士农工商四民，各居其处，勿使杂处，有利于形成空间的稳定性。《管子·小匡》所谓"今夫士，群萃而州处"，"今夫农，群萃而州处"，"今夫工，群萃而州处"，"今夫商，群萃而州处"，语句的重复，正说明"居处"在社会组织与空间组织方面的重要性。"群萃"之萃，集也；"州处"之州，聚也[①]；"群萃而州处"即民众聚集相处，比邻而居，而四民之间并不混杂。所谓"勿使杂处，杂处则其言咙，其事易"，"内教既成，令勿使迁徙"[②]。民众在特定的空间区域中生产生活的稳固性，能够大大促进风俗的统一。

　　时至战国，孟子同样确信围绕井田所形成的生产生活空间可以促进良好的风俗。这需要明确田界，《孟子·滕文公上》曰："夫仁政必自经界始；经界不正，井地不钧，谷禄不平，是故暴君污吏必慢其经界。经界既正，分田制禄可坐而定也。"百姓劳作的场所、生活场所都确立起来，天长日久，自然形成"死徙无出乡，乡田同井，出入相友，守望相助，疾病相扶持，则百姓亲睦"的民风。《汉书·食货志》亦谓："八家……出入相友，守望相助，疾病相救，民是以和睦，而教化齐同，力役生产可得而平也。"生活空间的相近，生产活动的相同，形成统一风俗。统一风俗可以强化百姓对整个群体的感情认同。

　　固定的生产生活空间，很容易形成眷恋家园的情感与习俗。《老子》第八十章曰："小国寡民。使有什伯之器而不用；使民重死而不远徙。虽有舟舆，无所乘之；虽有甲兵，无所陈之。使民复结绳而用之。甘其食，美其服，安其居，乐其俗。邻国相望，鸡犬之声相闻，民至老死，不相往来。"其中最重要的是，它所反映出来的社会治理中安土重迁的首要原则。政治的基础在于建立人与土地之间稳固的联系，这不仅农业时代如此，其他时代也莫不如此。聚落、村庄、城市是这种联系的主要形式。后来孟子的一段话也强调"民不改聚"。《孟子·公孙丑上》孟子曰："夏后、殷、周之盛，地未有过千里者也，而齐有其地矣；鸡鸣狗吠相闻，而达乎四境，而齐有其民矣。地不改辟矣，民不改聚矣，行仁政而王，莫之能御也！"《商君书·垦令》亦曰："使民无得擅徙"；"民不贵

---

① 见《国语·齐语》韦昭注。
② 《国语·齐语》。

学则愚，愚则无外交。无外交，则国勉农而不偷”；“声服（淫声异服）无通于百县”。与《老子》“民重死而不远徙”的精神完全一致。

民众世代居住于一个地方，就形成了地方性：“甘其食，美其服，安其居，乐其俗。”这不仅包括了民众如何利用当地的资源从事生产，形成自身的生活方式，还包括了方言、风俗、文化等重要的地方性特征。古典政治理论总是鼓励这种“安其居”。为了维护这种定居，传统政治不主张地域民众之间信息的交流、交换。新的信息会改变他们原有观念，“不见可欲，使民心不乱”（《老子》第三章），减少人际交往与信息间交流，是维持地方性的重要方面。

后代不再实行井田，税赋形式也发生变化。商鞅改革土地制度，使土地私有的倾向合法化，土地可以买卖。《史记·商君列传》中说“为田开阡陌封疆，而赋税平”，建立了新的田制，古老的风俗也随之发生了变化。

2. 从井田到土地私有

在春秋战国时期的社会转型过程中，土地制度的转变是根本性的。大体说来，就是从井田制转变为土地私有。

西周井田制，学者普遍认为是土地公有。[①] 所有权的概念颇为复杂，它实际上是集合了使用权、消费权和支配权的权利。在古代，耕地配授给农民，农民拥有这些土地的使用权，有时也说是私田，如《诗·小雅·大田》曰：“雨我公田，遂及我私。”又《孟子·滕文公上》云：“方里而井，井九百亩，其中为公田。八家皆私百亩，同养公田。”但这只是使用权，农民通常并没有支配权。[②]

书缺有间，对于井田制，现代学者尚未了解得很确切，但殷商、西周都曾实

---

① 徐中舒说：“封建之世，土地人民皆王及诸侯所有，故《左传·昭公七年》载楚芋尹无宇之辞曰：‘天子经略，诸侯正封，古之制也。封略之内，何非君土？食土之毛，谁非君臣？故《诗》曰：普天之下，莫非王土。率土之滨，莫非王臣。’据此，王及诸侯境内土为君土，民为君臣，其可以为卿大夫食邑者，唯采地而已。”见《徐中舒历史论文选辑》，北京：中华书局 1998 年，第 737 页。

② 由于土地的所有权集合多种权利，因此权利的分割往往引起争议。普通的土地所有者一般不具有土地的矿藏开采权和通行权。西方封建社会，对土地所有权有各不相同的分割方法，一国之君有权得到大部分的税收，领主有权获得其他的部分，土地所有者则有权耕种和收获，同时缴纳各种租金。这些权利又可以被买卖。参考 [美] 詹姆斯·S. 科尔曼《社会理论的基础》（上），邓方译，北京：社会科学文献出版社 1999 年，第 5 页。

施过井田制，则是可以肯定的。 甲骨文中有些"田"字写成如"井"字形，可视为殷商曾有井田在文献上留下的印迹；先秦文献来源不同的记载都可以说明周代延续殷制，继续实施井田。①

围绕井田制，还配合有助、彻两种制度。

《孟子·滕文公上》中孟子提及滕文公实行井田制："请野九一而助，国中什一使自赋。"所谓"助"者，藉也，就是八家共耕公田的制度。 公田上的产出相当于农户缴纳的劳役地租。

不过，井田实施助法，理论上推测，还有不便之处。 实际土地有品质差异，按照中国耕作传统有休耕制：良田每年耕作；次等田每两年耕种一次，劣等田三年耕种一次。 井田如何与休耕结合起来，公田如何休耕？ 此外供祭祀用的"圭田"，以及除正劳力之外的其他劳动力，即所谓"余夫"，如何处理？《周礼·大司徒》载："凡造都鄙，制其地域而封沟之，以其室数制之，不易之地家百亩，一易之地家二百亩，再易之地家三百亩。"学者据此设想了井田与轮耕结合的办法：上等地，无须休耕，八家一井，共九百亩；次等地，则一千八百亩为一个单元，分为二井，授给八家，来年休耕一井；劣等地，则二千七百亩为一个单元，分为三井，每井九百亩，三井相连，八家农户每年换一井，进行休耕。 在这一设想中，由于休耕之田相互毗邻，因此农户无须搬迁。②

但古代又确有搬迁易居的惯例，即"爰田"。 爰田，有时又写作辕田，都是一个意思。

《汉书·地理志》曰："孝公用商君，制辕田，开阡陌，东雄诸侯。"颜师古引张晏曰："周制三年一易，以同美恶。 商鞅始割裂田地，开立阡陌，令民各有常制。"又引孟康云："三年爰土易居，古制也，末世寖废。 商鞅相秦，复立爰田，上田不易，中田一易，下田再易。 爰自在其田，不复易居也。《食货志》曰'自爰其处而已'是也。"《公羊传·宣公十五年》何休注曰："司空谨别田之高下善恶，分为三品：上田一岁一垦，中田二岁一垦，下田三岁一垦。 肥饶不得独乐，硗埆不得独苦，故三年一换土易居。"③仔细分辨，这里实际上提到了两种交换：一是因为休耕而更换田地，即耕种上田、中田、下田的区别；二是因为

---

① 赵冈、陈钟毅《中国土地制度史》，北京：新星出版社 2006 年，第 1 页。

② 赵冈、陈钟毅《中国土地制度史》，北京：新星出版社 2006 年，第 5 页。

③ 《春秋公羊传注疏》，北京：北京大学出版社 1999 年，第 360 页。

"肥饶不得独乐，硗埆不得独苦"，为实现"同美恶"的目的而实行的交换，按其解释，则是耕种上田三年，更换到中田，耕种三年，最后更换到下田，再耕种三年。 爰田当指这种三年一易的交换，不仅更换耕地，同时更换住所。

井田除了助法，还有彻法。"彻"，就是征收赋税，特别是指税率为什一的田赋。

不过，最初的"彻"，只是公田、私田分割的方式和比例。 公刘时代的周部族征服原始农业公社，于是彻取公社土地的十分之一作为公田，这种方式谓之"彻"，彻就是彻取。 后来周宣王征服谢人，还是采用彻法。 故《诗·大雅·崧高》曰："王命召伯，彻申伯土田。"意思仍是彻取公社土地一部分作为公田。《诗·大雅·笃公刘》云："度其隰原，彻田为粮。"旧笺云"彻之使出税"、"什一而税谓之彻"，意谓向受田的农户征收田赋。 但徐中舒以为，这时的彻法并不是直接征收什一的生产税，仍是像助法一样是在公田上出劳力。"彻田为粮"并不是实物地租，而是劳役地租。

或许是因井田后期长期实行劳役地租之后，私田的生产维持得好，而公田的生产维持得不好，正如《诗·齐风·甫田》云"无田甫田，维莠骄骄"，因此而废公田，改为彻取十分之一作为实物地租。[①]

学者推测，西周初年仍是实行助法的井田制，大约周宣王时开始实行征收田赋的彻法。 而一旦实施实物地租，土地制度的演变就加快了。

一则没有公田作为公有土地的象征，行政上土地的管理变得简单了。 二则实施彻法，就可以以家为单位授田，而不需要考虑易居换田。

这样，理论上讲，成人终身只需办理一次受田，就可以长期在自己的土地上耕种。 这样的土地几乎等于私有田产。 等到儿子可以申请土地配额时，因人情和行政上的便利，很可能就是将父亲的耕地配授给他的儿子。 于是配授的公有土地逐渐形成私有土地，私相授受，交换甚至买卖都会发生。

助法之时，国家征收的劳役地租实际上是固定的。 但实行彻法时，原先依据农业产量而征收田赋，会自然演变成农产品税或者农业所得税。 税收的尺度增加了灵活性，政府可以不限于什一的比例，而根据国家财政需要调整税率，如

---

① 徐中舒《徐中舒先秦史讲义》，天津：天津古籍出版社，2008 年，第 105—107 页。

鲁哀公曰："二,吾犹不足,如之何其彻也!"这是说,20％的税收尚且不足,更何况什一之彻了。 这说明,从取消公田,到实行征税,政府有了增加财政收入的新渠道。

商鞅改革土地制度,使土地私有的倾向合法化,土地可以买卖。《史记·商君列传》中说"为田开阡陌封疆,而赋税平",这就是建立了新的田制。 秦、晋本实行爰田,现在则改为年年耕种。 原有的贵族田界清除了,根据新的私有田产来划定界限。 这一系列转变,在根本上激发了农民的生产积极性。

3. 安 民

治国理政的主要任务就是安民。

农业时代,安民就是将一定量的土地交予百姓耕种,百姓安居乐业,有了收获,就能够完成赋税,国家的运行就有了保障。 这意味着政治所做的一切就是使自己所拥有的土地资源能够养育并保全自己国民。 但地利并不是自然而然就会从土地中产生,而是人民劳作的结果。 因此作为农业国,政治的基本任务就是保障劳动力与土地生产资料的结合。 土地产出的富余才可以支持农业社会政治、军事、文化等事业的发展。

历代王朝都是无条件地将一定量土地分配给农民,这并不是太难的事,难的是保持基本平均的地权。 大体而言,王朝立国之初,都能够以一定的方式将土地较为公平地分配给农民,但历时既久,人口增长,而聚落附近的耕地总量是有限的,要保持耕者有其田,就是非常困难的事情了。 当土地不能买卖时,土地不能发挥最大的效能;而当土地变得可以买卖时,总体趋势是少数人聚集大量的土地。

税收政策在很大程度上影响着土地的国家收益。

首先是税额必须明确。 什么情况下缴纳多少谷物、布帛,出多少劳力,必须非常明确,这样有利于公正。 越是含混,税吏的权力就越大,越能从中盘剥百姓。 所以即使赋税再不平等,其害民尚小;但赋税若不明确,其害民实大。[1]

---

① 参 [英] 亚当·斯密《国民财富的性质和原因的研究》(下),郭大力、王亚南译,北京:商务印书馆1974年,第385页。

其次，税收政策必须合理。 理论上说，土地的产出需要均衡地满足民众以及地方、国家不同层次上的需求，但根本上来说，代表国家获得正当收益的税收必须使得作为财富的生产者农民认为合理，那么这种均衡才有可能实现。 大体而言，中国古代的赋税有两大系统，一是田税，一是人头税。 田税，后世称为田赋，属于比例税，即纳税人以所占田地大小或农业收成多寡按照一定比例缴税。 而人头税，则是以劳动力或标准户为单位征税，或是出力，或是缴纳定量的布帛绢绫，它属于定额税。 由于田赋较轻，而人头税较重，因此同样人口的家庭，占有土地越多，土地的收益就越多。"总税负变成了急骤累退的税率。"而小户农民为了逃避人头税，包括徭役，会将他们的田产献给当地的官绅富豪，成为其"荫户"、"附户"。 很多朝代，官绅贵族都享有合法收纳"附户"以及免除赋役的特权。 南朝士族私属的佃客、典计及衣食客皆无课役，因此当时士族隐丁匿口、兼并土地的现象非常普遍。 带产投靠巨室的农民脱离了政府课税的编户，政府课税的基数越来越小。 政府税收减小，不得不提高税率，结果造成恶性循环，直至国家财政系统崩溃。①

针对巨室荫户、税收不足、土地抛荒等现象，历代朝政都实施各种改革，如西晋限田制、北朝和唐代的均田制、唐德宗时杨炎推行的两税法、明代万历推行的一条鞭法等。 但不难发现，这些政策虽好，短时间里也能取得成效，但时间一长，或推行措施不善，往往无法从根本上解决问题。 特别是因为投靠豪富而形成的土地集中现象，直到清代才真正缓解。

清初的田赋按照土地特性及生产力分为三级九等，课以不同的赋率。 丁赋即人头税同样以贫富标准分为上中下三等，课以丁银。 两者都属于比例税率。这样通过赋税体现出相对而言的公平来。 清廷官僚缙绅优免赋役的特权大为缩减，自一品官至生员吏丞，只免本身丁徭，其余赋课仍须缴纳。② 这样，基本上消除了献产投靠双方的实际利益，荫庇之风于是绝迹。

不难看到，历代达官贵族"天然"所享有的荫庇特权是造成百姓逃避税赋的主要原因，但历代王朝都没有正视过涉及自身利益的问题。 所以，政治就是站在公平的立场上，坚持正义、公正的历程。 税收是维持政权的基础，古人已经

---

① 参赵冈、陈钟毅《中国土地制度史》，北京：新星出版社 2006 年，第 136 页。
② 《清朝文献通考》卷二五《职役考》。

看到政治的开端，就是公正的税收。

《周礼·地官司徒》有"土均"一职："掌平土地之政，以均地守，以均地事，以均地贡。 以和邦国都鄙之政令、刑禁与其施舍。 礼俗、丧纪、祭祀，皆以地嫉恶为轻重之法而行之，掌其禁令。"郑玄注曰："'政'，音'征'。"此处的"政"通"征"。"平土地之政"，即均平邦国都鄙，若六乡六遂及公邑的税收。"均地守"，即均平山虞、泽虞、川衡、林衡的税赋。"均地事"，即均平三农、园圃之所出。"均地贡"，即各地诸侯的贡赋都能够公平。[①] 土地税收的公平，土地收益分配的公正，成为传统时代社会公正的基础。 只有这样，政令、刑禁、祭祀、礼俗才可能得到正当的实施。 甲骨中"正"字，上作一方框，下作一足，即脚印。 金文中，方框"口"省作一点或一横。《说文》曰："古文正。从一、足。 足亦止也。"意思不甚明确。 学者或谓："方块为脚步行进的目标，为前往征伐的城邑？"[②]方框或可看做土田，一足表示以步丈田，实为核实土田大小作为征收税赋的明确标准。《说文》曰："正，是也。"正，表示准确测量土地以及判定土质好坏，确实税收多少，这既是土均之"平土地之政"，也是所有政治的开始。

《管子·乘马》中所说"地者，政之本也"之"政"，亦当读"征"。 旧注曰："政从地生。"正谓统治所依赖的基本税赋来自农业生产。《乘马》曰："是故地可以正政也。 地不平均和调，则政不可正也。 政不正则事不可理也。"又曰："可以正政者，地也，故不可不正也。"税赋征收是否公平，即"政"是否能"正"，依赖于土地的公正分配和对土地价值的客观判断。 所以"正地者，其实必正，长亦正，短亦正，小亦正，大亦正，长短小大尽正。 正不正则官不理，官不理则事不治，事不治则货不多。 是故何以知货之多也？ 曰事治。 何以知事之治也，曰货多。 货多事治，则所求于天下者寡矣。 为之有道"。 公平公正的源头在于对土地的分配与勘定上，贫瘠的土地，产出低，征收必须低；肥沃的耕地，产出高，征收可以提高。 所定税额是否合理，都是可以根据土地的"实"来判定。 土地收益的征收是否公正，依据在于土地，所谓"正政者，地也"。 而"正地"，就是与土地的实际状况相吻合。 税赋是根据土地的状况来调节的，故

---

① 参汉郑玄注、唐贾公彦疏《周礼注疏》，《十三经注疏》标点本，北京：北京大学出版社 1999 年，第 409 页。

② 许进雄《简明中国文字学》，北京：中华书局 2009 年，第 320 页。

"地可以正政"。 如果土地的分配以及税收指标不公平，则税赋就不可能公正，即所谓"政不可正"，"政不正则事不可理"。

《管子·问》中日："理国之道，地德为首。"《乘马》亦曰："地者，政之本也。"换言之，权力的统治一定要围绕土地这个中心环节。 在传统农业时代，政治就在于处理好土地问题。

4. 防　卫

安民本身包括了政治体自身的防卫，甚至首先是防卫。 中国古典政治观念中，保卫自己的国家、国民不受外敌侵侮，是君主的第一要务，这一点是非常清楚的。"夷夏之辨"都具有这种性质。 如果国家不断受到外族侵扰，那么这个意识会非常明确；但太平日久，人们就很容易忘掉还有危机存在。 因此在安定时代，还能够把防卫始终放在首位，这是政治智慧。

从整体上来看，中国历史前期，大体是通过扩张实现防卫；后期则仅仅只是防御。 宋人的国防非常脆弱，澶渊之战完全改变了汉唐以来的防卫政策以及防卫意识。 清代的扩张固然有所成果，但那仍然是旧世界的扩张方式，新世界的法则正在改变，而清人对此浑然不知，也完全不了解来自遥远新世界的潜在危机。 从根本上讲，清人仍然是被动防御，而不是通过扩张实现防卫。 扩张是创新过程，首先是认知、知识性的创新，随后它影响政治，影响行动层面。 当知识层面的扩张或者创新失去力量时，政治与社会力量的领先性的扩张几乎是不可能的。

国家、部族的防卫力量是从其内部稳定的政治秩序中获取的。 国内稳定的生产能力、安定的生活能够为防卫提供经济基础，当然，内部的稳定取决于对外部侵扰的成功抵御。

但是，国内各种知识、资源、生产成果并不会自动集中起来，形成防御力量，所有要素都需要政治这一首要要素实现组织协调。 政治的任务变得复杂起来。 防卫力量组织有两种办法，一种是兵民合一，组织民众自卫。 中国历史前期大体都是组织民众防卫，当然也有募兵制，如东晋北府兵。 另一种是组织专门的常备军。 中国历史后期，北宋以后，主要依靠专门的军队来防卫。 但王朝供养一支庞大的军队非常困难。

依靠民众来实施防卫，根本上讲就是兵农合一。 上古时代，民众基层的乡里、什伍等组织，就是战时士兵连队的组织。 农民平时从事生产，免其租调，可以自己准备粮食武器装备，战时变身为士兵，从事战斗。 这样，王朝的战争负担较轻，不用在战争期间投入大量的财力物力。 军中之用皆藏于民间。 此时战争规模相对较小，武器装备简单，战争水平还比较低，特别是周边国家、部族政权尚未获得高度发展，因此兵农合一式的民兵武装总体上能够胜任当时的战争。 当然，各个朝代军队组织颇为复杂，并非单一形式，如唐代，既有府兵，又有矿骑。 当时征讨，又多用蕃兵。 总体上，中国历史前期的军队是以兵农结合为主的。

中国历史后期，周边部族的政权，其政治组织形态颇有进步，统治水平大为提高，武装力量强大，社会动员程度扩展，因此，中原所面对的敌对力量往往不同于早期。 而到了晚清、近代，中国面对的对手更是超乎想象。 对手已经变得强大、先进，再运用早期那种民兵式武装已经完全不能应付。

北宋遭遇的正是这种状况。 北方辽国，在宋朝立国之时，已有五十多年的历史。 契丹素以强悍闻名，其部族多在指定地方，从事于畜牧。 举族皆兵，一有征召，全族响应，所有士卒自备战马，携带武器。 所以人数众多而机动性很强，所之处，剽掠自资。 公元 10 世纪初，幽州刘守光暴虐，很多国人逃出塞外。 契丹太祖耶律阿保机招揽他们，颇加抚慰，并从他们那里学到了许多知识，于是契丹的政治组织、经济都有进步。 公元 916 年，他废遥辇氏以自立，东北灭渤海，服室韦，西南服党项、吐谷浑，直至河西回鹘，属国有四五十之多。北宋面对契丹这样的对手，必须具备强大的正规军。 君主制的王朝，军队体现了君主的权力与意志。 他的常备军凭其威力，可以把君主的法令推行到帝国最遥远的地方。[①] 不过，这样的军队必须依赖于艰苦的训练，严格的纪律，精良的装备，卓越的管理，在这些方面，宋军虽然实行募兵制，适应了形势发展的需要，但在国防战略、军队组织等方面仍然存在局限。

军事的组织、防卫的实施根本上讲是复杂的政治过程。 政治过程，一是涉及客观知识，决策者必须了解其中技术性的知识。 二是涉及政治关系的把握，

---

① 参［英］亚当·斯密《国民财富的性质和原因的研究》（下），郭大力、王亚南译，北京：商务印书馆 1974 年，第 269 页。

决策者必须协调各种力量之间的关系，实现政策的目标。 但显然，宋廷还有其他方面的考虑，它心存疑虑。 它一方面希望有强兵猛将征服北方，另一方面又担心将领功高，拥兵自重，威胁大宋江山。 这构成了君主制难以逃脱的命运，而且也是古代大多数情况下普遍的状况。 实际上，政治的起点是共同体内部对政治的一致认同，也就是说，只有在统治合法性不存在疑问的地方，政治才开始，但历史常常并不是如此。 于是政治被推行到政治不能开始的地方，政治成为维护合法性存疑的权威的手段。 政治忘掉了自己的基本使命，它本来是国家安定事业展开的艺术或技能，但现在它成为监视和阻止任何有可能威胁自身存在的机制，正因此，事情不可能在纯粹理智的安排下展开，它会受到"政治"各种扭曲的影响。

宋初，太祖赵匡胤就有收复北方疆土的想法，但最终还是先行统一南方。平定北方这一更加艰巨的任务，只好留给继任者。 宋太祖赵匡胤传位给弟弟赵匡义，太宗赵匡义两次征辽，都失败了。 最后一次，一直进兵到今日北京西直门外颐和园的高粱河边，皇帝中箭，回返不久驾崩。 北宋军队自此锋芒尽失。按照学者的说法，中国失去了竞争性和外向性的性格，而转向内敛。①

宋朝的军队不再采取攻势，但也不敢裁军。 非但不裁员，而且有增无减。宋朝开国，兵员不到 20 万。 太祖末年，增至 37 万。 太宗末年，增到 66 万。真宗时，增加到 91 万。 宋仁宗时，西夏兵起，宋朝军队增加到 125 万。 士兵虽众，却没有取得真正的军事成果。

究其原因，还是政治上存在局限。 两宋兵制的背后，处处体现"提防"的想法。 朝廷提防将领，压抑武将，不肯信任重用，唯恐将军拥兵自重，武装割据，危及朝廷，如此则军队战斗力可想而知。 管理上亦存在问题，军队指挥权一分为三：握兵权、调兵权、统兵权。 三衙（殿前司、侍卫亲军马军司、侍卫亲军步军司）握兵，枢密院调兵，临时派遣的将领负责统兵。 这虽杜绝了唐末藩镇割据、五代兵变的威胁，但兵不知将，将不知兵，战场上统帅指挥的效能不能不为之大减，士气亦无从鼓动。

然而，最严重的是上古时代军人荣誉感的消失。《孟子·梁惠王下》所载邹国与鲁国的战斗中，邹穆公的贵族"死者三十三人，而民莫之死也"，正是周贵

---

① 黄仁宇《赫逊河畔谈中国历史》，北京：三联书店 1992 年，第 158 页。

族尚武尚勇精神的体现。 随着贵族的消亡，这种精神的传承大受影响。 中古时代，普通士兵勇敢精神尚在，杜甫《前出塞》、《后出塞》诗所描写的普通士兵心中仍然洋溢着奋不顾身的斗志。 这种精神必然是源于内在的荣誉感，源于社会对军人普遍的推崇。 但中古时代，士兵的身份不断下降。 如曹魏时代有"士家"制度①。"士家"即世代当兵的家庭，他们始终处于被官府监管的地位。 士兵出征，其家人如同人质，军队由此获得的战斗力实际上是有限的，因为它缺乏广大士卒对国家、王朝的根本认同。 后代，士兵的身份更加低贱。 宋廷招募士卒，先度人材，次阅走跃，试瞻视，然后"黥面"，赐以缗钱、衣履而隶诸籍。当兵之时即面上刺字，称为"配军"，防其逃跑。 这对于士卒无疑是侮辱性的。军中又招募天下无赖之徒，士兵在国民心目中的形象，更受影响。 论者多以为军中吸纳无赖之徒，加以约束规训，兼其强悍不羁，因此他们的战斗力不会比良家子弱，只会更强。 但士兵群体地位低下，要想让其带着强烈的荣誉感、责任心去战斗，恐怕是很难办到的事情。

募兵制，给整个社会运转机制带来了深刻变化。

兵农合一时代，王朝整体上是通过减少平时的赋税，以期战争时期利用这笔"存款"。 更重要的是，这笔"存款"是由士兵个人来管理的，他平时就准备好武装、粮食、马匹等以备战时使用，理论上讲，管理成本最低。 为了在战场上具有优势，士兵会不计成本地投入战前准备，"长短肥瘦当然称身，刀枪轻重，也能配合他的体力，马的性格也懂得，他的生命要靠这些的，前途立功也要靠这些，所以一切衣甲、兵器、马匹都很好，很讲究，很精良，这也是府兵之不可及处"。② 但募兵时代，王朝组建了一支专业化、职业化的常备军队，这些军人并不从事生产，全由王朝通过全国的税收来养活。 首先，管理成本大幅增长；其次，军人可以讨价还价了，禁军分番戍守，三年番代一次，道路之费既多，还须多送银钱让军人调防；第三，各个环节中容易滋生腐败。 王朝不仅要为作战时期的士兵发放粮饷，还必须为不作战时期的士兵发放粮饷。 王朝军队的费用于是大幅度上升。 苏轼说："天下之财，近自淮甸，而远至吴蜀，凡舟车所至，人

第四章 基层管理

111

---

① 唐长孺《晋书赵至传中所见的曹魏士家制度》，《魏晋南北朝史论丛》，北京：三联书店1955年。

② 钱穆《中国历代政治之得失》，北京：三联书店2012年，第73页。

力所及，莫不尽取以归于京师。 晏然无事，而赋敛之厚，至于不可复加。"①更关键的是，兵农合一时代，只要有兵或者农，就能组织军队从事征战。 募兵时代，虽然士兵众多，但必须有钱，才可能推动战争。 王朝的税收不仅需要养活政府，还必须养活整个军队。

财政成为王朝政治中的重中之重，国家的运转已经与中古之前的时代完全不同。 由于招募常备军，宋朝已经把自己带入"现代"，黄仁宇准确地指出："中国在公元 11 世纪已经在某些方面感受到了需要现代化的压力。"②但这一变化并未被当时的政治精英了解。 宋神宗时期的宰相王安石非常清楚这一变化，他实施了一系列的改革，实际上抓住了国家运转的关键性因素——经济。 但由于时臣大多数并不理解其中的性质，仅仅把王安石变法视为历史上曾经有过的法家变革的重复。 对历史的准确把握就在两宋新旧党争连续百年的争执中被模糊了。

全球经济史显示，依赖于健全的法制基础上的市场经济可能是各区域经济发展、财富积累最具竞争力的模式，历史上其他经济模式都很难与市场经济模式相抗衡。 时到 21 世纪，市场经济模式已经遍布全球。 我们了解过世界后来的发展线索而回溯性地来看，这意味着宋人面临着两大选择：一是他们如何能够在集权体制之下，摸索出来一整套经济发展的模式；二是争取从集权体制之下松绑，摸索出市场经济的发展模式。

两大选择显然超出了宋人的知识水平。 当时，举国上下几乎没有人理解到王安石变法的真正意义，直到 20 世纪世界呈现出经济发展、变革创新的重要背景时，中国才看到王安石的意义。 只是这一认识晚来了一千年。

① 苏轼《策别厚货财二》，《苏轼文集》，北京：中华书局 1986 年，第 272 页。
② 黄仁宇《赫逊河畔谈中国历史》，北京：三联书店 1992 年，第 166 页。

第五章

从礼到法

法家学说是古典政治理论的变化形式。 它属于古典政治理论的范畴，但产生了很大的变化。 在很大程度上，它是古典政治的自然发展。 被视为法家人物的李悝"具有儒家的气息"，他是孔子弟子子夏的学生①；法家人物吴起也曾师事曾申、子夏；非常重要的法家人物李斯、韩非都是荀子的弟子，可以说，古典政治理论孕育了一代法家。 法家学说起着桥梁作用，它一端连接古老的封建体制，一端连接着正在成长起来的中央集权的郡县体制。 法家思想作为古典政治的变化形态迎接着一个新时代的到来。

春秋战国时期，诸侯国遇到了来自外部的前所未有的压力。 原先，诸侯虽然会因为各种原因受到他国的讨伐、掠夺、强占土地等，但国的存在是天经地义的事情，诸侯不太考虑自身强弱等问题。 再弱小的诸侯至少名义上也是天子所封，受到保护。 但春秋后期逐渐发生变化，弱国、小国存在着随时可能被其他强国、大国吞并的危险。

伴随着这一变化，诸侯国起用了一批政治家，特别是兵家、法家人物，他们声称能够在短时间里，让国家富强起来。 包括齐国管子（约前 719—前 645）、晏婴（前 578—前 500），郑国子产（？ —前 522），魏国李悝（前 455—前 395）等都在相应的诸侯国实施了一系列的改革。 他们的革新，大多是通过具体的社会、政治、经济措施实现的，特别是法律上的措施，而后来法家的改革和社会治理也越来越倚重法律的形式。

春秋后期，郑国子产铸刑书，晋国铸刑鼎，公布成文的法规。 战国李悝编著《法经》六篇，这是我国第一部比较完整的法典。 不久，商鞅（约前 390—前

---

① 　郭沫若认为李悝即李克。《汉书·艺文志》"儒家"有"《李克》七篇"，注云："子夏弟子，为魏文侯相。"当即李悝。 见《十批判书》，北京：东方出版社 1996 年，第 299 页。

338）带着李悝的《法经》入秦，《法经》成了秦法的主要依据。 汉初萧何编《九章律》，在《法经》基础之上新增《户律》（有关户籍）、《兴律》（有关营造）、《厩律》（畜产法）。 故《晋书·刑法志》曰："秦汉旧律，其文起自魏文侯师李悝。"当是事实。

重要的法家人物还有吴之孙武，齐之孙膑。 孙武，齐人，以兵法见吴王阖庐。 阖庐知孙武能用兵，以为将，西破强楚，入郢，北威齐晋，显名诸侯。 孙膑，去孙武百余岁，为其后世子孙。 与庞涓俱学兵法，而为其所忌恨。 往齐，为齐威王师。 攻魏之都城而救赵之邯郸，又破魏庞涓大军，名显天下，世传其兵法。①

吴起，亦为兵家，卫国人。 曾学于曾子。 事魏文侯，为魏守西河，以拒秦韩。 又事魏武侯，后被谗入楚。 楚悼王使为令尹一年，实施改革。 史载其"明法审令，捐不急之官，废公族疏远者，以抚养战斗之士。 要在强兵，破驰说之言纵横者。 于是南平百越；北并陈蔡，却三晋；西伐秦"。 因"废公族疏远者"，引起贵戚不满，皆欲害吴起。 楚悼王死（楚悼王二十一年，前 381），"宗室大臣作乱而攻吴起，吴起走之王尸而伏之。 击起之徒因射刺吴起，并中悼王"。 后"坐射（吴）起而夷宗死者七十余家"②。

法家最重要的代表人物是商鞅。 商鞅入秦，说服秦孝公实施变法。 孝公三年（前 359），与贵族代表甘龙、杜挚争论，以为"治世不一道，便国不法古。故汤、武不循古而王；殷夏不易礼而亡。 反古者不可非，而循礼者未足多"③。竭力主张"当时而立法，因事而制礼"。④ 随之在秦国颁布《垦草令》，推行"内务耕稼，外劝战死"的措施，全面拉开变法的序幕。 六年（前 356）为左庶长，正式推行变法。 主要内容包括：改革户籍制度，实行什伍连坐法，明令军法、奖励军功，废除世卿世禄制度，建立二十等爵制，严惩私斗，奖励耕织、重农抑商，改法为律、制定秦律等。 十年（前 352），为大良造。 十二年（前350），秦迁都咸阳，推行第二次变法。 主要内容有开阡陌封疆而平赋税，统一度量衡，执行分户令，禁止百姓父子兄弟同居一室，推行县制，燔诗书而明法

---

① 参见《史记·孙子吴起列传》。

② 《史记·孙子吴起列传》。

③ 《史记·商君列传》。

④ 《商君书·更法》。

令，塞私门之请，禁游宦之民等。 变法后，秦人富强，天子致胙于孝公，诸侯毕贺。 二十二年（前340）商鞅俘魏公子印，破魏军，收复河西失地。 商鞅受封於、商十五邑，号为商君。 孝公卒，秦惠文王即位，商鞅被诬，遂遭车裂。

商鞅变法的目标，就是富国强兵。 要实现国富，在当时的生产条件下，主要依赖农业生产；要实现强兵，就是鼓励人民在国家需要的时候，能够英勇参战。 两个方面概括起来就是"农战"或"耕战"。 然而，农业耕种极为辛苦，参加战争将面临生命危险，两者皆是民众不情愿做的事情，因此，要动员民众从事农业和战争，必须运用赏与罚两种手段来引导驱使。 赏和罚通过法律的形式颁布，具有绝对的权威与效力。 这样，民众就都集中到农战两条战线上，实际上只有一条，即绝对服从国家意志。 蒋礼鸿说："商君之道，农战而已矣。 致民农战，刑赏而已矣。 使刑赏必行，行而必得所求，定分明法而已矣。 他无事矣。"[1]准确地说明了商鞅变法的目标与步骤。

与商鞅同时的还有申不害（约前385—前337），京（河南京县）人，与商鞅同时，晚一年去世。 为韩昭侯相十五年，内修政教，外应诸侯。 终申子之身，国治兵强，无侵韩者。 申子之学本于黄老而主刑名，著书二篇（《汉书·艺文志》作六篇），号曰《申子》。[2]

又有法家慎到，赵人，与孟子（约前390—约前305）同时，曾为齐稷下学者。《汉书·艺文志》注称"名到，先申、韩，申、韩称之"。 史称"学黄老道德之术，因发明序其指意。 故慎到著十二论"[3]。《汉书·艺文志》法家类有《慎子》四十二篇。

商鞅为治多讲"法"，"法"主要用于治民。 申不害多讲"术"，史称申不害"学'术'以干韩昭侯"，表述"很有分寸"[4]。"术"是君主用来驾驭群臣的。《韩非子·定法》曰："今申不害言术，而公孙鞅为法。 术者，因任而授官，循名而责实，操杀生之柄，课群臣之能者也。 此人主之所执也。 法者，宪令著于官府，刑罚必于民心，赏存乎慎法，而罚加乎奸令者也。 此臣之所师也。"清楚地概括了法、术各自不同的功能。

---

① 蒋礼鸿《商君书锥指》，北京：中华书局1986年，第19页。
② 《史记·老子韩非列传》。
③ 《史记·孟子荀卿列传》。
④ 郭沫若《十批判书》，北京：东方出版社1996年，第310页。

最后一位大法家是韩非。韩非（约前280—前233），韩国人，"喜刑名法术之学，而其归本于黄老"。曾与李斯跟随荀子学习。一生并未参与政治实践，而是潜心著作，著书十余万言。今存《韩非子》。秦王见其所作《孤愤》、《五蠹》之篇，恨不与作者同时。李斯曰："此韩非之所著书也。"秦因急攻韩。韩非至秦，李斯谗言毁之。下狱，李斯使人送药，使自杀。韩非无以自陈，秦王使人赦之，韩非已死。

这一批具有法家精神的政治家、理论家，引发了当时现实政治的一系列深刻的变化。首先，出现了富国强兵的政治目标。原先诸侯的政治目标是国泰民安，国泰民安大体是民众付出一定努力可以实现的安定温饱生活；而现在则是国富民强，只有富国强兵才可能抵御他国的入侵，消除被吞并的危险。

其次，为实现富国，民众的付出增加，统治对民众的控制进一步强化。富国强兵，意味着民众要为军队的强大而额外支付费用，民众的支出大大增加了。在当时的生产条件下，产出的增加是非常困难的。只有采取某种强制性的措施，即严格法令的形式，才可能迫使民众多产出，扩大税赋以获得富国强兵所需要的资源。

第三，法家兴起，通过对贵族阶层的抑制以及体制上从封建向郡县制转变等措施，强化了君主的集权。法家强调"一"，无论尊卑都要受到法律的约束。严格的法律限制了贵族阶层的特权，剥夺了他们的部分既得利益，强化了君主的权力。学者认为，春秋时代郑国出现刑书，预示着"对于氏族贵族专政的一个改革运动"①。削弱贵族力量的过程，也切合先秦时期政治体制上的转换——从封建制向郡县制中央集权的转变过程。法家完全站在君主的立场上，使得法家人物深受君主的欢迎而遭到贵族的排斥。

1. 社会理想

春秋战国是一个重大转型时期，关键性的标志是，人们普遍关注的社会理想从礼制约束的道德状况转向以赏罚为驱动，努力实现国富兵强的目标。简单地说，就是从"礼"走向"法"。

---

① 侯外庐等《中国思想通史》第一卷，北京：人民出版社1957年，第589页。

早期古典政治理论对于社会理想的描述，虽然也涉及生活状况，但它更关心的是整个社会的道德水平。　老子主张统治者无为清静，少私寡欲，其社会理想正是配合着这种无为的统治方式，尽可能地延续、保持社会朴素的生活状况，而不去扰动或改变它。　保持自然的原态，尽量避免那些可能会引起变化的因素，是老子政治的一个原则。《老子》第八十章曰：

　　　　小国寡民。使有什伯之器而不用；使民重死而不远徙。虽有舟舆，无
　　所乘之；虽有甲兵，无所陈之。使民复结绳而用之。甘其食，美其服，安其
　　居，乐其俗。邻国相望，鸡犬之声相闻，民至老死，不相往来。

《淮南子·俶真》亦曰：

　　　　当此之时，万民猖狂，不知东西，含哺而游，鼓腹而熙。交被天和，食
　　于地德，不以曲故是非相尤，茫茫沈沈，是谓大治。

这无疑带有理想色彩的现实描述，学者普遍认为，它既是对往昔社会的追忆，也包含着理想化描写的成分。　它描述了一种朴素的生活：民众"甘其食，美其服，安其居，乐其俗"；"不知东西，含哺而游，鼓腹而熙"。　朴素的生活能够将人们引向简单、直接的社会关系，同时确立一种"最少消耗"、最少利用他物的价值观。　最少利用与节俭有关，但并非完全出于节俭，因为有时放弃使用，并不是从节约资源的角度来考虑的，而是尝试在最少接触外物、他者的最简单关系中保持内心平静、道德淳朴。　正因此，虽有舟舆，却不去使用；虽有甲兵，却无用武之地；虽有文字，却宁愿用结绳的方式记事。　归结起来，道德就是最少利用、减少利用；不必借助外物而使自己获得利益或者便捷。《淮南子·俶真》亦曰："至德之世……圣人呼吸阴阳之气，而群生莫不颙颙然，仰其德以和顺。　当此之时，莫之领理，决离隐密而自成，浑浑苍苍，纯朴未散，旁薄为一，而万物大优，是故虽有羿之知而无所用之。"又曰："至德之世，贾便其肆，农乐其业，大夫安其职，而处士修其道。　当此之时，风雨不毁折，草木不夭，九鼎重味，珠玉润泽，洛出《丹书》，河出《绿图》，故许由、方回、善卷、披衣得达其道。何则？　世之主有欲利天下之心，是以人得自乐其间。"至德之世就是人有"欲利

天下之心"，而不是从自然、社会那里无节制的索取，甚至如《庄子·天地》中"抱瓮而出灌"的老翁那样，忘掉了利用他物，根本想不起来使用桔槔。 这被认为是最好的道德与心灵状态，政治就是通过最少利用外物而实现纯朴的社会秩序。

孔子同样从道德水准方面描绘了社会大同的理想。《礼记·礼运》曰：

> 大道之行也，天下为公，选贤与能，讲信修睦。故人不独亲其亲，不独子其子，使老有所终，壮有所用，幼有所长，矜寡孤独废疾者皆有所养，男有分，女有归。货恶其弃于地也，不必藏于己；力恶其不出于身也，不必为己。是故谋闭而不兴，盗窃乱贼而不作，故外户而不闭。是谓大同。

上古社会发展有限，对理想社会的描述还是相当朴素的，其中包含的社会建构、社会凝聚的基本原则却是古今一致的。

孔子认为，理想的社会就是能够实行"大道"，天下为公，任用贤明，鼓励有才能的人，社会诚信，和睦团结。 这样的社会，"人不独亲其亲，不独子其子"，人并不只是对自己的亲人亲，也并不只是疼爱自己的孩子，整个社会仿佛一个大家庭一样，成员彼此关爱。 现代社会所强调的教育、医疗、就业、养老等保障制度，上古时代人们就已经充分意识到它的基本内容："使老有所终，壮有所用，幼有所长，矜寡孤独废疾者皆有所养。"尽管古今社会发展水平不一样，但基本原则和精神实质是相通的。

"老有所终"，相当于今天的"养老保险"。 人老了，在生活上有依靠，有人照看。 古代有老人去世，整个村落社区的年轻人都要助葬，有钱的出钱，有力的出力。《礼记·曾子问》孔子曰："昔者吾从老聃助葬于巷党。"孔子也参加过助葬。 在汉代我们仍然可以看到这一风俗。

"壮有所用"，相当于今天所说的"充分就业"，青壮年不论种田、手工，总得有活干，有事做，必须给予他能够养活自己一家人的工作岗位。

"幼有所长"，强调的是未成年教育和保护，必须提供青少年儿童成长发展所需要的基本条件，使他们受到保护，接受教育，健康成长。

"矜寡孤独废疾者皆有所养"，这是社会对所有弱势群体的关爱与保护。 正是这种关爱，使一个社会超越日常买卖交易的关系，进入比市场经济关系更人性、更全面的境界，具有一种人情、人性和道德的感召力。 正是在这一点上，社会了赢得人民的认同，有了这种认同，才能真正形成共同体。

获得人们认同的社会，才会是"天下为公"，才会期待公心，才会出现"货恶其弃于地也，不必藏于己；力恶其不出于身也，不必为己"。 即使是别人的财物，丢弃于地也要把它捡起来，不一定是归于自己；大家干活，只担心自己不能出力，不一定是为了自己的事情。 这是基于社会认同条件下基本的行为准则。

孔子还说："男有分，女有归。"性别的社会角色非常明确。 男性有自己的社会责任、自己的本职，女性有自己的归宿，有自己在家庭中所承担的事情。古代社会，婚姻家庭对于稳固社会起着相当大的作用，它是人的再生产、社会关系再生产、财产聚集与分配、文化与知识传承的重要机制，所以古人特别强调"男有分，女有归"；《左传·桓公十八年》也说"女有家，男有室"。 诸子百家中道家、法家讲婚姻家庭都比较少，唯独儒家强调"经夫妇、厚人伦"，非常重视家庭在维系社会稳定过程所起到的作用。 这既是历史经验的总结，也是儒家深刻的社会洞察。

古典政治对于社会理想的表述大多集中在社会道德层面，社会的发展主要体现在整个社会道德水准的提高。 正是天下人都怀着"天下为公"的想法，偷盗破坏、制造混乱的事情才可能从根本上得到阻止，才可能夜不闭户，路不拾遗，天下安定。 这是孔子所描绘的大同社会。 对理想社会的描述是一个国家、民族重要的政治遗产，它为国家、民族指明了前进的方向。

2. 从伦理秩序到强力秩序

春秋后期开始，社会状况发生了很大的变化，诸侯之间"亲亲"关系逐渐变为相互厮杀纷争。 封建鼎盛之时，诸侯正如富辰所说："太上以德抚民，其次亲亲以相及也。""凡今之人"，管、蔡、郕、霍、鲁、卫等诸侯之间，"莫如兄弟"，"兄弟之间虽有小忿，不废懿亲"[1]。 所谓"四海之内皆兄弟也"，这是诸侯之间关系的真实写照以及他们所怀有的基本认同。 但西周末周厉王时的召穆公（召公虎）已经"思周德之不类，故纠合宗族于成周而作诗，曰：'常棣之华，

---

[1] 参《左传·僖公二十四年》。

鄂不韡韡。 凡今之人，莫如兄弟'"。 诗歌强调"莫如兄弟"或正表明当时"亲亲"的认同渐渐淡漠。

面对春秋时代动荡不安的局势，孔子认为，首先需要维护周代的礼制。 从政治倾向上来说，维护传统的礼制无疑属于保守的做法。① 当周礼得以存在的社会条件丧失或部分丧失时，要保全礼制是一件非常困难的事情，而且在短时间里看不到成效。 在春秋战国强权日益横行之际，依靠礼制这种软性的约束来维护社会秩序确实显得力不从心，但孔子相信，礼的力量更强大，更持久，更深入人心。 从长时段的历史经验来看，孔子的预见是正确的。

当然，孔子强调的并不是周礼的具体形式、礼数，而是周礼的本质，一种能够契合时代需要的社会规范。 孔子非常清楚"礼"有损益。《论语·为政》中他说："殷因于夏礼，所损益可知也。 周因于殷礼，所损益可知也。 其或继周者，虽百世可知也。"在他的心目中，礼随着时代而变化，一个时代尽管沿袭了前代的"礼"，但并不是照搬不变，而是会根据时代的需要有所损益。 孔子高度评论了周礼，《论语·八佾》篇中他认为周礼已经吸收了夏、殷二代的长处，"周监于二代，郁郁乎文哉，吾从周"。《雍也》篇中他认为"礼"有着自身的发展过程："齐一变而至于鲁，鲁一变而至于道。"当时的诸侯国奉行周礼，但齐国还须再发展，才能达到鲁国的水平，而鲁国还须再发展，才能达到"道"。 这可以看作孔子心目中社会秩序稳定与完善的不同阶段。

任何政治意图都必须以善作为基础，必须与道德体系的建立、维护相联系。所以礼制的背后，实际上是道德体系。《论语·为政》中孔子说："道（导）之以德，齐之以礼。""德"与"礼"并称，反映了两者之间内在的联系。《礼记·曲礼上》曰："礼者，自卑而尊人。"礼的形式化动作体现的是道德的教义，正是在这一点上，形式就是内容，形式就是一切。 礼制如果失去了形式因素，就什么也不剩了；但是仅仅保留形式，让形式成为一切时，又不足以保全礼制所引导的道德关系。

在荀子看来，礼是政治的关键。

在物质资源不能全面满足人们的需求时，礼成了公正的依据。 人们能够接

---

① 列奥·施特劳斯（Leo Strauss）说："政治行动的目标不是保守就是变革。 当渴望保守时，我们希望不要变得更糟；当渴望变革时，我们希望能带来更好的东西。"见施特劳斯《什么是政治哲学》，李世祥译，北京：华夏出版社 2011 年，第 1 页。

受损失、苦难甚至牺牲，但必须给予他们一个正义的理由，正所谓"不患寡而患不均，不患贫而患不安"。政治的功能就是能够在第一次物质分配存在不平等的地方，使第二次分配能够实现公正和正义。《荀子·富国》曰："人之生，不能无群；群而无分则争；争则乱；乱则穷矣。故无分者，人之大害也；有分者，天下之本利也。"又曰："离居不相待则穷，群而无分则争。穷者患也，争者祸也。救患除祸，则莫若明分使群矣。"荀子书中多次提及"分"，分即界限、区分，即人在社会关系网络中不同角色所具有的"本分"。

人具有同一性，彼此又具有差异性。智愚不同就是其中一种客观自然的差异，亦即荀子所说的"分"。但"人伦并处，同求而异道，同欲而异智"，在这样的条件下，社会是无法组织起来的。因为"势同而智异，行私而无祸，纵欲而不穷，则民心奋而不可说也"。势，力也。人们地位、力量相同，仅仅只是智愚相差，那么人们在欲望的驱使之下，追求自己的目标，满足自己的欲望，都会奋力追逐而无法劝阻。但这样的社会难以维持，因为"物不能赡"，物质资源不可能无限度地满足人们的欲望。

荀子推证，在"行私"、"纵欲"的状态下，社会共同体根本无法维持。人们的"势同"，即保持相同的社会地位并不能带来社会的安定。天地况且都有高低之差，"夫两贵之不能相事，两贱之不能相使，是天数也"，人类应该正视自身的差异性，古代的礼制正是承认了这种差等的正当性。《荀子·富国》曰："礼者，贵贱有等，长幼有差，贫富轻重皆有称者也。"古人认识到这个等级差异看起来不公平，但在当时的条件下，社会的公平是通过保持差等实现的，所谓"维齐非齐"，这是古典政治非常精深的认识。《荀子·王制》曰："分均则不偏，势齐则不壹，众齐则不使。有天有地而上下有差，明王始立而处国有制。夫两贵之不能相事，两贱之不能相使，是天数也。势位齐而欲恶同，物不能澹（赡）则必争。争则必乱，乱则穷矣。先王恶其乱也，故制礼义以分之，使有贫富贵贱之等，足以相兼临者，是养天下之本也。书曰：'维齐非齐。'此之谓也。"礼义，就是使得社会成员，不论贵贱长幼，都有一个"分"，他所享有的物质分配"贫富轻重"都与自己的"分"相称。天子有天子之分，百姓有百姓之分。这个"分"显然不能平均，但如果没有"分"，那就更糟。"分"就是人们的行为准则，有了分，社会就保持了稳定的秩序。

在孔子的理论中，人们的行为不仅受到外在礼的约束，还需要仁的引导。

礼是外在地引导我们向善，而仁是我们内在地趋向于善。孔子的仁，主要是一个政治概念，强调的是在政治领域中保持善良仁慈的倾向，而不是个体之间所传达出来的恩德。但政治领域中的仁德又必须是出自统治者内心的真实，只有内心的真实才可能导向政治领域中普遍的善。

所以，对于统治者或者未来的统治者而言，他必须真诚。《论语·子路》篇中，孔子说："刚毅木讷近仁。"《学而》篇又说："巧言令色，鲜矣仁。"都强调人的真诚。真诚是一个人善意的前提，是仁的品质条件。不过，"仁"虽然是内在素养，也需要不断培养，使之趋于扩大和完善。《论语·里仁》中孔子说："君子去仁，恶乎成名。君子无终食之间违仁，造次必于是，颠沛必于是。"培养就是坚守。《论语·卫灵公》载：

> 子曰："知及之，仁不能守之；虽得之，必失之。知及之，仁能守之。不庄以莅之，则民不敬。知及之，仁能守之，庄以莅之，动之不以礼，未善也。"

仁不仅是理智上的认识，更是持续的实践过程，即所谓"守之"。在此，内在"仁"的追求还需要与外在"礼"的约束相结合，仿佛意志力的坚强需要通过外在身体磨炼来实现。"仁"与"礼"，在孔子那里经常相提并论。《论语·颜渊》中，孔子说："克己复礼为仁。一日克己复礼，天下归仁焉。为仁由己，而由人乎哉？"这是用"礼"规定"仁"。《八佾》篇中孔子说："人而不仁，如礼何？"这是用"仁"说明"礼"。用"礼"来定义"仁"，又用"仁"来规定"礼"，说明了这两个概念之间有着相辅相成、相互制约的关系，两者有着本质上的联系，不可分割。外在的规范如果没有得到人的内在认同，所谓心悦诚服，那么，礼就仅仅只是枷锁，不能全面发挥其作用。因此，真正实现"礼"的秩序，必须通过内在的"仁"的途径，"礼"内在化为人性的自觉——"仁"。教化的目的是让内在的自我承担起外在监督者的全部职能。

"仁"蕴含着两个方面的内容：首先是约束。对于偏离准则的言行，"仁"通过对礼法的遵守来实现回归。《雍也》篇中所谓"克己"、"其心三月不违仁"等，这种约束不是强制，而是内在的主动追求。"仁"的境界通过外在"礼"的不断引导、规范来完成。其次是呈现。当统治者达到仁心境界，那么他的本性、本心体现为仁，仁就是他真情实感真率的表现。 统治者出于本心，就是为了天下，"己所不欲，勿施于人"。 古典政治理论在此找到了实现理想秩序的途径。

对于个体而言，未能自觉之时，"礼"是外在的约束，当个体不断"克己"，外在的约束通过不断地被遵循而逐渐内化，成为人内心的自觉要求时，个体就走向了"仁"的境界；进入这个境界时，"仁"不再主要体现为内在的约束机制，而成了高尚人性的真实流露。 对于社会而言，当个体言行都自觉地合乎"礼"时，社会也就因此而建立起稳定而持久的"礼"的秩序，实现了在个体内心世界和谐基础上的稳定与协调。 当"仁"成为个体的自觉之时，社会的"礼"的规范力量最为强大，礼进入社会本质之中，融入社会结构之中，由此实现的才是社会真正的和谐、社会与个人的统一。

但春秋后期，早期的古典政治理论已有些不合时宜。 礼教赖以存在的西周封建的社会关系、政治秩序正在瓦解，特别是战国以后，战乱频繁，诸侯相互间掠夺、兼并加剧，小国吞没附庸，大国兼并小国。"诸侯恣行，政由强国。"[1]社会陷入动荡之中，古典政治理论"克己复礼"的政策已经无法为当时的政局提供急救方法。 诸侯各国面临着来自外部的直接压力与挑战，担心自己被大国兼并。 现实给诸侯提出了直接的目标：君主必须独断，国家必须富强，争当霸主。 只有依靠自身强大的军事与经济上的实力，才能够战胜、兼并敌国。 面临着急迫的现实问题，政治变得急功近利。 人们渴望的是诸侯国力强盛，军事强大，而社会道德层面的要求减少，甚至不提了。 法家一派人物正是伴随着这一形势的需要而涌现出来的。

霸（伯），原本是行政一职，后来成为诸侯可以自由竞争获取的地位。 于是诸侯积极发展自身的实力，力争成为霸主，号令其他诸侯。

西周初期，天下分为左右两片，周公、召公起初就是左右片的"伯"（霸）。后来大约组织更加精细，将诸侯分为不同层级的小组，州设伯，负责二百一十国。"伯"号令诸侯，实由卿负责具体事务。《左传·文公七年》载晋郤缺言于赵宣子（赵盾）曰："子为正卿以主诸侯，而不务德，将若之何？"这是说赵宣子以正卿身份负责同盟诸侯的事务。 同盟诸侯可能分成不同的片区，由不同的官员负责具体事务。《左传·成公十六年》曰："郤犨将新军，且为公族大夫，以主东

---

① 　《史记·儒林列传序》，北京：中华书局 1982 年，第 3115 页。

诸侯。"郄犫以公族大夫身份负责东方诸侯诸如齐鲁之属的事务。

伯的职责，《左传·僖公元年》中简单地提到了三种职责，曰："凡侯伯，救患、分灾、讨罪，礼也。"狄人入侵邢，邢君出奔，齐桓公把夷仪赐封给他，并为他修建城池。《左传·僖公元年》曰："邢迁于夷仪，诸侯城之，救患也。"这是说齐桓公作为侯伯，承担了救患的责任。诸侯有天灾，侯伯还必须分谷帛之属以赈之，这是侯伯"分灾"的责任。《周礼·大宗伯》贾疏云："诸侯无故相伐，是罪人也。霸者会诸侯共讨之，是讨罪也。"①讨罪就是侯伯有责任讨伐有罪的诸侯。如《左传·僖公四年》载管仲对楚人之辞，曰："昔召康公命我先君大公曰：五侯九伯，女实征之，以夹辅周室。赐我先君履，东至于海，西至于河，南至于穆陵，北至于无棣。尔贡包茅不入，王祭不共，无以缩酒，寡人是征。昭王南征而不复，寡人是问。"吕思勉说："齐桓、晋文之迭兴，则固一州之伯之旧制。特其会盟征伐，声威之所被愈远耳。秦穆破西戎，而天子致伯，盖即命为雍州之伯也。"②

在封建秩序相对稳定的时代，诸侯国相互牵制，兼并的可能很小。此时，虽然国有强有弱，有大有小，但彼此之间不是兄弟，就是姻亲，基于亲亲关系的封建伦理仍然有力地维护着既有的秩序。至少，诸侯之间唇齿相依，小国敬重大国，大国爱护小国的伦理理想还留在君主的脑海中。总体说来，封建的强盛时期，维护封建秩序的基础在于礼制，即一整套政治伦理法则，而不是强力。甚至到了春秋后期，这套封建伦理体系已经失去了现实的根基时，一些小国的君主仍然相信它，囿于旧世界的法则，面对大国的侵扰而毫不设防。

到了战国，自西周开始的封建已经历数百年，诸侯国之间最初的兄弟叔伯关系变得非常遥远，旧伦理事实上已经很难发挥重大的作用，旧秩序开始土崩瓦解，亲亲的法则不是变得虚伪，就是不值得一提。完全以力量支配一切的"新伦理"开始流行。郭沫若亦谓："旧的礼制已经失掉了统治作用，世间上有了新的争端，故不得不用新的法令来加以防范。"③

春秋末、战国时代法家的兴起，正代表了一个新伦理、新法则的开始，这就是强力决定一切。《商君书·慎法》曰："国之所以重，主之所以尊也，力也。"

① 参杨伯峻《春秋左传注·僖公元年》，北京：中华书局1990年，第278页。
② 吕思勉《中国制度史》，上海：上海教育出版社1985年，第424页。
③ 郭沫若《十批判书》，北京：东方出版社1996年，第293页。

《韩非子·显学》中亦谓："力多则人朝，力寡则朝于人，故明君务力。"这个"力"是以军事力量为后盾的君主的强权。在随后二百多年的历史中，强力的政治观念，"任其力，不任其德"的观念占据了支配地位。[①]

一旦封建的亲亲伦理瓦解，各国相互之间就从兄弟国、联姻国的关系转变成为竞争、敌对乃至"绝对敌人"的关系。这时，成为富国强国，争取霸主的地位，无疑就在现实情势的推动下成了最直接的政治目标。

3. 天下概念的转变

自法家起，"天下"的概念为之一变。这是值得重视的变化。

"天下"，是中国政治思想史上非常重要的术语。它在某些方面类似于国家的概念，但肯定不等于国家，与现代国家的概念更是有相当大的区别。如何解释天下，体现了不同历史时期的人们对某种政治共同体的理解与想象。中国最早的文献中就有天下的概念，但内涵相对疏略，先秦时期能够体现国家意志的行为并不多。战国时代，人们开始把国家视为一个可以拥有的宝物；而汉代立国，则在实践层面上展示了一个平民如何成功地拥有天下的传奇，天下的神圣性，作为神器的禁忌荡然无存。历史不得已开了一个先例，由此演变成为历代王朝间歇性强夺"天下"的大纷争。当天下成为一宝物的时候，在一个更高层面上的国家概念就很难全面发展起来。

西周革命，据有天下。但此时中央政权对于"有天下"远没有后世那么多的实质性内容，周天子还不能充分想象"有天下"具体意味着什么。天子虽然"有天下"，但其所辖只是天下一部分，天下还是各诸侯的。不仅有同姓诸侯、异姓诸侯，还有传统留存下来的方国以及大量尚未开发的区域。最高统治者更多的是在名义上领有天下统一之名，朝聘盟会，享有各地贡赋，随时可以征集诸侯军队以抵御外来的侵扰。周朝能够维持八百年的历史，不能不说与当时的天下是"天下的天下"，而不是"周天子的天下"有关。统治合法性是这种稳定的政治结构的基础。

但随着法家兴起，出现了新的观念。天下隐然成为天子所有的财富。战国

---

① 《商君书·错法》。

末期,《荀子·荣辱》曰:"贵为天子,富有天下。"当前朝天子丢失天下之时,天下就成为名分未定的宝物,理论上讲,人人都有权利得到它。法家用兔子作为比喻,形象地说明了他们的观点。《慎子》曰:

> 今一兔走,百人逐之,非一兔足为百人分也,由未定也。由未定,尧且屈力而况众人乎!积兔在市,行者不顾,非不欲兔也,分已定矣。分已定,人虽鄙不争。故治天下及国在乎定分而已矣。①

《吕氏春秋·慎势篇》亦用慎子语。又《商君书·定分》曰:

> 一兔走,百人逐之,非以兔为可分为百,由名分之未定也。夫卖者满市而盗不敢取,由名分已定也。故名分未定,尧舜禹汤且皆如鹜(一作加鹜)而逐之,名分已定,贫盗不取。

几个文本意同而文辞略异。尹文子、彭蒙皆战国时人,《尹文子·大道上》亦载:"彭蒙曰:雉兔在野,众人逐之,分未定也;鸡豕满市,莫有志者,分定故也。"语亦相似。

应该可以确定,这种名分的观念是战国以后流行的看法。它主要出自法家著作,论证简洁有力,具有强烈的功利倾向,可以认为,这一理论就是出自法家。名分是试图对不可界定之物的所有权的界定。当人们对某物产生基本需求而现实又不能满足时,人们就会试图通过某种规则、程序,来确保获得这些物品的正当性。野兔奔走,它不属于任何人,或者说可以属于任何人,因此任何人都有权利捕捉。而市场上的野兔,任何人都无法强夺,而只能等价交易,因为店家卖主已经通过某种方式获得了对兔子的所有权,即他从野地里捕捉到兔子,正当的捕捉行为赋予了他所有权的认定。但在这里,人们并不只是关心一般物的所有权,而是在说更严肃的问题。秦汉之际人们把这种所有权的观念推衍至

---

① 《慎子》,《四部丛刊》本。又《后汉书·袁绍传》注引《慎子》,其词略同,曰:"兔走于街,百人追之,贪人具存,人莫之非者,以兔为未定分也。积兔满市,过不能顾,非不欲兔也,分定之后,虽鄙不争。"《后汉书》,北京:中华书局1965年,第2383页。

"天下"，"天下"成为可以获得的物。汉人文献中说"秦失其鹿，刘氏逐而得之"①，高祖"得天下"，刘邦"马上得天下"等，正体现了这种观念。

秦人"有天下"的观念尚不及汉人明确。秦作为诸侯存在数百年，战国时作为强国，号令天下也有多时，日后统一天下，秦人多称"平定天下"。秦王令曰："寡人以眇眇之身，兴兵诛暴乱，赖宗庙之灵，六王咸伏其辜，天下大定。"丞相、御史、廷尉曰："今陛下兴义兵，诛残贼，平定天下。"泰山刻石亦曰："二十有六年，初并天下。……皇帝躬圣，既平天下，不懈于治。"看起来，天下始终在那里。此时秦人想象的只是作为统治者恢复了天下秩序。随后的刻石，逐渐呈现了某种"有天下"的想象。琅邪台石刻曰："六合之内，皇帝之土。西涉流沙，南尽北户。东有东海，北过大夏。人迹所至，无不臣者。……维秦王兼有天下，立名为皇帝。"②实际上，这只是《诗·小雅·北山》中所谓"溥天之下，莫非王土。率土之滨，莫非王臣"的翻版。秦国是从"有小国"到"有大国"，再到"有天下"的变化，基本是"小有"到"大有"的转变。刘邦则不同，起于细微，与诸将为编户民，可谓一无所有，然而转战南北，最终登上皇位，拥有天下，完全是从无到有。

秦帝国灭亡，"天下"仿佛走失之兔、走失之鹿，名分再次变得未定，于是群雄逐鹿，英雄皆欲争先得天下，并且认为这是正当的。如刘邦派遣使者说服九江王英布："得留数月，吾取天下必矣。"天下大定，高祖置酒洛阳南宫，问列侯诸将："吾所以有天下者何？"又萧何营作未央宫，曰："天子以四海为家，非壮丽无以重威。"高祖为流矢所中，谓医曰："吾以布衣提三尺剑取天下，此非天命乎？"③在刘邦及当时人看来，这场平定天下的过程，就是"有天下"的决战。天下可有，这个观念在秦汉之际因为刘邦的成功而变得非常明确。刘邦立国之初，诏曰："吾立为天子，帝有天下，十二年于今矣。与天下之豪士贤士大夫共定天下，同安辑之。其有功者上致之王，次为列侯，下乃食邑。……吾于天下贤士功臣，可谓亡负矣。其有不义背天子擅起兵者，与天下共伐诛之。"④同样

---

① 《两汉纪·汉纪》卷三十，北京：中华书局 2002 年，第 542 页。

② 《史记》卷六《秦始皇本纪》，北京：中华书局 1982 年，第 236、243、245 页。

③ 《史记》卷八《高祖本纪》，北京：中华书局 1982 年，第 371、380、386、391 页。

④ 《汉书》卷一下《高帝纪》，北京：中华书局 1962 年，第 78 页。

反映了"天下"是天子与"其有功者"的共享之物。

汉人也用这一理论来解释古代的其他政治现象。《说苑·建本》载：

> 楚恭王多宠子，而世子之位不定。屈建曰："楚必多乱。夫一兔走于街，万人追之，一人得之，万人不复走。分未定，则一兔走使万人扰；分已定，则虽贪夫知止。今楚多宠子，而嫡位无主，乱自是生矣。夫世子者，国之基也，而百姓之望也；国既无基，又使百姓失望，绝其本矣。本绝则挠乱，犹兔走也。"恭王闻之，立康王为太子。

楚恭王（楚共王，前590—前560在位）时代很早，《说苑》此书为汉人所编，其中虽有屈建所谓"一兔走于街"，但很难认定春秋时代即有此说，我们倾向于把它看成汉人对历史故事的重新表述，这样的解释符合汉人当时的理论。

当然"分定"说显然有解释上的困难。因为它鼓励动荡年代中乱世英雄、"乱臣贼子"参与逐鹿的行列，而且暗示这种行为的正当性。它似乎在说任何人都有可能成为最高统治者，拥有天下，然而这对于安定时期的统治者及其君位所必须具备的神圣性而言，颇为不利。针对两汉之际群雄逐鹿的状况，班彪撰写《王命论》，宣称表面看起来任何人都可以像刘邦那样夺取天下，但在背后，有着王命这一决定性因素在发挥作用。曰：

> 帝王之祚，必有明圣显懿之德，丰功厚利积累之业，然后精诚通于神明，流泽加于生民，故能为鬼神所福飨，天下所归往。未见运世无本，功德不纪，而得屈起在此位者也。世俗见高祖兴于布衣，不达其故，以为适遭暴乱，得奋其剑，游说之士至比天下于逐鹿，幸捷而得之，不知神器有命，不可以智力求也。悲夫！此世所以多乱臣贼子者也。……贫穷亦有命也。况乎天子之贵，四海之富，神明之祚，可得而妄处哉？

然而，天下作为四海之富的财富，一旦"兔走"、"失鹿"，那么即使"王命"，所谓帝王受命的命定论，也无论如何挡不住逐鹿者的铁蹄。天下稍有动荡，即被视为英雄有用武之地的大好时机，可以像刘邦那样，叱咤风云，征战南北，夺取天下。汉代立国，至少是"有天下"观念随之明确的过程，"有天下"、"得天下"的前景变得明晰起来。"天下"被理解为可以像刘邦那样，大胆获得并拥有类似于所有权的宝物。

这一直观的、几乎是朴素的理解，打断了先秦古典政治理论的传统。如今百人逐兔、群雄逐鹿的"朴素"解释，使得早期对于天下的理解，更加无从知晓。古典政治理论认为，不同于任何物，天下是不能够在占有一个物的意义上被任何人占有的；任何人都不能获得对天下的所有权。《老子》第二十九章曰：

> 将欲取天下而为之，吾见其不得已。天下神器，不可为也，不可执也。
> 为者败之，执者失之。

《淮南子·俶真》亦曰："能有天下者，必无以天下为也。"老子提出"天下神器"，非常值得重视。一般器物，人们可以据为己有，可以声称对它的所有权，可以执之，可以为之。正如《老子》下文所说："故物或行或随，或呴或吹，或强或羸，或载或隳。"这是通常的器物。但天下乃神器，尽管它的组成包含了众多的器物，但它不是可以据为己有的器物，它不可为，不可执。执，《老子》书中非常明确，就是手持、拿住，就是占为己有。《庄子·大宗师》中以寓言形式表达了同样的观念，文曰："夫藏舟于壑，藏山于泽，谓之固矣！然而夜半有力者负之而走，昧者不知也。藏小大有宜，犹有所遁。若夫藏天下于天下而不得所遁，是恒物之大情也。"只要是器物，都可以隐藏，也都可以负之而走，唯独天下只能在天下之中，天下不可能被人像搬其他器物那样搬走，并藏于某处，这是"恒物"的本质。"恒物"就是神器。因此，欲取天下并按照自己的想法占有它、"为之"、改变它，都是不能成功的。《老子》第六十四章曰："为者败之，执者失之。是以圣人无为故无败，无执故无失。"《老子》第十三章再次声称天下统治者与天下的关系，只是"若可寄天下"、"若可托天下"，天下只是暂时寄托在统治者那里的东西，你不能把它视为己有。

天下作为"神器"、"恒物"的观念，在秦汉之际逐渐变得模糊，而作为宝物、财富，却清晰起来。此后历代王朝对于"天下"都是据有、占有、领有。王莽即天子位，"定有天下之号曰新"①；北宋建隆元年（960）诏曰："定有天下

---

① 《汉书》卷九九《王莽传上》。

之号曰宋"①；洪武元年（1368），朱元璋即皇帝位，"定有天下之号曰明"②；蒋良骐《东华录》卷三清太宗崇德元年（1636），"定有天下之号曰清"③。应该说，随着历史后期官僚体制的成熟，统治手段的完备，天子"富有天下"日益变得具体，远比前期王朝有着更多实质性的内容。宰割天下、"以天下奉一人"的做法成为专制统治的突出特征。

4. 律法作为新的行动准则

法家给当时的社会带来了一种新的行为模式，它包括两方面的内容：一是外在的强制驱动力，一是严格而精确的行动准则。这意味着统治者能够将民众纳入它所预设的模式中。

在法家思想流行之前，传统礼教发挥着规范的作用，人们的行动受到礼制的约束。在社会生活的有些方面，礼的规范有着习惯法的地位，成为人们评判是非的标准。周代的法律当然是存在的，但它远远没有成为社会秩序建立的主要依靠。

礼，最初都是不成文的习惯。将礼书写下来，当是比较晚的事情。所以在很多方面，礼，主要是习惯，它并非是精确的法律条文。既然是习惯，就有地方上的区别，社会阶层上的不同，甚至是家族上的差异，所以，它不是一种普遍抽象的、精确的描述。从这方面来，礼作为一种习惯，更倾向于引导，而不是像成文法律那样阻止、禁止某些行为。另一方面，违背了礼，由于并没有什么条文说明相应情况下将给予何种处罚，因此，违背礼制，面临的不是法律惩处，而是违背者自己内心的谴责，最严重的是面临被整个共同体抛弃的命运。礼制存在的基础是有着共同情感的共同体。在这种共同体社会中，人们的行动只需沿袭习惯和传统，就能够感到非常自如，没有外部强制性的压力，社会氛围非常宽松。所有感受到这种社会宽松氛围的人们都不会感觉到还需要什么法律。

但是传统的情感共同体瓦解了，法家兴起，倡导一种新的理念。

① 《续资治通鉴长编》卷一。
② 《明史》卷二《太祖本纪二》。
③ 参［日］渡边信一郎《中国古代的王权与天下秩序：从日中比较史的视角出发》，徐冲译，北京：中华书局 2008 年，第 3 页。

吴王阖庐让孙武以宫女"小试勒兵"。于是，集合宫中美女一百八十人，分为二队，以吴王的宠姬二人各为队长，皆令持戟。

> 令之曰："汝知而心与左右手背乎?"妇人曰："知之。"孙子曰："前，则视心;左，视左手;右，视右手;后，即视背。"妇人曰："诺。"约束既布，乃设鈇钺，即三令五申之。于是鼓之右，妇人大笑。孙子曰："约束不明，申令不熟，将之罪也。"复三令五申而鼓之左，妇人复大笑。孙子曰："约束不明，申令不熟，将之罪也;既已明而不如法者，吏士之罪也。"乃欲斩左右队长。吴王从台上观，见且斩爱姬，大骇。趣使使下令曰："寡人已知将军能用兵矣。寡人非此二姬，食不甘味，愿勿斩也。"孙子曰："臣既已受命为将，将在军，君命有所不受。"遂斩队长二人以徇。用其次为队长，于是复鼓之。妇人左右前后跪起皆中规矩绳墨，无敢出声。于是孙子使使报王曰："兵既整齐，王可试下观之，唯王所欲用之，虽赴水火犹可也。"①

这个故事集中反映了法家的主要理念。首先，严明法令，三令五申，这就是制定各种行动的标准。在这里，它们只是军队训练的向前向后、向左向右的动作。其次，严格要求行为准则，执行相应的赏罚。法令"已明而不如法"，则斩。在这种行为模式中，通过严格的赏罚办法，法令成了驱动人们行动的动力，此时"左右前后跪起皆中规矩绳墨，无敢出声"。但法家在这里做了推广。这些原本只是在军中特殊环境下存在的强硬规则，却被法家推向了整个社会生活:全体民众都必须遵照法令行动，并且是准确地遵照法令行动。全民皆兵，若全国民众都能像士兵一样，听从法令从事耕作与战斗，那么就能实现国富兵强的理想。法家的政治思路与他们的法令一样清晰。商鞅的治国目标正是如此明确——农战。从诸多社会生活环节中将农耕与战斗这两事抽取出来，加以法令上的支持与保证，这构成了法家思想的功利原则。

中国是农业国，任何政权都非常重视农业，这不仅关系到民众及整个王朝的生存，而且也关系到农业对于军事力量的支持。农业生产越发达，对军事的支持就越大。首先，战争期间，国家必须储备足够的粮食养活军队。《商君书·战

---

① 《史记·孙子吴起列传》。

法》曰:"政不若者勿与战,食不若者勿与久。"要想战胜敌国,意味着自己的粮食储备必须超过对方。 其次,农业生产能力,反映在军队的装备能力上。 也就是说,一个军事强国,它的农民不仅能够养活自己,还需要为军队的车马兵器等装备付出更多的劳动。

这一认识,并非法家所独有,而是古典政治的一贯思想,但法家把军中的行为模式运用到了全民范围。 这导致了两种结果:一是全民动员;二是国家目标对其他社会生活的排斥,人们日常生活失去了自主性。

商鞅的法治,包括了明确法令,设官分职,建立一整套法律体系,确立法律的地位等一系列措施。 在改革的过程中,他颁布了一系列的法令,并且在实施中,也形成了一整套的操作体系。《商君书·定分》曰:

> 公问于公孙鞅曰:"法令以当时立之者,明旦欲使天下之吏民皆明知,而用之如一而无私,奈何?"公孙鞅曰:"为法令,置官置吏朴足以知法令之谓者,以为天下正,则奏天子。天子则各主法令之。皆降,受命发官,各主法令之。民敢忘行法令之所谓之名,各以其所忘之法令名罪之。[1] 主法令之吏有迁徙物故,辄使学读法令所谓。为之程式,使日数而知法令之所谓。不中程,为法令以罪之。有敢剟定法令损益一字以上[2],罪死不赦。诸官吏及民有问法令之所谓也于主法令之吏,皆各以其故所欲问之法令明告之,各为尺六寸之符,明书年月日时,所问法令之名以告吏民。主法令之吏不告及之罪而法令之所谓也,皆以吏民之所问法令之罪各罪主法令之吏。即以左券予吏(当作吏民)之问法令者,主法令之吏谨藏其右券,木柙以室藏之,封以法令之长印。即后有物故,以券书从事。法令皆副置。一副天子之殿中。为法令为禁室,有锭钥为禁而以封之。内藏法令。一副禁室中,封以禁印。有擅发禁室印,及入禁室视禁法令,及禁剟一字以上,罪皆死不赦。"

于此可见,当时法律的操作程序非常严格。 天子颁布法令之后,有专门的官吏

---

① 通行本原作"各以其忘之法令名罪之",据《四部丛刊》本补"所"字。 又《四部丛刊》本作"各以其所志之法令名罪之",所忘之法令,亦即所当记之法令,亦可通。

② 通行本无"损益"二字,此据《四部丛刊》本。

负责具体的法令执行。 负责法令的吏必须熟背条文，如果有遗忘，则以遗忘的那条罪名惩罚。 离任前，则还需要训练继任者。 有吏民向负责法令的吏询问法令，主法令吏不仅要陈述条文，还要加以解释，并且把相关内容书写在左右券上，左右若一。 左券给询问者，右券藏于官府，一则可以防止官吏徇私枉法，一则日后需要对质时可以取证。 又曰：

> 天子置三法官：殿中置一法官，御史置一法官及吏，丞相置一法官。诸侯郡县皆各为置一法官及吏，皆比秦一法官。郡县诸侯一受禁室之法令、学问并所谓。吏民知法令者，皆问法官。故天下之吏民无不知法者。吏明知民知法令也，故吏不敢以非法遇民，民不敢犯法以干法官也。[①] 遇民不修法，则问法官，法官即以法之罪告之。民即以法官之言正告之吏，吏知其如此[②]，故吏不敢以非法遇民，民又不敢犯法。如此，天下之吏民虽有贤良辩慧，不能开一言以枉法。虽有千金，不能以用一铢。故知诈贤能者皆作而为善，皆务自治奉公。

以往虽设有法官，但法官职责不很明确，案件审理有时是临时指派法官或者由行政长官代理。 商鞅这一法官及吏的设置，使司法趋于专业化。 而且从职责上来看，法官负责裁定宣判，而吏负责执行，有利于法律的公开性和公正性。 从左右券的制度来看，行政操作已具有非常丰富的经验。 这一整套法律体系是商鞅变革成功的基本保证。

商鞅变革目标在于通过赏罚手段，动员所有可能的力量用于农业生产。《商君书·算地》曰："夫地大而不垦者，与无地同；民众而不用者，与无民同。 故为国之数，务在垦草；用兵之道，务在壹赏。"《商君书·农战》又曰：

---

① "以非法遇民"句《四部丛刊》本作"以非理法遇民"，多一"理"字。"以干法官"，《四部丛刊》本作"以有法官"，或"有"为"贿"之坏字。 下文正谓"虽有千金，不能以用一铢"。

② "吏知其如此"，"吏"一作"公"，朱师辙曰："公谓公众。"见《商君书锥指》第 144 页引。 此句大意当是：民有不遵循法律者，则被带到法官处，法官把他触犯法律之罪告诉他，他再把法官的话告诉吏。 吏习法律，知道判决就当如此。 这样，吏不敢以非法对待百姓，而百姓也不敢贿赂法官。

> 百人农一人居者王,十人农一人居者强,半农半居者危。故治国者欲
> 民之农也。国不农,则与诸侯争权,不能自持也,则众力不足也。故诸侯
> 挠其弱,乘其衰,土地侵削而不振,则无及已。圣人知治国之要,故令民归
> 心于农。

强调必须调动所有可能的土地、人力与物力投入农业生产。

鼓励农民积极生产,必须改革生产关系。 早期魏国李悝就有"尽地力之教"的做法,学者推测,这是把土地包给耕种者,成年劳力人均百亩。 土地所有权仍在国家,土地的收成十分之一作为地租上缴。 不能耕种时,百亩土地须归还给国家。 这种制度虽然改善生产关系,但土地的授受颇为麻烦。 到了商鞅之时,采取开阡陌,准许土地买卖。《史记·商君列传》曰:"为田开阡陌封疆,而赋税平。"《汉书·食货志》:"商鞅之法,改帝王之制,除井田,民得卖买,富者田连阡陌,贫者亡立锥之地。""开阡陌",朱熹解释说就是去掉阡陌。 冯友兰说:"这里所说的'除井田',就是开阡陌。"①但徐中舒认为,"开阡陌"是建立阡陌的意思。 南北曰阡,东西曰陌。 他说:"百步长,一步宽为一亩,东西行为东亩,南北行为南亩。 阡陌是每家把一百个长条亩的田界固定下来为陌,十家的田界叫阡,这与五家为伍,十家为什的什伍之制是相联系的。 从前在公社中每人有分田,无一定田界,因休耕田是大家公有,不能私有;此时,建立阡陌,有了田界,是私有的开始,是在生产发展的基础上出现的。 封疆是贵族的田界,是按秦爵等级应有田多少而建立起来的界划。"②

一旦土地可以买卖,农民拥有了自己的私有田产,他在自己的土地上干活,生产积极性无疑会大大提高。 总之,通过生产关系的改革,农业的生产力获得了解放。

商鞅还采取赏罚的措施,进一步引导农民参加农战。 赏罚的基础在哪里?在人的好恶。 他说:"人君不可以不审好恶。 好恶者,赏罚之本也。"③"羞辱劳苦者,民之所恶也。 显荣佚乐者,民之所务也。"④人所欲望的是名与利,那

---

① 冯友兰《中国哲学史新编》第二册,北京:人民出版社, 1984 年,第 12 页。
② 徐中舒《徐中舒先秦史讲义》,天津:天津古籍出版社,2008 年,第 142 页。
③ 《商君书·错法》。
④ 《商君书·算地》。

么用爵禄奖赏有功，百姓就会奋勇去打战。 人所不欲的是遭受刑罚，用刑罚威逼，那么百姓就会忍受辛苦去耕种。"夫治国者能尽地力而致民死者，名与利交至。"①因此，必须采取奖罚措施激励农民生产粮食，争取战功。 按照当时的法令，努力耕织，产量高的生产者，可以豁免徭役。② 官爵事实上是当时最主要的奖励。《商君书·农战》曰："凡人主之所以劝民者，官爵也；国之所以兴者，农战也。 今民求官爵皆不以农战，而以巧言虚道，此谓劳民。 ……善为国者，其教民也，皆作壹而得官爵。"《商君书·去强》又曰："兴兵而伐，则武爵武任，必胜；按兵而农，粟爵粟任，则国富。"武爵武任，谓以战功大小赐爵任官。 粟爵粟任，谓以致粟多寡赐爵任官。③

让农民一心归农，在商鞅看来，还必须杜绝其他的生存之道，排斥工、商和谈说之士。"使商无得籴，农无得粜"④，则商人无法根据年成状况获取利润；无利可图，则商人只得从事农业。

教育文化活动也受到抑制。 商鞅不主张农民"好学"，接受教育，他认为百姓接受《诗》、《书》文化教育之后，就会分心不再想从事农业生产了。《商君书·算地》曰：

> 夫治国舍势而任谈说，则身修而功寡。故事《诗》、《书》谈说之士，则民游而轻其君；事处士，则民远而非其上；事勇士，则民竞而轻其禁；技艺之士用，则民剽而易徙；商贾之士佚且利，则民缘而议其上。故五民者加于国用，则田荒而兵弱。

谈说之士、处士、勇士、技艺之士、商贾之士等五民，都不受鼓励，法家认为他们的作为都影响农民从事农业生产。

那些学习《诗》、《书》的教育文化活动都被斥为"巧言虚道"、"巧言辩说"而受到排斥。《商君书·农战》曰："国去言，则民朴。""不淫于言，则民朴

---

① 《商君书·算地》。

② 《史记·商君列传》："僇力本业，耕织致粟帛多者复其身。"《汉书》师古曰："复其身……不徭赋也。"

③ 参蒋礼鸿《商君书锥指》引朱师辙说，北京：中华书局 1986 年，第 34 页。

④ 《商君书·垦令》。

壹。"更重要的是农民一旦接受教育，了解各种学说，思想就会出现波动，就会产生其他的想法，战争一旦爆发，他们都不愿意打仗。而一心从事耕种的农民最为纯朴，组织他们上前线打仗，能够服从命令。商鞅认为，农业劳动本身不仅可以生产国家最需要的粮食，而且也准备了国家最需要、最能服从命令的战士——农民。

法家为了使诸侯国尽快实现国富兵强，利用法律手段动员全社会力量从事农耕与战斗。在短时期内，诸如吴起、商鞅那样的法家确实实现了他们的政治目标。

5. 从爱民到制民

在整个社会生活的范围，都采取法家这种带有军事管制性质的治理模式，固然可以在短期带来社会财富的增长，但长远的社会影响是抑制了民众的自主性、能动性。这是法家人物未曾考虑或避而不谈的关键。当然，在上古民众蒙昧的时代，民众的自主性与能动性并无显著的意义，但随着后世社会逐渐发达，教育水平、文明程度提高，民众自主性与能动性的潜能则将日益显现出来，而此时以法家观念为指导的政治，势必会扼杀这种潜能。现实是，尽管儒家思想一直都是官方支持的学说，但法家观念全然没有离开过中国古代政治的视野，它以某种曲折的方式影响着中国古代政治的内核。也正因此，法家明显带有集权专制色彩的做法，在后世成了现实。明清时代实现了专制的统治，而其中一个后果就是市民社会没有得到充分的发展。在蒙昧时代，民众遭受过度强制性的约束，日后，要使民众富有自主性、能动性的自我意识得到充分发展，就成了十分渺茫的事情。

在中国政治思想领域中，"民"，明确地是一个政治概念。古典政治理论非常重视"民"这个概念。政治如果不包括对民众的理解，就不可能成为一种政治理论，它忘掉了政治最重要的对象。上古时代的政治家、思想家都意识到民众是关乎政治的大问题，他们对民众有着充分深刻的认识。

概括地说，古典政治理论认为，政治的首要责任是重民、保民、爱民①，民众能够繁衍生息。《尚书》古文《五子之歌》载："民惟邦本，本固邦宁。"民众不存在，君主就不存在，也就谈不上邦国政治。《国语·周语上》内史过引《夏书》曰："众非元后，何戴？后非众，无与守邦。"《尚书》古文《太甲》亦曰："后非民，罔以辟四方。"元后即君主，他如果失去了民众，就无人开辟疆土，守卫邦国。尽管统治者要用民，要利用民力及其创造的财富，但对于清静无为的统治者而言，最成功的政治就是无为，尽可能不扰动民众自身的生活；理想的世界就是共同体中的民众能够自由自在地生活。

但法家的出现，使政治上产生了一个巨大的变化，它不仅明确提出了国富兵强的国家目标，而且也为实现这一目标找到了路径，即充分利用民力。法家的兴起，彻底改变了对民的看法，而且也改变了上古时代统治者的立场。法家理论的前提——不管这个前提是直言的，还是暗含的——就是民众是而且仅仅是国家财富的创造者。古典政治时代保存民众自己生活的观念被严重忽略，民众仅仅是统治可资利用的资源的观念在法家以及后世大行其道。

古典政治有关民众的理论深刻而丰富。首先，它确立了民为贵的观念。这是孟子最重要的政治观念。他在《孟子·尽心下》中说："民为贵，社稷次之，君为轻。是故得乎丘民而为天子，得乎天子为诸侯，得乎诸侯为大夫。"孟子坚持了古典政治思想中社稷为重的观念，但社稷存在的前提是民众，有民众才谈得上社稷，所谓"得乎丘民而为天子"。他又说："得天下有道，得其民斯得天下矣。"

其次，确立了政治行为的民众标准。衡量一个政治行为是否得当，是以民众的判断为准。即使捍卫这个国家，需要民众做出牺牲，根本上它也是为了民众自身的利益。齐宣王之囿的大小，不是七十里为大，四十里为小，而是以民众的判断作为衡量依据。民以为小，就是小；民以为大，就是大。同样，梁惠王之雪宫是否令人赏心悦目，在于君主是否能够以此与民同乐。"为民上而不与民同乐者，亦非也。乐民之乐者，民亦乐其乐；忧民之忧者，民亦忧其忧。乐以天下，忧以天下，然而不王者，未之有也。"②这是继承古典政治的思想传统，

---

① 《书·盘庚》："盘庚……率吁众戚出矢言，曰：'我王来，既爱宅于兹，重我民，无尽刘。'"

② 均见《孟子·梁惠王下》。

是儒家在新形势下提出的新立场。

民，之所以能够享有这样崇高的地位，在于民与天命之间的关系。《孟子·万章上》一节特别讨论这个问题。

> 万章曰："尧以天下与舜，有诸?"孟子曰："否。天子不能以天下与人。""然则舜有天下也，孰与之?"曰："天与之。""天与之者，谆谆然命之乎?"曰："否。天不言，以行与事示之而已矣。"曰："以行与事示之者，如之何?"

表面上虽然是尧传天下之位给舜，但实际上天子并没有真正"以天下与人"的权力。真正的权力在天，是"天与之"。但天不能言，天只是以"行与事"体现自身的意志。这个"行与事"，实际上就是民意。君主"主事而事治，百姓安之，是民受之也。天与之，人与之"。正如《书·太誓》所说："天视自我民视，天听自我民听。"《左传·僖公十九年》讲得更加明确："民，神之主也。"天的意志体现为万民的意志。[①] 万民由此获得衡量政治行为标准的崇高地位。这是古典政治理论最重要的遗产。

第三，确立了君主政治对于民众的塑造作用。对于君主的统治而言，民众是根本，民众有着自身的意志，人心向背，决定着政治的成败，但同时君主政治又能够影响民众，君主是民众的最好教导者。《论语·颜渊》载："季康子问政于孔子曰：'如杀无道，以就有道，何如?'孔子对曰：'子为政，焉用杀? 子欲善而民善矣! 君子之德风；小人之德草；草上之风必偃。'"这里非常清楚地表明，以孔子为代表的古典政治思想，即尽可能地引导百姓，而不是"杀无道，就有道"式的强制。孔子非常清楚民众随风的特性。这意味着君主、政治对于民众有着巨大的塑造作用。《荀子·君道》中就说得更清楚了："君者仪也，民者景

---

① 中国上古时代认为民众意志代表了天意，在西方政治思想中也有类似的表达。罗素《西方哲学史》引常言曰："民之声即神之声。"译者注："最早见于英国神学家阿鲁昆《书翰集》，拉丁文原句是：vox populi, vox Dei."《西方哲学史》下，北京：商务印书馆1976年，第23页。尼采："只要诗人真的是大众的声音（vox populi），他就被看作神的声音（vox dei）。"见《人性的，太人性的》，杨恒达译，北京：中国人民大学出版社2005年，第456页。

也，仪正而景正。 君者盘也，民者水也，盘圆而水圆。 君射则臣决。 楚庄王好细要，故朝有饿人。"

对民众的引导与教育，是通过日常礼俗实现的。 中国古代长期以来一直都有太学以及地方学校，但这些学校并不是为普遍的国民教育所设，根本上它们只是政府培养文官的机构，因此，对民众的教育主要依赖于民间礼俗以及各种民间文化活动。 古典政治理论在民间礼俗教育方面有着深刻的洞察与现实的经验。传统政治中始终强调"移风易俗"。 司马迁《史记·货殖列传》中说："使俗之渐民久矣，虽户说以眇（妙）论，终不能化。 故善者因之，其次利道之，其次教诲之，其次整齐之，最下者与之争。"这虽然是司马迁的话，但实际上可以看作对传统政治风俗理论的简洁概括，其包括了五个层次：因之，利导之，教诲之，整齐之，争之。 这里，最为推崇的是"因之"，即因风俗。 通过风俗来实现引导，实现教化。 最差的是"与之争"，即试图改变民众习惯已久的风俗。 教化不同于第三层次所说的"教诲之"。 教诲即"户说以妙论"式的说教，类似今天理智化的解说、知识讲授式的教育。 这种宣讲式的教育在古代很难在民众中普及，更重要的，知性教育将开启民智，民智大开就谈不上纯朴。 因此，既能保持民众纯朴，又能引导他们的唯一方式，就是移风易俗，通过风俗来提高百姓的道德水准。 风俗变化是一个缓慢的过程，它需要时间，所以古代文献中把民俗的变化过程看成一个"化"的过程。 化，就是如冰融化了的化，是渐变不显的进程。 古人以为那种突然的变化没有意义，而且会是不祥的征兆。 风俗是早期政治理论中的重要概念。

古典政治理论中的民众，是放在宗法、宗族、礼俗的范畴中来理解的。 民众意识不是以说教或者理论化的形式存在，而是结合在风俗习惯当中；民众的生活体现为礼俗的秩序。 礼法是习惯法，包括一系列行为规范。 它是以某种风俗、习惯的形式形成自身的引导与约束，而不是明确指令性、强制性的行为准则，不是司马迁所说的"整齐之"的法令，它不需要特定的机构来宣布并强制实行这些规范。 风俗的规范是不言而喻的，而且还是无声的。 它不属于中央集权的政府，而是属于整个社会。[①] 儒家政治理论特别强调移风易俗，而不是出台严

---

① 参［美］昂格尔《现代社会中的法律》，吴玉章等译，南京：译林出版社 2008年，第49页。

格的法律。 地方上逐渐形成的风俗，不断向着好的方向变化，由此可以约束、引导、教化当地的百姓。 有良好的风俗，就会有纯朴的民众。

与后来的法家思想比较而言，古典政治理论在相当程度上保留了民众生活的自主性，与民休养生息，而不多加干涉。 道家主张清静无为，客观上给予了民众生活很大的自由空间。 晋皇甫谧《帝王世纪》卷二载帝尧之世，民众"日出而作，日入而息。 凿井而饮，耕田而食，帝何力于我有哉"！ 这首《击壤歌》不一定是唐尧时代的作品，但多少反映出古代民众自在的生活形态。

在封建领地上，君与民，因地域的统一性而形成了实在的情感纽带。 君主是万民的"父母"，而百姓则是君主的"子民"。 这一称谓并非只是空洞的比喻，在封建制的条件下，它包含着一定的情感性内容。 当时的民众大多蒙昧，没有接受教育，农业劳作的生活培养了他们的纯朴性格。 这种朴素以及世代相传的风俗形成了地方性特有的生活秩序。

就像习惯法具有模糊性，上古统治强调各种政令、政事保持宽松的余地，这样，社会生活的自然秩序就充满弹性。《国语·周语上》中有一段关于"料民"即人口统计的对话，反对料民的观点暗含着反对精确、公式化、强制性的社会治理。 文曰：

> 宣王既丧南国之师，乃料民于大原。仲山父谏曰："民不可料也。夫古者不料民而知其少多。司民协孤终①，司商协名姓②，司徒协旅③，司寇协奸④，牧协职⑤，工协革⑥，场协入⑦，廪协出⑧，是则少多、死生、出入、往来者皆可知也。于是乎又审之以事，王治农于籍，蒐于农隙，耨获亦于籍，狝于既烝，狩于毕时，是皆习民数者也，又何料焉？不谓其少而大料之，是

---

① 韦昭注："司民，掌登万民之数，自生齿已上皆书于版。 协，合也。 无父曰孤。终，死也。 合其名籍，以登于王也。"上海师范大学古籍整理研究所校点《国语》，上海：上海古籍出版社1988年，第25页，下同。

② 韦昭注："司商，掌赐族受姓之官。"

③ 韦昭注："司徒，掌合师旅之众也。"

④ 韦昭注："司寇，刑官，掌合奸民，以知死刑之数也。"

⑤ 韦昭注："《周礼》，牧人掌牧养牺性，合其物色之数也。"

⑥ 韦昭注："工，百工之官。 革，更也，更制度者合其数。"

⑦ 韦昭注："场人掌场圃，委积珍物，敛而藏之也。"

⑧ 韦昭注："廪人掌九谷出用之数。"

示少而恶事也。临政示少,诸侯避之。治民恶事,无以赋令。且无故而料
民,天之所恶也,害于政而妨于后嗣。"王卒料之,及幽王乃废灭。

周宣王兵败江汉,打算通过统计,摸清大原（今甘肃固原）实有的人数。 对于
一个王朝统治而言,"料民"似乎是完全正当的事情,但宣王此时料民,无非是
想更进一步地竭尽民力,因此而遭到了仲山父的反对。 他的理由是与民事相关
的官员可以通过其政务了解到民众"少多、死生、出入、往来"等相关数据,而
通过藉田（籍田）、狩猎等活动也可以知道民数多少。 另行统计,不仅透露出对
人口减少的担心,而且反映出不精通政务。"古者不料民"所传达出来的理念,
不但体现着不轻易扰民的治理原则,而且更关键的是民众不是统治者可以随心所
欲开发利用的资源。

　　法家彻底改变了这一立场:民众被视为可以利用而且不利用将会出现问题的
资源。 法家认为,古典政治时代借助社会共同体情感形成的民众动员力量太
小,特别是坚持传统礼义的社会所形成的民众自觉根本无法满足当时国富兵强目
标的需要。 他们不再把社会力量的动员建立在民众自觉自愿的基础之上,而是
通过统一的强制性法令实现全民动员,步调一致,所谓"整齐之",使全民成为
统治随时可以启用的所向无敌的力量。

　　法家面对民众,首先强调制民、胜民。 民众成了君主需要克服战胜的对
象,这与孟子"民为贵"的理念完全不同。《商君书·画策》曰:

　　　　昔之能制天下者,必先制其民者也;能胜强敌者,必先胜其民者也。
　　故胜民之本在制民,若冶于金,陶于土也。本不坚,则民如飞鸟禽兽,其孰
　　能制之。民本,法也。故善治者,塞民以法而名地作矣。名尊地广,以至
　　王者。

传统理论对待民众具有两重性,一方面认为民众需要有君主的治理,另一方面又
认为"民为贵",治理必须顺乎民心民意。 这使得传统政治,在很大程度上需要
保持与民意的对话关系、相互适应的关系。 正如《国语·周语上》所谓"天子
听政、使公卿至于列士献诗、庶人传语,而后王斟酌焉",君主必须慎重对待统
治的对象,从对象的反应中了解民意民心。 尽管献诗采风制度在晚周已经荡然

无存，但古典政治理论对民众的自主性具有充分的认识。这种彼此相互协调的关系在商鞅那里完全转变为单一维度的"制民"、"胜民"的关系。治理成了制服、屈服人民的过程。民众如水流，治理就是堵住水的其他流向，只让水流向统治意志的方向。"善治者塞民以法"，注家曰："凡其他可以得利禄之途皆以法塞之，此谓塞民以法。"①在这里，法家言论的修辞学已经表露出其内在的倾向性：民众须合乎国家意志、统治意志，这才是法律肯定、认可的意志。

胜民的第一步，就是要弱民。弱民就是使民穷贱，穷贱屈辱则君主易使。《商君书·弱民》曰："民辱则贵爵，弱则尊官，贫则重赏。"民众处于屈辱卑下的地位，则即使是对低级爵位也会异常尊崇。民众没有任何权利，则再小的官员也拥有指挥下民的权势。民众贫穷，则会非常看重官府给予的赏赐。又曰："民弱，国强。……有道之国务在弱民。朴则强，淫则弱。弱则轨，淫则越志。弱则有用，越志则强。"②朴民用之则强，淫民用之则弱。弱民用之则服从，淫民用之则不易使。弱民则可大用，淫民有了自己的意志就会变得非常倔强。

法家治民、用民的前提，是把民众视为奸民。它的理论基础是人性恶。《商君书·画策》说："善治者，使跖可信，而况伯夷乎？不能治者，使伯夷可疑，而况跖乎？势不能为奸，虽跖可信也；势得为奸，虽伯夷可疑也。"《商君书·说民》曰："章善则过匿，任奸则罪诛。"采取对付奸民的办法对待民众，就能清除犯罪。所以，"用善则民亲其亲，任奸则民亲其制"；"以良民治，必乱至削；以奸民治，必治至强"。《商君书·去强》又曰："国以善民治奸民者，必乱至削；国以奸民治善民者，必治至强。"当然，视民众为奸民，可能并不是真正把百姓当作奸民。但法家完全功利主义的治理方法背后，隐含着对民众的基本态度，即无视民众每个个体所具有的自觉与意志，把民众降低到一般物的水平上，民众只是朝廷可以利用、如何利用其特定功能的对象。

既然民众只是有待于君主或者王朝开发利用的资源，因此，第二步必须对这种社会资源、能量进行统一管理。

统一管理，用商鞅的术语就是"壹教"。"壹"的基本含义是权力集中于一。

---

① 蒋礼鸿《商君书锥指》，北京：中华书局1986年，第107页。
② 蒋礼鸿改此句为："民朴则弱，淫则强。弱则轨，强则越志。轨则有用，越志则乱。"可参蒋礼鸿《商君书锥指》，北京：中华书局1986年，第121页。

《商君书·农战》曰:"凡治国者,患民之散而不可抟也。是以圣人作壹,抟之也。国作壹一岁者十岁强;作壹十岁者百岁强;作壹百岁者千岁强;千岁强者王。君修赏罚以辅壹教,是以其教有所常而政有成也。"所谓"壹教",就是国家决策的一项基本目标决定整个社会生活内容。在商鞅时代,这个基本目标就是农战,"令民归心于农",农民只知道农战,不知其他;而君主也只奖励农战,"上利从壹孔出"。所有违背这一基本目标的行为都要受到制止和惩罚。"壹则少诈而重居,壹则可以赏罚进也,壹则可以外用也。"[①]只有在君主集权的条件下,君主掌握的赏罚措施才可能发挥最大的效能。《商君书·赏刑》亦曰:"圣人之为国也,壹赏、壹刑、壹教。壹赏则兵无敌;壹刑则令行;壹教则下听上。夫明赏不费,明刑不戮,明教不变,而民知于民务,国无异俗。"这体现出法家政治理论在本质上是为提高君主集权服务的。

统一管理包括两个环节,一是不可以轻易释放这些能量,即所谓"塞民"。民众文化、文学方面的兴趣都必须加以扼制、阻塞,否则农民无心耕种,都学习经典,锻炼口才,干谒求仕去了。民众自己的选择、自己的意志,都是"私",所谓"私义"、"私勇",都必须加以限制,只有国家意志肯定的行为才是"公"。《商君书·画策》曰:"国乱者,民多私义;兵弱者,民多私勇。则削国之所以取爵禄者多途。亡国之俗,贱爵轻禄,不作而食,不战而荣,无爵而尊,无禄而富,无官而长。此之谓奸民。"

二是民众作为社会资源、能量必须服务于国家耕战目的,并且只能服务于这一目的。然而借助通常的手段,即传统的社会动员力量,这种资源的开发利用都是相当有限的。必须运用严格的赏罚手段,才能把这种资源完全攫取出来,服务于国家的目的。

法家非常清楚民众内在的欲望。民众,特别是世代贫穷卑贱的民众强烈渴望富裕与地位,这些渴望构成了社会行动的强大驱动,它们可以通过赏赐手段被激发起来。但是富贵作为君主垄断的资源,又绝对不能轻易赏赐给民众,也不能使民众通过君主掌握之外的渠道获得,它必须仅仅用来鼓励民众达到服务于君主的目的。《商君书·错法》曰:"人君设二者(赏罚)以御民之志而立所欲焉。夫民力尽而爵随之,功立而赏随之。"有高悬难得的爵禄,那么农战中再困难的

---

① 上引均见《商君书·农战》。

事情，民众也会不顾一切地去争取完成。 又曰："明主之所贵唯爵其实，爵其实，而荣显之。 不荣，则民不急。 列位不显，则民不事爵。 爵易得也，则民不贵上爵。 列爵禄赏不道其门，则民不以死争位矣。"爵禄一定要荣显丰厚到足以令民众不顾一切到所谓"急"的地步，这样国家就可以实现它的目标。《商君书·外内》概括了上述的环节，曰：

> 民之外事莫难于战，故轻法不可以使之。奚谓轻法？其赏少而威薄，淫道不塞之谓也。奚谓淫道？为辩智者贵，游宦者任，文学私名显之谓也。三者不塞，则民不战而事失矣。故其赏少则听者无利也，威薄则犯者无害也。故开淫道以诱之而以轻法战之，是谓设鼠而饵以狸也，亦不几乎！故欲战其民者必以重法，赏则必多，威则必严，淫道必塞，为辩智者不贵，游宦者不任，文学私名不显。赏多威严，民见战赏之多则忘死，见不战之辱则苦生。赏使之忘死而威使之苦生，而淫道又塞，以此遇敌，是以百石之弩射飘叶也，何不陷之有哉！
>
> 民之内事莫苦于农，故轻治不可以使之。奚谓轻治？其农贫而商富，故其食贱而钱重。食贱则农贫，钱重则商富；末事不禁，则技巧之人利而游食者众之谓也。故农之用力最苦，而赢利少，不如商贾技巧之人。苟能令商贾技巧之人无繁，则欲国之无富不可得也。故曰欲农富其国者，境内之食必贵，而不农之征必多，市利之租必重。则民不得无田。无田，不得不易其食。食贵则田者利，田者利则事者众。食贵，籴食不利，而又加重征，则民不得无去其商贾技巧而事地利矣。故民之力尽在于地利矣。

文学游士、商贾技巧都必须被严厉地禁止或者加以限制，这样民众自然尽力于地利。 赏多威严，则民众在战场上就能够奋不顾身。

法家的偏激并不在于对民众逐利欲望的揭示以及赏罚手段的运用，而在于它的功利主义理念，只看到民众的物质欲望，并把日常生活仅仅简化为赏罚规定下的利益满足。

古典政治理论原是把民众看成有情感、意志、感受的群体。 他们尽管蒙昧，但有自己的想法、喜怒和眷恋。 正因此，统治必须顺乎民意，顺乎民心；不能让民众积累怨气。 试以"民怨"为例，看古典政治理论对民众内心的洞察。

社会不公正、不平等的矛盾，民意方面很容易积累为"民怨"。上古政治文献《书·酒诰》中早早地就出现了"民怨"这个词，曰："弗惟德馨香祀，登闻于天；诞惟民怨，庶群自酒，腥闻在上。故天降丧于殷，罔爱于殷，惟逸。"这是说，殷人没有德行，也就没有馨香上闻于天，而只有"民怨"的腥气借助权贵酗酒，上闻于天，所以上天要让殷商王朝灭亡。为政仁德，还是暴虐，在古人看来都会通过"馨香"或"腥臊"为上天所知。《国语·周语上》内史过曰："国之将兴，其君齐明、衷正、精洁、惠和，其德足以昭其馨香，其惠足以同其民人。神飨而民听，民神无怨，故明神降之，观其政德而均布福焉。国之将亡，其君贪冒、辟邪、淫佚、荒怠、粗秽、暴虐；其政腥臊，馨香不登；其刑矫诬，百姓携贰；明神弗蠲，而民有远志，民神怨痛，无所依怀，故神亦往焉，观其苟慝而降之祸。"可见古代政治对"怨"早有洞察和警惕。它是政治学以及思想史研究的重要现象。

怨恨，非常鲜明而强烈。与其他情感形式相比，它会直接地影响人们的社会生活。将许多人的爱凝结成一种社会力量，并不容易，但民众普遍的怨恨能够自然而然地汇聚成强大的暴动力量，在历史上屡见不鲜。古代思想家、政治家深刻理解人们的各种怨恨心理，研究它们的起因、变化、积聚、转化以及所造成的各种后果。他们的概括就是"怨之所聚，乱之本"。《左传·成公十六年》记载，春秋时，晋侯报捷，晋将军郤至竭力向周王室卿士单襄公夸耀自己的战功。事后，单襄公对他人说，郤至不顾其他七位将军，夸耀自己的战功，掩盖他人功绩，必然招致怨恨，恐怕自身难保。"怨之所聚，乱之本也。多怨而阶乱，何以在位？《夏书》曰：'怨岂在明，不见（现）是图。'将慎其细也。今而明之，其可乎？"《夏书》中的两句话，今本《尚书》编在《五子之歌》一篇中，此篇本文的可靠性虽然有疑问，但这两句话被引在《左传》中，把它看成商、周人真实的观念，是没有问题的。话的意思是说，怨恨通常都是隐藏在人们的心中，必须注意那些看不见的怨恨。郤至炫耀自己的战功，明显地让其他将军不满，自然免不了灾祸。

"怨岂在明，不见是图"，指明了怨恨的晦暗性，这种揭示包含着政治训诫。统治者往往不能想象，也不能意识到他们的所作所为，哪怕在他们看来只是细小的事情，也可能引起民众的强烈反应。百姓常常敢怒而不敢言，所以表面看起来平静一片，实际上那些怨恨是隐藏的，一旦爆发，将引发各种危机。

单襄公提到"怨岂在明"，还在于他想表明，怨恨往往起于细微之事。一语不当，一物多占，一瞥而不屑之状，皆可致怨，因此统治者须谨慎，提防那些琐碎小事引起怨恨，单襄公所谓"慎其细也"。事实上，怨恨、仇恨的起因可能不值一提，但情感反应往往非常强烈，而且怨恨通常会比感激更容易铭刻在心，积累在那里。怨恨的晦暗性还在于怨恨往往并不会立即采取行动。如果泄愤行动会带来一定的麻烦，那么迫于外在的压力，这种愤恨会隐藏起来，并且不断积累。理应受到正义谴责的事件如果没有得到正当的处置，或者说社会公正没有得到现实真正的支持的话，那么，民众的"明的怨"就会转变为"暗的怨"。这种怨针对的就不再是个人恩怨，而是社会的正义体系。

古人深知民众仇恨、怨恨情绪的积累所造成的危机。《国语·周语上》载周厉王暴虐，国人谴责。王大怒，使人监视民众，一有诋毁者，则杀之。"国人莫敢言，道路以目。"邵公谏曰："防民之口，甚于防川。川壅而溃，伤人必多，民亦如之。是故为川者决之使导，为民者宣之使言。……夫民虑之于心而宣之于口，成而行之，胡可壅也？"周厉王禁止人们讥讽朝政，人们内心就会有积怨，积怨如川壅，一旦溃决不可收拾。

春秋时梁伯就是没有意识到自己好大喜功，而激起民众强烈的不满，以至亡国。《左传·僖公十九年》载："梁伯好土功，亟城而弗处，民疲而弗堪，则曰某寇将至。乃沟公宫，曰秦将袭我。民惧而溃，秦遂取梁。"《左传·昭公二十三年》："梁伯沟其公宫而民溃，民弃其上，不亡何待？"梁伯也许并没有意识到大兴土木，使民众苦不堪言，怨声载道，怨恨积累，故一有风吹草动，则民众如水溃而不可挽救。大规模群体的情感与意志是统治不能不考虑的政治问题。怨恨往往是盲目的，一旦形成泄愤的出口，它会汇聚社会上各种毫不相干的隐忍仇视。一个受到谴责的对象、一个失去正义支持的对象都会强烈地吸引社会上流荡的各种无关的仇视愤怒，集中释放这些平时根本看不见的、潜在的怨恨。怨恨的情感常常不是按照理性的逻辑路线进行释放，潜在的积怨会情绪化地将其他不相干的对象转变为自己的宣泄目标。或者说，内心的积怨会不失时机地公开"报复"受到正义谴责的对象。社会上隐忍的怨恨越大，越普遍，那么，失去社会正义的事件越容易聚集社会上各种潜在、莫名的仇恨。这是单襄公所说的"怨之所聚，乱之本"更为深刻的含义。

从关于"民怨"的理论不难看出，古典政治对民众的理解更加接近现实，他们视民为有血有肉的存在。 这一点，在法家理论中被极大简化：一个在日常生活领域中有着多样行为与观念的人被抽象、简化为只是受到欲望驱使的人。 这是法家理论尽管让人感到有道理，却很难让人完全接受的重要原因。 韩非子正是把人们的行为主要归结为利益的驱使。《韩非子·备内》曰："王良爱马，越王勾践爱人，为战与驰。 医善吮人之伤，含人之血，非骨肉之亲也，利所加也。 故舆人成舆，则欲人之富贵；匠人成棺，则欲人之夭死也。 非舆人仁而匠人贼也，人不贵，则舆不售；人不死，则棺不买。 情非憎人也，利在人之死也。 故后妃、夫人、太子之党成而欲君之死也，君不死则势不重。 情非憎君也，利在君之死也。"正因为民众都是奔利而去，因此统治者只要设利，就可以驱动百姓，所谓"得民"。《诡使》篇曰："圣人之所以为治道者三：一曰利，二曰威，三曰名。 夫利者，所以得民也；威者，所以行令也；名者，上下之所同道也。"名利在前，威逼在后，民众即可为权力所用。

在这种逐利的理论设定和政治实践中，民众自身的意志不是被压抑，就是被"改造"了。 传统共同体情感、信仰的力量被忽略了。"凡战者，民之所恶也"，但通过法律的强制，"塞民以法"，民众恶战的情绪，被塑造成"乐战"；不仅乐战，而且"民之见战也，如饿狼之见肉"①。 民众的力量得到最充分的运用。《商君书·错法》说："有土者不可以言贫，有民者不可以言弱。 地诚任，不患无财；民诚用，不畏强暴。 德明教行，则能以民之有为己用矣。"统治的同义词几乎就是"用民"。

单一的农战目标限定了民众的日常生活，也限定了个体的整个人生。 生活中所包含的风俗、习惯、节日、娱乐、道德、教育等不是变得不重要，就是被排除在生活之外，人变成了一种完全缺乏情感与感受性的活的机器，生活也降低为一种由赏罚或者欲望驱动的机器运转。 在农战目标之外，整个统治看不到民众的情感、感受，更不用说有待于发展起来的自我意识。 从政治思想史的角度来看，商鞅变法的巨大影响可能不是变法本身，而是它所奠定的一种新观念，一种对民众的新看法。 这一观念明确之后，历经两千多年基本没有根本性的变化。这一"民众理论"，就其原意来说，只是特殊时代的特殊措施，它只是针对战国时代争霸的形势而采取的应急方法，但其理念通过各种方式影响着后来的中国政

---

① 所引皆见《商君书·画策》。

治以及统治思想。 在很大程度上，后来的许多统治理念、政策措施都包含着法家"民众理论"这一前提。 重新界定"民众"成为后来政治思想史革命性突破的关键。

6. 贵族的衰落

君与民之间，还存在一个"官"的阶层。 在封建时代，官员主要由贵族担任。

贵族来自封建时代的特权阶层。 在中央权力还不能有效而直接地控制王朝整个范围时，依靠血缘、姻亲等关系而封建的诸侯实施着地方管理。 各地诸侯一方面捍卫王室，承担"封建亲戚，以藩屏周"，"夹辅周室"方面的作用，另一方面又依靠自己的贵族管理整个诸侯国。 封建贵族群体，对应着的是从中央到地方的整个职官体系，管理着整个王朝，在封建时代为捍卫王室和治理地方，都发挥了积极重要的作用。

但封建后期，封建共同体面临崩溃，旧有的等级秩序——礼制已经无法规范整个上层贵族的行为。 贵族阶层的势力越来越大，各种僭越行为越来越普遍。贵族的势力时常超过君主，臣弑其君者有之。 总之，卿大夫贵族力量强大以后，对诸侯公室无疑形成了颠覆性的威胁；诸侯力量的强大，也大大削弱了中央的权威，王室最终趋于衰微。

封建体制解体，使得王朝的权力体系走向崩溃。 战国后期，整个权力体系亟须重组。 具体说来，一是加强君主的权力，二是抑制贵族势力。 两者实际上是联系在一起的，对于君主而言，拉开与贵族之间的距离，意味着增强自身的权势。 王权正是在与贵族的抵抗中壮大的。 在这一艰难而缓慢的调整过程中，法家人物担任了重要的角色。

法家完全站在君主的立场，协助封建君主强化集权统治。 这在《韩非子》著作以及法家的一系列变法中都可以清楚地看到。 秦始皇建立的统一集权的中央王朝可谓法家理论在当时历史条件下最伟大的实践成果。

抑制贵族，试图把贵族纳入法律限制的范围，是法家改革中的艰难任务。《左传·昭公十六年》中记载，晋国派韩起（韩宣子）聘于郑。 晋国强，郑国小，所以郑国对这次接待活动非常重视。 郑伯亲自款待使者，郑国大臣按例出席陪同。 然而孔张（子孔之孙，子张，公孙申）不仅迟到，而且完全不知道自己应该站的"朝位"。 子产怒曰：

> 孔张，君之昆孙，子孔（郑襄公兄，孔张之祖父）之后也，执政之嗣也（子孔尝执郑国之政），为嗣大夫；承命以使，周于诸侯；国人所尊，诸侯所知。立于朝而祀于家，有禄于国，有赋于军，丧祭有职，受脤、归脤，其祭在庙，已有著位。在位数世，世守其业，而忘其所，侨焉得耻之？辟邪之人而皆及执政，是先王无刑罚也。子宁以他规我。

子产说，孔张是郑国执政大臣的后代，"在位数世，世守其业，而忘其所"，失位无措，昏庸至极，这是他的耻辱。 其后果无疑将"取陵于大国"，为晋国所轻视。 辟邪之人自己不承担后果，"是先王无刑罚也"。 子产怒斥孔张，充分表明了改革者与当时贵族阶层对立的立场。

战国李悝和吴起的变法，都试图削弱贵族的世袭特权。 吴起在楚国实行改革，"明法审令，捐不急之官，废公族疏远者，以抚养战斗之士"。"故楚之贵戚尽欲害吴起"。 楚悼王殁，宗室大臣就迫不及待地进攻吴起，非置之死地而后快。① 商鞅推行变法，也正是通过律法手段，抑制豪门贵族，加强君主的权力。

君主与贵族（官）的关系要比君主与百姓的关系复杂得多。 君主统治中所谓的"术"主要就是针对贵族（官）。

在封建鼎盛时期，贵族阶层对于君主主要是正面的支持。 即使是作为抗衡的力量，贵族阶层在根本上是维护君主制的。 当时贵族人数较少，整个阶层处于上升时期，传统礼法作为普遍的行为规范，发挥着巨大的约束作用。 贵族阶层普遍能够忠诚于礼制的规范和封建的道德，不仅较少违背礼法准则，而且往往是德行、节制、勇敢的楷模。

但在封建衰落的时期，贵族阶层与君主的矛盾对抗大大损害了君主制本身。旧有的封建社会关系松弛，礼法的社会维系力量大大削弱，贵族阶层日渐腐败，社会陷入失范和混乱之中。 加之礼法规范的弹性、模糊性以及"刑不上大夫"的贵族传统特权，使得贵族成为不受约束的阶层。

---

① 《史记》卷六五《孙子吴起列传》，北京：中华书局 1982 年，第 2168 页。

　　旧贵族享有的特权以及不受约束的状况无疑是君主集权的最大障碍，因此，战国后期，君主稍有雄才大略，意欲实现富国强兵者，没有不采取行动首先限制贵族阶层的。　楚悼王、秦孝公正是依靠法家变法的机会，对抗尾大不掉的贵族。

　　法家在政治理论上的贡献体现在对法的深刻理解上。　法家认为，他们找到了使社会生活整齐一律的原则，这个原则就是法律。　在一个"类"当中，所有的个体都具有共性，如《荀子·不苟》所谓"千人万人之情，一人之情是也"。因此所有个体都必须遵循"类"的原则，毫无例外，这就是法律的精神。　就像数学领域中所具有的确定性一样，法家为社会生活领域找到了毫无疑义的确定性。　传统礼制更接近习惯法，它具有模糊性、不确定性，尤其是在它失去约束力的时候，它的不确定性更是轻易地成为各种僭越的借口。　而法律则是成文法，它要求准确明晰。　正如《商君书·修权》中所说"法者，群臣之所共操也"，法律一旦产生，它就具有始终要求得到遵循的强制性与独立性。　所以，虽然是吴王阖庐授权孙武以宫女"小试勒兵"，但是规则一旦生效，吴王阖庐也无法阻止孙武依照规则"斩爱姬"。"将在军，君命有所不受"，正是军法保持相对独立性的要求。　缺失这种独立性，法律的游戏就结束了，一切又回到君主意志随意决断的时代。

　　这是法家形成的新理念。　他们许多措施的背后都隐含着这种理念，即所有民众的社会生活都可以通过君主授权制定的法律而得到极大程度的控制。[1]　此时尽管封建时代尚未完全终结，但官僚制的中央集权作为一个新时代已经开启。旧时代必将一去不复返，法家人物已经感受到新时代的气息。　贵族阶层作为上一个时代的主导性力量，此时失去了作用，他们必须改变身份在新的等级体系中重新排序。　法律是重新安排社会关系的重要法宝。《商君书·定分》曰："法令者，民之命也，为治之本也，所以备民也。　为治而去法令，犹欲无饥而去食也，欲无寒而去衣也，欲东西行也。　其不几亦明矣。"法家的理想是期待法律具有整齐全部社会生活的力量，百姓只需并且只能在法律的规定下生活。　在这里，百姓，不仅指普通百姓，按照法家所设想的，也包括所有的贵族。　要使百姓"亲其制（法制）"，并且要"法胜民"，而不是"民胜法"。《商君书·说民》曰：

---

　　①　《荀子·君道》："君子者，法之原也。"

"章善则过匿，任奸则罪诛。 过匿则民胜法，罪诛则法胜民。 民胜法，国乱；法胜民，兵强。"一件事情出现，民众立刻就能够判断它合不合乎法律，而不需要官员的判断；一件器物造好，匠人家立刻就能意识到它合不合乎规矩，也不需要官家的审核。 一旦法令如此深入人心，国家就实现了大治，就是"有道之国"。 民众不需要烦扰君主，也不需要等待官员下令，一切都听从法律，以法自治。 整个社会生活都可以在法律的指导下"自动"展开。 以法治国，贵族在旧时代所承担的角色，特别是在地方治理中所需要的仁德智慧也就不重要了，需要的仅仅是依照法律进行操作的官员。 这样的官员只需要守法，不需要多少才智。

一旦将贵族纳入法律的秩序中，他们就失去了特权，与平民没有什么差别了。 法治运动，几乎就是使贵族平民化的过程。

变革之初，商鞅首先剥夺了贵族身份所享有的各种特权。 从某种意义上讲，商鞅变法就是消除贵族存在的一次大行动，而其变法"失败"，在很大程度上也是因为贵族的反攻。

商鞅变法内容之一是建立军功爵制。 最初爵级的具体状况现在不很清楚，但到了秦王朝建立时，商鞅推行的爵制定型为二十等爵。 这个爵制可与周代爵制相比拟，但关键是两者存在根本性的区别。 周爵在宗法贵族身份基础之上实行，而秦爵则奖励军功。 平民以自己的战功就能获得爵位，"能得甲首一者，赏爵一级"[①]。 这样，爵位成了针对国家全体成员一律的单纯性奖励机制，进而消除了旧贵族与平民身份之间的悬殊。 贵族以往享受的荣耀没有了，荣耀归于有军功的人。"有功者显荣，无功者虽富无所芬华。"原有的贵族、宗室，没有新立军功，则"不得为属籍"，"不及爵秩"[②]。 贵族无功便会失去以往的身份。

抑制贵族的进程，促进了封建的行政体制向官僚行政体制的转换。 封建行政体制最突出的特征是官员拥有贵族头衔；作为贵族，他拥有领地；而拥有领地，正是要行使地方行政权。 所以，典型的封建行政是贵族作为领地的拥有者，同时又是领地的行政长官。 行政（或包括军事）权力、领地所有权（享有世袭）以及贵族身份此时是三者合一，集于一身。 而战国末，这些贵族势力越来越大，大大削弱了君主的权势；且诸侯吞并，许多贵族丧失领地，也不成其为贵

---

① 《商君书·境内》。
② 《史记·商君列传》，北京：中华书局 1982 年，第 2230 页。

族。 法家的改革，则是大力削弱乃至剥夺贵族的特权，使土地与行政权力相分离，行政权力与贵族身份相分离。 随之出现的是不再具有贵族身份的官员群体，官僚制逐渐形成。 当然这是一个缓慢变化的过程，起初新兼并的地方，交给贵族管理。 贵族管理一方，但仅仅只有行政权，而没有继承权，此时贵族所担任的角色仅仅只是官员。 后来的达官功臣可以赐封贵族的名号，但并不实际拥有领地的所有权，特别是没有行政权，只享有地区赋税上的利益。

战国时期，君主迫切想要加强自己的权势，令行禁止，以使整个国家能够实现国富兵强。 法家应运而生，他们一方面通过颁布法令提高君主的权力，另一方面削减贵族的特权。 抑制贵族的同时，新兴的官僚阶层随之而起。 他们是贵族文化与精神上的后裔，却没有原先贵族的地位，即使他们的祖先是贵族，也往往失去了原有的身份。 由于地位降低，就一般而言，他们比贵族更容易顺从王权。 荀子支持这种社会关系的调整。《荀子·王制》说："虽王公士大夫之子孙也，不能属于礼义，则归之庶人。 虽庶人之子孙也，积文学，正身行，能属于礼义，则归之卿相士大夫。"他主张根据个人的德行才学实现社会阶层的流动。 事实上，春秋后期，就出现了杰出而卑微之士作为官员或顾问的例子，战国时期更多。

社会阶层的缓慢流动促使官僚群体的平民化，相比于原有的贵族群体，他们更积极、更专业，也更容易形成对君主的服从。 在人力方面，已经形成了新的官僚队伍。 封建的君主制开始转向官僚制的中央集权，君主借此强化自己王权的力量。

但历史的运动充满辩证法。 只要君主制存在，就会不断产生新贵族。 贵族在一定意义上构成了君主政体的本质。[①] 每次新王朝兴起，新君主即位，总会赐封新的贵族或者倚重某一阶层。 权力越是依靠这些社会力量，这些社会阶层的地位、影响力随之提高得就越快，政权也因此得到巩固。 西周天子依靠封建诸侯，诸侯的势力越来越大；东汉皇室依靠外戚与宦官，这两个阶层势力随之上升；魏晋南北朝士族也在皇族的倚重下获得了极大的声望与权势。

君主总会赐封新贵族，不断形成宠臣，试图在危机之时以旧制度中贵族的血缘姻亲以及宠幸关系捍卫自己的权力。 但是，中间势力的过度发展又存在危

---

① 　[法] 孟德斯鸠《论法的精神》上，北京：商务印书馆 2009 年，第 22 页。

险。 他们势力足够大时，往往威胁到君主权力的存在，架空君主，甚至取而代之。 君主不得不借助权术或法律手段，抑制中间阶层，强化自身的集权统治，但这又难免使他失去了危机之时可以依赖的中间阶层牢固的忠诚与支持。

总之，君主刚刚即位或权力较弱时，总会借助超常宠幸等手段，获得贵族、中间势力的支持；一旦贵族、中间势力增大，功高震主，君主则会通过所谓的法律或其他非常规手段排挤中间势力，拉开自身与中间等级的距离，以增强自己的权势。 君主制陷入一种无法解脱的矛盾之中：既需要依赖权贵，又需要不断地削弱它们的力量；既扶持，又打压；既越次宠幸，又冷酷抛弃。 君主与贵族，最高权力与中间阶层之间，由此形成一种复杂的关系，并产生周期性的震荡。 这造成了君主体制内在的矛盾。 最高统治者根据自身权力掌握的情况，随时打击一部分权贵，或支持另一部分宠臣。 无辜的冤屈与意外的宠幸成为官场两大典型的境遇。

君主制下法律与权力之间的矛盾冲突由此日益突出。 统治阶层既渴望通过法律的形式实现社会治理，同时又想置身于法律之外。 先秦虽然有各种法令，但贵族统治阶级拥有很大的权势，常常置法律于不顾，特别是他们作为立法者和解释者，始终规定自己在法律领域中拥有特权，"刑不上大夫"，法律只针对社会平民。 当然，当贵族的行为保持在法律规定的范围内，他们的特权与法律之间的矛盾就不会显现出来；可是当他们的行为触犯法律时，他们所拥有的特权就开始挑战法律的地位。 即使百姓能够接受这一事实，也大大降低了法律在社会中至高无上的地位。 法律可以在人为干涉情况下变动，如常言所谓"通融"，也就失去了自身的普遍性。 缺乏具有普遍性的法律时，社会生活的发展就失去了依据。 人们耳濡目染，心目中始终认为权大于法就毫不奇怪了。 衰落时代，统治阶层成了王朝政治败坏、混乱的根源。

7. 韩非子与君主政体

韩非（？ —前233）出身于韩国的贵族，与李斯同为荀况的学生。 秦王嬴政看到韩非所著的《孤愤》、《五蠹》等文章，不禁叹息道："嗟呼！ 寡人得见此人与之游，死不恨矣。"秦王的大臣李斯说："此韩非之所著书也。"秦王加紧攻韩，韩非出使秦国被留。 秦王赏识韩非，李斯、姚贾内心嫉恨，担心于己不利，遂进谗言，韩非被迫于狱中自杀。

　　秦以前，历史上曾经存在过两种最高权力的类型，一是如西周鼎盛时期的周天子，这是天下共主的权力。一是战国时期如秦孝公那样的君主。他们已经开始转变为集权式的君主，在新征服的地区，实行郡县制，直接控制自己的基层。前一种类型显然不能满足秦始皇对权力的欲求。后一种类型，战国时期那些集权式的君主所统辖的范围毕竟有限，根本无法与后来的秦朝天下相比拟。所以，在很大程度上，秦始皇是在一种超强权力欲望和超凡想象力的鼓动之下，开创了一种规模更大、权力更集中、强制更有力的权力模式。他对于权力的规划与设想远远超过此前所有的权力者。在他之前，恐怕从没有人像他那样体验甚至想象过集权的权力。在他之后，可能也只有少数几位帝王能像他那样将权力欲发展到极致。权力意味着所有的一切都在他的掌握之中，都在他的视野之内，都在他的支配之下。他想象自己拥有绝对的权力，帝国从他始皇帝开始，二世、三世至于万世，传之无穷。权力变成了一根看得见、摸得着、完全不会从帝王手中消失的权杖。

　　在秦始皇之前，从没有出现过像他这样的专制君主。可以说，某种专制的中央集权形式，是秦始皇创造性构想的结果，而韩非子虽然死于秦王手中，但他无疑是秦始皇及其帝国专制体制的精神导师。"韩非所提出的实现专制主义中央集权的政策和理论都比以前的法家前进了一步，所以更能适合秦始皇的需要。"①秦始皇所想象的专制体制在他手中得到了一次短暂的实践机会。

　　《史记》中说韩非"喜刑名法术之学，而其归本于黄老"，说明韩非思想与《老子》实有相承之处。现存的《韩非子》五十五篇，其中除了《喻老》、《解老》之外，其他如《主道》、《扬权》、《内储说》二篇、《外储说》四篇、《难三》、《六反》等篇不仅引述《老子》文，而且其中许多思想都与《老子》思想一脉相承。

　　尽管如此，韩非又继承了法家的许多观念。韩非之前的法家主要有三位代表：商鞅、申不害、慎到。这三位法家代表人物，思想各有侧重，商鞅重法，申不害重术，慎到重势。法即统治集团规定、颁布的法令、法规；术则是最高统治者驾驭群臣的办法；势是统治者所拥有的权威。韩非综合了法、术、势三种

----

① 冯友兰《中国哲学史新编》第二册，北京：人民出版社 1984 年，第 413 页。

理论，提出自己的看法。《韩非子·定法》曰：

> 今申不害言术，而公孙鞅为法。术者，因任而授官，循名而责实，操杀
> 生之柄，课群臣之能者也。此人主之所执也。法者，宪令著于官府，刑罚
> 必于民心，赏存乎慎法，而罚加乎奸令者也，此臣之所师也。君无术则弊
> 于上，臣无法则乱于下，此不可一无，皆帝王之具也。

《难三》篇又曰：

> 人主之大物，非法则术也。法者，编著之图籍，设之于官府，而布之于
> 百姓者也。术者，藏之于胸中，以偶众端而潜御群臣者也。故法莫如显，
> 而术不欲见。是以明主言法，则境内卑贱莫不闻知也，不独满于堂；用术，
> 则亲爱近习莫之得闻也，不得满室。

韩非主张的"帝王之具"、"人主之大物"即统治术，包括法与术两个方面。法
是官员统治下民的办法，所以要公布出来，让百姓都知道，百姓畏惧法律，就不
会引起混乱；而术是最高统治者管理群臣的办法，即使十分亲近的人也不能告
知。这一点实际上与《老子》第三十六章"国之利器不可以示人"的思想相吻
合。古代道术、统治术与后来的法术、仙术等等一样，作为一种"术"，都有一
般人无法了解而需要专门传授才可能掌握的特性，并始终具有神秘性。韩非认
为君王与群臣相对立，如果君王没有术的话，那么群臣便会联合起来瞒骗君主，
他的地位就危险了。

《韩非子》一书以"智者尽其虑"的精神为君主提供了许多驭臣之术[①]。当
然，其中有很多内容实际上是历史上各种统治经验的积累。如《韩非子·主
道》曰：

> 君无见其所欲，君见其所欲，臣自将雕琢；君无见其意，君见其意，臣
> 将自表异。故曰：去好去恶，臣乃见素。去旧去智，臣乃自备。

---

① 《韩非子·主道》。

君主如果表现出自己的欲望和意图，那么臣下就会想方设法来迎合君主，掩饰自己，"上用目则下饰观，上用耳则下饰声，上用虑则下繁辞"①，这样君主就无法驾驭群臣。所以君主不能表现出自己的好恶，不能表现出自己暗中的智慧和处理事情的一贯法则。这样，群臣们就会显现出自己本来的面目。

君王仅有法、术两者还不够，韩非认为还必须"处势"。《韩非子·难势》曰：

> 君执柄以处势，故令行禁止。柄者，杀生之制也；势者，胜众之资也。

"势"，就是君主的名望声威，某种在众人心目中能引起战栗恐惧的想象。"胜众之资"，即支配众人所凭借的东西。法家很早就注意到了权力的这一特征。《管子·法法》曰："君之所以为君者，势也。"《韩非子·难势》引慎子之说曰：

> 飞龙乘云，腾蛇游雾，云罢雾霁，而龙蛇与蚓蚁同矣，则失其所乘也。贤人而诎于不肖者，则权轻位卑也；不肖而能服于贤者，则权重位尊也。尧为匹夫，不能治三人；而桀为天子，能乱天下：吾以此知势位之足恃而贤智之不足慕也。

比喻虽谈不上确切，却试图将"势"从诸多复杂的因素中分离、抽象出来，使人们能够更加清楚地看到"势"的本质。韩非也用类似的比喻来描述"势"，《韩非子·功名》曰：

> 夫有材而无势，虽贤不能制不肖。故立尺材于高山之上，则临千仞之溪，材非长也，位高也。桀为天子，能制天下，非贤也，势重也；尧为匹夫，不能正三家，非不肖也，位卑也。千钧得船则浮，锱铢失船则沉，非千钧轻锱铢重也，有势之与无势也。

《人主》篇又曰：

---

① 《韩非子·有度》。

夫马之所以能任重引车致远道者，以筋力也。万乘之主，千乘之君，

所以制天下而征诸侯者，以其威势也。威势者，人主之筋力也。

"威势"即君主令人恐惧的权力。"势"，可以有各种表现，所谓"名一而变无数"①，如君主的车马仪仗、仪式礼节、音容气质等都是权力的象征、表征，但这些仍然不是权力的本质、势的本质。

权力的本质在于绝对的支配，即权力拥有者对于支配对象所具有的生杀处置的决断与能力。在一个最直接的情景中，就是君主合法地拥有决定臣民生杀予夺的大权。合法意味着他的行为得到法律或习俗上的认可，不会遭到法律上的追究，这区别于歹徒劫持人质的场景。这一本质，古代思想家充分认识到了。《韩非子·诡使》曰："上握度量，所以擅生杀之柄也。"柄，权柄，也就是权力。《定法》又曰："术者，因任而授官，循名而责实，操杀生之柄，课群臣之能者也。此人主之所执也。"

不过，一旦进入其内核，权力就没有什么神秘内容可言了。权力最后的威力就是杀人，就是人身毁灭的力量，但在不惧毁灭之时，权力就失去了它的力量。《韩非子·八说》正指出了这一点："使人不衣不食而不饥不寒，又不恶死，则无事上之意。意欲不宰于君，则不可使也。"这也正是《老子》第七十四章早就揭示的关键：

民不畏死，奈何以死惧之？若使民常畏死，而为奇者，吾得执而杀之，

孰敢？常有司杀者杀。夫代司杀者杀，是谓代大匠斫。夫代大匠斫者，希

有不伤其手矣。

当被杀并不引来恐惧之时，权力就被瓦解了。因此，权力的本质并不在杀人，而在于在被统治者那里保持随时可能得罪或被杀的恐惧感。权力正是依赖于各种"使民常畏死"的表征、意象、符号手段获得其神秘性。君主掌握整个有司，控制着司杀者，而"司杀者杀"，权力避免将自身掌握生杀大权的本质演绎为目前的事实，而是作为威慑高悬在那里。权力作为威慑时，才更是权力。权力通

①　《韩非子·难势》。

常不会使被支配者绝望，而是让他们在彻底的绝望中看到一丝希望；真心的顺从是在死囚意外获得赦免的那一刹那。

因此，权力的神秘不在其本质，不在其内核，而在于权力的运作。《韩非子·诡使》中说：

> 圣人之所以为治道者三：一曰利，二曰威，三曰名。夫利者，所以得民也；威者，所以行令也；名者，上下之所同道也。非此三者，虽有不急矣。

在这里，利者，就是财利好处，所以劝民、化民。 名者，实在就是官爵。"夫立名号，所以为尊也"；"官爵，所以劝民也"；"民之急名也，甚其求利也"。 威，就是利用刑罚手段获得的权威，故"刑罚，所以擅威也"。 利用赏罚来治理，与商鞅的理论并无区别。

韩非认为，随着物质的匮乏，人口的增加，当代国家的治理必然要依靠专制的中央集权。 也就是说，专制统治的权力发展有着历史的必然性。《韩非子·五蠹》中说："古者丈夫不耕，草木之实足食也；妇人不织，禽兽之皮足衣也。 不事力而养足，人民少而财有余，故民不争。 是以厚赏不行，重罚不用，而民自治。 今人有五子不为多，子又有五子，大父未死而有二十五孙。 是以人民众而货财寡，事力劳而供养薄，故民争，虽倍赏累罚而不免于乱。"韩非从物质资源分配的角度说明，社会治理日趋强制。 民众对资源的抢夺，与道德无关，而与生活资源日趋减小，生活压力日趋加大有关。 他说："是以古之易财，非仁也，财多也；今之争夺，非鄙也，财寡也。"所以"上古竞于道德，中世逐于智谋，当今争于气力"。 在对历史的重新描述当中，作者为中央集权的专制力量寻找"客观合理的"基础。 西方哲学家罗素也认为，君主专制政体是"历史上最古老、最简单、最普遍的一种政体"。 因为"在人与人之间，除命令与服从的关系而外，很难有另外的关系能把他们联合在一个社会之内。 这种困难，可以用国家与国家之间的关系来做例证。 小国依靠征服而变成大帝国的例子是不可胜数的，但小国自愿联合起来成为大帝国的例子就简直没有了"[1]。

韩非还认为，是臣民的服从构成了君主的权势。 他说，君主之所以能够掌

---

① ［英］罗素《权力论》，北京：商务印书馆1991年，第129、130页。

控天下，是因为拥有令人生畏的权势。 在中央，君王必须拥有至高无上的权力；在地方上，中央必须拥有绝对的领导权，这样才能够维持稳定的社会秩序。然而，这种权势的来源在于天下百姓的臣服。 他说："君人者，以群臣百姓为威强者也。 群臣百姓之所善，则君善之；非群臣百姓之所善，则君不善之。"①君主的权势是因群臣百姓情愿或不情愿的支持获得的。"君主周围的一伙人对于君主的专制权力必须类似自愿地同意，他的大多数臣民则首先是由于畏惧而服从，后来又因为习惯和传统而服从。"②总之，天下百姓的顺从构成了君主的权威。

韩非继承了老子"道"的思想，同时也继承了老子看待事物、分析问题的方法和态度。 这种态度看起来几近冷漠，即看待问题尽可能除去个人感情上的好恶，抑制自己的喜怒，完全以现实中的利害关系来加以衡量。 处理问题的方法既重视以往的经验，又注重具体环境、条件的观察、了解、分析，特别善于把握错综复杂事物中的本质与关键。 这些思想方法很可能是从兵家那里来的。《老子》书中很多地方都谈到了兵，有些内容完全可以看作兵法的直接延伸。 如第六十八章曰："善为士者不武；善战者不怒；善胜敌者不与；善用人者为之下。"第五十七章曰："以正治国，以奇用兵。"韩非知识渊博，善于以冷静客观的态度揭露掩盖在各种社会现象表面下的利害关系。《韩非子·六反》中有一段很著名的话：

> 父母之于子也，产男则相贺，产女则杀之。此俱出父母之怀衽，然男子受贺，女子杀之者，虑其后便，计之长利也。故父母之于子也，犹用计算之心以相待也，而况无父子之泽乎。

这段话完全不同于儒家思想，有悖于人们熟知的传统伦理。 但它或许有着更为古老的观念来源，而不应该看作韩非对事物所做的寓言式解释。 现代学者研究证实，在远古时期确实有很高的杀婴率。 在旧石器时期，估计比率在 50%。③而这主要在于人类"虑其后便，计之长利"，解决自身的生存问题。 战争使得原

---

① 《韩非子》校注组、周勋初执笔《韩非子·扬权》，南京：江苏人民出版社 1982年，第 75 页。

② ［英］罗素《权力论》，北京：商务印书馆 1991 年，第 130 页。

③ ［美］哈里斯《文化的起源》，北京：华夏出版社 1988 年，第 12 页。

始部族更鼓励生育男孩，而限制女孩的出生。 许多爱斯基摩人的部落尽管很少有战争，但仍旧有很高的女婴被杀比例，这是因为北极的自然环境比较恶劣，人们不能只靠采集植物来作为自身热量的来源，男性在生产中所起的作用与其他地区男性在战争中的作用几乎一样，所以女婴的出生受到很大的限制。 相反，生活条件较好的人类居住地，在没有战争的情况下，女婴被杀率要低得多。[1] 韩非书中杀害女婴为"计之长利"的说法当有着古老的渊源。

《韩非子·备内》中又说：

> 舆人成舆，则欲人之富贵，匠人成棺，则欲人之夭死也。非舆人仁而匠人贼也，人不贵则舆不售，人不死则棺不买，情非憎人也，利在人之死也。

做车子的工匠并非因富有仁爱之心而卖车子给人，做棺材的工匠也并非因为恨人、喜欢别人死去而卖棺材，他们都是因为出卖商品能得利的缘故。 君臣关系在韩非看来也仅仅是一种交易的、商业的关系。 他引田鲔的话说："主卖官爵，臣卖智力。"《韩非子·难一》中又说：

> 臣尽死力以与君市，君重爵禄以与臣市。君臣之际，非父子之亲也，计数之所出也。

君臣之间没有像父子之间的那种亲情，臣有力可出，君有爵禄可赏，于是双方形成了买卖关系。《韩非子·孤愤》中说：

> 臣主之利相与异者也。何以明之哉？曰：主利在有能而任官，臣利在无能而得事；主利在有劳而爵禄，臣利在无功而富贵；主利在豪杰使能，臣利在朋党用私。

君主与臣下的利益根本不同，君主总是想得到群臣充分的效力，而臣下总想努力

---

① 　［美］哈里斯《文化的起源》，北京：华夏出版社 1988 年，第 37 页。

少而收获多。 在韩非看来，君臣关系中利益因素十分明显，完全没有儒家给君臣、父子、夫妇等社会关系罩上的那种浓厚的情感外表，只有坚实而冷酷的事实。 如果我们考虑到韩非是直接面对最高统治者而说的，那么，他想揭露的正是君臣关系的本质。 比较孟子的说法，《孟子·告子下》曰：

> 为人臣者怀利以事其君，为人子者怀利以事其父，为人弟者怀利以事
> 其兄，是君臣父子兄弟终去仁义，怀利以相接，然而不亡者，未之有也。

父子兄弟更容易成为利益共同体，但君臣之间关系与父子兄弟关系实有很大不同，但孟子的类比思维将两种性质不同的关系看成一类，这样父子兄弟之间的亲情就延伸到了君臣之间。 尽管孟子的思想表达了一种理想、愿望，但事实上，儒家富有人情、人文色彩的思想不免违背孔孟的初衷，更容易成为统治者伪善的掩饰。

从愿望上来说，人们总是希望政治行为、政治运作富有人情、人性，但政治领域完全不同于个人的领域，有时很难用一般的道德判断衡量政治行为。 政治事务在这里应该体现为一种技术，而不是人的道德观念的直接体现：即一个道德高尚的人，并不必然保证他的政务处理合乎理性。 人的道德水准如何影响官员的政务，十分复杂，不存在一一对应的关系。 而儒家认为人的本性是善的，并相信只要道德高尚的官员管理国家，就可以建立稳定的社会秩序，这里的道德与政治的关系有些简单化了。 在这一点上，法家的思想更为现实。《韩非子·难势》中说：

> 世之治者不绝于中，吾所以为言势者，中也。中者，上不及尧舜，而下亦不为桀纣。抱法处势则治，背法去势则乱。今废势背法而待尧舜，尧舜至乃治，是千世乱而一治也；抱法处势而待桀纣，桀纣至乃乱，是千世治而一乱也。且夫治千而乱一，与治一而乱千也，是犹乘骥駬而分驰也，相去亦远矣。

韩非以为不能指望统治者是尧舜般的贤者或者桀纣般的暴君，事实上大多数统治者都处于中等，既没有尧舜那样好，也没有桀纣那样坏。 如果这些人能够"抱

法处势"，那么自然天下大治的时间更长。 从这里可以看出，道法家的政治把握住了外在的、可以实际掌握的因素，而不是内在的、在实际过程中不容易把握的因素。 说到底，政治行为不是道德行为，而将政治行为看成道德行为，很容易将政治人格化，将统治者神圣化，从而轻而易举地使政治的道德学说成为不公正政治行为的掩饰。

韩非的主张对于追求绝对权力的秦始皇而言，无疑十分合拍。 他的观点，为专制的中央集权提供了思路和理论基础。 在中国历史上，法、术、势的思想从没有被废弃，它们在实际的统治手段中时常发生作用，只不过不再作为士人可以冠冕堂皇讨论的内容了。 政治在这里被分成两个部分：一是必须要说的，二是不能说的。 儒、道、法彼此互补构成了古代统治术的整体。

当知识与权力相分离之后，士人与统治集团之间的关系就变得异常复杂起来，两者既相依存，又相矛盾。 士人不仅为王朝统治、政治权威提供合法性的解释，效其智能，为权力的统治出谋划策，而且他们事实上也成了统治经验的整理者、保存者、传授者，在某种程度上，他们又是统治术理论上指导者，就像管子、商鞅、韩非所做的那样。 另一方面，即使像韩非那样竭尽智能为统治集团服务，也无法消除士人的悲剧性。 由于立场的不同，士人在本质上无法与统治者保持完全协调，他们之间必然存在着排斥、对抗和矛盾。

8. 对法家的批判

尽管法家与儒道在政治观念上有很大的差异，但我们还是倾向于把法家看成古典政治的余绪，而不是完全不同的思潮。

法家仍然像古典政治家那样注重政治实践，在诸子中，他们参与现实政治的人物最多。 而且整体上，法家表现出对君主近乎绝对的忠诚。 忠诚使他们对自身的安危不加考虑。 不论其实践，还是如《韩非子》那样的著作，他们都是从政治应当如何的角度考虑政治，丝毫没有混杂自身的利益。 他们完全替君权考虑，向君主传授驭臣之术，而他们本身就处于被驭的范畴。 他们完全站在君主的立场，坚决将贵族纳入法律约束的范围：如商鞅那样，甚至起诉太子犯法；如孙武那样，毫不怜惜地要杀掉吴王的爱姬。 他们真诚到只知道依法行事而似乎从不考虑变法对他们自身个人的影响，特别是他们变法的权力来源于现任君主的授权，而一旦君主亡故，他们又该如何应对那些对他们咬牙切齿的贵族呢？ 这些后顾之忧，法家似乎完全置之度外。 而事实上吴起、商鞅甚至包括汉代的晁错都丧生于自己一向反对的贵族之手。 从这一点上讲，法家人物堪称真诚的政治家。 他们把政治看成包含着某种客观真理的事业，值得为之献身。

在维持社会秩序方面，有效的法律总比君主临事决断更有效。 法家倚重法律，排斥礼义，强调严格执法，铁面无私，这些主张非常有效，但与儒家的政治精神格格不入。 从本质上讲，儒家并没有取消法律的作用，而是强调宽松治民。《荀子·致士》所谓"生民欲宽"，"生民宽而安"。 孔子主张通过恢复礼制来重建社会秩序，宽松的社会环境来自礼义规范所具有的弹性。 只有当人们从心底认同规范时，这种规范才真正具有社会的维系力量，否则它仅仅是外在的强制力量。 外在力量实现的维系不是短暂的，就是浮表的。《论语·为政》中子曰：

> 道之以政，齐之以刑，民免而无耻；道之以德，齐之以礼，有耻且格。

社会治理仅仅通过政令与法律是不够的，倡导社会道德与礼义，有着赢得广大民众认同的更为深刻的含义。 任何社会都不可能不依赖于道德维系，后来的儒家对单纯依赖强力所进行的统治始终心存疑虑。《孟子·离娄上》曰："徒善不足以为政，徒法不能以自行。"鉴于后来秦国的政治，《荀子·君道》曰："有乱君，无乱国；有治人，无治法。 ……故法不能独立，类不能自行；得其人则存，失其人则亡。 法者，治之端也；君子者，法之原也。 故有君子，则法虽省，足以遍矣；无君子，则法虽具，失先后之施，不能应事之变，足以乱矣。 不知法之义而正法之数（法的条文）者，虽博临事必乱。"他们都强调，仅仅有法律条文，仍然不足以实现真正的统治，好的统治基于明智而有道德的君子。

后来的史学家司马谈评论法家能"正君臣上下之分，不可改矣"，然而"严而少恩"，"不别亲疏，不殊贵贱，一断于法，则亲亲尊尊之恩绝矣。 可以行一时之计，而不可长用也"①。 吴起也正是"以刻暴少恩亡其躯"②。 班固《汉

---

① 《史记·太史公自序》。
② 《史记·孙子吴起列传》。

书·艺文志》中亦批评法家，"及刻者为之，则无教化，去仁爱，专任刑法而欲以致治，至于残害至亲，伤恩薄厚"。《淮南子·原道》亦曰："夫峭法刻诛者，非霸王之业也。"上古社会强调感情维系，即使绳之以法，其背后仍然主张人情温暖。《论语·子张》曰："孟氏使阳肤为士师（法官），（阳肤）问于曾子。曾子曰：'上失其道，民散久矣！如得其情，则哀矜而勿喜。'"假若能够查出犯罪的真相，便应该同情、怜悯那些不得已而犯罪的人，切不可以惩治而得意。这与法家刻薄少恩、"一断于法"的做法，有着非常大的差异。

法家推行"一断于法"，传达的是社会普遍面临的压力增大，诸侯国面临存亡的危机。这种危机试图通过法律手段的调节，进一步动员社会力量。法，被提到了至高无上的地位；社会合理性的行为通过法律得到鼓励，相反则被制止。社会形态由此发生了根本性的变化。

但法律最终的地位取决于政治，而不是法律本身。传统法律的权威来源于君主。君主授权法家，他们制定的法律才可能生效，形成权威。商鞅变法是在秦孝公的支持下才可能得以实现，管仲、晏婴、李悝的行政改革也都是基于君主的支持，所以，传统法律始终处于权力体制之内。法律最终的裁定必然出自君主，这是中国传统政治的基本特征。

法律的力量来源于君主，使得法律形成了两方面的特点：一方面，法律容易成为君主集权统治的工具，《淮南子·主术》所谓"法者，天下之度量，而人主之准绳也"；另一方面，由于法律自身的普遍性，法律面对所有人，要求所有人遵守。传统政治很清楚这一点，《荀子·王制》要求王者"听断以类，明振毫末，举措应变而不穷，夫是之谓有原"。类的规则、原则适用于相应的"类"。《臣道》谓"圣臣"能够"推类接誉（与），以待无方"，面对不确定、无先例的事情，也能够"推类"，将已有的原则运用于新的领域。基于法律的普遍性，最终无疑是要将君主置于法律的约束之下。

传统一向认为，君主的行为并非不受限制，但君主是否受到与臣民一样的法律的约束，事实上是非常含混的事情。《淮南子·主术》曰："古之置有司也，所以禁民，使不得自恣也。其立君也，所以制有司，使无专行也。法籍礼义者，所以禁君，使无擅断也。人莫得自恣，则道胜，道胜而理达矣，故反于无为。"这里明确，法籍礼义，即法结合礼义，当是以礼制为主，实现"禁君"。又曰："法者，非天堕，非地生，发于人间而反以自正。是故有诸己不非诸人，无诸己不求诸人，所立于下者不废于上，所禁于民者不行于身。"法虽然是君主所立，但它反过来要求规范君主，即"人主之立法，先以身为检式仪表，故令行于天下"。 隐含的意思是君主要受到一定的法律约束。《管子·法法》明确提出，法高于君："不为君欲变其令，令尊于君。"

但战国法家变革的现实和历史，已经向法家进一步提出了更为重要的问题：在君主制的前提下，如何保护既有的变法成果，如何保证已经实施并且收到良好成效的法律持续下去？ 更直接的问题是，如何在君主改变主意或者去世后，既有的法律不会受到影响，变法人物不会受到其他势力的迫害？ 也就是说，应该有一种让未来所有的君主都能够认同的规则——君主政体的基本法。 君主政体，是由君主根据基本法来实现统治治理的政体。① 政体基本法的概念意味着法家的变法必须为自身的法律实践制定一套更基本的法律，以一种基本法的形式保证具体法律以及法律实施的稳定性。

但中国历史上，有关君主政体的基本法从不曾明朗，古典政治传统对此论述也很少。 尽管历代王朝皇室都有一些规则，如宦官不得干政等，但几乎从来没有形成过正式成文的基本法。 应该说，在一个基本法不明确的君主体制下，触动社会上层利益的政治、经济、法律等方面改革就很难得到持续，它们会受到各种权力因素、权力集团的干扰，政体也更容易走向专制。 理论上讲，有无基本法都是一个人的统治，所不同的只是基本法可以对君主产生实质性的约束，专制君王更喜欢看到自己的意志得到实现，而没有任何力量能够阻拦他。

对于专制统治而言，王朝的法律和规则即使作为法律，也会随时随地因为君主的意志或喜好而更改，特别是在执行过程中会受到各种权力因素的干扰。 国家法律因此削弱了它本该具有的权威。 人们无法尊重这样的法律，它会仅仅因为君王任性的一句话而更改，或者得不到真正的执行。 法律失去了它严格的效能而降格成为规则，规则在这里更像是人们办事的习惯。 它不具备法律那样的普遍性，不能成为相应行为的通则，而是因人而异、因事而异，随时会有可变性

---

① 君主制仍然有着基本法的保证。 如法国旧时代的基本法包括继承法，国王庄园不可转让，贵族、教会和高等法院的特权，贵族和高等法院等中间权力机构的存在等。 参〔法〕孟德斯鸠《论法的精神》（上），许明龙译，北京：商务印书馆 2009 年，第 22 页。

的做事法则。①

法律没有受到朝野上下高度尊重的原因，还在于缺乏法律监护机构，即一个专门颁布法律并且捍卫法律地位的专门机构。如果法律及其监护机构缺失，那么以法律作为基础的国家概念也就难以清晰。传统时代，君主与国家之间的界限非常模糊。

实际上，法家即使为了自身的利益，也需要有一个保证法律地位的机构，使他们颁布的法律能够处于一种独立、稳定的地位，但这意味着起初得到君主授权的法律开始从君权手中脱离出来。直观的理解，这意味着削弱君主的权力，这与法家的主导思想相矛盾——法家的宗旨是加强君主的权力。

法家在此遇到两难境界：如果想让法律成为完全具有普遍性的法律，即法律具有至高无上的地位，那就不可能在终极意义上加强君主的权力；如果要加强君主独断的权力，那么法律就只是君主手上的工具，不可能真正实现法治。换言之，在法律规定与君主意志吻合时，两者之间的矛盾只是暂时被掩盖了；在两者之间不相吻合的情况下，那么谁更具有权力就是一个问题了。但这显然不是理论论证的问题，而是现实的历史过程。中国后期历史已经显现，君主仅凭个人的意愿便可以随时修改乃至废除法律。解决这一矛盾的根本出路，在于法律真正获得自身的地位。然而，法律地位的获得是现实斗争的结果，而不可能是君主的恩赐与授权。

法家改革保持了某种历史的含混。它一方面保证法律具有极大的权威；另一方面又为君主保留了删改、废止或者新增法律的权力。法律的建设，法家仿佛只是走了一半。这样一来，如商鞅那样的变法就只是增强君主权力的重要环节。应该说，按照法家对法律的理解，他们本该是将法律推向独立性的地位，但他们没有这样做，也根本做不了。正是这种含混，原本"以类行杂，以一行万"的法律②，终没能逃脱随时被更改的命运。但君主与庶民缺乏普遍认同的法律或法律基础时，各阶层的社会力量就很难发展起来。任何社会发展，都不可能依赖一个阶层或一种社会力量，它需要不同社会力量的推动。

---

① 孟德斯鸠说："在专制政体国家中，倘若没有宗教，受到尊重的便是习俗，而不会是法律。"［法］孟德斯鸠《论法的精神》（上），许明龙译，北京：商务印书馆 2009 年，第 24 页。

② 《荀子·王制》。

第二部分　精英政治时代

汉魏到唐宋这一漫长的历史时期，我们称之为"精英政治时代"。

精英，指的是通过考试、推荐、历练等方式选拔进入官僚机构的优秀人才。这一时期是官僚体制发展成熟的时期，这些优秀人才对体制的发展贡献最大。

从体制上来说，在此之前主要是分封制，在此之后则是君主专制。精英政治是两者之间的过渡。通过精英时代官僚制的发展，中国政治进而将一个分权的、零散的封建体制，塑造成为元、明、清以君主意志为中心的专制体制。专制意志，这在历史上很早就有，人们有各种具有专制色彩的言论与做法，但这种意志在现实政治中很难全面直接地体现，等到贵族阶层在历史舞台上消失，官僚阶层主要由平民通过考试而进入官场，按照学者的说法，建立起一个平民政府，一个文人政府，行政在全国范围内又能够相对有效地运作起来时，专制体制才可能启动起来。

精英政治时代仍然是君主制，但政体已经从西周封建形式转变为郡县制的中央集权。封建体制虽然尊天子，但实质是贵族统治，贵族管理自己领地上的各种事务。郡县体制则是由王朝任命的专职官员实施中央与地方管理，官员构成了政治、社会甚至文学艺术创作的主角。皇帝是整个政治体系中的核心，但从中央到地方，都离不开官僚体制中的官员阶层。在这个意义上来说，官僚制的中央集权最显著的特征就是精英统治、官僚统治。唐宋王朝的鼎盛，与其强大的官僚系统分不开。

精英政治时代大致可分为三个阶段：一是汉魏晋南北朝，这是官僚制成长、精英政治观念与实践不断探索的时期。 二是隋唐，官僚政治达到鼎盛的时代。三是宋代，精英政治鼎盛之后的变化时代，它期待着一场变革，但转变为一种折中。 这意味着精英政治的衰败，随着异族入侵，中国传统政治走向专制主义。

这一时期比较特殊而对中国政治有着深远影响的事件是秦帝国的建立。

秦王朝的统治显然不属于精英政治，它是精英政治时代开启的专制模式，由此构成了中国历史上非常重要的一段插曲，中国政治、政治思想史中一段伟大的插曲。 说它伟大，因为它开创性地实践了一种新的政体——专制政体；说它是插曲、例外，因为它的基本精神与精英时代格格不入，因此刚刚建立，就崩溃了。

秦王朝是直接从上古封建制跨进郡县制，从相对分权、分散而治的诸侯模式，进入全国上下由一个人说了算的专制模式。 尽管汉承秦制，但继承中又有调整，汉代再次改造郡县制为郡国制，既有中央集权，又有诸侯治理模式。 在精神上，汉代并没有直接继承秦王朝的专制主义，而是保持了更古老的、相对宽松的政治传统。 汉初崇尚黄老，可以视为古典政治思想的复兴。 相对于黄老思想而言，秦王朝的专制思想是传统政治哲学试图抑制的东西。 把中国古老的政治思想传统的开端，视为专制政治的源头，并不符合实际。 通过继承与改革，汉王朝找到了解决秦王朝危机的办法。

但秦王朝的政治经历影响深远。 秦祚虽短，却留下了相当丰富的政治遗产。[1] 它的专制主义因素在后来的王朝中一点一滴地积累、汇集，到了中国历史后期——元、明、清时代，各方面的条件具备，专制统治才真正开始。 秦王朝的专制只是前期政治史上的一个片断，但它无论如何都是后期专制体制在古代的精神前导。

这段历史充满了各种偶然性和复杂性，概括地说，有几条线索值得我们探讨。

一是官僚体制的发展、成熟。 我国古代的国家行政机构是从一个主要为皇帝私人服务的机构逐渐演变而来。 这个体制当然需要多种因素的配合，要选拔合适的人才，即官员；要有合适的行政办公场所；要建立各种制度，官员选拔、

---

① 西亚、南亚的族群即以"秦"的谐音称呼中国，后世西域人称中国人为"秦人"，转化为 Sina。 印度次大陆称呼中国为"支那"。 中国特产瓷器也因此袭用 China 之名。许倬云说："秦虽短祚，留下的影响真的极为久远。"见许倬云《我者与他者》，北京：三联书店 2010 年，第 34 页。

考核等；行政运作还要形成有效的机制，如危机（如军费短缺）如何通过行政手段（税收）得以解决；等等。

二是官僚体制所需要的人才。 封建贵族时代，贵族自然就是统治阶层，世袭制度又使他们保持了对权力机构的世代垄断。 因此，贵族群体只需要保持自身的健康发展，理论上讲，这种封建体制就不会崩溃，但贵族的力量与优势在漫长的历史演变过程中不断衰落、腐败。 春秋时代政局混乱，反映了贵族阶层自身的堕落，权力统治不得不重新选择精英人才。 推荐选拔机制经历了很长时间的尝试，举孝廉、九品中正制、科举等，试图找到一个合理可行的办法选拔王朝所需要的人才。 之所以偏重推荐，说明中古门阀家族仍有势力，他们需要一个有利于自身的选举办法。 然而，人才选拔一旦由官方统一标准，严格管控，势必会将复杂而难以分解的德能素养简化为各类指标。 如唐人文官铨试内容有"身"，取其体貌丰伟；有"言"，取其口头表达词顺言正；有"书"，取其书写楷法遒美；有"判"，取其断案文理优长。 但现实是，即使人才符合这样的标准，也很难说一定能成为优秀的文官。 但如同古代或者战争时期通过密切接触而获得对候选人了解的方式，在官僚体制之下又很难体制化地加以实施，选拔最终唯一的出路只剩下考试——看起来公平、公正的考试。 科举成为唯一的出路。 科举本质是人格规训，而这种规训暗中切合了未来专制体制的需要。

三是政治反思。 传统时代并不缺乏政治反思，然而历代留存下来的奏章等文献，主要集中在具体制度以及政策措施等层面，这些内容固然非常重要，如有关税制改革、兵制调整等，但最根本的一种思考——政治体制的反思，却总是阙如的。 事实上，社会冲突、政局混乱在很多方面都可以归结为体制上的痼疾。只有根本性的体制革新，才可能真正解决问题。 但要求政治家、思想家、官员思考君主政体，则是超出其视域的问题。 千百年来，君主体制、君主拥有至高无上的权力、万民臣服等观念是一切传统政治思考的起点和前提。 在这样一个体系当中，哪怕是调整君主的坐态或站姿，都是极其冒险的事情，更何况要分散或削弱君主的权力，即使是从理性的角度、有利于社稷万民的角度出发，也是不可能的事情。 在君主体制中，人们无法从根本上看到它，思考它，更不可能否定它。 这是历代政治家、思想家实际上始终都在面对，却无法提及、无法公开加以讨论的问题。 因此，传统时代从根本上对制度的调整就失去了理性思辨的基础。

第六章

行政体制的结构

行政体制的发展成熟远比人们想象得缓慢。

我们可以把统治看成最高统治者与民众这两极组成的关系。统治,意味着通过各种手段将人民至少是最低限度地组织起来,保持社会生活的基本稳定以适应周边环境变化的过程。

但是,统治者与被统治者这两极存在着极大的反差、对抗和不平衡。在人数比例上,统治者一端人数极少,而民众一端则人口数量巨大;在地理上,统治者总是处在所谓的国家中心,他们的所在就是中心,而广大民众则分散在各地,包括边缘的地带;在心理上,统治者一端总是有着自身明确的意志,而民众则往往因为社会地位、教育等因素而大多处于被动状态,地域、经济、家族、阶层等各种原因也造成了他们含混多变的复杂心理状态;在作用方式上,统治者总是积极主动地(至少渴望主动地)对广大民众施加影响、进行支配,而民众通常情况下是被动地接受影响,他们总是因为统治、支配而形成反应、反作用,呈现并作用于统治者;在财富资源的占有方面,统治者总是占据着巨大的财富,享有众多的资源,而民众对于物质资源的占有则通常只能维持在日常生活的水平上。当然,理论上讲,历史赋予两者的任务不同,总体上,统治者更需要明确地意识到政治体的自我保存以及包括自然灾害、外部入侵等在内的各种危机的挑战,能够组织广大民众应对这些危机。

这两极的反差如此巨大以至于任何个人都不可能仅凭个人的力量实现整个统治,无论这位统治者多么富有魅力,多么英明。为了实现统治,两极之间需要建立一个中间性、中介性的机构——行政机构,才可能实现对亿万民众的组织和管理。

为了应对人口数量巨大的民众,统治必须依赖数量众多的组织化的官员。为了应对分居各地的民众,必须相应地在各地建立众多派出机构,即所谓地方地府。 为了应对民众复杂多变的思想感情状况，统治需要建立起自身的行为规范体系。 为了应对外部挑战，统治必须依赖一支强大的军队。 总之，统治是通过一个庞大复杂的官僚机构展开的。

上古三代，如果大量的政治体分散分布，并且彼此势均力敌，没有出现单一强大的力量，或许中国政治的开端将是另一番情形，然而我们在《书·洪范》中已经看到了一种意欲支配天下的强大力量。 虽然当时这种力量在很大程度上只是某种政治渴望、政治冲动，但这样的观念影响了中国后来所有的政治格局：人们以"一"为常态，以统一为正常。

《书·洪范》有九大政治要点，称"洪范九畴"。 其中第五点是"建用皇极"，曰：

> 五皇极：皇建其有极。……惟时厥庶民于汝极。锡汝保极：凡厥庶民，无有淫朋，人无有比德，惟皇作极。凡厥庶民，有猷有为有守，汝则念之。不协于极，不罹于咎，皇则受之。而康而色，曰：予攸好德。汝则锡之福。时人斯其惟皇之极。……无偏无陂，遵王之义；无有作好，遵王之道；无有作恶，遵王之路。无偏无党，王道荡荡；无党无偏，王道平平；无反无侧，王道正直。会其有极，归其有极。曰：皇极之敷言，是彝是训，于帝其训。

这段文字颇为详细地解释了"皇极"。"极"，旧注多解释为中、标准、法则。"皇极"，《尚书大传》作"王极"，朱熹解释："皇者，君之称；极者，至极之义，标准之名也。"皇极即"皇建其有极"，即建立并保持君主权力享有唯一的、至高无上的地位。 庶民不能抱团结社，官员不能结成宗派，一切都以皇极作为旨归。 下文又说："惟辟作福，惟辟作威，惟辟玉食。 臣无有作福作威玉食。"臣下任何比拟君主的行为即僭越都受到禁止。 所有臣民都必须"遵王之义"，"遵王之道"，"遵王之路"，"时人斯其惟皇之极"。

实际上周代根本无法实现这样的政治局面。 诸侯分地而治，尽管遵循尊王的传统，但皇权无法渗透到各地诸侯现实的统治中。 然而这一观念成了中国政治的起点，一切都统一在权力的支配之下。 在民间各种团体力量尚未萌发之时，权力已经意识到必须阻止民众形成任何组织性的团体。 上古时代所能达到的政治想象就是将各种社会生活内容都纳入一个权力的支配管理之下。"一"的观念、统一的观念由此得到阐发。《老子》第三十九章曰："昔之得一者：天得一以清；地得一以宁；神得一以灵；谷得一以盈，万物得一以生；侯王得一以为天下正。"《孟子·梁惠王上》载孟子见梁襄王，出，语人曰："望之不似人君，就之而不见所畏焉。卒然问曰：'天下恶乎定？'吾对曰：'定于一。''孰能一之？'对曰：'不嗜杀人者能一之。'"

理想的政治体制由此得以确立，围绕着君主，有一个庞大的官僚机构，负责所有事务。官僚机构有两大部分，上层是中央机构，下层是分布各地的地方机构。天下事务由此实施管理。

1. 官僚制

官僚制是由受过一定训练的专职人员按照特定的原则、规则持续不断地完成各种行政管理事务的体制。它由官员组成，官员还要有特定的办公场所，还必须有文书档案，处理的事务都会记录在案，加以保存。[①]

《书·尧典》中即述帝尧设官分职的安排：羲、和是天地之官；其四子分掌四方，羲仲负责东方，羲叔负责南方，和仲负责西方，和叔负责北方。职责大体都是指导民众农业生产。《周礼》讲上古官制，记录了很多职官，但实际情况并非文本所记述的那样。它大约是古代不同时期官制文献的汇编。

官员处于君主与百姓之间，起初只是完成君主、首领交办事情的人。《说文》中说："官，吏事君也。"又说："士，事也。"所谓官、吏就是为君主做事的人。他既为君主服务，也管理百姓，负责农事、法律、治安等。最初官员的数量很少。《荀子·正论》曰："古者天子千官，诸侯百官。"《礼记·明堂位》云："有虞氏官五十，夏后氏官百，殷二百，周三百。"郑注："周之六卿，其属各六十，则周三百六十官也。"[②]日后官员分工明确，职能清楚，逐渐体制化、专业化，并且把重心转移到国家事务上来，最后发展成为庞大的官僚系统。

---

① 参［德］马克斯·韦伯《经济与社会》上卷，林荣远译，北京：商务印书馆 1997 年，第 248 页；《经济与社会》下卷，林荣远译，北京：商务印书馆 1997 年，第 278 页。

② 参郑玄注、孔颖达疏《礼记正义》，《十三经注疏》，北京：北京大学出版社 1999 年，第 952 页。

官员从事各种事务，日渐因分工而专业化，祭祀、军事、农业、税收、治安等可能是起初最容易专业化的岗位。[①] 将军专门负责战争事务，而文官则更多处理日常工作。 即使高级文官率军出征，其手下也必然会有懂得带兵打战的军人跟随。 职官专业化发展的另一个标志是内朝外朝、内官外官的区分：内官负责皇帝私人事务，不能参与王朝政治；外官负责公共行政，不过问皇家的家务事。

秦、汉的中央机构还不完全是国家行政机关，它有着家国即内外不分的特点。[②] 整个朝廷，为王室服务的部门多于政务部门。"三公九卿"更像是王室的家务官、皇帝的私臣。 秦、汉设有九卿：

太常（奉常），掌天子宗庙礼仪；

光禄勋（郎中令），掌宫、殿、掖门户；

卫尉，掌宫门卫屯兵；

太仆，掌舆马；

廷尉，掌刑辟；

大鸿胪（典客），掌诸归化蛮夷；

宗正（宗伯），掌宗属；

治粟内史（大司农），掌谷货；

少府，掌山海池泽之税，以给供养。

概括来说，光禄勋、卫尉、太仆三卿掌管皇帝的行止，居则有光禄勋、卫尉侍卫，出则有太仆准备车马。 廷尉、大鸿胪、宗正三卿负责皇帝的交际，冒犯皇帝归廷尉，四海宾服归大鸿胪，皇族外戚事务归宗正。 治粟内史、少府二卿管理皇帝的财政事务。 王朝的公共事务在职官上基本没有体现出来，钱穆说："论其（九卿）性质，均近于为王室之家务官，乃皇帝之私臣，而非国家之政务官，非政府正式之官吏。 推而上之，可知宰相、御史大夫、太尉三公，其初实亦

---

① 英国最初的职业化官员只有负责征收土地租税的人员以及法官两种。 参［美］斯特雷耶《现代国家的起源》，华佳等译，上海：格致出版社、上海人民出版社 2011 年，第 16 页。

② 亚里士多德说："具有绝对权力的君主，由他一人代表整个氏族或整个城市，全权统治全体人民的公务；这种形式犹如家长对于家庭的管理。 家务管理原来可以说是家庭中的王政，反过来说，这种君主政体也就是一城邦或一民族或若干民族的家务管理。"见亚里士多德《政治学》，吴寿彭译，北京：商务印书馆 1965 年，第 161 页。

帝王私官。 ……秦汉初年政府，有几处亦只是一个家庭规模之扩大。"当时社会生产生活相对简单，公共事务还没有对政府职能提出更多的要求，因此，官员作为公职而非天子私臣的观念并不明朗。"东汉郎官已全为郡国察举'孝廉'到京待转之一阶，则自不能仍以为皇帝内侍。 王室与政府之性质既渐分判明晰，则光武之制实不为非。 光武又尽并天下财赋于大司农，而少府遂转掌中服御诸物，衣服、宝货、珍膳之属，此亦在王室、政府逐渐分离下应有之调整。 故自御史中丞出居外台，光禄勋移至外朝亦为闲职，三署郎更不值事内廷，少府不预闻天下赋税财政，皆两汉间政府组织与体统上之绝大改革也。"①

宰相制度是君主制的关键。② 理论上讲，君主作为最高统治者，对于一切政务拥有决策权和否决权，但真正的君主制中，君主应当是最高权力的象征，而并不参与实际的政务。 君主通常并不直接统领群臣，而是通过宰相，实现自身的统治意志。 宰相领导百官，他受到君主的支配、制约，是实施君主意志的人。

汉初政治非常倚重大臣。 丞相是百官之首，其职"以德辅翼国家，典领百僚，协和万国"，"宣明圣化，调和海内"③。 在决策与用人等方面都有着决定性的作用，故位高权重。 汉廷惯例是拜列侯为相，而汉武帝时公孙弘以布衣数年而登相位，于是封平津侯。 此后，官至丞相而封侯，遂成故事，可见当日天子对丞相的敬重。 又"丞相进，天子御座为起，在舆为下"。 丞相进见，谒者赞称曰："皇帝为丞相起。"于是皇帝从御座上起立，然后坐下。 如果皇帝行车在道上，丞相迎接，谒者赞称曰："皇帝为丞相下舆。"皇帝于是从车上下来，站立，然后再上车。"丞相有病，皇帝法驾亲至问疾，从西门入。 及瘳视事，尚书令若光禄大夫赐以养牛、上尊酒。"④可见皇帝对于丞相礼遇非常隆重。 从这方面来看，汉代立国，是把治理天下的重任交给了丞相。 从知识系统上来说，即使高祖也只有马上得天下的经验，而如何治天下，汉儒明确告诉高祖，岂可马上治之! 天下行政必须交给更有经验的人。

唐代政治仍有此遗风。 唐玄宗在位四十四年，李林甫执政长达十九年。 传

---

① 钱穆《国史大纲》，北京：商务印书馆 1996 年，第 166、167 页。

② 孟德斯鸠说："在专制政体国家中，设置宰相是一条基本法。"见［法］孟德斯鸠《论法的精神》（上），许明龙译，北京：商务印书馆 2009 年，第 25 页。

③ 《汉书》卷八二《王商传》，北京：中华书局 1962 年，第 3374、3373 页。

④ 《通典》卷二一《职官三》，北京：中华书局 1988 年，第 535、536 页。

统看法是玄宗晚年沉溺享乐，国事多委任大臣，致使奸臣当道。 但从体制上来说，这正是君主制的常态。 有学者认为，李林甫事实上是一位务实精明的行政官员和制度专家。 他彻底修改了整个税制和地方费用规定，使财政制度更切合地方的实际。 修订的法典，直到 14 世纪初仍保持其权威性。 他的一些措施使朝廷行使权力比以往更顺利，更有效率。[①]

当然，君臣之间的这种配合基于一个条件，即君主权威具有某种绝对性，来自非人为的力量，诸如"天命"、"神授"、君位不容觊觎的禁忌等，而宰相可以拥有极大的权力，但永远不可能影响君主的权威。 理论上说，就是君主制具有绝对的合法性。 只有在这一前提下，君主名下的宰相负责制才是稳定的。 但历史上，并非每个王朝的合法性都不受质疑，时常会有君主大权旁落、大臣专权、宦官当道的情况。 君主对于权力过大的宰相、大将军总是很不放心，致使后来的王朝，宰相的权力一再被分散，而君主最终成了直接的国家行政的最高领导。

从本质上来说，君主应该是君主制最高权力的象征。 从君权神授来说，君主不直接参与行政——减小君主犯错的概率，更有利于维护君主的尊严与神圣性。 一旦君主神权性质毁坏，君主要维护自身的权威，就不得不借助暴力，趋于专制。 所以从本质上来说，君主是国家的象征。

但中国历史上不少君主更愿意事必躬亲。 如果说秦始皇亲理万机是一个短暂的现象，那么到了汉武帝时代，君主亲政，则成为一种常态。 汉武帝励精图治，积累了丰富的统治经验，对中央行政的支配能力日益加强。 随着他独揽事权，行政机构也发生了变化。 他以既有的尚书官为起点，不断扩大其职能，从而形成了一个新的中枢机构——中朝（内朝），而以丞相为首的政府机构几乎转变为纯粹的办事部门。 丞相职权有所减弱，而君主主持朝政、支配实际政务的机构与渠道得以形成。 此后，东汉尚书诸官，魏晋南北朝的门下省、中书省等以皇帝秘书咨询机构的形式发展起来。

尚书（尚书台）本是秦汉九卿少府属下的一个机构，主管文书。 吏员有尚书，或称尚书郎。"秦世少府遣吏四人在殿中，主发书，故谓之尚书。 尚犹主

---

① 参［英］崔瑞德编《剑桥中国隋唐史》，北京：中国社会科学出版社 1990 年，第 416 页以下。

也。"汉初有六尚，皆属少府，有尚衣、尚冠、尚食、尚浴、尚席、尚书。① 职位甚卑，然皆由士人担任。

汉武帝加强中朝尚书（内朝尚书）的职权，尚书逐渐掌握章奏的出纳、拆阅、裁决、下达等一系列权力，因"出纳王命，赋政四海，权尊势重，责之所归"②，而成为君主可以直接掌控的核心机构。武帝晚年又改用中书。"武帝游宴后庭，始用宦者主中书"③，称之为"中书谒者令"。从官僚体制的发展来说，公共事务由宦官染指无疑是一个倒退，可见，公私职权的分化并非一步完成。汉成帝时，尚书的职能更加专业化，废除"中书谒者令"官，恢复士人担任尚书令。史载："成帝建始四年（前29），罢中书宦者，又置尚书五人，一人为仆射，四人分为四曹，通掌图书、秘记、章奏之事及封奏，宣示内外而已，其任犹轻。后汉则为优重，出纳王命，敷奏万机，盖政令之所由宣，选举之所由定，罪赏之所由正。斯乃文昌天府，众务渊薮，内外所折衷，远近所禀仰。"④尚书因职能不同，而分四曹，行政开始专业化，总谓之尚书台（或称中台）。东汉光武帝时，同样建立了三公为首、九卿分职的中央政府，但"选举诛赏，一由尚书，尚书见任，重于三公"⑤。尚书台成为总理国家政务的中枢。魏晋以后，朝廷的中枢或在中书省，或在尚书省，颇多变更。魏置中书省，晋以后略同。宋置尚书省、尚书寺（内台）。"自魏晋重中书之官，居喉舌之任，则尚书之职，稍以疏远。至梁陈，举国机要，悉在中书，献纳之任，又归门下，而尚书但听命受事而已。"⑥

从两汉到魏晋南北朝，再到隋唐，中央行政逐渐从三公九卿制演变为三省六部制。大致东汉政归尚书，魏晋时期政归中书，南北朝政归门下。隋唐以三省长官同居宰相之职，共商国政，至此中国古代的官僚体制三省六部制，基本定型

① 参《宋书》卷三九《百官志》，北京：中华书局1974年，第1233页；《通典》卷二二《职官四》，北京：中华书局1988年，第587页。

② 见东汉顺帝阳嘉二年（133）李固对策，《后汉书》卷六三《李固传》，北京：中华书局1965年，第2076页。

③ 《通典》卷二二《职官四》，北京：中华书局1988年，第587页。

④ 《通典》卷二二《职官四》，北京：中华书局1988年，第588页。

⑤ 见东汉陈忠上疏语，《后汉书》卷四六《陈忠传》，北京：中华书局1965年，第1565页。

⑥ 《通典》卷二二《职官四》，北京：中华书局1988年，第589页。

并稳定，对宋、元、明、清的政治体制都产生了重要的影响。

官僚体制确立了一个标志，就是政府机构设官分职，能够较好地应对各种社会状况以及相应的变化。《周礼》五篇开首皆曰："惟王建国，辨方正位，体国经野，设官分职，以为民极。"这段话重申五次，可见是《周礼》总纲性、总序性的文字。① 其中特别强调要分派官员，明确职责，这是治国理政的重要步骤。设官分职不仅体现了对社会过程的理解，而且也体现了应对现实的政治智慧。面对诸如征收税赋、开凿运河、修建长城等浩繁的社会工程，官僚化的管理就是能够对工程进行系统化的分工，如工程的设计、工具原料持续的提供、加工与运输、人力保障等，整个复杂的管理进程被细分为可操作、可重复处理的任务，每一项任务转换为特定职位上的可以衡量考核的职责，再由一个权力集中的、等级制的控制中心加以协调。 行政管理总是以少辖多，必须在更高的抽象层面上来处理事务，即使事情通过分类、类别化而得到批量、常规化的管理。 每个岗位上的官员依靠自己岗位职责、行政原则行事，不仅可以保证管理任务的有序完成，而且可以持续统一地处理大批量的事务。 理论上讲，官僚化可以大大提高管理的效率。 这其中既有人的设计，又有各种偶然因素的触动，而官僚制的演变正切合了这一抽象化的进程。

设官分职，来自实际的行政需要和实践摸索。 如汉代光禄勋属下有郎中将、中郎将等职，光禄勋负责指挥诸郎宿卫宫禁、出充车骑，并考核铨选诸郎优秀者以出补政府官职。 郎将是皇帝禁卫军的官员，侍从左右，颇得亲信，故常受皇帝遣派担任其他临时的差遣，如传达皇帝诏令，征求意见，探访民间疾苦，监军，监察、督促某事，甚至教授太子、诸王，校书，指挥建造明堂辟雍，求雨等。 中郎将因经常出使匈奴，逐渐形成"使匈奴中郎将"一职，此非临时差遣，而是长期驻在单于庭中处理南匈奴事务的正式官职，不属于光禄勋，是基于实际事务形成的官职。② 官僚体制本身在处理实际事务中会调整自身的机构，新增或削减官职，改变运作机制等。 有些岗位承担着各种临时事务，这一方面表明体制还没有完全定型成熟，当然即使成熟的体制也不可能将所有事务都预先订立

---

① 《周礼·冬官》亡佚，后人以《考工记》补入。 以前五篇例推之，原《冬官》亦当有"惟王建国"数句。

② 参廖伯源《从汉代郎将职掌之发展论官制演变》，廖伯源《秦汉史论丛》，北京：中华书局 2008 年，第 37 页以下。

在各岗位的职责中。 另一方面也说明官僚体制通过这种临时差遣保持自身的弹性。 然而，强势的君主常常有意识地利用这一机制以强化官员对自己的效忠和对官僚机构的控制。 临时差遣，往往表示宠幸，这意味着并非按照朝廷常规授予其权力。 钦差的权力往往被想象成无限大的权力。 这与现代官僚体制中通常所有职务的权限都是明确说明的情况完全不同。 专制或具有强力的统治者常常通过个人的亲信、食客、臣仆甚至宦官来完成一些重大的使命，并根据具体的情况暂时赋予他们没有固定界线的权限。① 这一做法在很大程度上，能够大大增强统治者的权威以及对时局的控制，但同时也破坏了官僚体制自身运作的法则。

大体而言，中国古代官僚体制的发展、成熟有如下几点成果。

一是最初作为皇室服务机构的一部分，从皇室事务中分离并独立出来，逐渐成为处理国家行政事务的机关，政府行政职能由此不断扩大。 如"九卿"职能原来是服务于皇帝的私人事务的官员，后来"尚衣"、"尚冠"皆归入宦官之职，而少府属下的"尚书"具有行政职能，承担起越来越多的行政事务。 随着社会管理的发展，官僚机构逐步从公共事务与皇帝个人事务混合的体制中独立出来，完成决策、下达、执行、监督等国家行政功能。

二是官僚体制的发展，终于成为服务于中央集权的职能部门。 官僚机构经历的漫长演变，实际上是皇帝、大臣、公共行政、突发事件等各种因素交织碰撞的结果，但最显著的变化趋势是君主的权力通过官僚体制的不断调整得到了加强。 君主通过体制化的手段，建立或重组直属自身的枢密机构，减轻了宰相的权重，并且不断变换自己倚重的机构，从尚书到中书，到门下，其间还有委任宦官的情形，最终政府的行政权分散在若干个大臣手中，而不是由一个宰相专政。至此官僚体制在很大程度上已经驯化为君主意志的忠诚执行者，而体制中任何人所拥有的权力相比皇帝的权威都渺小得多。 官僚体制的成熟实际上为日益强化的中央集权和君主专制提供了行政上的可能性。

三是行政设置的职能逐步能够应对社会环境的变化。 行政一方面设置固定的岗位以应对日常的常规事务，另一方面也会根据社会环境的变化，调节自身的功能。 中央机构可以委派官员担任各种临时职务，也扩展了官僚体制的应对

---

① 参［德］马克斯·韦伯《经济与社会》下卷，林荣远译，北京：商务印书馆 1997年，第 279 页。

能力。

随着社会的发展，中央集权的行政机构面临的事务越来越繁杂，各级官员在处理各种事务、应对社会各种变化的过程中，使整个行政系统不断调整，趋于成熟。精英时代官僚体制的成熟为后来专制体制的形成奠定了行政方面的基础。

2. 中央集权

传统官僚制的核心是中央机构。天下大权通过地方政府集中于王朝中央，中央大权集中于皇帝，由此构成了传统的政权形态。这种新的集权模式在秦王朝有了第一次实践，此后虽然有各种调整，但仍保持了它的基本框架和运作机制。

君主制的中央集权不同于君主专制。虽然集权与专制间有着很大的关联，而且通常都是君主独断，但我们仍然倾向于认为两者有所区别。君主制中的集权通常有着客观的国家行政目的，总体上受到理智的约束；而专制体制的行为中常常混杂着君主个人的目的，如追求权力的心理满足，恐惧人民的反抗等，它往往缺乏理智上的充分理由。中央集权主要指一种行政的方式，就国家政权的结构形式而言，它特别强调国家整体与部分之间、中央政府与地方政府之间的关系；君主专制则几乎谈不上是一种行政形式。[①]

一个国家的行政任务，理论上讲可以通过多种模式来完成，但不论何种模式，现实中都需要依赖于官僚体制。专制君主依赖官僚机构实施对整个帝国的统治；民主政体同样也依赖于官僚机构实施民主国家的管理。

不论何种政体，官僚体制都会以中央集权的模式运作。所以，我们倾向于把中央集权看成官僚体制运作的某种模式：高层收集来自下面的各种信息，汇总并加以分析而在最高决策层形成决定、命令，命令下达到体制内部各级，得到贯彻执行。执行情况再通过相应的渠道反馈到最高层，最高层根据反馈信息对政策、政令加以调整。另一方面，机构的最高层会通过某种渠道监督整个机构的运行。可以把这样的官僚制的中央集权看成完成某种行政目标的客观过程。所

---

① 可参白钢《中国皇帝》，北京：社会科学文献出版社 2008 年，第 298 页。他认为，专制指的是国家形式的核心部分，亦即政体的本质特点；而中央集权指的是国家政权的结构形式，包括了统治的手段和管理的方法等。

谓"客观"就是不论我们愿不愿意，行政治理都必然包括这样的机制。"客观"还包括了现实的技术过程，特别是通信、交通等技术。 从某种意义上来讲，秦王朝的中央集权模式远远超过了它自身所拥有的技术能力。

封建体制依赖的是分封各地的君主进行地方治理，周天子信任诸侯，依赖于血缘关系以及传统信仰维系诸侯对王室的忠诚。 虽然"溥天之下，莫非王土"，诸侯尊崇天子，但天子对各地行政并没有太大实质性的影响，如诸侯的继位，理论上讲天子是不加干预的。 所以，西周虽然是统一的王朝，但由于封建，中央实际上是将其地方统治权让渡给各诸侯。 天子及诸侯各国的事务相对简单，虽有官员，但还不是国家行政意义上职业化的官员，所以，封建王朝的中央统治权实质是分散的，谈不上严格意义的官僚制，也谈不上实质性的中央集权，更谈不上君主专制。

郡县制促进了官僚制的发展。 郡县的官员都是由王朝中央任命，有一定的选择标准、工作规则以及任期等，地方行政通过中央委任的官员以及中央政令的执行、监督等而受制于中央。 这不仅改变了过去分封制的状况，而且促进了官僚体制的发展，一定程度上实现了中央集权。

随着官僚体制的成熟，中央集权的运作日益顺畅，君主对中央机构的控制加强，中央机构对地方行政的管控能力加强，中央集权成为君主专制的有力帮手。官僚体制自身的演化，如随时服从并执行上级命令等行为，结合传统的封建时代忠诚与服从的观念，形成了更加臣服、顺从的官场规则。

3. 中央与地方

中央政府需要解决整个政治共同体所面对的问题：国防、财政、税收、治安等。 中央机构本身并没有资源，但它掌握着调集资源的权力，而资源都来自地方，所以，中央机构的任务实际上就是恰当地运用自己的权力，有效地利用地方资源，以解决国家层面上的难题。 这样，中央集权最重要的特征就是与地方关系方面的机制。

中央与地方的关系比我们想象得复杂。 中央要实现对整个国家的管理，必须有相应的制度化、体制化的机构加以配合。 这个机构就是中央在地方的代理，在封建时代，就是诸侯，这个代理主要是名义上的。 在后代，是郡县，它比诸侯具有更多实质性的内容，因此中央集权至少比封建诸侯时代强化了。

封建王朝依赖封建关系形成统一的政治体。这种关系是建立在土地关系基础之上的。天子赐封土地给诸侯，诸侯再把国内的土地分给卿大夫作为食邑。[①] 天子依赖于各地的诸侯，诸侯依赖于自己的卿大夫，整个封建王朝通过土地分配形成自身的权力结构，一种能够在空间中分布的权力结构。正因此，整个王朝的统治，主要依赖于王朝与各地诸侯之间的关系，天子与诸侯以及诸侯与诸侯之间的关系，这些关系通过血缘、姻亲、君臣以及武力威慑等牢固地维系在一起。也就是说，只要诸侯贵族拥戴天子，那么王朝的统治，至少在形式上就能够继续保持下去。

但封建历经数百年之后，初封之时天子与诸侯、诸侯与诸侯之间所具有的血缘亲属关系变得疏远，诸侯形同陌路，王室衰微，政治共同体瓦解。诸侯国兴盛发达起来，成为霸主；卿大夫势力壮大，取代诸侯的君主，三桓专鲁、田氏代齐、三家分晋等，都体现了旧秩序的崩溃，而新秩序所依赖的新权力维持模式正在缓慢形成。秦国统一六国，形成一个真正意义上的中央集权的王朝。诸侯国消失所留下的空白如今用郡县填补了起来。

郡，是中央直属的地方行政单位，设"郡守"，掌治其郡。汉景帝中元二年（前148），改名为太守。又设"郡尉"，掌佐守典武职甲卒。后改名为都尉。又设监御史，代表中央对郡一级地方的监督。三官分别负责行政、军事和监察，共同负责地方秩序。郡以下设立若干县，大县设令，小县设长，负责县一级地方管理。

郡、县地方由中央任命官员实施管理。春秋时只有贵族才有资格担任地方官，但此时地方职位不再世袭。尽管当时确有父子相承职位的例子，但地方官

---

① 徐中舒认为，上古地旷，有许多用于休耕或待开垦的空地，谓之采地。采，指采集。即使农业兴起，采集菽粟菜蔬仍可以作为食物的辅助来源。所谓"践土食毛"，不食之土即为不毛之地，然不毛非完全碻确不毛之地，而是可供采集的地方。凡地之所生可采取者，谓之毛。故王及诸侯取以为卿大夫食邑，谓之采地。《公羊传·襄公十五年》何休注曰："所谓采者，不得有其土地人民，采取其租税尔。卿大夫所封食邑曰采地。"卿大夫可以为食邑者，唯采地而已。原为旷土，其后招揽农民开垦种植，即可收取租税，成为食邑。参《徐中舒历史论文选辑》，北京：中华书局，1998年，第737页。又《汉书·刑法志》颜师古曰："采，官也。因官食地，故曰采地。"采音菜，学者以为采邑之采与采取之采不同。参吕文郁《周代的采邑制度》，北京：社会科学文献出版社2006年，第6页。

职，区别于分封爵位，实行任期制。中央可以随时任免这样的官员，理论上讲，官员所代理的区域，在行政关系上受到君主的制约。

战国之时，职位的候选不再局限于贵族范围，有才干的人得到君主的信任就可以担任官职。秦并六国，六国贵族不再享有原先的地位，沦为平民。秦王朝的官员选拔主要针对有才干的人，有"行能"的人。秦末，张耳因娶富人女，"故致千里客，宦为外黄令"。张耳，不闻其为贵族，外黄，陈留之县，则张耳曾为外黄县令。① 又范阳，涿郡之县。徐公为范阳令，"为令十余年矣"。徐公当亦一般士人。②

早期的郡县并不是常规性的行政区划，新兼并的地方会作为郡县，而且其功能经常偏重于军事性，管理上也远没有形成特定的规范。秦汉以后，郡县作为常设的行政分区，具有相对规范的、较为全面的地方管理制度，用人不再局限于贵族，郡县行政权没有世袭等，这些制度强化了中央对地方的掌控。

诸侯国与郡县都占据着一定的区域，从行政角度来说，它们都是中央权力属下的地方政权。但不同的是，诸侯国的封君享有世袭权，君主拥有封国领域中的土地、人民、奴隶以及财富。诸侯国不仅是相对独立的经济实体，而且是相对独立的政治实体。诸侯在整个封国内拥有统治权，有权任命自己属下的官员，确立继位者，其行政具有一定的独立性。

而郡县长官没有世袭的权利。郡县长官通常只拥有行政权，有时也拥有军事领导权，但不享有土地与人民的所有权，更谈不上世袭。其职官特性有如下几点。首先，王朝掌握了地方官员的任命权，可以随时任命新的官员，或者撤销违背王朝意志或法律的官员。这是封建时代王朝没有为自己增设的权力。这无疑大大加强了中央权力对全国地方的掌控。其次，地方官员直接对王朝中央负责。西周封建也有诸侯到京城"述职"，但总体上诸侯国内行政事务保持着很大的独立性，但郡县制中的地方官完全被纳入全国统一的官僚体制之中，官员必须对中央负责。秦汉实行上计制度，即地方官到京城汇报工作，中央就此进行考核。每年年底县官必须携带簿册赶赴京城汇报，内容包括土地开垦情况、种植面积、人口增长数字、税收等统计数据。《商君书·去强》曰："强国知十三

① 《汉书·张耳陈馀传》，北京：中华书局1962年，第1829页。
② 《汉书·蒯通江息夫传》，北京：中华书局1962年，第2159页。

数。"是说强国必须掌握十三种统计数据。 最后，中央通过各种监察官员保持对地方的直接监督。 秦设御史大夫，属三公之一，掌副丞相之职，主管文书、律令、图籍和监察。 御史大夫派遣监或称监御史，监督郡行政。 监御史不仅掌管监察地方行政，还掌握实权，可指挥作战、开渠等。 总之，郡县制从制度上有效地把权力集中到了中央与天子手中。

郡县制的实施，瓦解了封建贵族阶层。 应该说，没有了实封，也就没有了真正的贵族。 秦王朝兼并六国，统一天下，只设郡县，不封子弟，打破了传统贵族的体系。 这不仅意味着旧政治制度体系的崩溃，而且也意味着旧体制下权力再生产的机制消失了。 六国不存在，其贵族失去了他们所拥有的土地和权力，贵族的世袭也没有了。 贵族作为一个社会阶层随之消失。 后世虽然间有各种不同的贵族名号，但历代王朝都再也没有恢复既赐封土地又使之拥有领地行政权的制度。

但有学者认为，秦王朝时代仍然存在分封制，"秦始皇并没有废除战国时代秦国实行的分封制，继续推行着二十等爵制度，包括第二十等爵列侯在内"[1]。《史记·秦始皇本纪》记载二十八年所立《琅邪台刻石》，中丞相之下即有列侯、伦侯若干人。 但秦代所谓"分封"不是西周封建，最为关键性的差异，即领地的行政权。《汉书·货殖传》说："秦汉之制，列侯封君食租税。"战国时代，秦国就实行了"食租税"这样的封君制度，封君所在的封地，行政上是由中央派遣官吏来治理。 封君失去了封地的行政权，致使封地纯粹变成物质上的赏赐，而领地行政官员的管理随时对王朝负责，维持了中央的集权。 所以，秦王朝实行的分封可以看成沿用旧体制而实行的纯粹奖赏，中央权力并没有因此分割。

郡县是中央集权的基础。 这取决于两点：一是能否全面实行郡县制，二是郡县能否真正作为中央代理实施良好的地方行政。

秦朝郡县承周代封建之后，郡县与封建的好处与坏处，汉人都看到了。 这使汉人在体制上遇到难题。 一方面，中央集权需要建立郡县制；但另一方面，分封诸侯对于拱卫皇室又是有着郡县所不具备的优势。 而且，当初协同刘邦一道打天下的豪杰们皆欲以军功获得封地。 相比项羽，刘邦正是因为分封慷慨而获得了将军们的支持。 汉人以为，秦朝覆灭在于不封子弟为诸侯以至天下动

---

[1] 杨宽《杨宽古史论文选集》，上海：上海人民出版社 2003 年，第 133 页。

荡，孤立无援。战国诸侯分立，彼此征战不已，故秦实现统一而不用分封；然而平民揭竿而起，烽火遍野，秦王朝顷刻覆灭，而其覆灭的原因正在于没有强大的诸侯支援。体制的形成看起来有着自己的线索和原因。

秦汉之际，人们仍以封建为常态。秦王朝虽废封建，但其立国时间很短，六国的后裔仍在，而漫长的封建时代"兴灭继绝"的正统观念一直流传着。因此，秦末动荡，人们普遍认为六国当复立，"继绝世"是理所当然的事情。陈胜、吴广谋划起义，曰："等死，死国可乎?"又曰："且壮士不死即已，死即举大名耳，王侯将相宁有种乎!"皆渴望有裂土封侯的机会。及会三老、豪杰于陈，皆称"复立楚国之社稷，功宜为王"。又燕故贵人豪杰谓韩广曰："楚已立王，赵又已立王。燕虽小，亦万乘之国也，愿将军立为燕王。"韩广以为然，乃自立为燕王。① 陈胜兵败，范增说项梁亦谓："不立楚后而自立，其势不长。今君起江东，楚蜂午之将皆争附君者，以君世世楚将，为能复立楚之后也。"②不论这种"继绝世"是假借六国的旗号，还是推出六国的后裔作为代表，总之，人们想象中的政体仍然还是封建体制。

尽管郡县体制已经出现，但封建仍然留在人们的记忆中。刘邦统一天下的过程中，对于那些共同打天下的诸将，随时裂土而封，所谓"使人攻城略地，所降下者因以予之，与天下同利也"③。天下大定之际，已封楚王韩信、梁王彭越、韩王信、长沙王吴芮、淮南王布、燕王臧荼、赵王敖。④ 外封功臣，内封子弟。高祖八子，孝惠帝即位，另有七人皆得封：齐王肥，赵王如意，代王恒，梁王恢、淮阳王友、淮南王长、燕王建。⑤ 而且，"高帝王子弟，地犬牙相制，所谓盘石之宗也，天下服其强"⑥。拱卫之势大大增加了皇室的力量。

但中央集权已经踏上自己的行程，西汉在此不可能完全实行分封制。折中的结果就是既有封建王国，又实行郡县，所谓郡国制度。不过，此时的封建已经在很大程度上不同于西周。最关键的一点在于封国的君主并不直接统治自己

---

① 《史记·陈涉世家》，北京：中华书局1982年，第1952、1956页。
② 《史记·项羽本纪》，北京：中华书局1982年，第300页。
③ 《史记·高祖本纪》，北京：中华书局1982年，第381页。
④ 《史记·高祖本纪》，北京：中华书局1982年，第380页。
⑤ 《史记·吕太后本纪》，北京：中华书局1982年，第396页。
⑥ 《汉书·文帝纪》，北京：中华书局1962年，第106页。

的王国。《汉书·百官公卿表》曰："诸侯王，……掌治其国。 有太傅辅王，内史治国民，中尉掌武职，丞相统众官。 群卿大夫都官如汉朝。 景帝中五年令诸侯王不得复治国，天子为置吏。 ……成帝绥和元年省内史，更令相治民，如郡太守，中尉如郡都尉。"起初，王国内有着与中央王朝一样的官制，官职名称、职数均相同。① 但实际上，王国行政由丞相或相负责，而丞相通常由中央任命。② 这保证了中央对王国的制约，同时丞相又是王国的扶助③，故其人选颇为重要。 但即使如此，汉代封国的势力仍然很大，随后采用推恩措施，使大国分解为小国，以此削弱诸侯势力。

4. 强本弱枝

权力始终有着强化自身的冲动。 秦汉中央集权体制形成后，王朝总是努力加强自身权力。 面对既有封建又有郡县的混合体制，王朝的权力有着非常明确的目标，加强郡县，削弱封建。

汉初天下大局已定，对于异姓诸侯，高祖、吕后都采取抑制态势，非诡谋掩袭，即举兵相屠，此时所务者，主要为清除异姓诸侯的力量。 惠、文以后，忧患转在同姓诸侯方面。 中央政权既需要诸侯的藩卫，又担心诸侯势力过强，对自身形成威胁。 此时，纵有血缘关系也不能长期保证侯国对中央的绝对忠诚。 王朝不得不采取抑制同姓诸侯力量的策略。

汉初封国规模非常大，或领三郡、四郡，甚至五郡、六郡者。 其中以齐王肥领六郡七十三县为最大，正如司马迁所曰："大者或五六郡，连城数十，置百官宫观，僭于天子。"④经过数十年休养生息，地方富庶，王国的实力加强。"汉兴，功臣受封者百有余人。 天下初定，故大城名都散亡，户口可得而数者十二三，是以大侯不过万家，小者五六百户。 后数世，民咸归乡里，户益息，萧、

第六章 行政体制的结构

185

---

① 参杨鸿年《汉魏制度丛考》，武汉：武汉大学出版社 2005 年，第 397 页。

② 当然有自置的例子，如窦太后爱景帝母弟梁孝王，令得自请置相、二千石。 见《史记·韩长孺列传》，北京：中华书局 1982 年，第 2857 页。

③ 参《汉书·周昌传》，北京：中华书局 1962 年，第 2094 页。

④ 《史记·汉兴以来诸侯年表序》，北京：中华书局 1982 年，第 802 页。

曹、绛、灌之属或至四万，小侯自倍，富厚如之。"①当此尾大不掉的局面形成时，政治家贾谊特别指出了其中的危机。

贾谊（前 200—前 168）与陆贾同时代，洛阳（今属河南）人，年十八，"以能诵诗书属书闻于郡中"。河南郡守吴公荐之于朝，文帝召为博士，升至太中大夫。因遭谗言，被贬为长沙王太傅。后回长安，为梁怀王太傅。梁怀王坠马而死，贾谊"自伤为傅无状，哭泣岁余，亦死"，时年三十三。在朝时间虽短，但他对汉初政治颇有影响。

他的许多言论都是针对当时的政治局面而发。《史记·屈原贾生列传》曰："贾生以为汉兴至孝文二十余年，天下和洽，而固当改正朔，易服色，法制度，定官名，兴礼乐。乃悉草具其事仪法，色尚黄，数用五，为官名，悉更秦之法。孝文帝初即位，谦让未遑也。"传统政治一向认为，王朝更替，必须实施"改正朔，易服色，法制度，定官名"等措施，这是加强中央集权与权威的具体手段。面对当时诸侯势力强大的局面，贾谊提出对策，曰：

> 天下之势方病大瘇。一胫之大几如要（腰），一指之大几如股，平居不可屈信（伸），一二指搐，身虑亡聊。失今不治，必为锢疾，后虽有扁鹊，不能为已。

又曰：

> 臣窃迹前事，大抵强者先反。淮阴王楚最强，则最先反；韩信倚胡，则又反；贯高因赵资，则又反；陈豨兵精，则又反；彭越用梁，则又反；黥布用淮南，则又反；卢绾最弱，最后反。长沙乃在二万五千户耳，功少而最完，势疏而最忠，非独性异人也，亦形势然也。曩令樊、郦、绛、灌据数十城而王，今虽以残亡可也；令信、越之伦列为彻侯而居，虽至今存可也。然则天下之大计可知已。欲诸王之皆忠附，则莫若令如长沙王；欲臣子之勿菹醢，则莫若令如樊、郦等；欲天下之治安，莫若众建诸侯而少其力。力少则易使以义，国小则亡邪心。今海内之势如身之使臂，臂之使指，莫不制从，

---

① 《史记·高祖功臣侯者年表》，北京：中华书局 1982 年，第 877 页。

诸侯之君不敢有异心,辐凑并进而归命天子,虽在细民,且知其安,故天下咸知陛下之明。①

贾谊认为,诸侯国大容易反叛朝廷,因此必须将大国分解为小国,一国之中多建诸侯以削弱他们的力量,这样既能保持诸侯藩卫的功能,又可以避免叛乱的可能,所谓"力少则易使以义,国小则亡邪心"。 这一认识基于传统封建时代的政治经验,即《管子·轻重乙》中所记载的"胸之使臂,臂之使指"的观念。

封建的"政治—空间"结构如同树形。 正常的树形,树干粗壮,而枝节细弱,此树则能立于郊野而不倒;相反,树干细小,而树枝粗大,则树根本无法直立。 所以政治家提出,封建的政治结构必须强调"强干弱枝",即封国随其诸侯等级的降低而减小,同时,又随着就封距离的增大而减小。

首先,诸侯国的规模与君主爵位等级相适应。 大体言之,公、侯之国总是大于子、男之国。 如《孟子·万章下》所说的:"天子之制,地方千里,公、侯皆方百里,伯七十里,子、男五十里,凡四等。 不能五十里,不达于天子,附于诸侯曰附庸。"《礼记·王制》亦有类似记载。 公侯封地百里,伯七十里,子男五十里,封地的大小与诸侯的等级相关。

诸侯国内城邑的建制不能超过君主所在的都城。《左传·隐公元年》祭仲曰:"先王之制,大都,不过参国之一;中,五之一;小,九之一。"地位越低,所在城池越小。

其次,就一般而言,封国距离京城越远就越小。 公、侯的封国总是距离天子近一些,子、男之国距离王朝远一些。《管子·轻重乙》载管子曰:"天子中立,地方千里,兼霸之壤三百有余里,佊诸侯度百里,负海子男者度七十里。"②天子中立,子男负海,所言当是沿着离开王城的方向说的。 具体说来,就是王畿最大,诸侯的封国按照等级依次减小,距离越远,诸侯的等级越低,其封地自然最小。 换言之,整个天下,王城所占面积最大,诸侯之国不得大过王城;诸侯封内,卿大夫的封邑不得大过国。 这是周代强调的"先王之制"。

① 《汉书·贾谊传》,北京:中华书局 1962 年,第 2237 页。
② 负海,就是靠近海边。 有学者以为,负海者,蛮夷也。 如《管子·霸言》:"以负海攻负海,中国之形也。"黎翔凤曰:"谓以蛮夷攻蛮夷,蛮夷负海以为固,故曰负海。"《管子校注》,北京:中华书局 2004 年,第 479 页。

周人认为四大乱国的根源中，其中就包括违背先王之制的"耦国"。《左传·桓公十八年》载："周公（周公黑肩）欲弑庄王（桓王太子）而立王子克（庄王弟子仪）。辛伯（周大夫）告王，遂与王杀周公黑肩。王子克奔燕。初，子仪有宠于桓王，桓王属诸周公。辛伯谏曰：'并后，匹嫡，两政，耦国，乱之本也。'"《左传·闵公二年》中，狐突再次重申这一告诫，谏曰："昔辛伯谂周桓公云：'内宠并后，外宠二政，嬖子配嫡，大都耦国，乱之本也。'周公弗从，故及于难。今乱本成矣，立可必乎？孝而安民，子其图之，与其危身以速罪也。"所谓"耦国"就是"大都耦国"，即其他领主所建都城与君主所在之城"国"相对等，即《管子·霸言》中所谓"国小而都大"。这是造成王朝、侯国动乱的四大原因之一。可见，诸侯强弱，领地大小，直接关系到天下安危。

这种强干而弱枝、本大而末小的"政治—空间"格局，在根本上有利于王朝的统治，有利于王朝对整个空间的控制、支配。《管子·轻重乙》中，管子曰："天子中立，地方千里，兼霸之壤三百有余里，此诸侯度百里，负海子男者度七十里。若此，则如胸之使臂，臂之使指也。"天子位居中央，地方千里，邦伯有三百里，一般诸侯为百里，负海的诸侯则更小，为七十里，距离越远，诸侯国越小。天子地方千里，国大而积蓄多，它就近能够支配较大的诸侯，历远可以制服小国。僻远的小国叛逆，周边较大的诸侯就可以平息，而王朝的军队远道而来，也能控制整个局势。这就好比，王朝仿佛是人的胸膛，它支配周边的诸侯，就像"胸之使臂"；诸侯指挥僻远的小国，就像"臂之使指"。管子以拟人的形式说明了中央与地方的支配关系。这样的空间设置和空间格局，使得王朝控制整个天下成为可能。《国语·楚语上》载楚大夫范无宇亦谓："且夫制城邑若体性焉，有首领股肱，至于手拇毛脉，大能掉小，故变而不勤。"《淮南子·说山》曰："末不可以强于本，指不可以大于臂。下轻上重，其覆必易。"《春秋繁露·十指》亦谓："强干弱枝，大本小末，则君臣之分明矣。"若远方的封国势力强盛，对于中央王朝而言，则尾大而不掉。

基于这一理解，在封建的政治思想中，历来强调强干弱枝，反对国都城邑违制。先王之制对于各处城邑的大小都有明确的规定，而从现实来看，这一原则大体是为人们所遵守。《左传·隐公元年》载郑庄公之弟共叔段居京，有意扩大城的规模。祭仲谏曰："都，城过百雉，国之害也。先王之制：大都，不过参国之一；中，五之一；小，九之一。今京不度，非制也，君将不堪。"古人城墙用

"堵"、"雉"计量,一堵之墙高一丈,长一丈;一雉之墙等于三堵,即高一丈,长三丈。 侯伯之城(国),方五里,长九百丈,等于三百雉。 大都不超过其三分之一,则为百雉,长三百丈。 刘师培曰:"《战国策·赵策二》引马服君对田单云'且古者城虽大,无过三百丈',与《左传》不过百雉说互符。"①《管子·霸言》曰:"国小而都大者弑。"这是说国小而都大,必有阴谋弑君之臣。所以,祭仲提醒郑庄公,京城大叔的所居之城扩张无度,必将威胁庄公。《礼记·坊记》曰:"故制国不过千乘,都城不过百雉,家富不过百乘,以此坊民,诸侯犹有畔者。"对城邑空间的制度性的规定,目的在于防止叛乱。

传统的政治思想为贾谊的建议提供了依据,他的对策即将现有的王国再分为若干小国,推恩分封诸王子弟。 曰:

> 割地定制,令齐、赵、楚各为若干国,使悼惠王、幽王、元王之子孙毕以次各受祖之分地,地尽而止,及燕、梁它国皆然。其分地众而子孙少者,建以为国,空而置之,须其子孙生者,举使君之。诸侯之地其削颇入汉者,为徙其侯国及封其子孙也,所以数偿之:一寸之地,一人之众,天子亡所利焉,诚以定治而已,故天下咸知陛下之廉。地制壹定,宗室子孙莫虑不王,下无倍畔之心,上无诛伐之志,故天下咸知陛下之仁。法立而不犯,令行而不逆,贯高、利几之谋不生,柴奇、开章之计不萌,细民乡善,大臣致顺,故天下咸知陛下之义。卧赤子天下之上而安,植遗腹,朝委裘,而天下不乱,当时大治,后世诵圣。壹动而五业附,陛下谁惮而久不为此?

其后汉廷封建,颇从贾谊之议。 贾谊去世后四年,齐文王薨,"文帝思贾生之言,乃分齐为六国,尽立悼惠王子六人为王;又迁淮南王喜于城阳,而分淮南为三国,尽立厉王三子以王之"。 班固引刘向之言:"贾谊言三代与秦治乱之意,其论甚美,通达国体,虽古之伊、管未能远过也。 使时见用,功化必盛。"班固

---

① 刘师培《左盦集》卷二《左传隐元百雉说》,《刘申叔遗书》,南京:江苏古籍出版社 1997 年,第 1220 页。 刘师培案曰:"郑君驳异义以伯城方五里,积千五百步,是公城方七里,侯伯五里,子男三里也。 周礼典命注又谓公城盖方九里,侯伯七里,子男五里。 二说不同。 ……当以公城方七里为确。"

曰："谊亦天年早终，虽不至公卿，未为不遇也。"①

　　其后，晁错又向文帝进言削诸侯、更法令之事。晁错为御史大夫，请诸侯之罪过，削其支郡。诸侯闻之，哗然。晁错父谓："上初即位，公为政用事，侵削诸侯，疏人骨肉，口让多怨，公何为也！"错曰："固也。不如此，天子不尊，宗庙不安。"后十余日，吴、楚七国俱反，以诛错为名。晁错旋遭大臣弹劾，被捕，斩于东市。②班固《汉书·晁错传赞》称"错虽不终，世哀其忠"，晁错远比文帝更理解中央集权的本质。贾谊、晁错堪称中央集权政治的思想家。

　　魏晋时期，王朝遇到同样的问题。曹魏抑制封建势力，"魏氏王公，既徒有国土之名，而无社稷之实"③，虽名为王，然则"寮属皆贾竖下才，兵人给其残老，大数不过二百人"④。但又因诸侯无力，致使魏室虚弱而被权臣篡夺。故晋室立国，又有推恩保四海之论。段灼曾建议："太宰、司徒、卫将军三王宜留洛中镇守，其余诸王自州征足任者，年十五以为悉遣之国。为选中郎傅相，才兼文武，以辅佐之。听于其国缮修兵马，广布恩信。必抚下犹子，爱国如家，君臣分定，百世不迁，连城开地，为晋、鲁、卫和，所谓磐石之宗，天下服其强矣。虽云割地，譬犹囊漏贮中，亦一家之有耳。"⑤晋朝加强宗室诸王的力量，诸王多兼刺史及都督军事，掌握各州军政大权，如此却又引起了"八王之乱"。

　　精英时代早期的朝廷总是在"放权"与"收权"之间震荡，它还不能够完全依赖自身的力量保证政权的安全稳定，王室无法供养并直接管辖一支庞大的军队，它不得不借助其他诸侯的力量捍卫王权。诸侯地方势力弱小，则不足以拱卫朝廷；诸侯势力强大，又很容易失去节制，骄奢淫逸，目无王庭。因此，朝廷不得不一手赐封诸侯，一手剪除他们的力量。诸侯往往成了这一时期政权稳固的重要因素，诸侯拥戴王室而强大则国家安宁，否则动荡将不可避免。

　　这是传统政治的基本问题，可以称之为"中间层问题"。中间层即处于最高统治者与最下层民众之间的阶层。不论是贵族，还是百官，君主总是通过这样

---

　　①　《汉书·贾谊传》，北京：中华书局 1962 年，第 2263 页。

　　②　《汉书·晁错传》，北京：中华书局 1962 年，第 2300 页。

　　③　《三国志》卷二十《武文世王公传》陈寿评语，北京：中华书局 1959 年，第591 页。

　　④　《三国志》卷十九《任城陈萧王传》，北京：中华书局 1959 年，第 576 页。

　　⑤　《晋书》卷四八《段灼传》，北京：中华书局 1974 年，第 1339 页。

的中间力量实现全国范围的统治。 但这个中间层，既是君主统治依靠的力量，同时又是君主统治最大的威胁。 社会下层若有动乱，只要中间层坚定站在君主一边，那么，动乱总是可以平定。 但如果中间层背叛，君主则完全失去依靠。既能利用中间层的力量，但又不为其所害，阻止其对自己造成威胁，这构成了中国传统中央集权需要解决的最棘手的问题。 其中所谓的平衡，实际上是很难寻求到的，现实的做法就是对中间层采取周期性抑制或打击。 中间层的势力，不论是个体，还是机构，也不论是官府的，还是民间的，一旦增强壮大，往往会遭到各种形式的抑制和损毁。 这使得中间层积累性的发展受到根本性的压抑，民间商业的、政治的、文化的、地域性的各种力量都很难获得连续性的发展。 从技术层面上讲，是中央集权还没能学会与强大力量（如强大的贵族势力、商业行会）合作的思路与技巧；从深层次上讲，这个根本问题的解决在于统治的合法性。 在合法性遭到质疑的时候，最高统治者心目中始终恐惧中间层、下层的强烈反抗。 最高权力的悬置要比使用能够带来更多的政治利益、政治优势。 即使传统时代，形成明确的国家意识对于统治合法性的建构也有着极其重要的意义，但这意味着最高权力理论上是被悬置起来，特别是君主的统治权必须受到约束。

唐宋以后，门阀家族的力量不断遭到削弱，经由科举考试进入官场的官员成为中间层的主体。 当每一位官员都是由君主任命时，理论上讲，这个官员的其他社会责任就很难超越自身官员的身份而合理地得到担当。 官员是中央集权的代理，整个官僚阶层也必然地是王朝行政依靠的工具。 简言之，受到君主恩赐的官员，根本不可能成为制约、抗衡君主王权的社会力量。 可以说中国历史后期，中间层的威胁彻底削除了。 明朝是社会底层力量兴起建立起来的，元、清皆是异族入侵，都不是中间层的反叛而形成的新兴王朝。 这既是对中间层防微杜渐措施的奏效，也是中间层力量萎缩的见证。 中国除了王权，没有其他能够发展壮大起来的社会力量。 而事实上，中国历史后期，对政权的主要威胁不是来自中间层，而是来自域外，来自外部我们不甚了解的世界。

5. 地方治理

中央集权的成功有赖于良好的地方治理，地方治理是政治的重要内容。 如何治理，古典政治理论的思路非常清楚：安民、富民、教民、保国。 这表明政治的基础在社会基层，是直接面对广大民众的工作。它涉及多个方面，包括由谁来负责地方，如何治理，中央如何监管地方工作等。

基层并不是恒定不变的。在不同的体制之下，基层被想象、划分、组织为不同的形态，其管理也在不断发生变化。尽管基层的直观形式始终都是村落、城镇里居住的百姓，但基层管理的内容与形式是随着政体、生产关系的变化而变化的。

西周封建时代，地方管理的实质是自治。天子把不同的地方交由诸侯来管理。诸侯则是把自己的辖区分配给卿大夫士，再由他们来管理。当各个地方自行管理时，中央除了贡赋与征集军队之外，对地方并无多少实质性的监管。不论当时有多少专制色彩的言论，封建政体都谈不上真正的专制。

由于地方自治管理，因此区域呈现出稳定的地方性。这是传统政治的理想状况。地方由贵族世袭管理，在不受外部突发因素的影响时，地方政治不可能发生急剧的变化，稳定的地方性由此形成。每个地方，都有它自己的民众、方言、习俗、手工、田野、山川、村落与边界，这是地方民众日常生活展开的基本条件。领地的君主，如何实施自己地方的管理，完全由他根据自己地方的特点自行决定，没有来自上层的、外在的需要完成的政令、指标，他只对家族世袭的封国负责，对祖先负责。周公之子伯禽受封鲁国，三年之后报政周公，问何以迟，曰："变其俗，革其礼，丧三年然后除之，故迟。"太公封于齐，五月而报政周公，问何以疾，曰："吾简其君臣礼，从其俗为也。"[1]可见齐鲁各行其政。

地方行政权的世袭造成了"统治者、民众与地方"三者内在的统一性，形成了地方共同体。任何一个统治者都会设法像保护自己的珍贵财富那样保护自己拥有的对地方的世袭权力，没有统治者会愚蠢到挥霍自己封国的财富，虐待他的子民，更何况君主世代居住当地，与本地民众一样拥有共同的地方情感。在这里，"统治者、民众与地方"三方能够通过长期磨合形成特有的地方自治的机制。通过稳定的地方性，地方民众可以获得长期的安定。

到了汉代，即使实行郡县制，在相当程度上也仍然保持着地方的稳定性以及自治特点，在很多方面，沿袭了封建行政的传统。不仅有郡县，也有封国，形成了所谓的"郡国制"，体现了从分封制向郡县制过渡的形式。郡县行政受到传

---

① 《史记》卷三三《鲁周公世家》，北京：中华书局1982年，第1524页。

统封国模式的影响，郡为太守、王国为相，皆位高权重，享有很高的地位，秩二千石，管辖范围大，任期长等，都是诸侯行政的特点。

汉廷前期给予地方守相很大的自治权限。在汉人看来，郡县相当于古代诸侯国，甚至"今之郡守重于古诸侯"，汉廷因此把地方官看得与诸侯一样重要。汉宣帝谓："庶民所以安其田里而亡叹息愁恨之心者，政平讼理也。与我共此者，其唯良二千石乎！"①可见汉廷重视地方官。地方最高行政长官可以得到皇帝的召见，汉宣帝"及拜刺史守相，辄亲见问"。地方治理有政绩，可入朝为公卿大臣。《史记·屈原贾生列传》载："孝文皇帝初立，闻河南守吴公治平为天下第一，故与李斯同邑而常学事焉，乃征为廷尉。"这是地方官晋升三公的例子。除了地方大小、事务多寡等差别之外，地方行政长官颇似中央宰臣，都是总揽行政的官员。而在某种程度上来说，地方行政败坏，中央行政则无清明之日。限于当时的行政及技术条件，中央很难对地方有统一指令，只要求赋税、治安、军事等基本的地方责任，至于如何治理，原则上是地方官自己决定的事情。只要地方无事，王朝就非常满意了。

汉代地方官所管辖的范围较大。西汉平帝时，郡国一百三个，其中郡八十个；东汉光武帝时郡国九十三个；顺帝时，郡国一百五个，郡七十九个。唐代州相当于郡，然而唐代有州三百五十八个，数量大增，说明辖区减小。唐州十万户为上州，而汉郡动辄百万户。汉县分两级，万户以上为大县，设县令，万户以下为二级县，设县长。而唐县分三等，三千户以下为下县；三千至六千户为中县；六千户以上为上县。亦可见唐县小于汉县。比较而言，唐之地方官的权力较之汉代是大为缩减了。

汉代地方行政长官不仅具有很大的自由处置的权力，而且有权自行任用掾属，相当于授予其人事权。唐代地方官已无此职权，任命官员的大权全部集中于中央吏部。

郡守自辟属官。郡吏由太守任命，故称太守为君，自称臣，而且实际也是自为君臣的关系，佐属或代君受过，或急君难，或治君丧，乃至为君死节。②钱穆说："除非任职中央，否则地方官吏的心目中，乃至道义上，只有一个地方政

---

① 《汉书·循吏传序》，北京：中华书局1962年，第3624页。

② 参杨鸿年《汉魏制度丛考》，武汉：武汉大学出版社2005年，第382页。

权，而并没有中央的观念。"①这种君臣关系远远超过了现代官僚体制中官员上下级之间职业化的关系，包含着很大的人身依附成分。现代官僚体制中官员的职责是由他的岗位决定的，组织机构为实现自身的目标而将日常工作任务，以职责的形式分配到每个工作岗位上。理论上讲，每个岗位上的官员只需完成岗位规定的任务即可。②但古老的君臣关系中，下属承担的义务与责任远远超越了他的岗位范围。正是依靠这种亲近密切的社会关系，郡县官吏皆融入地方性当中，官吏与民众的利益相对比较容易实现统一，在传统时代的条件下，这样的地方治理比较容易有成效。

地方官如何管理地方，总体上，朝廷并没有给出多少具体的指令，地方官根据当地具体情况自己判断，自行处置。这是实事求是的办法。同样能力的朝官与地方官相比，一定是地方官更了解当地的情况，更知道如何应对实际问题，因此给予郡国守相较大的处置权，对于地方治理是有利的。汉武帝之时，确立了监察地方的刺史制度，加强对地方的监督，但出任地方的长官，还是会要求自由处置权。特别是出治"剧郡"，动辄提出能够"便宜行事"的要求，处理郡务不为"文法"所拘，可以自行决断。③汉世地方治理素为后代所称赞，钱穆亦谓："中国历史上的地方行政，最像样的还该推汉代。"④这是非常中肯的评价，尽管汉代地方治理也存在很多问题，但是它的政治理念是非常清楚的。

汉初崇尚黄老清静，朝廷根本不会轻易调换并无显过的地方长官，地方上"安官乐职"蔚然成风。《汉书·循吏传序》说："汉兴之初，反秦之敝，与民休息，凡事简易，禁罔疏阔，而相国萧、曹以宽厚清静为天下帅，民作'画一'之歌。孝惠垂拱，高后女主，不出房闼，而天下晏然，民务稼穑，衣食滋殖。至于文、景，遂移风易俗。是时循吏如河南守吴公、蜀守文翁之属，皆谨身帅先，居以廉平，不至于严，而民从化。"⑤地方管理完全呈现为一种纯朴的自治模

---

① 钱穆《国史大纲》，北京：商务印书馆 1996 年，第 217 页。

② ［美］彼得·布劳、马歇尔·梅耶《现代社会中的科层制》，马戎等译，上海：学林出版社 2001 年，第 17 页。

③ 参周长山《汉代地方政治史论：对郡县制度若干问题的考察》，北京：中国社会科学出版社 2006 年，第 27 页。

④ 钱穆《中国历代政治之得失》，北京：三联书店 2012 年，第 24 页。

⑤ 《汉书》卷八九《循吏传序》，北京：中华书局 1962 年，第 3623 页。

式。 当然，这样的地方治理，主要依赖于地方官的素质与才能。 文翁兴学，黄霸劝农，都取决于地方官其人。①

自汉高祖至景帝六十余年间，可以确定任职年限的郡国守、相约十人，其中九人任期都在十年以上，一人即深受君主赏识的晁错，他任左内史一年超迁为御史大夫，属于特例。② 可见，地方官员"久任"在当时实属正常。 汉哀帝时丞相王嘉称："孝文时，吏居官者或长子孙，以官为氏，仓氏、库氏则仓库吏之后也。 其二千石长吏亦安官乐职，然后上下相望，莫有苟且之意。"③《汉书》卷二三《刑法志》中亦称"吏安其官，民乐其业"。 地方官"久任"实受到封国政治形态的影响。

当然，地方长官"久任"不免会带来一些问题。《后汉书》卷三三《朱浮传》曰："大汉之兴，亦累功效，吏皆积久，养老于官，至名子孙，因为姓氏。 当时吏职，何能悉理；论议之徒，岂不喧哗！"随之而来，中央机构采取了各种措施，如任期制、避本籍、监察制等逐步建立起来，最关键的是中央加强了对地方行政上的监管。

地方"安官乐职"，《汉书》卷八六《王嘉传》载王嘉曰："其后稍稍变易，公卿以下传相促急，又数改更政事，司隶、部刺史察过悉劾，发扬阴私，吏或居官数月而退，送故迎新，交错道路。 中材苟容求全，下材怀危内顾，一切营私者多。 二千石益轻贱，吏民慢易之。 或持其微过，增加成罪，言于刺史、司隶，或至上书章下；众庶知其易危，小失意则有离畔之心。 前山阳亡徒苏令等纵横，吏士临难，莫肯伏节死义，以守相威权素夺也。 孝成皇帝悔之，下诏书，二千石不为纵，遣使者赐金，尉厚其意，诚以为国家有急，取办于二千石，二千石尊重难危，乃能使下。"中央监督过度，地方官处处为自己着想，"营私者多"，不是"苟容求全"，就是"怀危内顾"，无从考虑地方建设。 地方二千石没有权威，根本无法治理地方。 王嘉建言皇帝："唯陛下留神于择贤，记善忘过，容忍臣子，勿责以备。 二千石、部刺史、三辅县令有材任职者，人情不能不有过差，宜可阔略，令尽力者有所劝。 ……今诸大夫有材能者甚少，宜豫畜养

① 《汉书》卷八九《循吏传》，北京：中华书局 1962 年，第 3625 页。
② 周长山《汉代地方政治史论：对郡县制度若干问题的考察》，北京：中国社会科学出版社 2006 年，第 98 页。
③ 《汉书》卷八六《王嘉传》，北京：中华书局 1962 年，第 3490 页。

可成就者，则士赴难不爱其死；临事仓卒乃求，非所以明朝廷也。"实是德才兼备、深得朝廷信任的地方官难求。 然而，按照一般制度发展的轨迹，制度措施总是越来越细密，而成效越来越低。 从中央到地方，针对各级官员的监督、管理、考核等制度逐渐确立并细密起来。 看起来，官僚体制逐步成熟起来，但地方治理往往并未有明显成效，而地方行政的统一性、整体性却是失去了。

朝廷能够授予地方长官以很大权力，前提在于知人。 如果他富有政治才干，那么就应该给予他足够大的权力以使他能够做好地方治理。 汉宣帝兴于闾阎，知民事之艰难，也养成了识人的能力。"及拜刺史守相，辄亲见问，观其所由，退而考察所行以质其言，有名实不相应，必知其所以然。"①

汉初，一切处于草创，官员选拔机制相对灵活，选拔者通常都能在实际的接触中感受到被选拔者所具有的能力，又能宽容，不拘一格，因此往往能够得人。汉哀帝时丞相王嘉说："圣王之功在于得人。"这时，只要他真正具备治理才干，那么他的出身、背景等就不重要了。 王嘉上书皇帝，列举前朝不避有罪，任用魏尚、韩安国、张敞的例子，曰："今之郡守重于古诸侯，往者致选贤材，贤材难得，拔擢可用者，或起于囚徒。 昔魏尚坐事系，文帝感冯唐之言，遣使持节赦其罪，拜为云中太守，匈奴忌之。 武帝擢韩安国于徒中，拜为梁内史，骨肉以安。 张敞为京兆尹，有罪当免，黠吏知而犯敞，敞收杀之，其家自冤，使者覆狱，劾敞贼杀人，上逮捕不下，会免，亡命数十日，宣帝征敞拜为冀州刺史，卒获其用。 前世非私此三人，贪其材器有益于公家也。"②汉代守、相、令、长的来源确实庞杂，相比后世清一色科举出身的官员来说，具有更多的差异性。 这种差异性的背后，恰恰能说明当时注重人的能力、才干。 郡国守相既有军功出身之人，又有秦朝故吏如张苍、周昌、任敖、蔡兼等人；既用儒生，又用游侠之士如汉中守田叔、云中守孟舒、河东守季布等。 这些人出身行迹虽不同，但皆为卓越之士。 刘邦见田叔等，以为"汉廷臣毋能出其右者"，尽拜为郡守、诸侯相。③ 可见汉代选人多能实事求是，从实际出发，不拘教条。 晋人段灼仍然明了这一原则，曰："士之立业，行非一概。 吴起贪官，母死不归，杀妻求将，不孝之甚。 然在魏，使秦人不敢东向，在楚，则三晋不敢南谋。 曾参、闵骞，诚

---

① 《汉书》卷八九《循吏传》，北京：中华书局 1962 年，第 3624 页。
② 《汉书》卷八六《王嘉传》，北京：中华书局 1962 年，第 3489 页。
③ 参《史记》卷一百四《田叔列传》，北京：中华书局 1982 年，第 2776 页。

孝子也，不能宿夕离其亲，岂肯出身致死，涉危险之地哉！"①皆是宽容待士，广开贡士之路的意思。

汉初这样的做法，正如许多王朝早期的情况一样，地方治理情势紧急，朝廷急于用人，统治者留意人才，亲自选拔，往往能够真正选拔到具有才干的人。朝廷信任这样的人才实施地方治理，既不牵制，又避免过度监督，给予地方官充分的权力，这样的地方行政才可能有起色。

当然，这样的选拔机制有时却很难推广到超大规模的行政领域中。在全国范围内，当官僚体制发展起来，需要相当数量的官员时，这种通过亲密接触、合作了解而形成的知人办法就很难行得通。具有识鉴的统治者、选拔者不得不将选人的权力移交给那些只能按章办事的人事部门。人事部门的官员既不真正熟悉那些候选者，又不具备审察眼光，于是不得不把德能的考察简化为各种文本条款，抽象为可以通过笔试、面试加以区分出来的"能力"。这样选拔出来的人才并不一定能够应对地方政治的实际需要。不仅官员的实际综合能力被化简、抽象，而且行政事务也常常转换为一纸空文，或是被分解，分事而治。事情之间的内在联系，政策之间相互的关联，不是被简化，就是被割裂。官僚体制既提高了行政水平，也降低了自身的效率，甚至破坏了政治本身，古典政治的统一性、整体性消失了。这无疑是高度发达的官僚体制本身固有的局限。

官僚体制成熟的重要标志是地方行政的发达。理想的情况下，地方长官通过中央授权实行地方一级管理，他必须对中央负责，随时执行中央权力下达的指令，而中央能够通过另一渠道随时了解地方的实际状况，并对地方行政状况的反馈及时做出调整，而这种调整能够得到贯彻执行。然而地方行政实际的情形很难实现这种理想状况。就官僚体制的模式而言，最关键的在于，地方官员游离于他所治理的这片土地，根本就不属于地方。随着官员三年或四年秩满制度的实施，官员任满，随即离开地方，他与地方的关系总是暂时性的、功能性的。实际上，一旦成为官员，他就隶属于官僚体制，而不属于地方，他失去了地方性，成为"超地方"的角色。他必须不断地通过资历或政绩获得升迁，以在体制中生存，因此地方只是他为了获得升迁而展现其政绩的场所，地方本身已经不是目的。

---

① 《晋书》卷四八《段灼传》，北京：中华书局 1974 年，第 1347 页。

汉代前期，官僚体制刚刚发展，制度积弊较少，地方治理颇能体现古典政治精神。郡守具有相当大的自治权限，自主管理地方政务、财政以及地方军事，权位既重，并得久任，俨然如古代诸侯，所异者只是不能世袭。汉宣帝时，"以为太守，吏民之本也。数变易则下不安，民知其将久，不可欺罔，乃服从其教化"①。所以，官僚体制发展初期，地方治理实际上很大限度地套用了诸侯国的模式，这充分延续了地方的统一性，保持了地方官与地方以及民众之间和谐紧密的关系。民众世代居住在这个地方，地方长官也是长期治理该地，甚至子孙也成长于此，官民有强烈的地方感情以及责任感，有利于地方安定富庶的发展。

地方治理是政治的重要环节。秦汉的中央集权实际上还没有真正扩展到地方一级，郡守如诸侯，中央政权不得不延续封建时代地方管理的模式，给予郡守在地方治理上很大的自由。而且也像封建时代一样，朝廷只能满足于地方对中央保持的"天然"忠诚。随着官僚体制的成熟，监督体系加强，地方官的权力日益减小，任期又短，他们与地方的内在联系大幅降低，不同的地方只是他们仕途中不同的停靠点，官职晋升成了他们的目标，地方治理由此失去了内在的动力。这是中国历史后期地方治理的共同问题，事实上只有实现真正的地方自治，才可能恢复地方的统一性。

6. 统一的观念

中央集权观念的形成，不仅在于迫切的现实需要，统一的政治共同体希望通过集权的形式变得更加强大，也在于传统的政治观念，上古时代"惟皇作极"、"天下定于一"的观念，决定了中国的政治思维善于从统一的角度去思考问题。它作为一个基本原则影响中国政治之深之久，直接塑造了中国政治的格局与面貌，以至从君主制的中央集权滑向君主专制几乎看不出任何缝隙，最终形成如清康熙皇帝所谓"天下大权当统于一"，"天下大小事务，皆朕一身亲理，无可旁贷，若将要务分任于人，则断不可行"这样的专制政体。②

我们需要对政治思想史关于统一的观念做出一些梳理。

---

① 《汉书·循吏传序》，北京：中华书局1962年，第3624页。
② 《清圣祖实录》卷二七五、卷二八四。

在传统的政治模式中，统一是作为集权的手段展开的。中央集权在操作层面上就是倾向于统一的政策，而不是自治。统一可以区分为两种：一种是技术需要的统一，一种是权力需要的统一。当然，两者界线经常是模糊的。

技术上的统一，指客观过程所需要的统一，这种统一客观上对事物本身有利，与我们人的意志无关。秦王朝早期实行的许多统一工作，就属于技术层面上的统一。秦国通过商鞅变法，很早就进入了集权统治的时代，其后果之一就是秦人对于统一与精确的喜爱。商鞅对计量的精确性有浓厚的兴趣，秦国的工匠制作的部件规格统一，精度很高。出土的秦朝兵马俑，许多兵器、车马的金属部件都可以替换，说明秦人已经有统一与标准化的意识与措施。

对于整个秦帝国的贸易、税收而言，统一的度量衡自然有着非常实际的效用。秦并六国以前，由于长期的对抗与纷争，各诸侯国之间的货币与度量衡的标准存在很大的差异，在实际的贸易和征收赋税的操作中，换算十分麻烦。秦始皇统一天下的当年（前221），颁布了统一的度量衡与货币的法令，即将商鞅变法时确立的度量衡标准推行到全国范围，包括"车同轨"，这些技术上的统一显然大大提高了行政及社会生活等方面的效率。

文字是交流的工具。中国的汉字源远流长。殷商时期已经有较为系统的甲骨文，周朝有"大篆"体的文字。大篆字体笔画繁复，书写比较困难，书写的字形也不十分统一。到春秋战国时期，由于诸侯国的长期割据，加上各地的人文地理、民族等诸多因素的差异，文字在使用的过程中出现了不同的变异。各国之间乃至一国之内，文字书写字形上的差异很大。如"马"字当时就有十种不同的写法。相同的字却有许多不同的书写字形，这在很大程度上阻碍了更广范围的人们思想和文化上的交流。统一、简化、规范的汉字客观上对中国文化的发展产生了极其重大而深远的影响。

中国疆域辽阔，各地的方言不仅通行的区域狭小，而且语音差别极大，但官方汉字统一的字形，在不同的方言区域即使有不同的读音，也能得到正确的辨识。标准化字形的书写带来的是无障碍的书面语言交流。这不仅给跨地区之间的经济文化交流提供了便利，而且对中华文化共同体的迅速发展和中华民族统一认同的塑造也具有巨大的推动意义。汉语和汉字历经数千年的发展，成为世界上最具表现力的语系之一，文字统一的作用确实不可忽视。

秦朝立国后，秦始皇命令李斯主持文字的统一工作，废除与秦文字不同的其他文字。 李斯在原秦国篆体文字的基础上，吸取大篆的长处，创造了笔画简略、字体齐整的"小篆"字体。 为了在书写文字时有统一的规范，秦始皇令李斯作《仓颉篇》，赵高作《爰历篇》，胡毋敬作《博学篇》，作为学童的识字课本。 秦始皇巡行全国各地时，刻石上的文字都采用小篆书写，官方正式文书也都是用小篆书写。 书写与识字，成为进入权力阶层的基本门槛。

但技术的统一都融合着权力的统一。 秦始皇命令制作统一标准的度量衡器，颁发到全国各地，并在上面刻上皇帝的诏书全文。 1964 年西安市三桥镇出土秦铜权，上刻秦始皇二十六年（前 221）诏书："廿六年，皇帝尽并兼天下诸侯，黔首大安，立号为皇帝。 乃诏丞相状（隗状）、绾（王绾），法度量，则不壹歉疑者，皆明壹之。"诏文宣示了权力统一的意志。 至于文字的统一，更是与权力息息相关。 官僚体制的基本要素是文书档案，如皇帝诏令、户籍登记、土地分配的记录、各种法律条文等都会以书写的形式形成文书。 没有这些文书，就不可能建立起复杂庞大的行政管理体制。 从技术上来说，书写是行政的重要工具；从权力层面上来说，书写就是权力。 在教育不普及的时代，识字是进入官僚阶层的首要能力，书写完全被统治阶层垄断。 正是这种书写在中国文化当中的特殊性，一种与口语保持着距离的书面语成为古代经典的写作方式，古文成了文学的重要形式。

由于技术上的统一与权力上的统一，相互交织在一起，这使得统一手段本身成为一个复杂的问题。 这意味着中央集权必须明确统一手段运用的边界：社会生活中哪些领域、内容可以统一，哪些不需要统一；如果需要统一，又如何统一。 严格说来，这不是一个经验观察可以一目了然的状况，而是需要政治上高度的反思。 在一般经验意义上，很难看出某些统一措施的深远影响。 但秦汉很快就得出结论，必须实现思想的统一。 秦人相信诸如"入则心非，出则巷议"这种涉及人们内在想法的状况，也一定能够运用某种办法改变，这个办法就是使用外力禁止人们头脑中的某些想法。 秦王朝通过对封建制的争辩，强化了思想认识的一致。

第一次争论在秦始皇二十六年（前 221）。 当时大臣熟悉的还是周王朝的政治框架，即天子封建诸侯，并利用血缘等联系来实现对整个国家的统治。 丞相王绾等人即主张实行传统的分封制："诸侯初破，燕、齐、荆地远，不为置王，毋以填之。 请立诸子。"廷尉李斯反驳："周文、武所封子弟同姓甚众，然后属疏远，相攻击如仇雠，诸侯更相诛伐，周天子弗能禁止。 今海内赖陛下神灵一统，皆为郡县，诸子功臣以公赋税重赏赐之，甚足易制。 天下无异意，则安宁之术也。 置诸侯不便。"虽然从简略的历史记载中看不出争论持续不断的交锋，但争论本身给了王朝宣布既定政策、统一思想的机会。 这是中国传统政治特有的形式。 秦始皇认为"天下初定，又复立国，是树兵也"，实施郡县得以公开明确，成为统一性的思想，于是秦分天下为三十六郡。①

第二次有关郡县制度的辩论是在秦始皇三十四年（前213）咸阳宫宴会上。此时，已经在全国范围内推行郡县制，并且距离上次辩论已经过了七八年，但许多笃信儒家经典、崇尚西周制度的学者仍然强烈质疑这样的做法。 仆射周青臣祝酒，以为秦王朝"以诸侯为郡县，人人自安乐，无战争之患，传之万世。 自上古不及陛下威德"。 秦始皇大悦，而博士淳于越反对此论，以为："殷周之王千余岁，封子弟功臣，自为枝辅。 今陛下有海内，而子弟为匹夫，卒有田常、六卿之臣，无辅拂，何以相救哉? 事不师古而能长久者，非所闻也。"群臣议论。丞相李斯力排众议，说：

> 五帝不相复，三代不相袭，各以治，非其相反，时变异也。今陛下创大业，建万世之功，固非愚儒所知。且越（淳于越）言乃三代之事，何足法也? 异时诸侯并争，厚招游学。今天下已定，法令出一，百姓当家则力农工，士则学习法令辟禁。今诸生不师今而学古，以非当世，惑乱黔首。丞相臣斯昧死言：古者天下散乱，莫之能一，是以诸侯并作，语皆道古以害今，饰虚言以乱实，人善其所私学，以非上之所建立。今皇帝并有天下，别黑白而定一尊。私学而相与非法教，人闻令下，则各以其学议之，入则心非，出则巷议，夸主以为名，异取以为高，率群下以造谤。如此弗禁，则主势降乎上，党与成乎下。禁之便。臣请史官非秦记皆烧之。非博士官所职，天下敢有藏《诗》、《书》、百家语者，悉诣守、尉杂烧之。有敢偶语《诗》《书》者弃市。以古非今者族。吏见知不举者与同罪。令下三十日不烧，黥为城旦。所不去者，医药卜筮种树之书。若欲有学法令，以吏为师。

---

① 《史记·秦始皇本纪》，北京：中华书局1982年，第238页。

显然，争论的重点已经不在封建还是郡县，而是借此统一学术，统一思想，"别黑白而定一尊"。 民间私学所藏《诗》、《书》以及诸子百家之书即遭焚毁，这是秦代的"焚书"事件。 反对异说的观念在古典政治理论中本有源头，如墨家主张"尚同"，以为"唯以其能一同天下之义，是以天下治"。 早期法家更是主张民众纯朴，反对学习诗书。 商鞅变法中虽然提出来禁止末作文巧，反对游谈浮说，但具体情形，不得而知，而秦王朝却是真正实施了禁止天下藏《诗》、《书》，语《诗》、《书》。 当然，我们可以把这种极端手段看作秦王朝遭遇到政治、社会压力的结果。 秦国统一天下，但是六国残余力量仍然存在，贵族向往过去的荣华，人心骚动，发动叛乱的可能性并没有完全消除，这样的形势，迫使秦始皇处处考虑增强自己的权威，压制一切可能的反抗。

观念统一的举措意味着：一是禁止议政。 现今国家政策，非一般读书人所知，所以诸生"不师今而学古，以非当世，惑乱黔首"，罪莫大焉。 二是禁止私学。 诸侯并争之时，私学兴盛，人们据其所学批评时政，"道古以害今，饰虚言以乱实，人善其所私学，以非上之所建立"。 对现行政治的非议，源头在于私学，所以必须禁止，禁绝"《诗》、《书》、百家语"。 三是规定学习内容。 如果要学习，就是学法。 天下已定，法令统一，则读书人只需学习法律，而不需要学习诸子百家著作。 百姓所能藏的书也就是"医药卜筮种树"之类的典籍。

如何面对对立的观念、冲突的话语是一个复杂问题。 但从这里可以看出，传统政治观念当中隐含着面对这类问题的一个前提：话语仿佛被视作"物"来处理。 而话语一旦被定义为"物"时，处理的方法就找到了。 禁止物出现在各种可见的场所，阻止物的繁衍，直到最终消灭物。 话语冲突，本来是通过话语交流的方式获得解决，因为即使话语依存之物被消灭，话语仍然会以意想不到的方式再生、传播。 但另一方面，话语确实会被残暴冷酷的消灭物的方式"消灭"。

车轨、度量衡的标准化，文字的规范，法令、货币的统一，在一般意义上，这些都有利于大规模的社会建立起正常的秩序。 但统一的本身也是约束，也是权威。 在没有标准的地方，民众都可以根据自己的意愿、喜好做出自己的选择，设计自己的方式；而一旦出现强制的统一标准，民众的自主性就大大降低了，统一成为压抑的来源。 秦王朝所做的，是古代从没有过的做法，强制性地实现一种观念的统一。 观念只有依赖观念交流、辩论实现认同，即依靠理性来获得统一。 这一点，秦朝时代尚不能认识，它实施的是一种外在强制性的统一. 这一做法，日后却形成了传统。

如果说统一的观念源自《洪范》的"皇建其有极"，那么，对于后来社会力量的生成发展而言，这个统一的观念以及秦汉统一的实践都似乎来得太早。黄仁宇说："在纸张还未出现、文书还靠木简传递之际，中国已经在一个广大的领域上完成统一，不能说不是一大成就。可是今后中国两千年仍要对这成就付出相当代价。各地区间经济因素的成长，是这些地区特殊社会与特殊文化的张本，也就是地方分权的根据。在此种因素及其广泛实施和有关习惯法都没有发展之际，就先笼头套上一个统一的中央政府，以后地方分权，就无凭藉。"①各地方以及不同经济体之间长期的对立冲突，才有可能造成一种双方对法则的共守意识，才有可能促成习惯法的形成、成文法的制定，才有可能形成法律的独立地位。法律取代君主成为不同利益群体之间冲突的仲裁。在这种具有独立地位的法律的维持下，各个地方、经济体、行业等才可能获得自治发展，即真正按照自己的意愿及利益寻求发展。

---

① 黄仁宇《赫逊河畔谈中国历史》，北京：三联书店 1992 年，第 21 页。

第七章

政治思想体系

经过战国二百多年的动荡，秦始皇统一中国，建立了一个郡县制的中央集权王朝。 但这个体制没有生长出足够的适应性，很快陷入混乱。 汉高祖刘邦再次统一天下，重新建立起一个中央集权的王朝。 两个王朝本质都是中央集权，但其中一个区别在于，后者汲取了前者的经验教训，形成了有效的政治观念体系。

构建与现实统治相适应的政治观念体系是政治成熟的一个标志。

周人政治相应地具备一套天命观，在行为领域又有一整套礼的观念。 春秋战国，礼崩乐坏，相应的观念系统无法起到确立政治信仰、维系社会秩序的作用。 秦王朝短祚，统治者还没有来得及着手重建观念系统，王朝就覆灭了。 就政治思想而言，汉王朝最重要的贡献就是在社会动荡数百年之后，重建了统一的政治话语体系。

汉王朝必须能够解决诸多观念性的问题。 汉王朝第一代君主刘邦是平民出身，面对秦汉的过渡以及过渡中的转折，这样复杂的形势需要他具有准确的判断力和直觉，包括自我纠错的能力。 这位君主并没有太多的治国经验和历史知识，这些全都依赖于他身边的一批政治精英，这些政治精英大多是战国末期私学普及的产物。 他们受到古典政治思想的熏陶，一方面继承古典政治的精神，另一方面又针对现实制定各种具有可操作性的政策措施。 汉王朝政治上的成功不能不归功于这些政治精英。 汉代政治为后来的王朝奠定了体制上的基础，各个王朝通过相应的措施，培养并选拔一批批精英，从事国家行政和地方行政。

精英政治策略最重要的贡献是确立了"文治"的思想，而不是秦王朝式的强制手段。 汉、晋、唐、宋，从根本上讲都坚持了"文治"、"文化"这一基本的政治方针。

1. 文治

汉代政治是从对秦王朝废墟展开反思开始的。 如秦这般强大的王朝为什么会在一夜之间毁灭？ 这是汉王朝急需解答的一个问题。

最具有说服力的答案来自陆贾。 陆贾（约前 240—前 170），汉初思想家，政治家。 早年追随刘邦，有口才，常出使诸侯。 刘邦即位，他受命出使南越，说服尉佗接受汉朝赐予的南越王印，称臣奉汉约，被任命为太中大夫。《史记·郦生陆贾列传》曰：

> 陆生时时前说称《诗》、《书》。高帝骂之曰："乃公居马上而得之，安事《诗》、《书》！"陆生曰："居马上得之，宁可以马上治之乎？且汤武逆取而以顺守之，文武并用，长久之术也。昔者吴王夫差、智伯极武而亡；秦任刑法不变，卒灭赵氏。乡使秦已并天下，行仁义，法先圣，陛下安得而有之？"高帝不怿而有惭色，乃谓陆生曰："试为我著秦所以失天下，吾所以得之者何，及古成败之国。"陆生乃粗述存亡之征，凡著十二篇。每奏一篇，高帝未尝不称善，左右呼万岁，号其书曰"新语"。①

汉高祖刘邦布衣出身，尽管他南征北战，夺取天下，然而如何治理天下，却明显缺乏认识与经验，特别是军事上的胜利很容易使他过度自信以至自负，"马上得之，安事《诗》《书》"，相信自己以往的经验能够扩展到整个政治领域。 正是在这个时刻，陆贾提出"马上得之，宁可以马上治之"的问题，使统治者认识到夺取天下与治理天下是两种性质不同的事情，"逆取"而"顺守"，方针政策也将有所区别。

从旧政权那里夺取天下，必须依靠武力、武功，是"逆取"；守天下，必须获得人民的拥戴，必须"顺守"。 守成概括起来就是古典政治一向倡导的文治，即以教化为主的治理模式。

---

① 今存《新语》正十二篇，当是其旧。 然此书《汉书·艺文志》并未著录，《诸子略》儒家有《陆贾》二十三篇，则当是包括《新语》在其中。

贾谊坚持了陆贾的"马上得之不能马上治之"的思想，指出秦始皇兼并六国后因不能调整国策而致倾覆。他在《过秦论》中说：

> 秦王怀贪鄙之心，行自奋之智，不信功臣，不亲士民，废王道而立私爱，焚文书而酷刑法，先诈力而后仁义，以暴虐为天下始。夫并兼者高诈力，安危者贵顺权，以此言之，取与守不同术也。秦虽离战国而王天下，其道不易，其政不改，是其所以取之守之者无异也。孤独而有之，故其亡可立而待也。

取与守不同术，这是因为形势不同，政治集团的目标发生了变化，所以采取的方针也不同。如果不随着形势加以改变，必将难以维持政局。秦始皇用强力统一天下，但治理天下，则不可不改其政，不易其道。天下苦于战争久矣，"元元之民冀得安其性命，莫不虚心而仰上"，此时正是实行仁政的最好时机，"劳民之易为仁也"。"塞万民之望，而以盛德与天下，天下息矣。即四海之内，皆欢然各自安乐其处，唯恐有变。"①但秦始皇并没有意识到这一点，相反，统一天下之后掉以轻心：

> 于是废先王之道，焚百家之言，以愚黔首。堕名城，杀豪俊，收天下之兵聚之咸阳，销锋铸镰，以为金人十二，以弱黔首之民。然后斩华为城，因河为津，据亿丈之城，临不测之谿以为固。良将劲弩，守要害之处；信臣精卒，陈利兵而谁何！天下已定，秦王之心，自以为关中之固，金城千里，子孙帝王万世之业也。

统一全国不是大业完成，而是刚刚开始。然而秦始皇既没有这样的历史经验，也没有清醒的政治意识。取守不同在于守成必须顺乎民意，实行仁政，贾谊曰：

> 秦以区区之地，千乘之权，招八州而朝同列，百有余年矣。然后以六

---

① 并见贾谊《新语》卷一《过秦上、下》，参《史记·秦始皇本纪》。下引同。

合为家，殽函为宫，一夫作难而七庙隳，身死人手，为天下笑者，何也？仁义不施，而攻守之势异也。

不管这施行的仁义为了什么，但客观上总是缓和社会矛盾，重新凝聚人心。

汉武帝在回复公孙弘的书信中也十分明确取守的不同，他说："守成上文，遭遇右武，未有易此者也。"[1]非常明确治理天下需要"文"。

这个"文"是什么？ 在汉初并不十分明朗，基本上是多种观念的混合物。在陆贾那里，他既倡导儒家，又崇尚无为；在贾谊那里也是一个综合的兼收并蓄的观念；淮南王刘安召集门客所撰《淮南子》，完全是当时观念的集大成著作，被称之为杂家。 不过，汉初立国，正承秦亡之敝，与民休息，使民得以喘息，是最直接的社会愿望，这种状况很自然地激发起传统政治理论中的道家思想，当时称之为黄老之术。 道家主张清静无为，可以直接为当时的政策提供理论基础。

2. 汉初形势与黄老政治

秦末动荡，天下血战纷争七年。 虽然刘邦于公元前 202 年登基，统一天下，但社会凋敝，都市衰败，农村田畴荒芜，民不聊生。 汉初人口，特别是户籍数，"方之六国，十分无三"[2]，而"大都名城散亡，户口可得而数者十二三，是以大侯不过万家，小者五六百户"[3]。 当时即使封为万户侯，实有也仅二三千户。 每户每年纳税二百[4]，万户侯的实际收入或只有五六十万，故"自天子不能具钧驷，而将相或乘牛车"[5]。 在这种形势下，民生亟待恢复，而汉初普遍流行的黄老思想正切合这一恢复发展的需要。

黄，指黄帝；老，指老子。[6] 黄老之学实质就是道术、帝王之术，就是早期的道家学说。

① 见《汉书》卷五八《公孙弘传》，北京：中华书局 1962 年，第 2622 页。
② 杜佑《通典》卷七《食货七》，北京：中华书局 1988 年，第 143 页。
③ 《史记·高祖功臣侯者年表》序，北京：中华书局 1982 年，第 877 页。
④ 参《史记·货殖列传》，北京：中华书局 1982 年，第 3272 页。
⑤ 《史记·平准书》，北京：中华书局 1982 年，第 1417 页。
⑥ 参见王充《论衡·自然》。

远古的政治经验作为口耳相传的"道术",一直为少数人几乎是秘密地传承。这些经验大部分可能没有书写下来,书写下来的内容多似短小格言,非经传授多不易知。然而,"惠施多方",当时精于道术的政治家非常重视这类文献以及道术的传承。管仲辅佐齐桓公,其学根基在道术,汉人刘向定《管子》书在"道家",可谓深知管子。汉人称"道家"实即黄老。汉丞相陈平说:"我多阴谋,是道家之所禁。"①史传不言陈平学道家,然而称其学黄老,所以黄老之术就是道家学说。胡适亦谓道家"专指那战国末年以至秦汉之间新起来的黄老之学"②。周室衰微,官学衰,私学兴,道术的部分内容流散民间。《老子》一书作为上古道术部分言论的汇编,得到普遍流传。战国时期,齐国稷下黄老学派兴盛,与管仲之学以及政治实践不无关系。"黄老之术,值得我们注意的,事实上是培植于齐,发育于齐,而昌盛于齐的。"③

战国末,秦汉之际,黄老之学不绝如缕。正当汉初民众疲于苛政与战乱,急切盼望休养生息,恢复安定的生活之时,这种政治经验很快找到与现实政治结合的具体路径。黄老在汉初登上了政治舞台。高祖时,萧何为相,从政宽简,曹参亦能清静,与民休息。这一政治方针给汉王朝初期带来了安定。《汉书·高后纪》赞曰:"孝惠、高后之时,海内得离战国之苦,君臣俱欲无为,故惠帝拱己,高后女主制政,不出房闼,而天下晏然,刑罚罕用,民务稼穑,衣食滋殖。"《汉书·循吏传》亦曰:"汉兴之初,反秦之敝,与民休息,凡事简易,禁罔疏阔,而相国萧、曹以宽厚清静为天下帅,民作'画一'之歌。孝惠垂拱,高后女主,不出房闼,而天下晏然,民务稼穑,衣食滋殖。"

这一政治策略正基于黄老学说。《老子》第五十七章曰:

> 以正治国,以奇用兵,以无事取天下。……天下多忌讳,而民弥畔
> (叛)④;……法令滋彰,盗贼多有。故圣人云:我无为而民自化;我好静而
> 民自正;我无事而民自富;我无欲而民自朴。

---

① 《史记·陈丞相世家》,北京:中华书局1982年,第2062页。
② 胡适《中国中古思想史长编》,上海:华东师范大学出版社1996年,第25页。
③ 郭沫若《稷下黄老学派的批判》,《十批判书》,北京:东方出版社,1996年,第143页。
④ 此句据郭店简本,通行本多作:"天下多忌讳,而民弥贫。"

这里对"民"的基本认识有一个根本性的转变。法家仅仅把民视为物，视为被动消极的群体，必须时时依靠法律政令的驱使，民才能行动，否则民的行动都是抢夺、争执、混乱的。汉代的政治精英基于黄老思想，重新认识到民众的自主性力量，他们能够自化、自正、自富、自朴，总之，民众自有一种生活秩序。这种生活秩序形成之后，民众就能够自行安排生活。统治者试图通过法令、规章等去"改善"现状，结果往往适得其反。因此，统治者所要做的，就是尽可能地不去侵扰已有的生活秩序。

法家虽然是从道家那里演变发展而来，但法家显然偏离了古典政治思想，对民众及其生活秩序缺乏正确的判断。他们太过自信，自信他们给予民众的正是民众想要的生活。汉代最初的政治精英重新恢复了对道家理论或者说黄老思想的认识，并据此对法家政治有所矫正。汉初名臣曹参从盖公那里学习黄老之术，很快在现实的政治实践中加以运用，使一种政治智慧进入现实的操作领域。

《汉书·萧何曹参传》曰："孝惠元年，除诸侯相国法，更以参为齐丞相。参之相齐，齐七十城。天下初定，悼惠王富于春秋，参尽召长老诸生，问所以安集百姓。而齐故诸儒以百数，言人人殊，参未知所定。闻胶西有盖公，善治黄老言，使人厚币请之。既见盖公，盖公为言治道贵清静而民自定，推此类具言之。参于是避正堂，舍盖公焉。其治要用黄老术，故相齐九年，齐国安集，大称贤相。"

惠帝二年（前193），萧何卒，曹参接任丞相。临行，嘱咐接任自己齐相职位的人说："以齐狱市为寄，慎勿扰也。"①后相曰："治无大于此者乎？"参曰："不然。夫狱市者，所以并容也，今君扰之，奸人安所容也？吾是以先之。"孟康《汉书音义》曰："夫狱市者，兼受善恶，若穷极奸人，奸人无所容窜，久且为乱。秦人极刑而天下畔，孝武峻法而狱繁，此其效也。"《汉书》颜师古注："老子云：'我无为，民自化；我好静，民自正。'参欲以道化为本，不欲扰其末也。"

曹参出任丞相后，在行政上仍然坚持黄老原则。史载："择郡国吏木讷于文辞，重厚长者，即召除为丞相史。吏之言文刻深，欲务声名者，辄斥去之。日

---

① 狱市，注家多不出注，或解为狱与市。陈直《汉书新证》疑"狱市为齐国大市之名，狱为獄字省文，即齐国庄獄之市"。《汉书新征》，中华书局2008年，第252页。

夜饮醇酒。卿大夫已下吏及宾客见参不事事，来者皆欲有言。至者，参辄饮以醇酒，间之，欲有所言，复饮之，醉而后去，终莫得开说，以为常。相舍后园近吏舍，吏舍日饮歌呼。从吏恶之，无如之何，乃请参游园中，闻吏醉歌呼，从吏幸相国召按之。乃反取酒张坐饮，亦歌呼与相应和。"又曰："参见人之有细过，专掩匿覆盖之，府中无事。"颇合俗语所谓"大事化小，小事化了"。曹参担任汉朝相国三年，百姓歌之曰："萧何为法，顜若画一；曹参代之，守而勿失。载其清净，民以宁一。"①

汉初百废待兴，整个社会需要营造一个宽松的环境，以利于百姓恢复生产，休养生息。此时，国家行政体制相对简单，社会管理较为粗略，所以像曹参这样"饮醇酒"、"不事事"、掩匿他人细过、以丞相身份与吏坐饮"歌呼与相应和"的做法，能够改变秦朝苛察的做法，树立起宽松的社会氛围。宽松的社会环境是导向民风纯朴的大门。道家强调秉要执本，在关键问题上，曹参的认识非常清楚。曹参之子曹窋为中大夫，史载：

> 惠帝怪相国不治事，以为"岂少朕与"，乃谓窋曰："若归，试私从容问而父曰：'高帝新弃群臣，帝富于春秋，君为相，日饮，无所请事，何以忧天下乎？'然无言吾告若也。"窋既洗沐归，间侍，自从其所谏参。参怒，而答窋二百，曰："趣入侍，天下事非若所当言也。"至朝时，惠帝让参曰："与窋胡治乎？乃者我使谏君也。"参免冠谢曰："陛下自察圣武孰与高帝？"上曰："朕乃安敢望先帝乎！"曰："陛下观臣能孰与萧何贤？"上曰："君似不及也。"参曰："陛下言之是也。且高帝与萧何定天下，法令既明，今陛下垂拱，参等守职，遵而勿失，不亦可乎？"惠帝曰："善。君休矣！"

坐饮歌呼本身并不是无为，至少不是无为的核心内容。无为的前提是认清什么是政治的根本。正如《汉书·艺文志》所云，只有体悟"成败存亡祸福古今之道"，然后才可能"知秉要执本"，知道什么是根本，并且能够抓住国家政治的根本，政治才有希望。曹参对于高祖、萧何之后的政治局面与社会状况有着客

---

① 并见《史记·曹相国世家》，北京：中华书局 1982 年，第 2029—2031 页。下引同。

观而准确的评价，即"高帝与萧何定天下，法令既明"，汉初政治已经建立起良好的基本框架，而未来的任务主要在于保持政策的延续性，使民生恢复，社会稳步发展。这需要保持社会生活"自然"的状态，即顺乎社会生活自身的特点，而不是人为干扰它的进程。

吕后时有田叔，曾学黄老之术于乐巨公，任汉中太守十余年。[①] 汉文帝时，陈平为相，行事颇合黄老原则。"为丞相不治事，日饮醇酒，戏妇人"，然而紧要时刻能够安社稷、诛诸吕、立文帝。有学者称，"景帝一朝为黄老最盛之期"[②]。此时有处士王生，善为黄老言，"尝召居廷中"。"窦太后好黄帝、老子言，景帝及诸窦不得不读《老子》尊其术。"[③]

武帝时东海太守汲黯，"学黄老之言，治官理民，好清静，择丞史而任之。其治，责大指而已，不苛小"。"岁余，东海大治，称之。上闻，召以为主爵都尉，列于九卿。治务在无为而已，引大体，不拘文法。"张汤以更定律令为廷尉，黯质责汤于上前，曰："公为正卿，上不能褒先帝之功业，下不能抑天下之邪心，安国富民，使囹圄空虚，二者无一焉。……何乃取高皇帝约束纷更之为？公以此无种矣！"汲黯经常与廷尉张汤在朝廷上辩论："汤辩常在文深小苛，黯伉厉守高不能屈，忿发骂曰：'天下谓刀笔吏不可以为公卿，果然。必汤也，令天下重足而立，侧目而视矣！'"[④]史载：

> 是时，汉方征匈奴，招怀四夷。黯务少事，乘上间，常言与胡和亲，无起兵。上方向儒术，尊公孙弘。及事益多，吏民巧弄。上分别文法，汤等数奏决谳以幸。而黯常毁儒，面触弘等徒怀诈饰智以阿人主取容，而刀笔吏专深文巧诋，陷人于罪，使不得反其真，以胜为功。上愈益贵弘、汤，弘、汤深心疾黯，唯天子亦不说（悦）也，欲诛之以事。弘为丞相，乃言上曰："右内史界部中多贵人宗室，难治，非素重臣弗能任，请徙黯为右内史。"为右内史数岁，官事不废。

① 见《史记·田叔列传》，北京：中华书局 1982 年，第 2775 页。
② 萨孟武《中国政治思想史》，台北：三民书局 2007 年，第 180 页。
③ 《汉书·张冯汲郑传》及《外戚传》，北京：中华书局 1962 年，第 2312、3945 页。
④ 《史记·汲郑列传》，北京：中华书局 1982 年，第 3107 页。下引同。

实际上，至武帝时，黄老作为一种公开宣扬的政治原则已经宣告结束。 姜宸英《湛园未定稿》卷一《黄老论》曰：

> 汉自曹参为齐相，奉盖公，治道贵清静而民自定，其后相汉，遂遵其术，以治天下，一时上下化之。及于再世，文帝为天子，窦太后为天下母，一切所以为治，无不本于黄老，故其效至于移风易俗，民气素朴，海内刑措，而石奋、汲黯、直不疑、司马谈、田叔、王生、乐巨公、刘辟疆父子之徒，所以修身齐家，治官莅民，非黄老无法也。

汉初到武帝时，确实是黄老思想得到充分肯定的时期。 在此之前，黄老思想传播的只是观念形态与理论知识，我们还没有见到历史上的统治者或者执政者在现实政治中公开声称推行这些原则。 即使如管子，或称之为法家，或称之为道家，但管仲本人似乎也没有认为自己是在实施道家的政治方案。 只有在曹参、陈平时代，黄老思想被推为最切实的政治原则而得以实施，从曹参的行迹中可以看到道家思想的具体实践。

直至东汉，黄老之学一直在延续，黄老的政治原则仍然在现实的治理中发挥着作用，但汉武帝之后，它显然不再是政治话语领域的中心议题，儒术获得了独尊的地位。

黄老之学的淡出有多方面的原因。 首先黄老思想主要针对统治者而言，强调统治者秉要执本，清静无为，所论范围偏于狭窄，至于当时汉代复杂的社会政治现实，黄老思想都未做出非常鲜明清晰的回应和解释。 一种占主导性的政治观念，对各种现实政治问题缺乏解释、回应和主张，无疑会大大降低它的影响力。 相反，儒学此时已经结合阴阳五行等观念，对现实政治中君主权力的来源、人伦关系、礼教规训等都有各种阐述，不仅切合实际，也满足了当时政治的需要。 其次，黄老作为统治术是政治经验的总结，很难直接转换为意识形态学说。 但王朝政治必须依赖某种宏大、统一的观念体系对自身的统治做出解释。在这方面，儒学更具有优势。

3. 儒学的变通与成长

一旦社会实现稳定，建立起新秩序，统治阶层就开始着手建立意识形态体系，以稳固自身的统治。 这个过程显然是与特定的社会思潮、学术思想的发展联系在一起的。 从意识形态吸收各种思想学说的过程来看，意识形态的建立过程又可以看作各种学说的竞争过程。

秦王朝的法治思想以及汉初流行的黄老思想，似乎都未能进一步转化、演变为主流政治观念体系，而儒家观念，通过郦食其、叔孙通、陆贾、董仲舒等人的大力传播，最终成为官方支持的学说。 汉武之时，儒术独尊，深刻影响了整个中国传统时代的政治及其观念。

西汉是在不断的政治实践过程中，逐步确立儒家思想的核心地位的。 早期的儒学本身就具有强烈的入世精神，强调与政治实践相结合。 叔孙通为汉高祖订立礼仪，陆贾撰《新语》，公孙弘治《春秋》，布衣而至丞相，都在很大程度上扩大了儒学的影响。 当然，儒学的兴起并非直线上升的过程，而是有着迂回的路径，特别是在汉初，它与黄老之学实际处于某种竞争的关系当中。

汉文帝好刑名，景帝、窦太后好黄老，黄老政治一度非常盛行。 就在黄老之术盛行之时，儒学并没有完全寂灭，它在特定的地域悄然发展。"天下并争于战国，儒术既绌焉，然齐鲁之间，学者独不废也。"(《史记·儒林列传》) 到了刘邦灭项羽时，"举兵围鲁，鲁中诸儒尚讲诵习礼乐，弦歌之音不绝"。 司马迁叹道："岂非圣人之遗化，好礼乐之国哉?"在《史记·儒林列传》中他分析说：

> 夫齐鲁之间于文学，自古以来，其天性也。故汉兴，然后诸儒始得修其经蓻，讲习大射乡饮之礼。叔孙通作汉礼仪，因为太常，诸生弟子共定者，咸为选首，于是喟然叹兴于学。然尚有干戈，平定四海，亦未暇遑庠序之事也。孝惠、吕后时，公卿皆武力有功之臣。孝文时颇征用，然孝文帝本好刑名之言。及至孝景，不任儒者，而窦太后又好黄老之术，故诸博士具官待问，未有进者。

儒学的发展等待着客观形势的推动。

在汉初国家政治、社会治理的领域当中，黄老思想虽然富有成效，但是总体上缺乏某种公开、系统的政治表达。 源于道术传统，黄老思想主要是实际的统治经验的总结，因其传承的特殊性，以及道家"国之利器不可以示人"的主张，其内容大多是由含义较难理解的格言组成，有着所谓"其实易行，其辞难知"的特性①，所以，黄老思想在意识形态化方面的潜质远远不及儒家学说。儒家学说重视礼教、教育，崇尚道德，推崇顺从，这些基本观念非常容易成为权力在公开话语领域中的表达，转换为意识形态的学说。儒道消长，既有诸多外部因素，也是由其自身理论特点所决定的。

当时，法家思想也很难提供这方面的资源。秦朝专用法令，"汉家承敝通变，造起律令，所以劝善禁奸，条贯详备，不可复加"②。汉武帝时，"外攘四夷，内改法度，民用凋敝，奸轨不禁"，也多用法令，且"用法深"。昭帝幼年继位，大将军霍光秉政，"遂遵武帝法度，以刑罚痛绳群下，由是俗吏上严酷以为能"③。然而，法家思想中同样缺乏可以公开表达的理论，法家著作中往往只有政治、法律的直接动机与措施，尤显无情。故武帝时"少能以化治称者，惟江都相董仲舒、内史公孙弘、兒宽，居官可纪。三人皆儒者，通于世务，明习文法，以经术润饰吏事，天子器之"④。三位儒者皆明习文法，汉武帝需要的正是"以经术润饰吏事"，董仲舒等人倡导儒学切合了当时政治的需要。

儒学定于一尊，固然与它自身的优势分不开。但更关键的在于儒家学者，特别是秦汉之际的政治精英重视从现实政治出发，结合实际，阐发儒家思想，兼收并蓄，使儒家学说发展成为一个能够很好应对当时各种现实问题的思想体系。

孔子之后，儒家学说形成八个派别："有子张之儒，有子思之儒，有颜氏之儒，有孟氏之儒，有漆雕氏之儒，有仲良氏之儒，有孙氏之儒，有乐正氏之儒。"（《韩非子·显学》）其中影响最大的是孟轲（孟氏）和荀况（孙氏）两派。孟子学说自成体系，在本质上与孔子学说比较接近，故后人将孔学与孟学合称为"孔孟之道"。孔孟学说代表了原始儒学，是儒学的原创思想，也是儒学的精髓。

荀子面对着列国兼并争雄之势，学说以儒家为主，又吸收名、法、道家等重要思想。唐代韩愈以为荀子"大醇而小疵"，又"考其辞，时若不粹"⑤，正道

---

① 《史记·太史公自序》中载司马谈《论六家要旨》。

② 《汉书·循吏传》，北京：中华书局 1962 年，第 3633 页。

③ 《汉书·循吏传》，北京：中华书局 1962 年，第 3623、3628 页。

④ 《汉书·循吏传序》，北京：中华书局 1962 年，第 3623 页。

⑤ 韩愈《韩昌黎文集》卷一《读荀》。

出其立足儒家，兼收并蓄的特点。荀子主张性恶，强调礼治，并在礼治之中融入了法制思想，具有一定的法家倾向。事实上，自法家商鞅、韩非子之后，各种政治学说都很难忽略法的地位，都将法律纳入自己的政治蓝图中。孔孟主张"法先王"，荀子主张"法后王"，针对当时的现实需要而对儒学加以修正。这充分表现了当时儒家学说综合其他学说的愿望与能力。

焚书坑儒之后，儒学跌入低谷之中。这有历史的客观原因，但另一方面，儒学确实存在着自身的弱点——过于理想化，以致有时趋于迂腐；现实意识不强，儒生游文于六艺而往往缺乏实际的干练；执着于三代理想，而显出教条化的倾向。儒学自身需要新的发展。

汉初郦食其、叔孙通算不上一流的儒者，但他们以极为灵活变通的手段，使儒学在汉初朝廷里立有一席之地。

刘邦鄙视儒生。《史记·郦生陆贾列传》中载骑士语曰："沛公不好儒，诸客冠儒冠来者，沛公辄解其冠，溲溺其中。与人言，常大骂。"在戎马倥偬的岁月里，刘邦只重军事上的胜败现实，急需将军、说客、攻城略地的先锋，而不是文弱迂拙的书生，实在是很自然的事情。

然而，郦食其偏以儒生求见，很快赢得了刘邦的尊重。郦食其一改儒生惯常的作风，大有纵横家的味道，"常为说客，驰使诸侯"。为刘邦谋划："夫陈留，天下之冲，四通五达之郊也，今其城又多积粟。臣善其令，请得使之，令下足下。即不听，足下举兵攻之，臣为内应。"刘邦于是派遣郦食其前往，引兵随后，遂下陈留。又分析形势，出谋划策，亲往齐地，为汉王做说客。

叔孙通曾为秦博士，对时势多有准确的判断，非一般死守成法者可比。后归降汉王，跟随他的儒生弟子有百余人。可是叔孙通从不向汉王推荐这些人，他知道刘邦需要什么样的人，多推荐勇猛无畏之士，"专言诸故群盗壮士进之"。诸儒生失意。叔孙通曰："汉王方蒙矢石争天下，诸生宁能斗乎？故先言斩将搴旗之士。诸生且待我，我不忘矣。"天下已定，"群臣饮酒争功，醉或妄呼，拔剑击柱，高帝患之"。叔孙通于是与诸弟子"共起朝仪"，"颇采古礼与秦仪杂就之"，制定了一套简明易行的朝廷礼仪。当刘邦看到功臣、列侯、诸将、军吏莫不振恐肃敬，竟朝置酒，无人喧哗失礼时，不禁说道："我今日方知为皇帝之贵也。"儒术体现了它的现实价值。

叔孙通的态度很能代表当时儒士为争取有用于世所做的转变。当他邀请鲁诸生共事时，两位儒生指责他说："公所事者且十主，皆面谀以得亲贵。 今天下初定，死者未葬，伤者未起，又欲起礼乐。 礼乐所由起，积德百年而后可兴也。 吾不忍为公所为。 公所为不合古，吾不行。 公往矣，无污我！"叔孙通笑曰："若真鄙儒也，不知时变。"①

　　陆贾之学，盖出于荀子，其学亦不专主儒家。《新语·术事》自称"书不必起仲尼之门"，《新语》中又进《无为》之说，称"无为者乃有为者也"，全为道家语。 陆贾能赋，有纵横家之风。 秦亡之后，陆贾仍能保持对法律的客观态度，看到任何一个社会都需要法律这一事实。《道基》篇曰："民知轻重，好利恶难，避劳就逸，于是皋陶乃立狱制罪，悬赏设罚，异是非，明好恶，检奸邪，消佚乱。"但法不能独行，须以德相配合，"故刑立而德散"（《术事》）。 更为内在的是倡导礼义。《道基》又曰："民知畏法而无礼义；于是中圣乃设辟雍庠序之教，以正上下之仪，明父子之礼，君臣之义，使强不凌弱，众不暴寡，弃贪鄙之心，兴清洁之行。"在陆贾的学说中，可以同时看到儒、道两家的思想特征。 后来被看得泾渭分明的儒道两家，当时并没有割裂开来，而是以某种形式结合在一起。 汉代文献中经常"孔老"并称，并没有把老子与孔子作为两种矛盾对立的思想学说代表加以严格区分。 这是古代学术兼容并包的特点。 秦朝虽然有禁私学、禁挟书之令，但国祚短暂，古代学术并未因此而完全中断。 在陆贾那里，儒道思想是作为古代传统思想而一并被吸收继承的。

　　陆贾以及叔孙通、郦食其的重要性，关键在于他们能够把先秦儒家思想与当时的现实政治结合起来。 他们作为儒生，能够建功立业，为汉王朝解决实际的难题，得到了刘邦的信任。 这大大提高了儒生的地位，也提高了儒学的名声。 陆贾在此基础上推行儒术，为儒学在汉代的发展奠定了重要的现实基础。

　　陆贾倡导"五经"，对传统政治思想的影响更加深远。 他充分领会了儒家确立五经的意义，强调"五经"的重要性，主张经学，这是他巨大的功绩。《新语·道基》说：

　　　礼义不行，纲纪不立，后世衰废；于是后圣乃定五经，明六艺，承天统地，穷事察微，原情立本，以绪人伦，宗诸天地，纂修篇章，垂诸来世，被诸

---

　　①　以上叔孙通事迹皆参《史记·刘敬叔孙通列传》。

鸟兽,以匡衰乱,天人合策,原道悉备,智者达其心,百工穷其巧,乃调之以管弦丝竹之音,设钟鼓歌舞之乐,以节奢侈,正风俗,通文雅。

王利器曰:"'五经',孔子而后,称说'五经'者,当以陆氏此文为最先。"①相比诸子他家,儒家最重文献典籍。 先秦典籍经过子夏,再到荀子的诠释传授,成了名副其实的儒家经典。 正是通过这些经典,儒家思想方能以一种学术的形式展开并延续,以一种显赫的学术形式介入现实政治。 陆贾最先称颂"五经",为后来汉武独尊儒术、倡导经学起到了先导的作用。

汉文、景之时,始有儒家之经学。 后汉翟酺曰:"孝文皇帝始置一经博士。"②其时申公、韩婴为《诗》博士,五经中只有《诗》一经而已。 景帝时以辕固生为《诗》博士。 至此则讲诗有三家,于鲁则申培公,于齐则辕固生,于燕则韩太傅(韩婴)。 据《史记·儒林传》,董仲舒、胡毋生皆治《春秋》,孝景时为博士。 汉武帝建元五年(136),立五经博士。《汉书·儒林传赞》曰:"武帝立五经博士,……《书》唯有欧阳,《礼》后,《易》杨,《春秋》公羊而已。"四经加上文帝时已立的《诗》,共五经。

翟酺曰:"武帝大合天下之书,而孝宣论六经于石渠,学者滋盛,弟子万数。"③《史记·儒林列传》曰:"及窦太后崩,武安侯田蚡为丞相,绌黄老、刑名百家之言,延文学儒者数百人,而公孙弘以《春秋》白衣为天子三公,封以平津侯,天下之学士靡然向风矣。"儒学伴随经学而兴盛。

公孙弘为学官,建议朝廷开办学校,劝善惩恶,实行教化;又建议:"为博士官置弟子五十人,复其身。 太常择民年十八已上,仪状端正者,补博士弟子。 郡国县道邑有好文学,敬长上,肃政教,顺乡里,出入不悖所闻者,令相长丞上属所二千石,二千石谨察可者,当与计偕,诣太常,得受业如弟子。 一岁皆辄试,能通一艺以上,补文学掌故缺;其高第可以为郎中者,太常籍奏。 即有秀才异等,辄以名闻。 其不事学若下材及不能通一艺,辄罢之,而请诸不称者罚。"④鼓励优秀青年研习经学,为政府的管理输送人才。 皮锡瑞称:"此汉

① 见王利器《新语校注·道基》注语,北京:中华书局 1986 年,第 18 页。
② 《后汉书》卷四八《翟酺传》,北京:中华书局 1965 年,第 1606 页。
③ 《后汉书》卷四八《翟酺传》,北京:中华书局 1965 年,第 1606 页。
④ 《史记》卷一二一《儒林列传》,北京:中华书局 1982 年,第 3119 页。

世明经取士之盛典，亦后世明经取士之权舆。"自此以后，风气为之一转，朝廷"公卿大夫士吏斌斌多文学之士矣"①。

朝廷设立五经博士官，意味着经学成为官方支持的学术，学术成为组织化、体制化的事业。此时，博士官担负解释经典，教育弟子的职责。各以家法，向弟子（博士官各置弟子五十人）传授经义。他们享受朝廷俸禄，享有一定的社会地位。

博士弟子也拥有一定的特权，所谓"复其身"，就是免除徭赋，优秀者可以授官。对于朝廷而言，经学教育就成了培养文官官员的路径；对于弟子而言，接受经学教育可以掌握经义，也能够以禄代耕。但由此难免使经学沦为个人追求功名利禄的工具。汉武帝之后，博士弟子的人数总体呈上升趋势。清代方苞谓古未有以文学为官者，诱以利禄，则儒之途通而其道亡。皮锡瑞评论说："方氏持论虽高，而三代以下既不尊师，如汉武使束帛加璧安车驷马迎申公，已属旷世一见之事。欲兴经学，非导以利禄不可。古今选举人才之法，至此一变，亦势之无可如何者也。"②所谓"道亡"，即学术探讨迷失了自身的方向，失去了自身的追求，自觉不自觉地追求其他方面的目标，学术逐渐沦为其他因素的工具。经学的官方化、体制化，使其成为官员的培养与选拔的重要渠道。这基本上成了中国后来官僚制发展，为行政培养和输送精英和候补官员的基本模式。

到了文帝、武帝时，社会安定已久。此时帝王之术，作为最高统治者掌握的工具，必须掩饰起来，隐退为政治的内在成分。而维护统治需要的各种解释和表达，则需要发展出一种新的、统一的、理想化的学说，使之成为统治观念体系中最表面化、最易为人接受的成分。经过汉儒努力，新的儒家学说应运而生，并获得了崇高的地位。董仲舒提出"罢黜百家，独尊儒术"，儒学得到汉武帝的支持，成了占统治地位的学术思想。

董仲舒在对策中并没有直接说"独尊儒术"，但他的意思已经十分清楚。所以，班固《汉书·董仲舒传》中说："及仲舒对册，推明孔氏，抑黜百家。"荀悦《汉纪》卷二十五抄录了这段话。到了宋代司马光《资治通鉴》遂概括成"罢黜百家，独尊儒术"。

① 皮锡瑞《经学历史》，北京：中华书局1959年，第73页。
② 皮锡瑞《经学历史》，北京：中华书局1959年，第73页。

对于"独尊儒术",王葆玹认为:"似乎汉武帝并没有结束百家争鸣的局面,而是力图使这种局面持续下去。"①如司马迁在《史记·龟策列传序》中说:"至今上(武帝)即位,博开艺能之路,悉延百端之学,通一伎之士咸得自效。"《史记·儒林列传序》中又说:

> 及今上(汉武)即位,赵绾、王臧之属明儒学,而上亦乡(向)之,于是招方正贤良文学之士。……及窦太后崩,武安侯田蚡为丞相,绌黄老、刑名百家之言,延文学儒数百人,而公孙弘以《春秋》白衣为天子三公,封以平津侯。天下之学士靡然乡(向)风矣。

王葆玹分析说:

> 其中的"绌"字似无十分严重的意义,因为《封禅书》说,武帝在筹备封禅之际,"绌偃、霸,而尽罢诸儒不用",其所谓"罢"、"绌"不过是一时不听取诸儒的意见,并不是说诸儒都免职了。另外,田蚡的"延文学儒者"也只是一时的征用,没有到"独尊"的程度。那么便可以推断,汉武帝的"绌黄老刑名百家"和"延文学儒者",不过是改变一下儒道两家的主从关系,将原先的尊崇黄老而以百家为辅的局面,扭转成尊崇儒家而兼容百家的局面。②

当然在当时,"罢黜百家"可能没有直接的人事上变动,后来朝廷进用儒生却是永久的常例,天下读书人也只有一种学术身份——儒生,战国其他流派在学术上再也没有后来者以及新的发展,多元的学术形态一去不复返。 另一方面,所谓"独尊儒术",只是话语领域中的政治宣示。 实际上,面对错综复杂的社会,任何统治都不可能单凭一种理论来解决社会各种形态的矛盾,所以,如果真有所谓"独尊",也只能是意识形态话语中给予的肯定,而实际统治中是否遵照这个学说的原则那是另外一回事。 这从武帝曾孙宣帝的话中可以看出:

---

① 见王葆玹《今古文经学新论》,北京:中国社会科学出版社 1997 年,第 191 页。
② 王葆玹《今古文经学新论》,北京:中国社会科学出版社 1997 年,第 192 页。

（元帝时为太子）壮大，柔仁好儒，见宣帝所用多文法吏，以刑名绳下，大臣杨恽、盖宽饶等坐刺讥辞语为罪而诛，尝侍燕从容言："陛下持刑太深，宜用儒生。"宣帝作色曰："汉家自有制度，本以霸王道杂之，奈何纯任德教、用周政乎！且俗儒不达时宜，好是古非今，使人眩于名实，不知所守，何足委任！"乃叹曰："乱我家者，太子也！"（《汉书·元帝纪》）

"以霸王道杂之"的汉家制度并不是从宣帝时才开始的传统。不管汉家是否宣称儒家思想地位独尊，这个传统自汉代开国以来一直存在，汉武帝也延续着这个传统。所谓"独尊儒术"，正是在意识形态话语中肯定儒家学说的突出地位。对于民众而言，君主能够讲"仁义"、"忠恕"，则无论在理智与感情上，都更能赢得信任与支持；但另一方面，它也更能起到对统治真面目的伪装和遮掩的作用。① 对于最高统治内部而言，它需要"以霸王道杂之"，外表的儒家与骨子里的法家同样在统治术中起到作用。从意识形态上讲，儒家此时与百家并不在一个运用层面上。因此可以说，汉武帝的目的并非是"将原先的尊崇黄老而以百家为辅的局面，扭转成尊崇儒家而兼容百家的局面"，维持百家争鸣。如果"百家争鸣"多少包含着思想的自由与开放，那么它就不可能与意识形态存在至少是理论上的兼容。本质上说，意识形态话语是权力者的独白。

汉代官方的意识形态终于形成了基础性结构。它呈现为正统的儒家思想，并且在所有的话语领域中占据着支配地位，同时在隐秘的层面上，它又结合着以道法为主的帝王之术。"儒表法里"结构的完成以及在帝王思想中明确这种组合，体现了政治的实用主义精神。在最初政治精英的帮助下，围绕着王朝的统治，传统的意识形态体系终于得以确立。

4. 董仲舒与独尊儒术

儒学，在汉武帝、董仲舒的促进下，被推到了前台。董仲舒在汉代政治思

---

① 公孙弘与董仲舒都主张儒学，但公孙弘的儒术更能切合皇帝的意思，武帝"察其行慎厚，辩论有余，习文法吏事，缘饰以儒术，上悦之，一岁中至左内史"。见《汉书·公孙弘传》。"上悦之"的原因恐怕正在于公孙弘"缘饰以儒术"这一点，武帝用公孙弘而不重用董仲舒，在很大程度上表明了他治理国家的思路也只是想"缘饰以儒术"。

想史上，至少有两个方面值得重视。 一是他在前人的基础之上，兼收并蓄，对儒学加以扩展，发展出一整套复杂的儒学系统。 儒学对现实与政治的解释力大大提高。 二是他从学术方面促进了儒学独尊的地位。 儒学的地位并非凭空提高，董仲舒通过天人学说，赋予了儒家政治主张以不可移易的"客观性"。

董仲舒（前179—前104），广川（今河北枣强县）人，早年治《春秋公羊传》，汉景帝时与胡毋生同被举为博士官。 史称"下帷讲诵，弟子传以久次相授业，或莫见其面。 盖三年不窥园，其精如此。 进退容止，非礼不行，学士皆师尊之"①。 汉武帝元光元年（前134），汉武帝诏举贤良方正、极言敢谏之士，"策问以古今治道"。 董仲舒前后上三策，史称"天人三策"，主要强调以儒家思想作为国家政治的指导思想，提出了罢黜百家、独尊儒术的主张，为汉武帝所采纳。 担任江都王刘非国相十年。 元朔四年（前125），为公孙弘所嫉，出为胶西王刘端国相，后辞职归家，潜心著述。 主要著作有《春秋繁露》等。

天子的策问本身就反映了当时最高统治者对政治的理解。 皇帝以为，要实现理想中上古时代至治的状态，有章则可循，有法则可依，而法则就体现在天人、符命、吉凶、灾异、性命之理上，因此君主要询问符命、灾异、性命之理究竟是什么。 汉武帝问董仲舒："三代受命，其符安在？ 灾异之变，何缘而起？ ……何修何饬而膏露降，百谷登，……德泽洋溢，施乎方外，延及群生？"问公孙弘："天人之道，何所本始？ 吉凶之效，安所期焉？"②在当时人看来，可以通过许多征兆、迹象观察政治的实质，而且可以通过某种类似技术的手段，实现天下大治。

最初的政治精英在继承古典政治精神的同时，又不得不使之与自然的客观性——"天"相连，然而，正是这种联系又使古典政治富有弹性的理论变得僵化生硬。 董仲舒通过天人学说为儒学的仁义礼乐等原则寻找客观依据，儒学由此得到极大的拓展。

天人感应是相当古老的观念。《庄子·齐物论》曰："天地与我并生，而万物与我为一。"古代思想非常重视天与人之间的关系。 但董仲舒基于《春秋》的研究，把这种古老的认识具体化并运用于政治领域，就是说，王朝政治与上天秩序

---

① 《汉书·董仲舒传》，北京：中华书局1962年，第2495页。

② 《汉书·董仲舒传》及《汉书·公孙弘传》，北京：中华书局1962年，第2497、2614页。

之间存在着明确的对应关系：政治清明，天出祥瑞；政治混乱，天显灾异。 政治可以通过天的征兆、与天之间的关系得到评价。 他由此为当代政治寻找到一个可靠的"客观性"基础——天。"《春秋》之法，以人随君，以君随天。"①

天人解释体系首先阐明宇宙是从"道"、"一"开始。《春秋繁露·天道无二》曰："天之常道，相反之物也，不得两起，故谓之一。 一而不二者，天之行也。"《淮南子·天文》中亦谓"道始于一，一而不生，故分而为阴阳，阴阳合和而万物生"。 万物的这种一原性使得万物之间形成一个整体，相互关联、相互影响。

在董仲舒看来，万物之中，"天"具有最高的意义。 它包容万物，所谓"天有十端"：即天、地、阴、阳、火、金、木、水、土、人；"十端而毕，天之数也"②。 它有着特定的次序，"天有五行：一曰木，二曰火，三曰土，四曰金，五曰水。 木，五行之始也；水，五行之终也；土，五行之中也。 此其天次之序也"③。 又有着特定的运动规律，所谓"比相生"、"间相胜"：

> 天有五行，木、火、土、金、水是也。木生火，火生土，土生金，金生水。水为冬，金为秋，土为季夏，火为夏，木为春。春主生，夏主长，季夏主养，秋主收，冬主藏。藏，冬之所成也。是故父之所生，其子长之；父之所长，其子养之；父之所养，其子成之。④

> 夫木者农也，农者民也，不顺如叛，则命司徒诛其率正矣。故曰金胜木。……夫火者，大朝，有邪谗荧惑其君，执法诛之。执法者水也，故曰水胜火。……夫土者，君之官也。君大奢侈，过度失礼，民叛矣。其民叛，其君穷矣。故曰木胜土。……金者，司徒，司徒弱，不能使士众，则司马诛之，故曰火胜金。……夫水者，执法司寇也。执法附党不平，依法刑人，则

---

① 苏舆《春秋繁露义证》卷一《玉杯》，北京：中华书局 1992 年，第 31 页。

② 苏舆《春秋繁露义证》卷七《官制象天》，北京：中华书局 1992 年，第 216 页。

③ 苏舆《春秋繁露义证》卷十一《五行之义》，北京：中华书局 1992 年，第321页。

④ 苏舆《春秋繁露义证》卷十《五行对》，北京：中华书局 1992 年，第 315 页。

司营诛之,故曰土胜水。①

天既是人格神,有喜怒,司赏罚,有着主宰天上诸神、支配人间帝王的绝对权威;天又"覆育万物"、"化而生之"、"养而成之",是至善的道德化身;同时,又具有春夏秋冬、风雨霜露等自然的特性。在对天的认识中,既有自然的观察,又混合着人们的想象。

在天所支配的这个秩序中,万物之间有着"同类相动"的关系。他说:

> 今平地注水,去燥就湿;均薪施火,去湿就燥。百物去其所与异,而从其所与同,故气同则会,声比则应,其验皦然也。试调琴瑟而错之,鼓其宫则他宫应之,鼓其商而他商应之,五音比而自鸣,非有神,其数然也。美事召美类,恶事召恶类,类之相应而起也。如马鸣则马应之,牛鸣则牛应之。帝王之将兴也,其美祥亦先见;其将亡也,妖孽亦先见。物故以类相召也,故以龙致雨,以扇逐暑,军之所处以棘楚。②

又曰:

> 琴瑟报弹其宫,他宫自鸣而应之,此物之以类动者也。其动以声而无形,人不见其动之形,则谓之自鸣也。又相动无形,则谓之自然,其实非自然也,有使之然者矣。物固有实使之,其使之无形。③

董仲舒引用了许多经验的例子来说明现实当中"同类相动"的道理。在交互感应的关系中最重要的无疑是天与人的关系。《春秋繁露·为人者天》曰:"为生不能为人,为人者天也。人之为人本于天,天亦人之曾祖父也。此人之所以乃上类天也。人之形体,化天数而成;人之血气,化天志而仁;人之德行,化天理而义。"曾祖父之比,显出董仲舒的天人观还相当朴素。当然,最重要的还是天可

---

① 苏舆《春秋繁露义证》卷十三《五行相胜》,北京:中华书局1992年,第367至371页。"依法刑人"句,苏舆曰:"依字疑有误。"
② 苏舆《春秋繁露义证》卷十三《同类相动》,北京:中华书局1992年,第358页。
③ 苏舆《春秋繁露义证》卷十三《同类相动》,北京:中华书局1992年,第360页。

以作用于人事，董仲舒说：

> 《春秋》之中，视前世已行之事，以观天人相与之际，甚可畏也。国家
> 将有失道之败，而天乃先出灾害以谴告之，不知自省，又出怪异以警惧之，
> 尚不知变，而伤败乃至。以此见天心之仁爱人君而欲止其乱也。自非大
> 亡道之世者，天尽欲扶持而全安之，事在强勉而已矣。①

同样，人亦可以作用于天，《淮南子·泰族》曰：

> 圣人者，怀天心，声（磬）然能动化天下者也。故精诚感于内，形气动
> 于天，则景星见，黄龙下，祥风至，醴泉出，嘉谷生，河不满溢，海不溶
> 波。……天之与人有以相通也。故国危亡而天文变，世惑乱而虹蜺见，万
> 物有以相连，精祲有以相荡也。②

此所谓天人感应。 具体的作用与感应通过阴阳之气来实现，《春秋繁露·同类相
动》曰：

> 天将阴雨，人之病故为之先动，是阴相应而起也。天将欲阴雨，又使
> 人欲睡卧者，阴气也。有忧亦使人卧者，是阴相求也；有喜者使人不欲卧
> 者，是阳相索也。水得夜益长数分，东风而酒湛溢，病者至夜而疾益甚。
> 鸡至几明，皆鸣而相薄。其气益精，故阳益阳而阴益阴，阳阴之气，固可以
> 类相益损也。天有阴阳，人亦有阴阳。天地之阴气起，而人之阴气应之而
> 起；人之阴气起，而天之阴气亦宜应之而起，其道一也。

与董仲舒著作同时代的《淮南子·泰族》亦谓："天之且风，草木未动而鸟已翔
矣，其且雨也，阴曀未集而鱼已噞矣，以阴阳之气相动也。 故寒暑燥湿，以类

---

① 《汉书》卷五六《董仲舒传》，北京：中华书局1962年，第2498页。
② 刘文典《淮南鸿烈集解》卷二十《泰族训》，北京：中华书局1989年，第664
页。"声然"句，俞樾云："'声然'二字，文不成义，'声'当作'磬'，涉上文'四海之
内，寂然无声'而误也。"

相从。 声响疾徐，以音相应也。"了解了天人之间的作用，就可以利用这种关系。 董仲舒《春秋繁露·同类相动》曰：

> 明于此者，欲致雨则动阴以起阴，欲止雨则动阳以起阳，故致雨非神也。而疑于神者，其理微妙也。非独阴阳之气可以类进退也，虽不祥祸福所从生，亦由是也。无非己先起之，而物以类应之而动者也。故聪明圣神，内视反听，言为明圣，内视反听，故独明圣者知其本心皆在此耳。

当然，最关键的还是圣人通过"怀天气（心），抱天心（地气）"，从而实现"不下庙堂而衍四海"的统治。①

董仲舒在回答汉武帝的策问时，就用阴阳的关系来解释政治的各个环节。他说：

> 《春秋》之文，求王道之端，得之于正。正次王，王次春。春者，天之所为也；正者，王之所为也。其意曰：上承天之所为，而下以正其所为，正王道之端云尔。然则王者欲有所为，宜求其端于天。天道之大者在阴阳。阳为德，阴为刑；刑主杀而德主生。是故阳常居大夏，而以生育养长为事；阴常居大冬，而积于空虚不用之处。以此见天之任德不任刑也。天使阳出布施于上而主岁功，使阴入伏于下而时出佐阳；阳不得阴之助，亦不能独成岁。终阳以成岁为名，此天意也。王者承天意以从事，故任德教而不任刑。刑者不可任以治世，犹阴之不可任以成岁也。为政而任刑，不顺于天，故先王莫之肯为也。今废先王德教之官，而独任执法之吏治民，毋乃任刑之意与！②

确立了天人感应，那么，人世间帝王的统治就找到了某种终极的依据。 帝王仿效上天之所为，"任德不任刑"，实行仁政，那么，上天就会风调雨顺；如果帝王失道败坏，那么苍天就会显示灾异以示警告。 用灾异表示上天对天子的谴告，

① 刘文典《淮南鸿烈集解》卷二十《泰族训》，北京：中华书局 1989 年，第 663、665 页。"怀天气"句，俞樾云："当作'怀天心，抱地气'。"
② 《汉书》卷五六《董仲舒传》，北京：中华书局 1962 年，第 2501、2502 页。

在当时的历史情境中，有其合理性。董仲舒综合前代的思想资源，由此形成庞大的天人感应的观念体系，为当时的社会政治提供了理论基础。这一解释体系具有重要的现实意义。但就认识客观事物的知识而言，阴阳五行、天人感应仍只是想象性的解释，带有古老的神话思维色彩。其中，不仅"天"的概念含混庞杂，而且天与人之间的关系也多出于想象。所以说，它仍属于一种哲学体系，还不完全是对外部世界加以客观认识的尝试。这种思维方式符合当时人们的政治意愿和思维习惯，对后代的政治观念产生了深远的影响。

董仲舒又提出"大一统"的观念。在西汉社会充满矛盾、不断有叛乱发生的大背景下，他强调"大一统"切合了王朝中央集权发展的趋势。

董仲舒治《春秋公羊传》，其大一统思想正源于《公羊传》。《春秋·隐公元年》经曰："元年春，王正月。"《公羊传》借此经文，开宗明义，曰：

> 元年者何？君之始年也。春者何？岁之始也。王者孰谓？谓文王也。曷为先言王而后言正月？王正月也。何言乎王正月？大一统也。

《春秋》经文所谓"元年春，王正月"，当是鲁国史官在编年史中标注年月的方式。从语义方面来说，它只是时间的记录，并没有寓含更多的含义，但从形式方面来说，这种句式很可能源自西周初期。最初的记录形式一旦形成，就相沿不改，这在古代是很可能的事情。《公羊传》认为这里的"王"是文王。春秋时周室衰微，但《春秋》经仍然沿用周文王时代流传下来的记年记月方式，表明尊王。这就是大一统，对最高王权的尊重。

《公羊传》对《春秋》经文的解释始终贯穿着尊王的思想。春秋时齐桓公首霸天下，救邢存卫。事虽有功，但周天子的权威被忽略。此时，王纲不振，诸侯力政，即使尊王，也流于形式，缺乏实质性的内容。但是《公羊传》认为，这种形式上的尊王也非常重要。《公羊传·僖公元年》曰：

> 齐师、宋师、曹师次于聂北，救邢。救不言次，此其言次何？不及事也。不及事者何？邢已亡矣。孰亡之？盖狄灭之。曷为不言狄灭之？为桓公讳也。曷为为桓公讳？上无天子，下无方伯，天下诸侯有相灭亡者，桓公不能救，则桓公耻之。曷为先言次，而后言救？君也。君则其称师

何？不与诸侯专封也。曷为不与？实与，而文不与。文曷为不与？诸侯
之义，不得专封也。诸侯之义不得专封，则其曰实与之何？上无天子，下
无方伯，天下诸侯有相灭亡者，力能救之，则救之可也。

邢为狄人所侵，诸侯救邢，但行动迟缓，次（驻扎）于聂北（今山东博平），坐
等邢灭。 诸侯存亡之际，桓公不能救，则是桓公之耻。《公羊传》以为《春秋》
经用"次"是为齐桓公讳。 狄人攻邢，"邢人溃，出奔师。 师遂逐狄人，具邢器
用而迁之"；"夏，邢迁于夷仪，诸侯城之，救患也"①。 桓公最终是救了邢人，
诸侯筑城使他们定居下来，行使封建之实。 故《国语·齐语》曰"狄人攻邢，桓
公筑夷仪以封之"，《管子·大匡》亦谓"桓公筑夷仪以封之"。 但《公羊传》以
为："诸侯之义，不得专封也。"封建的权力为天子所专有，桓公"不得专封"，
因此《春秋》经文中"文不与"，名义上仍然要反对诸侯专封的做法。

董仲舒继承了《公羊传》尊王、一统的观点，曰：

　　《春秋》谓一元之意，一者万物之所从始也，元者辞之所谓大也。谓一
为元者，视大始而欲正本也。《春秋》深探其本，而反自贵者始。故为人君
者，正心以正朝廷，正朝廷以正百官，正百官以正万民，正万民以正四方。
四方正，远近莫敢不壹于正，而亡有邪气奸其间者。是以阴阳调而风雨
时，群生和而万民殖，五谷孰而草木茂，天地之间被润泽而大丰美，四海之
内闻盛德而皆徕臣，诸福之物，可致之祥，莫不毕至，而王道终矣。②

董仲舒从《春秋》经中发挥出一整套关于政治合法性以及中央集权的理论，而其
方法就是文本解释学。 这是自《公羊传》开始的一种解释学方法。 上引"救不
言'次'，此其言'次'何"，正是《公羊传》典型的阐释形式。 在这里，文本
分析的焦点、历史事实的理解都集中在字句上，通过对一个词语的精致分析引起
一种新的观念或价值判断，即《春秋》经中所暗含的"褒贬"。 这一方法，古人
称之为"微言大义"，通过"微言"，而探寻"大义"。 对《公羊传》的多年研

第七章　政治思想体系

---

① 《左传·僖公元年》。
② 《汉书·董仲舒传》，北京：中华书局 1962 年，第 2503 页。

究，董仲舒充分掌握了这套解释学方法，他的文章中显示出与《公羊传》相同的词语分析路径。

他认为整个《春秋》经都在揭示"一元"的道理。鲁国某公即位之时，《春秋》经习惯上称"元年"，而不称"一年"。董仲舒认为："一者万物之所从始也，元者辞之所谓大也。"《春秋繁露·重政》中亦谓"元者为万物本"，一即元，元即一。在这里，他强调《春秋》经"谓一为元者"，正在于"视（示字）大始而欲正本"。《春秋》经揭示了政治的本原。政治之本在于"贵者"，在于人君。人君心正，则朝廷、百官、万民、四方皆可得正。君主即政治的起点，又是秩序的法则。"四方正，远近莫敢不壹于正"，则四海晏清，王道终矣。这无疑为中央集权之所以必须存在而且能够存在找到了合乎万物法则的理论依据。

"大一统"不仅意味着中央集权之下的天下一统，而且也意味着思想领域中的同一。思想同一的观念由来已久，墨子主张"尚同"；秦王朝焚书坑儒，禁止私学，主张"以吏为师"，"别黑白而定一尊"，都是统一观念的主张与实践。董仲舒倡导百家异说，皆绝其道，实与秦代一统观念一脉相承。曰：

> 《春秋》大一统者，天地之常经，古今之通谊也。今师异道，人异论，百家殊方，指意不同，是以上亡以持一统；法制数变，下不知所守。臣愚以为诸不在六艺之科孔子之术者，皆绝其道，勿使并进。邪辟之说灭息，然后统纪可一而法度可明，民知所从矣。[1]

秦始皇想要禁止私学，"别黑白而定一尊"，实际上只做到一半，即焚书坑儒。人们各以其私学主张来议论朝政被视为诽谤，而"一尊"，即所谓"法教"，仍然不出官府的意志和政令范畴。严格说来，它还不是一种政治信仰，所以"一尊"的具体内容在秦代实际上是阙如的。

西汉前期，政治精英意识到必须有一个表述，为人们普遍接受的表述，这是政治成熟的重要标志。如我们读《淮南子》，可以了解汉人的理智、对事物之理的认识已有进步，这是汉人建构起宇宙客观性、确定性的知识条件与论述起点，尽管这个确定性在今天看来很值得怀疑，但他们需要把治理天下的治道建立在不

---

① 《汉书·董仲舒传》，北京：中华书局 1962 年，第 2523 页。

可移易的"客观性"基础之上。 所以在陆贾、公孙弘那里，治理天下都必须与阴阳和同相契合。 天下安定正是自然宇宙和同的重要组成部分。 儒家思想得到了充分的发展，它结合了道法、阴阳、五行等多重观念，依据儒家的主要原则对各种现实问题都给予了回答。 这一庞大的思想体系正是汉代政治的表述内容。

事实上，汉代以来儒家思想受到普遍推崇。 儒生不断宣扬儒家学说，文、景时设《诗》、《书》博士，武帝时崇儒趋势更加明显。 董仲舒独尊儒术的主张切合了朝廷政策上的变化，而朝廷也是顺应了思想潮流。 汉代儒家思想经过学者的不断阐释，结合了多种思想因素，对现实的解释力大大增强，它作为一种政治话语，具有优势。

第八章

官僚体制中的官员

中央集权真正发挥效能有赖于成熟的官僚体制，没有成熟的官僚行政运作机制，最伟大的君主也将一事无成。 而官僚体制的运作有赖于官员，所以在很大程度上，官僚制的中央集权的发展，在于它所造就的官员。

官僚体制是介乎统治者与民众之间的行政机构，它首先实行等级制，其中各个官员都有自身的职级以及相应权限，他们在履行职责时对上级负责。 其次，它是具有连续性的组织，官员凭借自身的业绩与资历获得晋升，并且领取俸禄。在很大程度上，晋升很容易从行政目的当中分离出来成为官员的主要目标。 第三，官员保持非人格性的特征，即工作中不掺杂个人喜好情感。[①] 这是理论上对于官僚制的概括，实际官场的情形非常复杂。

成熟的官僚体制意味着什么？ 这意味着整个中央集权的体制不仅具有最高层决策机构以及下属的职能部门和地方机构，而且行政事务已经可以按照职能进行分解，在职能部门中得到处理，行政形成了相对固定的程序、操作规范以及相应的监督机制。 更为实际的是，它需要建立一整套官员培养、选拔、考核、替补等机制。 从某种方面来说，官员是官僚制的核心。 古典政治理论强调"选贤与能"，行政必须由贤人、能人来承担。 什么是贤能，什么样的人堪称贤能，又如何选拔出来，却是一个在义理上、程序上都充满争议的问题。

贤能是人的综合性特征。 一个富有行政经验的官员作为考察者能够在长期接触中判断候选者是否具备作为一个官员所需要的贤能，却难以在言说层面上加以界定，即使加以概括定义，反映到现实当中，又会呈现出很大差异。 一个官

---

① 参 [英] 戴维·毕瑟姆《官僚制》，韩志明等译，吉林人民出版社 2005 年，第4 页。

员的行政实践中包含了《庄子》轮扁那种只能意会难以言传的能力、未可明言的特质。 所以大体上，选拔官员离不开实践过程，但这无疑要赋予推荐者、选拔者以极大的权限。 早期王朝的高级官员都具有自行选拔官员的权限，他可以自行选用掾属，可以向朝廷推荐。 但官僚体制的发展是趋向于权力集中，官员选拔、推荐、录用的权力最终都收归中央。 此时，选拔官员的综合性判断不得不分解为各种品行和能力的教条。 一般情况下，这种办法能够满足选拔官员的基本需要，但通常它无法识别杰出之士，并不是根据"孝"、"廉"等标准就可以挑选出精英，九品中正制实施后期也是圆凿而方枘，难以在一些人为的框架等级中把握一个人在长期实践里体现出来的能力与品质。 然而这种选拔方式符合官僚行政的特征。 官僚行政只能处理已经分解为不同功能的事务，它基本缺乏"便宜行事"的能力。 正是在这个制度惯性之下，科举制出现，它"成功"地为官僚体制源源不断地输送着它所需要的人才。

但科举制更值得关注的意义也许不在官僚制本身，而是在它之外。 文官选拔制度扩展成为士民的读书体制，读书以及知识探索的目的被官方视野限定或遮盖了。

1. 造就官员

官僚体制中的官员并非"天然"形成，它需要经历一系列培养、造就的过程。 这是官僚体制发展的重要组成部分。 造就的目标是使得官员成为办事积极，然而身份卑贱、无限忠诚的群体。

中央集权体制下的官员是从早期贵族群体中发展变化而来的。 朝廷一方面抑制贵族，一方面发展新型的官僚群体，最终形成了以平民特征为主的官僚阶层。 大体有三个形成步骤：第一阶段，官员大多还是贵族担任的时代。 第二阶段，官僚阶层中既有贵族，也有寒族平民。 此时，贵族受到中央权力的抑制，曾经的大小诸侯，如今失去了对地方拥有的所有权、行政权，他们转变为具有一定社会地位，特别是具有相当文化影响力的阶层。 他们担任官员，但政治基础不同于第一阶段的贵族。 第三阶段，官员基本上是从平民阶层中成长起来的精英分子。 他们没有独立的政治根基。 虽然存在着各种派系，但总体上官员因为利益相关，很难形成具有独立政治意识的团体。

我们分析官僚阶层的某些基本特征。 首先是伴随着体制转型，贵族（士族）官员逐渐转变为平民官员。

西周王室外则有封建，内则有世卿，王室与贵族力量相差微小。 秦汉时代，旧时代的六国贵族与土地之间的关系被切断，真正拥有封地的封建贵族衰落，他们与新生贵族，构成了官僚成员的主要来源。 伴随着体制上的变化，中央集权不断加强对新封贵族的限制。 从郡国制直至赐封食邑若干户，新封贵族虽有实际利益，但也是爵位仅存名号，封地的行政权、军事指挥权等均被取消。 当然，这些士族在政治、经济以及地方上仍然拥有势力，特别是在文化上，六朝世家大族多以经学、文学方面的成就获得影响力，他们是朝廷与地方官员的主角。 在官僚体制发展的早期，士族必然占据着官僚机构中的优势，所谓"上品无寒门，下品无势族"；"据上品者，非公侯之子孙，即当途之昆弟"①。 但无论上品下品，官员大凡都是从中选拔。

皇室一方面需要分封子弟以作为政权最靠得住的支持者，但另一方面，分封的贵族后来往往又对皇权形成威胁。 贵族作为皇权的制衡力量，总是集权体制扩张的障碍。 因此，对贵族的抑制乃至翦灭有两个渠道：一是在分封之时，就限制了贵族的各种特权，将大国分解为小国等；二是利用各种借口残害杰出的士族群体，如曹操杀孔融、祢衡、杨修，司马氏杀何晏、夏侯玄、嵇康、钟会等，唐代武则天利用来俊臣对付达官贵人等。 屠杀使得官员以及未来的官员都学会了归顺与沉默。 随着中央集权的扩张，总体的趋势是，士族作为一个有政治影响力、对皇权形成制约的阶层消失了。

官僚体制从这些没落的士族成员中获得了高素质的官员，却避免了贵族阶层与皇权的对抗。 唐宋实行科举，平民中的精英子弟可以通过科举途径进入官僚阶层，还可以通过从军以军功获得官职。 科举制度的兴盛说明官僚的主要来源已经转到社会中下层。 至此，无论是封建贵族，还是精神贵族都不存在了，官员仅仅是朝廷的命官，他的身家性命完全系于官僚体制，除了顺从，毫无抗衡的力量。

其次，官僚体制中特定官员之间存在某种人身依附的色彩。

---

① 见《晋书》卷四五《刘毅传》、卷四八《段灼传》，北京：中华书局 1974 年，第 1274、1347 页。

古代官员的身份认同，与现代官员有很大的区别，最大区别在于人身依附性。 在古代，所有的官员首先是君主之臣的身份。 臣，事君者；官，也是事君者，这两个词在古代意思基本一致。 对君称臣，对民称官。

在中国传统社会，官僚体制中的职位，虽然是按照某种原则设定的，所谓设官分职，但职责内外的界限往往比较模糊。 古代官员的选拔具有一定的个人关系色彩。 无论是科举考试中第，还是高级官员选拔自己的掾属，都被视为选拔者与被选拔者之间建立起了特殊的关系。 科举考试中第，原本只是考官例行公事的选拔，高中的士子也会把及第视为专门针对自己的提携与赏赐，对考官、上级怀有牢固的忠诚和感激，称选拔者或者主考官为"座主"，而自称"门生"。典型的状况是，他不仅会在工作上保持效忠，会在各项事务中充分考虑上级公私方面的利益，甚至在自己全部的生活领域中保持忠诚。《礼记·杂记》记载，春秋时代，臣子要为以前的上级（如诸侯、大夫）服丧，这一传统甚至在汉末仍能看到。 君臣关系、上下级关系超出了一般职业的意义和职责的限定。 在古代，学生在老师家里做杂役几乎是天经地义的事情。 对恩师、上级的服从关系往往超出机构事务的范围，不仅要求职责范围内的服从，还会将职责以外的效力效劳视为理所当然。 总之，古代君臣之间带有人身依附倾向的服从效忠关系，在官僚体制内继续延伸。

当然，这种依附关系是双向、互惠共利的。 在上级拥有权势之时，下级依附上级，可以获得较快的晋升；而在上级退休或遭贬斥之时，下级如果已经晋升至高级岗位，则更有能力庇护以往的老上级。 正因此，将部下推至高位，这是上级在位时经常考虑的事情。 官场中诸如同僚同乡、门生故吏等所形成的特殊关系使得非人格化倾向的官僚机构充满了各种小圈子、小团体。

第三，在一元的官僚体制中很难形成先进的政治意识。 朝廷官场中充满了各种特殊关系的团体派系，但这些团体很少是政治性的，很难说他们能够形成团体性的先进政治意识。

中国自古以来就反对官员之间的朋党关系，反对官员个人名义形成的一切势力，因此官场中的团体宗派历来都被视为非法、不正当。 除了君主，享有声威，除了大臣可以从君主那里得到的荣宠，任何人都不得以自身的名义形成声势。 这与《书·洪范》中"皇建其有极"、"惟皇作极"的原则是一致的。

六朝时期，统治者特别不愿意看到名士受到膜拜的情形。 东汉的世家大族在当地都具有一定的影响力，他们主持乡间清议，不断加强士族的声势。事实上，即使名士的所作所为看起来与朝廷保持一致，他也仍然瓜分了君主试图集中在自己身上的声威。所以，许劭、许靖俱有高名，而其高名的来源很大程度上在其"核论乡党人物"，郭太（林宗）也因"奖拔士人，皆如所鉴"，而为人所仰慕。郭太"归乡里，衣冠诸儒送至河上，车数千两。林宗唯与李膺同舟共济，众宾望之，以为神仙焉"；"卒于家，时年四十二。四方之士千余人，皆来会葬"①。在中央集权处于强势上升的过程中，这种吸引公众注意力的行为颇受当权者的忌恨，正因此，曹氏集团强烈反对"浮华"之风。当时士人成名，大多在于广泛结交，相互称颂标榜，借助朝野人际网络，声名得以传播，而斥之者指为"浮华"。《后汉书》卷七九《儒林传序》中说东汉中期，"游学增盛，至三万余生。然章句渐疏，而多以浮华相尚，儒者之风盖衰矣"。笃实就是潜心经学，浮华则是热衷游谈。曹魏政权也是号召青年以学问为本，专心经学，反对合党连群。

由于乡举里选的制度，士人试图入仕，都会渴求当地名士主持清议，给予优良的评语，这些品评能够大大提高士子的名望。另一方面主持清议的名士为了扩大自己的声势，也会热衷于结识名流，赞赏同道，贬斥不端，所谓标榜交游，臧否人物。汉末政局混乱，又从另一个方面促成了士人之间的联系与团体的形成。《后汉书》卷六七《党锢列传序》曰：

> 逮桓、灵之间，主荒政缪，国命委于阉寺，士子羞与为伍，故匹夫抗愤，处士横议，遂乃激扬名声，互相题拂，品核公卿，裁量执政，婞直之风，于斯行矣。……甘陵周福，……同郡河南尹房植……二家宾客，互相讥揣，遂各树朋徒，渐成尤隙，由是甘陵有南北部，党人之议，自此始矣。……流言转入太学，诸生三万余人，郭林宗、贾伟节为其冠，并与李膺、陈蕃、王畅更相褒重。学中语曰："天下模楷李元礼（膺），不畏强御陈仲举（蕃），天下俊秀王叔茂（畅）。"又渤海公族进阶、扶风魏齐卿，并危言深论，不隐豪强。自公卿以下，莫不畏其贬议，屣履到门。时河内张成……弟子牢修因上书诬告膺等养太学游士，交结诸郡生徒，更相驱驰，共为部党，诽讪朝廷，疑

---

① 《后汉书》卷六八《郭太传》，北京：中华书局 1965 年，第 2225、2227 页。

乱风俗。于是天子震怒，班下郡国，逮捕党人，布告天下，使同忿疾，遂收执膺等。其辞所连及陈寔之徒二百余人。……自是正直废放，邪枉炽结，海内希风之流，遂共相标榜，指天下名士，为之称号。上曰"三君"，次曰"八俊"，次曰"八顾"，次曰"八及"，次曰"八厨"，犹古之"八元"、"八凯"也。

不难看出，团体的形成有多方面的原因，主持清议是团体形成的原因，政治背景、政治观点相近也可以促进某一政治团体的形成。阉党与士人之间，官员之间常常因为立场、观点的冲突而形成不同的派别。当然，从组织角度来看，这些团体非常松散，谈不上真正的组织构成，但其政见、对公卿大臣的批评，却能够左右当时人们的观念，这在根本上削弱了王朝的集权力量。

曹操掌握朝政大权后，很快意识到必须破除世家大族、名士阶层所形成的政治力量。建安十年（205）曹操平袁绍之后即发布反对朋党的命令：

阿党比周，先圣所疾也。闻冀州俗，父子异部，更相毁誉。昔直不疑无兄，世人谓之盗嫂；第五伯鱼三娶孤女，谓之挝妇翁；王凤擅权，谷永比之申伯，王商忠议，张匡谓之左道：此皆以白为黑，欺天罔君者也。吾欲整齐风俗，四者不除，吾以为羞。[①]

曹丕同样是反对朋党浮华，《意林》卷五引曹丕《典论》曰：

桓、灵之际，阉寺专命于上，布衣横议于下，干禄者殚货以奉贵，要名者倾身以事势，位成于私门，名定于横巷，由是户异议，人殊论，论无常检，事无定价，长爱恶，兴朋党。

集权统治者认为，"位成于私门，名定于横巷"，正是中央权力旁落的现象，这是他们不愿意看到的状况。魏明帝即位不久，又提出反对朋党浮华。《三国志》卷三《明帝纪》太和四年（230）诏曰：

---

① 《三国志》卷一《武帝纪》，北京：中华书局 1959 年，第 27 页。

世之质文，随教而变。兵乱以来，经学废绝，后生进趣，不由典谟。岂训导未洽，将进用者不以德显乎？其郎吏学通一经，才任牧民，博士课试，擢其高第者，亟用；其浮华不务道本者，皆罢退之。

随后太和六年（232）司徒董昭上疏陈末流之弊曰：

> 凡有天下者，莫不贵尚敦朴忠信之士，深疾虚伪不真之人者，以其毁教乱治，败俗伤化也。近魏讽则伏诛建安之末，曹伟则斩戮黄初之始。伏惟前后圣诏，深疾浮伪，欲以破散邪党，常用切齿；而执法之吏皆畏其权势，莫能纠摘，毁坏风俗，侵欲滋甚。窃见当今年少，不复以学问为本，专更以交游为业；国士不以孝悌清修为首，乃以趋势游利为先。合党连群，互相褒叹，以毁訾为罚戮，用党誉为爵赏，附己者则叹之盈言，不附者则为作瑕衅。至乃相谓"今世何忧不度邪，但求人道不勤，罗之不博耳；又何患其不知己矣，但当吞之以药而柔调耳"。又闻或有使奴客名作在职家人，冒之出入，往来禁奥，交通书疏，有所探问。凡此诸事，皆法之所不取，刑之所不赦，虽讽、伟之罪，无以加也。①

"浮伪"之风，确有所谓。《三国志》卷九《曹爽传》注引《魏略》曰："初，（邓）飏与李胜等为浮华友，及在中书，浮华事发，被斥出，遂不复用。"又曰："明帝禁浮华，而人白（李）胜堂有四窗八达，各有主名。用是被收，……禁锢数岁。"《通典》卷十四《选举二》曰："自明帝太和之后，俗用浮靡，递相标目，而夏侯（玄）、诸葛（诞）、何（晏）、邓（飏）之俦，有四聪八达之称，帝深所嫉之。于是，恶士大夫之有名声者，或禁锢废黜以惩之。"②

后世王朝坚持反对朋党，一个没有朋党关系的官员更接近官僚的非人格性、专业化的特征。非人格化就是官员除了遵循职务工作关系所确定的原则之外，不会受到其他任何小团体倾向性的干扰，也不会意气用事，将自身情绪影响带入

---

① 《三国志》卷十四《董昭传》，北京：中华书局1959年，第442页。

② 四聪八达，他书又称四窗八达，语或出于《书·舜典》中"辟四门，明四目，达四聪"，原是赞舜之辞，谓开四方之门，以来天下之贤俊，广四方之视听，以决天下之壅蔽也。

工作。 但传统的君臣关系以及官僚体制本身的机制总是倾向于形成一定的帮派、私人团体，这造成官僚制内部总是充满了激烈的派系斗争。

2. 从选举到科举

汉代以后，官员的选举经过征辟、选举制度，到魏晋九品中正制，再到唐宋科举制度，不断演变，逐渐形成了合乎中央集权体制的官员教育与选拔机制。这一机制是官僚制中央集权的重要保证。

选拔机制大体有推荐与考试两个路径。 汉晋社会生活相对简单，朝廷官员少，多用推荐之法。 举荐重贤德，用人重世官。 唐宋以后，多用考试之法。

东汉主要依靠征辟与察举的方式选拔官员。 当时负责的官员在选拔候选人时非常慎重，实事求是，颇能得人，但制度日久，选拔人才的权力主要集中在少数高官以及名门大姓的手中，所荐人才名德相背的情况也会出现。 桓灵时民谣即谓："举秀才，不知书；察孝廉，父别居；寒素清白浊如泥，高第良将怯如鸡。"唐宋以后，贵族群体不复存在，社会生产日渐复杂，选用官员渐多，选拔虽然强调德才兼备，但士民流动，德行考察非乡里熟知，颇难评定。 于是选拔过程逐渐以相对具有操作性的考试为主，举荐逐步走向科举，科举考试方法实际上偏重的是文学才能。

推荐需要平时就有对人的观察，早期思想家多有经验之谈。《论语·为政》载孔子的话："视其所以，观其所由，察其所安，人焉廋哉？ 人焉廋哉？"即从人做什么、怎么做以及安于什么方面去观察人。 而孟子则以为人的眼睛会显现他的心灵。《孟子·离娄上》曰："存乎人者，莫良于眸子。 眸子不能掩其恶。胸中正，则眸子瞭焉；胸中不正，则眸子眊焉。 听其言也，观其眸子，人焉廋哉！"《庄子·列御寇》亦谓："君子远使之而观其忠，近使之而观其敬，烦使之而观其能，卒然问焉而观其知，急与之期而观其信，委之以财而观其仁，告之以危而观其节，醉之以酒而观其则，杂之以处而观其色。 九征至，不肖人得矣。"而科举考试中，这些对人的直接长期观察就很少了，对人的了解不容易深入内在。

具体说来，汉代官员选拔有两类方式：地方察举与公府征辟。

察举包括"贤良"和"孝廉"两种。 汉武即位，下诏举"贤良方正、直言极谏"之士对策。 晁错、董仲舒、公孙弘等皆为当时"贤良"而上书对策。"孝廉"是孝子、廉吏的简称，获得推荐者作为乡里小吏，并不要求有深厚才学。东汉初，"茂才"、"孝廉"定为岁举，即每年举行，成为常规。 最后保留"孝廉"一科，并规定名额，如五六十万人口的大郡，举孝廉二人等。 后来对年龄加以限制，对能力有所考察，逐渐与后世科举类似。 公府征辟指的是东汉公卿享有辟士、征召即选拔人才的特权，朝廷也可以直接辟召名声上达者。 此外，官学中的博士弟子考试中第，可以补郡国吏，吏治有成绩可再升迁。 察举、征辟与博士弟子中第，成为向官僚机构输送人才的主要渠道。

推荐时，对候选人有着一定的品德才能的标准。 东汉光武帝时对品行进行了较为具体的界定，即所谓四科取士。 四科包括：德行高妙，学通行修，明达法令，刚毅多略。[1] 另外，茂材亦有四行：淳厚、质朴、谦逊、节俭。

依据儒家思想，推选人才首先需要考察其道德品质。《论语·学而》中子曰："其为人也孝弟，而好犯上者，鲜矣；不好犯上，而好作乱者，未之有也。君子务本，本立而道生。 孝弟也者，其为仁之本与！"为官从政，较高的目标是能够实行仁政，较低的要求是能够服从上级，这种"仁"的品质基础，在于孝。人有孝悌则不好犯上，不好犯上则不会作乱。 在家孝顺的人，在朝必定能够忠诚。 因此，一个看起来与从政无关的孝悌品质被视为选官的首要条件，而孝廉成为道德水准最基本的标识。

道德品质必须基于长时间的观察了解。 只有长期接触，才会看到人的本质，接近于本性的特征。 东汉地方的流动性很小，百姓世代聚族而居，乡党乡亲彼此非常了解，宗族乡党的品评意见成为人才选拔最主要甚至是唯一的凭证。当然，乡党意见、乡间评议主要来自地方上世家大族中的一两个代表人物。 他们大多富有学养，家族具有声望，即使无官无职，他们品评人物的意见，也多具有说服力、可靠性。 官府选拔人才，相当尊重他们的意见，所谓"天下言拔士者，咸称许、郭"。 许劭与许靖"俱有高名，好共核论乡党人物，每月辄更其品题，故汝南俗有'月旦评'焉"[2]。"品题"，即给被评议的人写评语。 许劭与许靖，有名当世，长于品评乡党人物，评语每个月都有更新内容，以至形成"月旦

---

① 司马彪《后汉书志》第二十四《百官一》，《后汉书》，北京：中华书局 1965 年，第 3559 页。

② 《后汉书》卷六八《许劭传》，北京：中华书局 1965 年，第 2234 页。

评"习俗。 当时的郭太亦善品鉴人物。《后汉书·郭太传》曰："其奖拔士人，皆如所鉴。"①注引谢承书曰："泰（郭太）之所名，人品乃定，先言后验，众皆服之。"于此可见，当时的乡间评议确实具有可靠性、可信性，而其他地方，虽然不一定有许、郭这样的大名士，但乡间清议的模式应该是相同的。 所以唐长孺说："乡间之议实在掌握在那几个批评专家手中，如要求名必先得他们的捧场。郭泰、许劭名望大了，批评对象更广泛及于全国，但一州一郡亦是如此，汝南月旦便是一个例子。 他处虽不一定有每月的评定，其由一二人主持则大概相似。"②九品中正制实施之前，乡举里选已有很长的历史和社会普遍性。

魏文帝时实行九品中正制，设"中正"官主持州郡人才选举，实际上是汉代察举传统的延续。 汉末动荡，士流播迁，人口流动，正常的乡间清议难以为继，不得已设置中正官来主持选举工作。《通典》卷十四《选举二》按曰："九品之制，初因后汉建安中天下兵兴，衣冠士族多离本土，欲征源流，虑难委悉"③；"人士流移，考详无地"④。 曹操时期的用人主要源于军队系统。 用兵既久，唯以军功授官，人才多自行伍杂进，"郎吏蓄于军府，豪右聚于都邑"⑤。攻城略地之际，曹操急需用人，自是不拘德才兼备的标准，唯才是举。

动荡时代，可以根据军功来授官，但平治时期政府必须尽快恢复正常的官员选拔制度。 在正常的官员选拔渠道不畅的时候，士人为了寻找入仕的机会，纷纷涌入京城。 士人进入京城，朝廷却无从了解这些流入士人的"源流"，本籍的宗族乡里也无法了解这些流出士人离开本地后的具体情况，而且衣冠士族离开本土，主持乡议的人也难找。 曹魏于是创立九品中正制，设立中正官主持乡议，重新恢复往日州郡的察举制。⑥ 另一方面，东汉察举官员依赖地方上的评议，历史既久，地方上的世家大族，特别是这些家族中的一二名士，获得了品评人物的

---

① 《后汉书》卷六八《郭太传》，北京：中华书局 1965 年，第 2226 页。

② 唐长孺《九品中正制度试释》，《魏晋南北朝史论丛》，石家庄：河北教育出版社2000 年，第 85 页。

③ 《通典》卷十四《选举二》，北京：中华书局 1988 年，第 327 页。

④ 《晋书》卷六三《卫瓘传》，北京：中华书局 1974 年，第 1058 页。

⑤ 《晋书》卷四六《李重传》，北京：中华书局 1974 年，第 1310 页。

⑥ 《通典》曰："魏文帝为魏王时，三方鼎立，士流播迁，四民错杂，详核无所。 延康元年，吏部尚书陈群以天朝选用，不尽人才，乃立九品官人之法。 州郡皆置中正，以定其选，择州郡之贤有识鉴者为之，区别人物，第其高下。"《通典》卷十四《选举二》，北京：中华书局 1988 年，第 326 页。

权威，影响着地方上的人事选拔。曹魏实行九品中正制，也有抑制乡间评议并将评议人物的权力掌握在中央手中的企图。

于是"中正"官主持州、郡选拔工作。州置"大中正"，郡置"小中正"。"各取本处人在诸府公卿及台省郎吏、有德充才盛者为之，区别所管人物，定为九等。"①人才共分为九个等级，上、中、下三等之中再分上、中、下三等。

中正官评定品第，大体有"簿世"、"状"、"品"三个步骤。簿世，即家世的记录。中正官首先审核被推举对象的家世情况，如祖上勋位等，确定其等第。状，即行状。对人才的个人表现，才德情况，中正官需要加以审核。品，即确定品第。中正官根据行状，参考家世，最终定其等级。这样吏部任命、升降官员时，即以品、状、簿世，作为授受调整官职的参考依据。中正品第较高的人，一般担任的官职也较高；中正品第发生变动，官职也将相应做出调整。

九品中正制设计本意在于实事求是地评价人才优劣，使官员选拔晋升能有一个准确公正的依据，摆脱士族和少数高官对官职的垄断，故沈约说："汉末丧乱，魏武始基，军中仓卒，权立九品，盖以论人才优劣，非为世族高卑。"②但实施过程中，仍不免听命于士族，士族在政府官僚机构中仍然占据优势地位。

尽管九品中正制存在许多弊端，但它还是实施了三百多年。能够持续如此长的时间，说明了这一制度在当时历史条件下的可行性，也隐含着它对于加强中央集权的重要意义。钱穆特别指出九品中正与东汉察举本质上的差异：

一是"州、郡察举之权在地方官，而州大中正则为中央官之兼职。故士庶求出身者，于察举制度下必须归于地方，而在中正制度下则须奔集中央"。

二是"州、郡察举只为士人进身之初步，至于以后在官职位之升降与转移，则与察举无关。九品中正于各本州人士，无论已仕、未仕，皆以入品。如是则官位之升降，乃不系于居官服务之成绩，而操于中正之品状"③。

这两点都与加强中央集权有关。原先的地方察举，特别是乡间评议均归乎地方，中央无法直接介入，但官员入仕的关口，现在中央可以通过设置中正官而得到控制。选拔什么人做官固然重要，但更重要的是授官的权柄中央必须握在手中，不能继续旁落，通过以中正官取代乡里名士主持乡议，瓦解了世家大族通

① 马端临《文献通考》卷二九《选举考一》。
② 沈约《宋书·恩幸列传序》，北京：中华书局 1974 年，第 2301 页。
③ 钱穆《国史大纲》，北京：商务印书馆 1996 年，第 297 页。

过把持乡议而形成的势力。

隋代废除了九品中正制，实施科举。 科举即分科举人，即地方与朝廷通过一定的考试形式选拔人才。 科举兴起于隋文帝，兴盛于唐代，宋、明、清虽然在考试形式、内容等方面都有一些变化，但科举制度的本质没有变化，它的功能没有变化，主要是通过考试手段选拔朝廷所需要的文官。

3. 对人才的认识

中国传统时代，官员的选拔制度对社会风俗产生了非常重要的影响。 中国是政教合一，士人读书学成之后从事其他职业的途径极少，主要就是做官，所谓"学而优则仕"。 做官可以享有一定的社会地位和经济好处，在平民百姓看来，它既是读书的目的，也是读书成功的标志。 安排出类拔萃的读书人做官，成了朝廷对读书人的奖励。 东汉朝廷最初以茂材异能访人才，以孝子廉吏奖风俗，本有通过人才的选拔劝导人心、推行名教的用意，但如此一来，读书与功利的联系更加直接紧密了。 更值得注意的是，读书，这一本来应当作为知识探索的准备，作为追求知识与真理的路径，就显得非常模糊了。 传统的精英教育本质上只是文官培训的组成部分，而不是培养追求真知人才的园地。 后来学者反对士人片面追求功名，正是试图恢复读书作为知识学习以及国民教育的本来面目。

官僚制对人才的选拔，促进了对人本身德行能力的反思。 东汉光武帝时界定人才品行，有所谓四科取士，四科包括："一曰德行高妙，志节清白；二曰学通行修，经中博士；三曰明达法令，足以决疑，能案章覆问，文中御史；四曰刚毅多略，遭事不惑，明足以决，才任三辅令。 皆有孝弟廉公之行。"[①]另外，茂材则包括淳厚、质朴、谦逊、节俭等四行。 不难看出，朝廷用人虽然强调德行，但已经根据官员的职能要求来确定用人标准。 司法是最容易专业化的职位，因此对"明达法令"提出了具体的要求。 地方治理非常繁杂，要求官员具有非常全面的综合能力，古人根据长期的经验，概括出地方官员须具备"刚毅多略，遭事不惑，明足以决"的重要能力。 职事与官员能力之间，古人已经形成了一定

---

① 司马彪《后汉书志》第二十四《百官一》，《后汉书》，北京：中华书局 1965 年，第 3559 页。

的衔接。

道德观察相对来说比较容易，与人物较长时间的密切接触，常人均可以了解其道德品行。但是，结合政治、行政方面的才能综合起来考察却比较困难。东汉人物品评中已经表现出对人物的卓越才能、发展潜质的洞察。从一个人青年时代的表现来推定其未来数十年的发展，这需要观察人物的"本性"、"性"。东汉名士标榜的识人眼光所谓"识鉴"，主要是对人本性方面的洞察。才性，是"识鉴"洞察最重要的内容。

魏晋时期，《人物志》的出现以及才性方面的讨论，实是东汉人物品评在理论上的延展。汉魏以来，人们一直努力地探索如何培养、鉴别、选拔以及考核官员。大体而言，随着对人的德行、素养、才能的认识，对官员的选拔标准也日益完善，办法也趋于严密。

魏文帝时，刘劭曾制定"都官考课法"七十二条及《说略》一篇；明帝时，又撰写《新律》十八篇。他后来的《人物志》是对东汉以来人物品评所积累的经验与知识的总结，也是这一传统进一步的理论发展。《人物志》很可能是《都官考课》所附《说略》的扩展，至少是相关联的著作。两者的根本问题都是怎样识别人物，什么人物适合于做什么官，能起什么作用。这些问题继续发展，便演变成为后来"才性四本"的讨论。钟会撰有《四本论》。

《人物志》首先探讨了能否准确地洞察人的才性的问题，回答是肯定的。他说：

> 盖人物之本，出乎情性。情性之理，甚微而玄，非圣人之察，其孰能究之哉？凡有血气者莫不含元一以为质，禀阴阳以立性，体五行而著形，苟有形质，犹可即而求之。[1]

人的才性总是会通过形容、声色、情味等形质体现出来。他说：

> 木骨，金筋，火气，土肌，水血，五物之象也。

---

[1] 李崇智《人物志校笺·九征》，成都：巴蜀书社 2001 年，第 15 页。

又说：

> 是故骨植而柔者,谓之弘毅。弘毅也者,仁之质也。气清而朗者,谓之文理。文理也者,礼之本也。体端而实者,谓之贞固。贞固也者,信之基也。筋劲而精者,谓之勇敢。勇敢也者,义之决也。色平而畅者,谓之通微。通微也者,智之原也。五质恒性,故谓之五常矣。①

可见：

> 木骨,对应弘毅,仁
>
> 火气,对应文理,礼
>
> 土肌,对应贞固,信
>
> 金筋,对应勇敢,义
>
> 水血,对应通微,智

人的道德素养，所谓仁义礼智信，都与他的个性特点紧密相连，而且对应着木骨、金筋、火气、土肌、水血等五物，其中反映出人的身心与气质、才能之间的关系，类似寻找气质素养在生物学上的基础。显然，刘劭还带有汉代所特有的比附思维的特点，即把事物的某些特征都纳入五行的框架。尽管我们无法找到这个框架的事实依据，不过这并不会削弱他在著作中对人的才性表现出敏锐的洞察。

今天评价人物往往注重其品质、才能、气质方面出类拔萃的特征，但刘劭认为，最好的品质，实际上是诸多因素的中和、中庸。他说：

> 凡人之质量,中和最贵矣。中和之质,必平淡无味,故能调成五材,变化应节。是故观人察质,必先察其平淡,而后求其聪明。②

---

① 李崇智《人物志校笺·九征》，成都：巴蜀书社 2001 年，第 22 页。
② 李崇智《人物志校笺·九征》，成都：巴蜀书社 2001 年，第 17 页。

他提出"中和最贵"，实际上是针对选拔官员的目的。因为"中和"之质，才具有"调成五材"的潜质。仁慈、勇敢、智能这些特质太突出，只是"偏至之材"，其他条件跟不上，实际上就难以成就。所以他一再强调本性中庸的特征：

> 故诚仁，必有温柔之色；诚勇，必有矜奋之色；诚智，必有明达之色。……然皆偏至之材，以胜体为质者也。故胜质不精，则其事不遂。……是故中庸之质，异于此类。五常既备，包以澹味。五质内充，五精外章。是以目彩五晖之光也。[1]

中庸之质，很大程度上就是综合素养，而不是某一方面突出的才能。这一认识非常切合那些治理很大地方的官员、总理中央枢机的官员的实际。当然，德行才性不同，可以列出一个序列。

> 九征（神、精、筋、骨、气、色、仪、容、言）皆至，则纯粹之德也。九征有违，则偏杂之材也。三度不同，其德异称。[2] 故偏至之材以材自名，兼材之人以德为目，兼德之人更为美号。是故兼德而至，谓之中庸。中庸也者，圣人之目也。具体而微，谓之德行。德行也者，大雅之称也。一至谓之偏材，偏材，小雅之质也。一征谓之依似，依似，乱德之类也。一至一违，谓之间杂。间杂，无恒之人也。无恒、依似，皆风人末流。[3]

从圣人到风人末流，形成了一个序列——中庸、德行、偏材、依似、间杂等，反映出包括刘劭在内当时人们对人的理解。当然，今天可以把它看成依据人的德行才能加以分类的模型，在这里，德行得到了充分的强调。

刘劭《人物志·流业》篇把历史上人物归为十二类，每一类都有鲜明的特征：

> 盖人流之业，十有二焉。……夫德行高妙，容止可法，是谓清节之家，

---

① 李崇智《人物志校笺·九征》，成都：巴蜀书社 2001 年，第 29 页。
② 刘昞注："偏材，荷一至之名；兼材，居德仪之目；兼德，体中庸之度。"
③ 李崇智《人物志校笺·九征》，成都：巴蜀书社 2001 年，第 34 页。

延陵、晏婴是也。建法立制，强国富人，是谓法家，管仲、商鞅是也。思通道化，策谋奇妙，是谓术家，范蠡、张良是也。兼有三材，三材皆备，其德足以厉风俗，其法足以正天下，其术足以谋庙胜，是谓国体，伊尹、吕望是也。兼有三材，三材皆微，其德足以率一国，其法足以正乡邑，其术足以权事宜，是谓器能，子产、西门豹是也。兼有三材之别，各有一流。清节之流，不能弘恕，好尚讥诃，分别是非，是谓臧否，子夏之徒是也。法家之流，不能创思远图，而能受一官之任。错意施巧，是谓伎俩，张敞、赵广汉是也。术家之流，不能创制垂则，而能遭变用权，权智有余，公正不足，是谓智意，陈平、韩安国是也。凡此八业，皆以三材为本，故虽波流分别，皆为经世之材也。① 能属文著述，是谓文章，司马迁、班固是也。能传圣人之业，而不能干事施政，是谓儒学，毛公、贯公是也。辩不入道，而应对资给，是谓口辩，乐毅、曹丘生是也。胆力绝众，材略过人，是谓骁雄，白起、韩信是也。凡此十二材，皆人臣之任也。

包括了德、法、术三材，三材皆备者，三材微弱者，清节之流，法家之流，术家之流，另外还有文章之士，儒学之士，口辩之士，骁雄之士，共计十二种人才。总体而言，围绕着国家政治和社会治理，以历史人物为例，概括了相应人才的能力和品行特征，虽然有可讨论之处，但对于人才的认识是得到了深化。

汉末名士热衷于品评人物，曹操主张唯才是举，都重视人物的才性。刘劭《人物志》中亦涉及人的才性。《三国志》卷二二《卢毓传》曰："（卢）毓于人及选举，先举性行，而后言才。 黄门李丰尝以问毓，毓曰：'才所以为善也，故大才成大善，小才成小善。 今称之有才而不能为善，是才不中器也。'丰等服其言。"李丰任黄门郎在明帝初②，可见此时士人已有论说。 但集中起来对这一问题进行探讨，并且形成较为明确的观点，则是在嘉平时期（249—253）。《世说新语·文学》第 5 条注引《魏志》曰："（钟）会论才性同异，传于世。 四本者：

---

① 通行本作"轻世之材"，孙人和谓"轻当作经"，龙溪本作"经世"，见李崇智《人物志校笺》，成都：巴蜀书社 2001 年，第 69 页。 然《四部丛刊》涵芬楼景印明正德本作"轻事之材"。

② 见《三国志》卷九《夏侯玄传》注引《魏略》，北京：中华书局 1959 年，第 301 页。

言才性同，才性异，才性合，才性离也。尚书傅嘏论同，中书令李丰论异，侍郎钟会论合，屯骑校尉王广论离。"王广为王凌之子，嘉平三年（251）王凌谋废帝遇害，王广并被诛。① 嘉平四年（252）李丰任中书令，正元元年（254）因事被诛。② 由此可知，才性问题的讨论大致集中在嘉平年间，大约就是在这一时期，钟会撰《四本论》，并欲请嵇康一阅。

嵇康《明胆论》是他与吕安有关人才辩论的成果。吕安的观点是"人有胆可无明，有明便有胆"，而嵇康的看法则是"明胆殊用，不能相生"。在《明胆论》中，嵇康用"气"的概念来讨论明与胆的关系，认为明与胆都源自于气，禀气不同，则明胆相异。他说："元气陶铄，众生禀焉。赋受有多少，故才性有昏明。"才性明胆均与秉承元气的多少有关。而人的"五才存体，各有所生。明以阳曜，胆以阴凝"，明为阳气，胆为阴气，二气不同，因此明胆不能相生。对于多数人而言，明胆二气不能均衡，"或明于见物，或勇于决断"，"唯至人特钟纯美，兼周外内，无不必备"。在当时的思想体系中，嵇康的这种解释有一定的合理性。

魏晋时期，随着人的自觉，人们对于人的品德才性的讨论更多了。官僚体制的发展也大大激发了人们的思考。汤用彤说："玄学统系之建立，有赖于言意之辨。但详溯其源，则言意之辨实亦起于汉魏间之名学。名理之学源于评论人物。……圣人识鉴要在瞻外形而得其神理，视之而会于无形，听之而闻于无音，然后评量人物，百无一失。此自'存乎其人，不可力为'；可以意会，不能言宣（此谓言不尽意）。故言意之辨盖起于识鉴。"③玄学为才性的讨论提供了方法上的引导。

---

① 见《世说新语·贤媛》第 9 条注引《魏氏春秋》曰："王广字公渊，王凌子也。有风量才学，名重当世。与傅嘏等论才性同异，行于世。"又引《魏志》曰："广有志尚学行，凌诛，并死。"

② 见《三国志》卷九《夏侯玄传》注引《魏略》，北京：中华书局 1959 年，第 301 页。

③ 汤用彤《言意之辨》，载《魏晋玄学论稿》，上海：上海古籍出版社 2001 年，第 24、25 页。

4. 信 仰

强有力的统治总是基于成熟的官僚体制，而官僚体制的维系依赖于多种因素，如官员职级的升迁、俸禄、价值观、习俗、固有情感等。 其中，观念的维系，特别是忠诚信念，是最基本的因素。

忠诚可以视为对于对象的全面责任，这种责任意味着在任何情况下，他都不会损害对象的利益，并且始终以对象的意志为自己行动的准则。 当然，在现实的政治传统中，忠诚显得非常复杂，它是情感、习俗与观念的混合体。 如《左传·僖公九年》载荀息曰："臣竭其股肱之力，加之以忠贞。 其济，君之灵也；不济，则以死继之。"公曰："何谓忠贞？"对曰："公家之利，知无不为，忠也；送往（先君）事居（新君），耦俱无猜，贞也。"荀息将为君死，或劝无益也。荀息曰："吾与先君言矣，不可以贰。 能欲复言而爱身乎？ 虽无益也，将焉辟之？ 且人之欲善，谁不如我？ 我欲无贰，而能谓人已乎？"

上古的忠诚与现代一般职业的忠诚观念有着很大的差别。 现代职业领域，一般而言，不会要求针对某个人、某个上级的忠诚，而是强调在与职业相关的事务上保持忠诚的态度，且通常都有明确的限定范围。 但中国古代的忠诚，特别是对君主的忠诚，并非是局限于某一领域的特定关系，而是在忠诚原则要求之下无条件的、绝对的服从，甚至付出自己的生命。《国语·越语下》范蠡曰："为人臣者，君忧臣劳，君辱臣死。"正如春秋晋国荀息那样，即使死而无益，但出于忠义，荀息也义无反顾地实现了自己的诺言。

当然，这种绝对的、无条件的忠诚，通常是以某种较弱的形式出现。 如春秋时鲁国季文子卒，家无私积，"君子是以知季文子之忠于公室也"①。 晋国赵宣子能够进谏，"以谏取恶，不惮死进"，也被认为是忠。② 尽管存在各种较弱的形式，但这种关系模式的本质并没有多少改变，就是忠臣完全从君主的利益出发，而不考虑个人得失。 忠诚的本质可能仍然是一种交换，社会学家强调，官员所获得的俸禄不能把它看作像工人那样的有偿劳动所付的报酬，官员职位需要

---

① 《左传·襄公五年》。
② 《国语·晋语六》。

忠于职守，而给予的则是官员有保障的生活。① 如果是为君主献身，按照忠诚的学说，那么他的身后必然会获得巨大的荣誉，子孙获得官方的照顾。 正因此，为了赢得未来士兵的忠诚，国家对于那些过往牺牲的将士一定要给予最高的礼遇。

历代思想家、政治家的学说中，始终强调官员对于君主的这种忠诚，官员德行的核心内容就是忠君。《管子·君臣上》中认为忠臣就是"上尽言于主，下致力于民，而足以修义从令"。 这些观念深刻影响了官僚体制中官员的基本思想。甚至明代，燕王朱棣强召方孝孺草拟即位诏书，方孝孺仍以建文帝之臣的身份坚意不从，直至被诛十族，充分体现了传统的忠臣观念。

但是，忠君常常会遇到一个问题：当君主不值得忠时，即忠君原则与君主对臣下不合理、荒谬的命令之间存在矛盾时，怎么办？ 这种冲突会给忠诚原则带来危机。 方孝孺的忠君历史上就被质疑为愚忠。 愚忠，"忠之过者"。 王廷相以为，忠君而"至于覆宗，义固得矣，如仁孝何哉"②？ 这是说忠君原则与仁孝原则发生了冲突。 但忠君原则，就其本义而言是无条件的、绝对的爱。 它强调的是一个人的内心完全被忠诚的对象所占据，他时刻为君主着想，殷勤地实现君主表达或尚未表达的愿望，不惜一切代价执行君主的意志、命令、要求，在必要时也会以死劝谏君主，等等。 忠诚者以一种完全的服从与付出，期待在德行上并且仅仅是德行上的全面回报。 所以，在传统领域中，绝对的、无条件的忠诚可以实现德行上的崇高，而现代职业领域中，忠于职守因其限定性、局部性，总体上来说只是一种职业道德。 绝对性构成了古今忠诚信念的重要差异。

忠君，显然是上古时代流传下来的价值观。 当时的政治体很小，作为君主的家臣，臣子更多处理的是君主的家事，因此完全奉行忠君原则在实践上是可行的。 然而耐人寻味的是，这一价值观在先秦及整个传统时代都受到推崇，成为普遍的重要道德原则。 在情感方面来说，绝对忠诚本身就令人感动。

后世的忠诚观念一直在缓慢地发生着变化。 忠诚者身份的变化会引起忠诚观念的变化。 早期所谓官员主要是皇室事务管理者。 后世政治体越来越大，越

① 参见［德］马克斯·韦伯《经济与社会》下卷，林荣远译，北京：商务印书馆1997年，第281、289页。

② 参见《国榷》卷十二。

来越复杂，君主的家臣逐步分离演化成为外朝事务的官员，他们开始着手处理国家行政事务，而不是皇室的家务事。 作为朝廷的官员，他们显然超越了皇室家臣的身份，此时固然需要对君主、皇室负责，但更直接、更关键的是他们必须对社稷天下负责。 在一个扩大了的政治领域中，传统的忠君观念仍然在发挥作用，但官员的身份有了变化，社会政治条件有了变化，忠诚作为一种价值观也不得不发生变化。

早期政治共同体内部，忠诚作为强烈的情感，与理智没有太多直接的关联；而后期政治体异常庞大，对王朝的忠诚更像是一种责任，理智判断不断加入并形成一定的联系。 也就是说，一位英明的君主更能够激发广大臣民普遍的忠诚，但昏庸无能的君主则有可能影响到臣民普遍的忠诚信念。

当然，就忠诚作为一种强烈的情感而言，它并不是基于理智判断而形成的动机，特别是在早期政治体更多保持血缘家族关系时，忠诚更是某种绝对的、无条件的、能够激发一系列行动的情感。 但在后世复杂庞大的政治体中，臣民不可能保持传统家臣式的忠诚，早期忠君的信念此时不能不在理论与实践上受到质疑，坚持旧式的忠君行为将会面临很大的困难。 随着社会文化的发展，官僚阶层内部的血缘亲密关系已经大为减弱，官僚阶层普遍受过良好的教育，行政领域乃至日常生活中都会包含基本的理智判断，他们很自然地会对君主明智还是昏庸的决策做出自己的判断，这些判断与他们内在的忠诚信念有着一定的相关性。

也就是说，传统时代官员对王朝的忠诚与王朝是否明智总是有着连带关系，一个昏庸的指令可以颠覆朝廷行政官员的内在忠诚。 尽管劝谏君主同样被认为是忠诚的表现，但在实际操作中，这会有很大的风险。

后世思想体系中，如果不考虑社会因素的变迁而过分强调传统的忠君模式时，就会形成理论上不能否定而在实践领域中却难以践行的"原则"，这不仅会导致忠诚的虚假化，使其沦为表面化的政治姿态，而且也使真正的忠诚信念在现实政治领域中失去了自身应有的地位。 在具有很高文化水准与反思能力的官员阶层中，当君主形象受到现实因素的挑战时，以君主为中心的忠诚说教，无疑显得空洞虚假，适得其反。 所以，在中国历史后期，一方面正统观念始终强调官员的忠诚，忠于职守；但另一方面也使人看到，官员普遍缺乏忠诚，贪污腐败，徇私枉法，人格虚伪，这并不是忠诚价值观的错误，而是基本的忠诚需要一个合理的、具有充分说服力的起点。

任何统治都需要依赖物质利益、情感以及价值合乎理性等诸多因素加以维持，还必须激发人们的合法性信仰。但中国传统的统治合法性问题非常复杂。家臣忠于主人本是一种牢固的情感维系，但在一个高度扩展的政治领域中，旧式的忠心耿耿已经不能承担新的合法性维系，它需要更新，必须用抽象的、理论上圆满的对象替代现实领域中容易遭受质疑的君主，这个新形象就是国家。绝对的忠诚源于绝对的抽象。抽象化、理想化的形象能够在最普遍的程度上激发人们忠诚的情感。传统时代，对一个暴君的忠诚实际上部分包含着对于王朝社稷的忠诚，君主与社稷、国家总是混合为一，但这一忠诚的观念非常模糊含混，人们并没有意识到在新形势下需要对传统的忠君观念重新阐发，重新进行理论与实践的深度建构。总之，中国传统时代，国家忠诚观念始终没有充分独立出来，如此一来，就很难围绕国家形象激发国民普遍的忠诚态度，晚清时期国家动员不力与国家忠诚信念缺乏培养密切相关。我们近现代的国家意识实际上是受到西方观念影响而逐步形成的。

第九章

新旧政治观念的冲突

官僚体制的发展显然遇到了阻力。 这种阻力，一是来源于政权更迭时，如何获得合法性的问题。 当一个政权不能宣示自身统治的合法性时，它的整个体制实际上就会受到抵制。 由于夺取政权方式的某种"不当"，魏晋政权的合法性存在问题。 这影响到皇权自身的发展。 天下乃神器，汉魏"禅让"一开，皇权的神圣性消失了，它预示着随后夺权的斗争会日益频繁。 更关键的在于政权合法性存在危机的地方，统治手段往往会趋于残酷。 它只有通过残暴强制来实现政权的稳定。

二是魏晋士族中流行的玄学对于官僚体制的抵制。 玄学是一个复杂的思潮，但至少它在政治上体现了通过阐扬老庄思想，恢复古老的朴素政治的主张。

东汉以来，士族通过保持自身文化和政治上的地位，不断扩大自身的影响。他们重视家学门风，重视读经，并且常常在地方上主持乡间评议。 再加上"四世三公"这样的政治优势，士族往往成为能够与皇权相抗衡的力量。 由于政局的混乱、北方民族的侵扰，皇权在根本上不得不向士族让步，依靠士族的宗族力量，保卫自己的政权。"门阀士族势力得以平行于皇权或超越于皇权。"皇权政治由此演化为门阀政治，并维持了一个世纪之久。①

士族在拥戴皇权的同时，又在一定程度上保持着自身的独立性，玄学可以视为士人游离于权力之外在思想方面的表现。 它反映出两汉发展起来的经学思想体系对于思想文化高度发展起来的个体吸引力下降。 从思想史的角度看，玄学是道家思想在魏晋南北朝新的发展形式，但它出现了一个耐人寻味的转向：从两汉的黄老之学转变为魏晋以后的老庄哲学。 对于已经游离在权力外围的士人而

---

① 参田余庆《东晋门阀政治》，北京：北京大学出版社 1996 年，第 343 页。

言，君人南面之术已经不重要了，重要的是对自我个体的关注。人们转向庄子思想中有关个体的理论，个体意识得以发展，而这个发展的过程正切合着皇权遭受削弱、门阀势力上升的现实政治过程。

1. 统治的合法性

权力的来源很大程度上决定着权力的性质，也决定着权力合法性的性质。中国古代虽然没有"合法性"这个词，但有"义"、"正义"、"命"等术语描述类似的性质。

刘邦的军队通过与秦王朝军队的武力对抗，又经历楚汉殊死之争获得政权，这一过程被认为是正当的。正义支持公开武力较量中获胜的一方。当然汉廷的合法性构建还包括了当时人们认为高祖刘邦成功的背后有着"命"、"天命"支持等因素。汉王朝虽然经历王莽篡权过程，但很快恢复正统并历时久远，前后四百年的历程使得汉廷的统治成为传统。"传统的权力有习惯势力在它的一边；它无须时时刻刻为自身辩护，也无须不断证明任何反对势力都没有力量把它推翻。而且它几乎总是和宗教的或准宗教的信念联系起来，目的在于表明反抗是不道德的。因此，传统的权力远比革命的或僭窃的权力更能获得舆论的支持。"[1]

在东汉皇权比较稳定时期，宗族以及一般士庶总是站在效忠皇权的立场上。尽管皇权与宗族势力存在着矛盾，但即使皇朝纲纪不立、政局不稳、社会动荡之时，宗族势力也不敢对朝廷轻启觊觎之心。皇室具有不可更改的合法性。汉和帝以后，朝政出现异常，公卿大夫面折廷争，布衣之士私议救败，都试图恢复皇权的政治秩序。甚至东汉瓦解，董卓入京，也试图"沙汰秽浊，显拔幽微"，整饬朝纲，延续汉祚，而不敢轻言取而代之。

曹操力翦群雄，建安后期实际掌握着朝政。以魏武之暴戾强伉，加有大功于天下，其蓄无君之心久矣，乃至没身不敢废汉而自立，岂其志之不欲哉？犹畏名义而自抑也[2]，只敢自况周文王。建安二十一年（216）春三月，曹操"亲耕籍田"。夏五月，汉献帝册封曹操为魏王。次年（217），夏四月，"天子命王

---

[1]　[英] 罗素《权力论》，北京：商务印书馆1991年，第25页。
[2]　《资治通鉴》卷六八"建安二十四年"司马光语，北京：中华书局1956年，第2174页。

设天子旌旗，出入称警跸"。 冬十月，"天子命王冕十有二旒，乘金根车，驾六马，设五时副车，以五官中郎将（曹）丕为魏太子"①。 以东汉皇室之虚弱，曹操功业之显赫，曹操仍然不敢贸然自代，可见东汉传统权力之深入人心。

在获得统治合法性方面，曹操无法与汉高祖刘邦相比。 秦末，各路豪杰都试图除掉暴秦，最终群雄逐鹿，刘邦夺取政权。 只有通过你死我活的武力对抗，才可能获得权力的正当性、合法性。 这是当时普遍的看法，《慎子》中所谓分未定则百人逐兔、分已定则贪者亦止的正义。 在一个王朝面临崩溃之际，所有豪杰都有相同的争夺天下的权利。《商君书》、《吕氏春秋》、《说苑》等都有类似的话，这说明"分定"的观念非常普遍，为人们所熟知。《后汉书·袁绍传》亦曰："世称万人逐兔，一人获之，贪者悉止，分定故也。"

在人们认为一个王朝还应该继续存在下去时，任何反抗者、叛逆者都不会得到同情，都会被认为不合法；但在人们认为一个王朝行将灭亡之际，反抗者、叛逆者又会被认为是正当的。 正如田余庆所说："以东汉为例，我们可以这样认为：宗族处在皇权的控制之下，如果皇权稳固，他们是皇权的支撑者；如果皇权式微，他们便力图匡复；如果皇权已经瓦解，回天无术之时，他们就会理所当然地成为新的皇权的角逐者。"②认为既有政权该灭亡了，而且应该有一个新政权出现，这是一种新信仰。 所以，武力夺取政权的成功，必定基于这种人心所向的力量。

尽管实际的过程中，出于种种策略上的考虑，角逐者可能不会从一开始就公开进行对抗，但角逐者都认识到了最重要的一点：当既有权力行将瓦解、崩溃之时，权力合法性的定义就重新回到了原点。 政权成了原野上自由跑动的兔或鹿，此时武力是拥有权力正当性最好的证明。 公开的、正面的武力对决是合法性的最重要来源。 像成汤、周武王、刘邦那样通过武力对抗，颠覆既有的王朝，获得统治权，之所以很快就得到人们的普遍赞同，正在于武力夺取政权中包含着最基本的正当性。 成者为王，败者为寇，用在这一背景中时，它包含着权力合法性的最基本原理。

但曹操始终是汉廷的丞相，他的作为只有站在东汉王朝的立场上时才具有正

①　《三国志》卷一《武帝纪》，北京：中华书局 1959 年，第 49 页。
②　田余庆《东晋门阀政治》，北京：北京大学出版社 1996 年，第 342 页。

当性；他挟天子以令诸侯，其军事行动也只有在捍卫东汉王朝时才值得肯定。正因此，当他借助汉廷的传统权力建立自己的王国时，就不可能正当、公开地向汉廷革命。革命就意味着他背叛了自己原初的立场，在根本上无法获得普遍的权力认同。曹操只能以阴险毒辣的方式对待自己虚弱的对手——汉献帝与伏皇后。史载：

> 自帝都许，守位而已，宿卫兵侍，莫非曹氏党旧姻戚。议郎赵彦尝为帝陈言时策，曹操恶而杀之。其余内外，多见诛戮。……董承女为贵人，操诛承而求贵人杀之。帝以贵人有妊，累为请，不能得。(伏皇)后自是怀惧，乃与父完书，言曹操残逼之状，令密图之。完不敢发。至十九年，事乃露泄。操追大怒，遂逼帝废后，……又以尚书令华歆为郗虑副，勒兵入宫收后。闭户藏壁中，歆就牵后出。时帝在外殿，引虑于坐。后被发徒跣行泣过诀曰："不能复相活邪？"帝曰："我亦不知命在何时！"顾谓虑曰："郗公，天下宁有是邪？"遂将后下暴室，以幽崩。①

司马氏夺取曹氏政权，同样采用了曹氏曾经的手段，阴谋和残杀，而不是公开的、生死对决的武力对抗。司马师逼魏太后废魏齐王芳，太后欲见师有所请说，郭芝曰："何可见邪？但当速取玺绶。"太后意折。后高贵乡公自讨司马昭，中护军贾充率众逆帝战于南阙下。帝自用剑，众欲退，贾充谓太子舍人成济曰："司马公畜养汝辈，正为今日。"成济即抽戈刺帝。②

　　曹、司马改变了古代取天下的法则，这使得不合法的政权成为可能。政治最根本的法则遭到破坏，变得没有规则，这是政治发展过程中的倒退。西晋通过如此阴险的手段篡夺政权，使得它的继承者也不相信这样的政权具有合法地位，能够深入人心并具有强大的凝聚力。《世说新语·尤悔》载：

> 王导、温峤俱见(东晋)明帝，帝问温前世所以得天下之由。温未答。

① 《后汉书·皇后纪》，北京：中华书局 1965 年，第 453、454 页。
② 参《三国志》卷四《三少帝纪》注，北京：中华书局 1959 年，第 130、144 页。

顷,王曰:"温峤年少未谙,臣为陛下陈之。"王乃具叙宣王创业之始,诛夷名族,宠树同己。及文王之末,高贵乡公事。明帝闻之,覆面箸床曰:"若如公言,祚安得长!"

武力对决的法则,五胡时后赵(319—351)石勒非常明白,曾谓:"朕若逢高皇,当北面而事之,与韩、彭竞鞭而争先耳。朕遇光武,当并驱于中原,未知鹿死谁手。大丈夫行事当礧礧落落,如日月皎然,终不能如曹孟德、司马仲达父子,欺他孤儿寡妇,狐媚以取天下也。"[1]三百年后,北周宣帝既丧,静帝幼冲即位,而隋文帝迫使北周禅让,故大唐英主太宗对这种没有通过武力对决而得天下的欺诈行为,深表轻蔑。他称隋文帝"又欺孤儿寡妇以得天下,恒恐群臣内怀不服,不肯信任百司,每事皆自决断,虽则劳神苦形,未能尽合于理"[2]。

曹操死后,曹丕登基,天下国家以一种被动"禅让"的形式实现权力的转移。"禅让"风气一开,自魏晋至梁陈,王朝更代"一依虞夏故事"。钱穆说:"曹家政权的前半期,挟天子以令诸侯,借着汉相名位铲除异己,依然仗的是东汉中央政府之威灵。下半期的篡窃,却没有一个坦白响亮的理由。魏武《述志令》自称:'天下无有孤,不知几人称王,几人称帝?'此不足为篡窃之正大理由。曹氏不能直接效法汤、武革命,自己做周文王,三分天下有其二;而其子依然不能做周武王,必做尧舜禅让;种种不光明,不磊落。总之,攘夺政权的后面,没有一个可凭的理论。"[3]禅让在这里,仅仅只是一个虚名,完全缺乏禅让的本质。缺乏合法性基础的政权,权力堂而皇之地被供奉在高高的宝座上,其背后各种阴险狡诈皆无所不用其极。

魏晋权力的更迭,对中国政治以及政治思想影响至深。它开创了在政权合法性缺乏或不足条件下掌握政权的模式。历史上有些时期篡夺成风,政权极不稳定,大唐之后的五代,五十三年间,改换了五个朝代、八个姓氏的十三个君主。异族入主中原,也会给统治合法性带来巨大的危机。内在合法性的缺失很难在政治上得到补救,它给统治者带来了两大忧虑:一是担忧自己登基缺乏足够的功德,无法获得臣民广泛强烈的支持,统治者缺乏内在的自信;二是担心自己

---

①　《晋书·载纪第五·石勒下》,北京:中华书局 1974 年,第 2749 页。
②　吴兢《贞观政要》卷一《政体》,上海:上海古籍出版社 1978 年,第 15 页。
③　钱穆《国史大纲》,北京:商务印书馆 1996 年,第 219 页。

的政权会被其他强大的势力随时取代。宋太祖赵匡胤无比担忧自己是五代之后第六个短命的王朝。内外两种隐忧，甚至是假想的担忧，汇聚在一起，使得它比具有充分合法性的政权更加偏执、猜疑，于是过激地采取一切措施，强力抑制一切力量，包括行政以及各种社会力量，致使整个社会极为虚弱，缺乏活力。专制体制则更加依赖高压、暴力的手段，试图通过引起臣民内心巨大的恐惧感而获得自身政权的安全保障。

2. 士族的世袭与忠诚

从整体上讲，魏晋南北朝时期中央集权的力量受到了削弱。衰退实际上从东汉末就开始了，社会动荡、外戚与宦官的争权、士大夫的党争等，都对中央集权的力量和稳定造成了巨大伤害。汉魏禅让、司马氏篡权，使得权力的神圣性、合法性大受影响；八王之乱、五胡乱华，使得中央集权力量进一步削弱。然而，与此同时，士族的势力普遍兴起。士族力量的壮大与皇权的衰退形成了鲜明的对比，致使两者之间出现历史上少有的抗衡、均衡态势，造成这一时期社会政治与思想文化的独特形态。

中国古代的许多社会势力都是以宗族形式存在的。西汉初期，朝廷中主要有宗室、功臣、外戚这三大势力，而三大势力都以家族形式出现。功臣在西汉前期即遭翦灭，同姓诸侯以及外戚虽然随着新皇帝的登基而不断出现，但也很容易在后来的皇帝手中遭到毁灭性的打击。这些势力极易兴盛，但也非常容易衰败，对中国政治很有影响但极不稳定，反而不及士族缓慢而持续的作用力。

在地方上相对比较安定的社会环境中，乡里豪族兴盛起来。从武帝到王莽时期，这些豪族交通王侯，经商致富。东汉时期，豪族大体形成了两种类型：一是世家豪族，他们世代在中央或地方为官；二是地方豪族，虽然不做官，但武断乡曲，在地方上极具势力。[1] 社会上的这些势力随着他们官场代理人朝中官位的提高，构成了和皇权相抗衡的力量。

东汉的一些世家大族进入魏晋之后，仍然能够保持门户，就成了魏晋士族。

---

① 参何兹全《中国古代社会》，《何兹全文集》第三卷，北京：中华书局 2006 年，第 1490、1500 页；《两汉豪族发展的三个时期》，《何兹全文集》第一卷，第 464 页。

还有一些寒门小族的精英，乘时而起，政治地位迅速上升，也成为魏晋士族的一部分。田余庆把前者称为"旧族门户"，后者称为"新出门户"。虽然只有少数几个东汉世家大族与魏晋士族有着渊源关系，但就社会阶层、社会构成的演变而言，"魏晋士族却是东汉世家大族发展的延续"①。

世家大族"能世其家"者，通常依靠三个因素，官位显赫、知识和财富。由此大体可区分出三种类型：一是累世居官的家族，如弘农杨氏，自杨震到杨彪，四世三公；汝南袁氏，自袁安到袁隗，四世三公，延至袁绍，五世三公。二是具有较高文化，以经学传家的世家大族。三是具有财富，以财富传家的大族。

现实中，政治、文化与经济三个因素总是结合在一起，并且财富与学识通常都是为做官服务。如弘农杨氏，杨震父亲杨宝习《欧阳尚书》，杨震从太常桓郁学《欧阳尚书》，后位至三公。杨震中子杨秉，"少传父业，兼明《京氏易》"。所传父业，正是《欧阳尚书》，又能精通《京氏易》。桓帝即位，杨秉以明《尚书》征入劝讲，后为太尉。杨秉子杨赐，"少传家学"，即学习自桓郁传下来的《欧阳尚书》。"建宁初，灵帝当受学，诏太傅、三公选通《尚书》桓君章句宿有重名者，三公举赐，乃侍讲于华光殿中。"后为司空、司徒、太尉。杨赐子杨彪，亦"少传家学"，后亦位至三公。史称："自震至彪，四世太尉，德业相继，与袁氏俱为东京名族。"而其中，经学正是其传家之宝，代代相传。唯独汉末社会变迁，杨彪之子杨修，虽有俊才，然不闻传其家学，而"所著赋、颂、碑、赞、诗、哀辞、表、记、书凡十五篇"，实为当时重要的文学家。②学风的变化于此可见一斑。

弘农杨氏的例子，还可以见出士族文化的提高得益于经学的传承与发展。汉武独尊儒术，士人即以经学为上，官家更是以经取士，习儒成为入仕之正途。时至东汉，上至君主，下至庶民，不论太学，还是民间，儒学均受到普遍的重视。光帝本身即王莽时代的太学生，军中犹且"投戈讲艺，息马论道"③，故其一代朝臣，亦多儒士。儒学影响到世家大族，世家大族逐渐知识化、儒学化。于是，"儒学、世家、豪族强宗结合为一体。豪族强宗子弟读书成为儒学士族，

---

① 田余庆《东晋门阀政治》，北京：北京大学出版社1996年，第330、331页。
② 以上所引俱见《后汉书·杨震列传》，北京：中华书局1965年，第1759页。
③ 《后汉书·樊宏阴识列传》，北京：中华书局1965年，第1125页。

儒学士族做官扩大家族财产成为豪族强宗"①。 魏晋士族的重要特征是士族成员普遍具有较高的文化水准。

累世居官，强化了世家豪族的"世家性"。 一个刚刚兴起的家族与一个延续了五代的家族相比，两者的社会影响力通常都有明显的差异。 家族延续的世代能够"额外"提高家族的声望与政治地位，增强其地方性势力。 一个家族借助政治、文化、经济方面的优势而具有强大传世力量的特征，我们称之为"世家性"。 这是因其传统、传承而形成的声望与影响力，而不是通过当朝天子的授权、让渡而获得的权力。 没有人能够给予这种权力，它在很大程度上，超出了皇权系统之外，它是家族世代延续本身所获得的敬畏和认同。 理论上讲，皇权可以拒绝任命家族某个成员的官职，也可以撤销家族某个成员的职位，却无法在短时间内清除这个家族在地方上的势力。 正如钱穆所说："贵族世袭的封建制度，早已在战国、秦、汉间彻底打破。 然而东汉以来的士族门第，他们在魏晋南北朝时期的地位，几乎是变相的封建了。"②世家性与政坛变相的世袭性相联系，世家大族对朝廷重要的职位具有某种形式的垄断，正因此，世家大族获得了可与皇权抗争、抗衡的力量。 这种制衡，在某种形式方面是削弱了中央集权，但从另一方面来说，当朝廷与世家大族目标、利益一致，就可以倚重强大的世族力量，王朝的力量实际是加强了。 然而，从整个历史来看，王朝中央始终想抑制中间阶层，他们对贵族或者后起士族的猜忌在任何时刻都超过了信任。

在早期的政治格局中，"世袭性"是政治的保证。 政治上的忠诚与家族的延续结合在一起，这是现代政治中消失了的传统政治特征。 封建时代，政治上的忠诚于主要依赖于血缘；早期中央集权时代，王朝通过给予官员地缘与职位上的变相垄断权以获得其政治忠诚。 现代官僚体制禁止把职位视为个人财产，人们接受某一职位，意味着他只能按照法律法规完成这个职位所要求的工作，却不能在个人财物的意义上把职位视为己有。 现代官僚体制通过法律以及监督体制保证官员对于职位的忠诚。 但传统政治所需要的职位忠诚并不依赖类似现代社会所具有的详细且有效的监督体制，它有自身的传统——任职官员的家族荣誉。

---

① 何兹全《中国古代社会》，《何兹全文集》第三卷，北京：中华书局 2006 年，第 1498 页。

② 钱穆《国史大纲》，北京：商务印书馆 1996 年，第 296 页。

钱穆说："家族是中国文化一个最重要的柱石。 我们几乎可以说，中国文化全部都从家族观念上筑起，先有家族观念乃有人道观念，先有人道观念乃有其他的一切。"[①]不仅中国文化的许多观念是从家族观念中发源出来，而且政治忠诚的一般性保证也是从家族那里来的。 封地的政治保证是以家族对封地的世袭权实现的，两者相辅相成。 理论上讲，领主对封地的责任源于家族对封地的世袭权利；而家族的声望与兴盛基于对封地的统治权。 士族对于职位变相的垄断，与此性质颇有类似。 世族的声望基于其家族成员显赫的官位，而其成员职位上的忠诚是以整个家族的荣誉作为担保的。

直到实行科举考试，世家大族借助清议推荐等渠道而拥有的职位"尤先权"失去了，寒门士子凭借考试成功步入仕途，这在很大程度上打破了以往士族对于重要职位的垄断。 随着寒门甚至社会中下层士子通过科举担任职官，新的官僚阶层形成了。 其明显的特征一是他们普遍没有世家大族的背景，寒门士子背后的家族力量微弱了很多。 二是对于中央集权体制而言，新进士虽然是考试选拔出来的英才，但他在职位上，外在缺乏如现代体制上的法律监督，内在缺乏中古时代以家族声望所保证的忠诚，人们除了自觉信奉儒家思想所宣传的正统观念之外，缺乏其他的观念约束机制。 但由于科举的成功，他们也更容易把自己功名的获得看成皇帝、考官的恩准与赏赐，作为天子门生，在一定程度上形成了对君主的忠诚。 三是正由于官员仅仅只是皇帝恩准的官员，所以他们不太可能像士族官员那样对皇权形成足以平衡的制约力量。

后来的一些思想家强调方镇的积极意义以及职官与地缘（政治与空间）稳定结合的关系。 黄宗羲《明夷待访录·方镇》说：

> 今封建之事远矣，因时乘势，则方镇可复也。自唐以方镇亡天下，庸人狃之，遂为厉阶。然原其本末则不然。当太宗分制节度，皆在边境，不过数府，其带甲十万，力足以控制寇乱，故安禄山、朱泚皆凭方镇而起，乃制乱者亦藉方镇，其后析为数十，势弱兵单，方镇之兵不足相制，黄巢、朱温遂决裂而无忌。然则唐之所以亡，由方镇之弱，非由方镇之强也。是故封建之弊，强弱吞并，天下之政教，有所不加；郡县之弊，疆场之害，苦无已

---

① 　钱穆《中国文化史导论》，北京：三联书店 1988 年，第 42 页。

时,欲去两者之弊,使其并行不悖,则沿边之方镇乎?

中央集权已经实行上千年,但至明末,黄宗羲仍然强调在边疆地区实行方镇,这是颇耐人寻味的观点。时至明代,政治体制趋于专制,但统治不力,国力虚弱,边疆更是存在极大问题。故黄宗羲提出实行唐代的方镇制度,给予节度使充分的自主权,令其不仅拥有兵权,也拥有行政权,并且职位可以世袭,"许以嗣世"。此用意正在通过世袭职位以获得对王朝的忠诚,并且统一军政权以加强地方治理,增强边疆实力。

顾炎武的观点颇为类似,提出"寓封建之意于郡县之中"的原则,其《郡县论》曰:

> 知封建之所以变而为郡县,则知郡县之敝而将复变。然则将复变而为封建乎?曰不能。有圣人起,寓封建之意于郡县之中,而天下治矣。盖自汉以下之人,莫不谓秦以孤立而亡。不知秦之亡,不封建亡,封建亦亡,而封建之废,固自周衰之日,而不自于秦也。封建之废,非一日之故也。虽圣人起,亦将变而为郡县。方今郡县之敝已极,而无圣人出焉,尚一一仍其故事。此民生之所以日贫,中国之所以日弱,而益趋于乱也。何则?封建之失,其专在下;郡县之失,其专在上。古之圣人,以公心待天下之人,胙之土而分之国;今之君人者,尽四海之内为我郡县,犹不足也,人人而疑之,事事而制之。科条文簿日多于一日,而又设之监司,设之督抚,以为如此,守令不得以残害其民矣。不知有司之官,凛凛焉救过之不给,以得代为幸,而无肯为其民兴一日之利者,民乌得而不穷,国乌得而不弱。率此不变,虽千百年,而吾知其与乱同事,日甚一日者矣。然则尊令长之秩,而予之以生财治人之权,罢监司之任,设世官之奖,行辟属之法,所谓寓封建之意于郡县之中,而二千年来之敝可以复振。后之君,苟欲厚民生,强国势,则必用吾言矣。[1]

---

① 顾炎武《亭林诗文集·郡县论一》,《顾炎武全集》,上海:上海古籍出版社 2012年,第57页。

中央集权体制下的地方治理存在很大问题。最关键的问题在于中央监管，所谓"事事而制之"，地方无所适从。地方积重难返，官员很难作为，最大的希望是自己得到升迁。顾炎武以为，面对这种局面，唯一的解决办法就是："尊令长之秩，而予之以生财治人之权，罢监司之任，设世官之奖，行辟属之法，所谓寓封建之意于郡县之中，而二千年来之敝可以复振。"

"世官之奖"的意思与黄宗羲"许以嗣世"，大体一个意思，都是强调中央集权给予地方充分治理的权力，并且允许职位世袭，类同于封建世袭之意。这就是"寓封建之意于郡县之中"。有了世官、世袭，官员就会把自己的政绩与自己子孙的利益联系在一起，搞好地方治理相当于给予子孙一份产业，王朝的利益与官员个人的利益通过这种方式结合起来。这也是中古时期官员对地方的政治忠诚与其家族传承结合在一起的某种延续。当时的门阀家族基本垄断朝政要职，然而，官员为了保持其家族声望与荣誉必然会忠于职守。换言之，朝廷是通过给予世族声望而获得了官员的忠诚。

世官的措施，实际上只是通过利益来获得官员政治上的忠诚，它在特定历史阶段能够发挥一定的作用，但它仍然没有从根本上即人的信仰方面解决问题。因为政治共同体成员的忠诚只能通过信仰，通过共同的观念建立起来，不能完全依靠利益的交换。而这个信仰对象必须代表全体的利益，而不是代表部分成员的利益，代表天下利益的只能是天下，只能是国家。

3. 玄学与政治

玄学是魏晋南北朝时期形成的独特思想潮流。在很大程度上，可以说它是先秦道家思想在魏晋南北朝时期的新发展，它以偏离政治的方式与政治形成密切的联系。

这一时期政权交替频繁，政局不稳，内外动荡，士大夫颇有超脱于政局之外的念头，而此时庄子的思想正好适应了这种需求。先秦是道术、道家，汉初是黄老思想，至此一变而为老庄。道家、黄老，一脉相承，都是君人南面之术，从黄老而变为老庄则主要不再是统治术，而是士大夫个体超然物外、自我保全的策略。这是道家思想发展上的重要转变。

老庄兴盛，清谈流行，反映出两汉儒学观念体系上的某些不足。汉代儒学独尊，魏晋延续名教，士大夫为求名誉，不免矫情伪饰。而庄子著作中所展现的自由、自得的人生境界与现实中那种过分伪饰的行为形成鲜明的对比，率真自得、不拘礼俗的生活方式强烈吸引了一部分士人。玄学清谈成为当时玄学家追求闲逸、自由境界的路径。

儒学在深层的人格内涵方面，在人的才情识度方面的理论，已经不能满足魏晋士人的需要。如果说像杨震这样的家族，早期世代传经，人们满足的是笃实厚道地守着家传经义的那种人格形象，但到了魏晋时代，杨修似乎已经不再理会质木无文的经文，而是对"赋、颂、碑、赞、诗、哀辞、表、记、书"等文学感兴趣。木讷的经生转变为富有才情的文士；人生的追求已经从现世的功名扩展到整个生命的体悟；文化已经从狭窄的经学扩展到整个文化领域。这些转变的契机正在庄子。庄子以及玄学成为当时士人试图超越经学、保持恰当政治距离的一个选择。

汉初盛行黄老之学。陈平在少年时代就治黄帝、老子之术。又言："我多阴谋，道家之所禁。"①又"窦太后好黄帝、老子言，帝（景帝）及太子（武帝）诸窦不得不读《黄帝》、《老子》，尊其术"②。尽管汉武之世独尊儒术，但士人并没有中断对黄老道家的关注与研习。东汉以来，仍有不少士人研习黄老，既讲黄老，又兼修儒学，两者不悖。樊准的父亲樊瑞，"好黄老言，清静少欲"。樊准承家学，亦当能言黄老，少励志行，兼修儒术。邓太后临朝，儒学陵替，樊准上疏曰："昔孝文窦后性好黄老，而清静之化流景武之间。臣愚以为宜下明诏，博求幽隐，发扬岩穴，宠进儒雅，有如（赵）孝、（承）宫者，征诣公车，以俟圣上讲习之期。公卿各举明经及旧儒子孙，进其爵位，使缵其业。"③显然主张黄老清静之化与儒学明经之习同时并举。桓灵之世，社会动荡，部分士人有感于时世，崇黄老之术，引老子之义，韬光晦迹，全身远害，在出处进退之际，坚持道家恬退静默的精神。

但汉人提到《庄子》者不多。当然，他们并非不了解《庄子》。《淮南子》成书于汉武帝时，但其《原道》衍老，《俶真》述庄。杨树达以为《俶真》"此篇

① 《汉书》卷四十《陈平传》，北京：中华书局 1962 年，第 2038 页。
② 《史记》卷十九《外戚世家》，北京：中华书局 1982 年，第 1975 页。
③ 《后汉书》卷三二《樊准传》，北京：中华书局 1965 年，第 1125、1126 页。

全衍《庄子》之旨"①。可见,《淮南子》与《庄子》的关系很密切。又《淮南子》卷二一《要略》曰:"《道应》者,……考验乎老、庄之术,而以合得失之势者也。"此当是最早"老庄"并称的例子。

司马迁《史记》专为庄子作传,对其学术有着十分恰当的评价。《汉书》卷一百上《叙传》中说,班彪的从兄班嗣"虽修儒学,然贵老、严(庄,避汉明帝刘庄讳)之术"。此又一"老庄"并称的例子。桓谭欲借《庄子》书,班嗣不借。② 不过,桓谭最终还是读到了《庄子》。③

东汉马融也标举"老庄"。《后汉书》卷六十上《马融传》载,马融谓其友人曰:"古人有言:'左手据天下之图,右手刎其喉,愚夫不为。'所以然者,生贵于天下也。今以曲俗咫尺之羞,灭无赀之躯,殆非老庄所谓也。"此又一"老庄"并称的例子。

《淮南子·道应》篇虽然多引《庄子》,但其旨趣主要仍在老子。魏晋时期老庄并举,却是真正重视庄子。这与汉代情况颇有区别。贺昌群认为,尽管《淮南要略》以及班嗣书这两条史料皆涉及老庄,但"前者以祸福利害视庄子,后者以虚无旷达视庄子,皆与达生任性之旨不同";"东汉史籍中,在马融之前,未见有特标庄子达生任性之旨者"④。而汉魏以来,达生任性已在士人中颇为流行。

东汉时期,现实政治生涯的不如意,促使士大夫试图从《庄子》中发掘一种对生活方式的新理解。两汉之际的冯衍,在建武(25—55)末,郁郁不得志,退而作《显志赋》。将"神与物游"、"游精宇宙,流目八纮"的思想具体化到士人的现实生活之中,这确实是新鲜的想法,而且显然是从《庄子》那里得到的启发。⑤ 冯衍早于马融,仲长统生于马融之后,时已到汉末,在他那里,类似马融所表达的纵意逍遥、达生任性的思想阐发得更为清晰。抒其志曰:"消摇一世之

---

① 并见杨树达《淮南子证闻》卷一,上海:上海古籍出版社 1985 年,第 1、19 页。另参王叔岷《〈淮南子〉引〈庄〉举偶》,陈鼓应主编《道家文化研究》第十四辑,北京:三联书店 1998 年,第 364 页。

② 嵇康《高士传》亦列班嗣,文辞与《汉书》略同。见《太平御览》卷五百一十引,《四部丛刊》本。

③ 见《太平御览》卷六百二引《新论·本造》,《四部丛刊》本。

④ 贺昌群《魏晋清谈思想初论》,北京:商务印书馆 1999 年,第 21 页。

⑤ 见《后汉书》卷二八下《冯衍传》,北京:中华书局 1965 年,第 987、1001 页。

上，睥睨天地之间。 不受当时之责，永保性命之期。 如是，则可以陵霄汉，出宇宙之外矣。 岂羡夫人帝王之门哉! ”不仅崇尚老氏之玄虚，而且推崇庄子的至人“消摇一世之上，睥睨天地之间”的境界。① 这些形象不是汉代士人读黄老所容易联想到的，它们显然是受到《庄子》逍遥、神游等观念的启发。

概括地说，从冯衍到马融、仲长统，庄子从许多并列的历史人物中逐渐凸显出来，受到士人的重视；黄老作为统治术，强调清静自守、卑弱自持的观念逐渐转换为庄子思想的任性自然、游乎尘外的生命哲学；庄子的达生任性之旨逐渐为士人阐发出来。

在这种背景下，魏晋士人推崇老庄便成了十分自然的事情。 嵇康、山涛皆性好老庄，阮籍作《达庄论》，向秀、郭象为《庄子》作注，阐发庄生之旨。“老庄”一词逐渐流行起来，庄子的思想也为许多士人所熟知。 余嘉锡曰：“《抱朴子·汉过篇》曰：‘反经诡圣，顺非而博者，谓之庄老之客。’是老庄之学，在后汉之末已盛行。”②冯友兰也说：“汉朝人很少把老子和庄子并称，他们只说‘黄老’，不说‘老庄’。 到了魏晋时期，玄学家们就把老子和庄子并称，他们只说‘老庄’，不说‘黄老’了。”③总之汉魏之际，人们已从重视黄老转移到喜好老庄。

老庄作为一种生命哲学，开拓了当时士大夫对生命的理解。 如阮籍《大人先生传》中，大人先生曰：

> 与世争贵，贵不足尊；与世争富，富不足先。必超世而绝群，遗俗而独往，登乎太始之前，览乎汤漠之初，虑周流于无外，志浩荡而自舒。飘飖于四运，翻翱翔乎八隅。欲从肆而彷佛，混漾而靡拘，细行不足以为毁，圣贤不足以为誉。变化移易，与神明扶。廓无外以为宅，周宇宙以为庐，强八维而处安，据制物以永居。夫如是，则可谓富贵矣。④

① 并见《后汉书》卷四九《仲长统传》，北京：中华书局 1965 年，第 1644、1645 页。

② 余嘉锡《世说新语笺疏》，上海：上海古籍出版社 1993 年，第 21 页。

③ 冯友兰《中国哲学史新编》第四册，北京：人民出版社 1986 年，第 75 页。

④ 引文并见陈伯君校注《阮籍集校注》，北京：中华书局 1987 年，第 172—186 页。间用李志钧等校点《阮籍集》，上海：上海古籍出版社 1978 年。

不仅超越社会中是非善恶、贫富贵贱的区分，而且超越自然的时空，从而达到"遗俗而独往"、"与神明扶"的境界。这种想象性、比喻化的描述，反映了精神游历的旅程。换言之，社会是非善恶的准则都只有相对的价值，不能成为人们确然无疑的安身立命基础。只有以"道"、以"神"为根基，才能达到人生的最高境界。这一认识实际上与阮籍在《达庄论》中所表达的"齐祸福"、"一死生"、"以天地为一体，以万类为一指"的观念紧密相连。很显然，庄子哲学为士大夫游离于政治之外或栖息于政治边缘，提供了理论基础。

玄学主要围绕《易》、《老》、《庄》所谓"三玄"展开各种玄理探讨，内容相当广泛。钟情玄学的人主要是当时的名士。名士数人相约游赏雅集，讨论一些玄奥的问题。因为大多只是谈论，所以这样的玄学探讨，又称"清谈"。一般而言，玄学家与政坛关系并不密切，如嵇康、阮籍，或是无官，或是做官，但无心世事。也有玄学家，如何晏等人，因为各种原因，处于复杂的政治漩涡之中，与政局关系非常密切。但就玄学自身所追求的倾向而言，它试图与政治保持恰当的距离。实际上，玄学可以概括为这样一个问题，即能否有一种超越天下一统的政治格局的生活。当时士人努力尝试，并且如嵇康等人那样，确实形成了一种远离政治的生活方式，如闲居、隐逸，并为这种生活方式找到了传统的理论基础。玄学以远离政治的方式寻找到了一种政治立场。

4. 反抗体制

在官僚制的中央集权不断发展的进程中，我们看到了另一种潮流，尽管这一潮流并不明显，却若隐若现地始终存在，这就是对整个体制的游离或反抗的观念。当然，它并不是公开的对抗，却是以回避的形式提出抗争。这构成了中国政治观念的复杂性。也就是说，在集权体制试图网罗所有精英力量时，却有个别士人以一种难以拒绝的理由试图逃离那个无所不在的体制。

隐逸有着非常古老的传统。秦汉已有隐者，东汉时期隐逸者渐多，事迹在民间流传甚广。东汉初梁鸿与妻子"共入霸陵山中，以耕织为业，咏诗书，弹琴以自娱。仰慕前世高士，而为四皓以来二十四人作颂"①。说明四皓以来隐士的事迹已诉诸传记，播在人口。然而《汉书》中并没有专列《隐逸传》，陈寿由三国入晋，所作《三国志》也没有更多地留意隐逸人物，说明这一群体还没有引起史家的重视。

但汉魏以来，隐逸逐渐盛行，日渐受到关注，并引起士人相关的思考。阮籍撰《大人先生传》，其中大人先生无疑是高士的理想化身。嵇康的《圣贤高士传赞》，收录了相当数量的隐士，不仅有传，而且作赞，表达了作者景仰之情。这一著作很快引起后人的注意。晋初皇甫谧作《高士传》、《逸士传》，刘宋时周续之又为嵇康《圣贤高士传赞》作注。魏晋之世，上承汉末之风，隐迹山林的传统从未中断，隐者的声名高隆，备受士人推崇。南朝梁萧统不仅"爱嗜"陶渊明诗文，"更加搜求，粗为区目"，亲为撰序，而且仰慕其为人，称赞其志节："语时事则指而可想，论怀抱则旷而且真。加以贞志不休，安道苦节，不以躬耕为耻，不以无财为病，自非大贤笃志，与道污隆，孰能如此者乎！"②隐者至此引起了史学家的重视。范晔的父亲范泰生活在刘宋时期，他"尝以讲道余隙，寓乎逸士之篇"。并论曰："古者隐逸，其风尚矣。颍阳洗耳，耻闻禅让；孤竹长饥，羞食周粟。或高栖以违行，或疾物以矫情，虽轨迹异区，其去就一也。若伊人者，志陵青云之上，身晦泥污之下，心名且犹不显，况怨累之为哉！与夫委体渊沙，鸣弦揆日者，不其远乎！"③对隐士极为推崇。这对范晔当有影响，范晔《后汉书》新增《逸民传》，记录东汉隐居不仕的人物。此后正史专辟隐逸传一类遂成惯例。

尽管东汉时期隐逸已经成为一种社会现象，但对隐逸，观念上还缺乏明确的认识，或强调避世；或强调求仙问道；或强调性格清高；或以儒家思想为依据，以为《礼记·儒行》中有"儒有上不臣天子，下不事诸侯"之说而隐居守志；或

---

① 《后汉书》卷八三《梁鸿传》，北京：中华书局 1965 年，第 2766 页。王先谦曰："惠栋曰：鸿所作颂今不传，唯李善《文选》十九卷引梁鸿《安邱严平颂》，此其一也。"又曰："《文选》卷十三《雪赋》、卷十九《补亡诗》注并引梁鸿《安邱严平颂》，止'无营无欲，澹尔渊清'八字。"《后汉书集解》，北京：中华书局 1984 年，第 967 页。

② 萧统《陶渊明集序》，《梁昭明太子文集》，《四部丛刊》本。

③ 《后汉书》卷八三《高凤传》后论，北京：中华书局 1965 年，第 2769 页。李贤等注曰："委体泉沙谓屈原怀沙砾而自沉也。鸣弦揆日谓嵇康临刑顾日景而弹琴也。论者以事迹相明，故引康为喻。"

孔老并举，既敬仰孔子知命，又推崇老子贵玄。面对前人的诸多阐释，魏晋士人实际上做出了取舍。嵇康、阮籍等保存了已有解释中的道家思想，或者说，选择老庄作为隐居阐释的出发点，隐逸进入一种新的境界，由此获得了深层意蕴和哲学基础。嵇康《述志诗二首》之二曰："何为人事间，自令心不夷？慷慨思古人，梦想见容辉。……岩穴多隐逸，轻举求吾师。"《四言十八首赠兄秀才入军》之十八曰："泽雉虽饥，不愿园林，安能服御，劳形苦心。身贵名贱，荣辱何在？贵得肆志，纵心无悔。"其后东晋陶渊明、南朝谢灵运、唐代王维与韦应物等，都在诗歌创作中表现出对隐逸闲适生活的向往与热爱。时至南北朝，经过萧统、钟嵘等人对陶渊明田园诗歌的推扬，隐逸作为一种社会现象，从现实活动到社会评价、从深层义理到文学表达，都具有了相对定型的成熟形态。闲淡隐逸的生活方式成为少数人的一种理想，获得了明确的表述与认同。

但这种在老庄哲学中找到理论依据的回避、漠然、遗忘，潜在地都是相对朝廷、官场而言的。隐逸的意义并不在这种生活形式本身，而在于它与体制内仕途生涯相对照时所获得的拒绝姿态和否定意味。

如果说老子学说是权力体制的核心思想，魏晋老庄结合却发展出了偏离体制的观念。玄学家从老庄思想中概括出一种人生认识，即认为名位并不重要，人生的目的不在获得富贵尊荣，而在于"肆志"与自得，因此无须束缚自己的情性而追求外在的荣华。基于这种观念，士人看重的就不可能是体制内的获得。所以，嵇康不肯出来做官，不能说完全是针对司马氏，更多的是对整个体制的拒绝。嵇康强调仕宦生活与他的性情不相吻合。他在《与山巨源绝交书》中自陈不适合做官的因素有"必不堪者七，其不可者二"：

> 卧喜晚起，而当关呼之不置。一不堪也。抱琴行吟，弋钓草野，而吏卒守之，不得妄动。二不堪也。危坐一时，痹不得摇，性复多虱，把搔无已；而当裹以章服，揖拜上官。三不堪也。素不便书，又不喜作书；而人间多事，堆案盈机，不相酬答，则犯教伤义；欲自勉强，则不能之。四不堪也。不喜吊丧，而人道以此为重，已为未见恕者所怨，至欲见中伤者。虽惧然自责，然性不可化。欲降心顺俗，则诡故不情，亦终不能获无咎无誉；如此，五不堪也。不喜俗人，而当与之共事。或宾客盈坐，鸣声聒耳，嚣尘臭处，千变百伎，在人目前。六不堪也。心不耐烦，而官事鞅掌，万机缠其

心,世故烦其虑。七不堪也。又每非汤武而薄周孔,在人间不止,此事会显,世教所不容。此甚不可一也。刚肠疾恶,轻肆直言,遇事便发。此甚不可二也。

他"纵逸来久,情意傲散",不愿以官场上的事务来勉强自己,妨碍自己自然随性的生活。 在他看来,名教是约束人性情的桎梏,所以要"越名教而任自然",不去做官,那么礼节强迫、管束自己的场合就少,所以他一生中的绝大部分时光都是闲居在家。 这种渴望摆脱体制约束的冲动,时常出现在历代士人的诗文当中。 明代李贽《豫约》曰:

> 我平生不爱属人管。夫人生出世,此身便属人管了。幼时不必言;从训蒙师时又不必言;既长而入学,即属师父与提学宗师管矣;入官,即为官管矣。弃官回家,即属本府本县公祖父母管矣。来而迎,去而送;出分金,摆酒席;出轴金,贺寿旦。一毫不谨,失其欢心,则祸患立至,其为管束至入木埋下土已也,管束得更苦矣。我是以宁飘流四外,不归家也。其访友朋求知己之心虽切,然已亮天下无有知我者;只以不愿属人管一节,既弃官,又不肯回家,乃其本心实意。①

李贽渴望着摆脱一切"属人管"的状态。 客观地说,社会关系包含着各种复杂的牵制关系,如果摆脱一切"属人管",既弃官,又不归家,四处漂流,意味着摆脱所有人际关系,显然,这种状态即使践履,也没有人生的实际意义。 但李贽的意义在于他的过激正反映了体制管束的过度。

摆脱这种管束的意愿,实际上是与玄学家所理解的上古时代政治理想紧密联系在一起的。 嵇康《太师箴》曰:

> 爰初冥昧,不虑不营。欲以物开,患以事成。犯机触害,智不救生。宗长归仁,自然之情。故君道因然,必托贤明。芒芒在昔,罔或不宁。华胥既往,绍以皇羲。默静无文,大朴未亏。万物熙熙,不夭不离。降及唐

---

① 李贽《焚书》卷四,《焚书 续焚书》,北京:中华书局 2009 年,第 185 页。

虞，犹笃其绪。体资易简，应天顺矩。缔褐其裳，土木其宇。物或失性，惧若在予。

上古社会结构简单，民风纯朴，君主寡欲少私，清静无为，而万民自化，含哺而熙，鼓腹而游。正如《老子》所说"甘其食，美其服，安其居，乐其俗"（第八十章）；"圣人之治，虚其心，实其腹，弱其志，强其骨。常使民无知无欲"（第三章），此时，体制以及体制本身的管制力量降到了最低点。在体制日益强化的时期，玄学家所倡导的老庄哲学具有了一种深刻的批判力量。

第十章

隋唐成熟的政治

隋唐是君主制的典范。 尽管这一时期仍然存在许多问题，但就其视野之开阔、政治之清明、国家之统一、自信心之强大、国力之强盛，实是前所未有，中国历史在此进入了一个辉煌的时代。

隋唐的统一，结束了中国数百年的混乱、衰败。 唐王朝自李渊建国以后，经过唐太宗贞观之治以及随后几位君主的经营，迅速发展，在开元（713—741）、天宝（742—756）年间进入鼎盛的时代。 从整体来看，唐代的物质生产得到恢复和发展，社会安定兴旺，国民安居乐业，诗歌、音乐、舞蹈、绘画、建筑等各种文化都出现了繁荣的景象，佛教、道教极为兴盛，人们的精神世界相当充实，中外政治、经济、文化等交流十分频繁。 帝国的伟大成就可以看作政治成功的直接成果。

这是一个各方面正好达到平衡的时代。 旧的东西、自身固有的东西尚有活力，而新的外来的东西又不断出现，新旧、内外、文武、刚柔之间正处于一种恰到好处的平衡。 社会稳定，经济迅速发展，各项制度的建设日益完善，如三省六部制的成熟等，但基于传统的朴素治国理念仍然为政治精英所遵循。 朝廷中各种政治势力保持均衡。 贵族阶层仍然发挥着重要的作用，而科举制度正在推动新兴的士人集团形成，世家大族与新兴的士人集团之间维持着平衡，两者都在积极地扮演自身的政治角色。 门荫、荐举、制科、由吏入官、府兵制等渠道最大限度地动员了社会各阶层的力量，国家源源不断地征集一批批政治精英，既有征战沙场的将军，又有许多从事精神、文化产品生产的英才；尚文精神与尚武风尚之间并没有偏向任何一方。 前代的智慧得到重视，前代的遗产得到充分利用，而唐人又时时表现出自身的创造性，各种学术，经学、儒学、史学、谱系学、天文、算学、历法、炼丹术等，都有稳步的发展。 异域的文化迅速涌入，刺激着本土文化的迅速发展，两者呈现融合的形态。 民族融合促进农耕民族与游牧民族之间力量的平衡。 总之，各种平衡使得各种矛盾的力量，形成一股良好的力量，推动着民族的成长、帝国的繁盛。

1. 疆域就是政治

国土疆域并不是政治的全部，但一定是政治的根本前提。 周秦汉唐，对政治最直接、最直观的领会，就是把疆域当作政治的起点与保证。 他们抓住了政治的根本。 宋人对于疆域所表现出来的模棱两可，失掉了政治的核心。 疆域的保证来自自身军事力量的强大，强大的军事力量维持强大的政权。 然而长期维持军力的强大并不是简单的军事问题，它从来都是对国家的政治、经济、社会等综合能力的挑战。 正是在这一点上，国家的疆域直接成为民族体魄、帝国权力、国家意志的象征。 疆域的辽阔，在很大程度上对应着民族力量的强盛、精神世界的伟大。

经历三百多年的南北分裂，隋唐再次实现统一。 北周静帝大定元年（581），北周丞相、隋国公杨坚以禅代方式取代北周的八岁皇帝，登上皇位。虽是禅代，但隋文帝显示出了很强的实力和野心。

此时的江南还有两个小朝廷：陈与后梁，但隋文帝无暇顾及，他带领着他的军队首先对付北方强敌东突厥。 大破其兵，突厥臣服。 直到开皇七年（587）以后，隋才灭梁、灭陈，平定岭南。 这种情势可以对照后来的北宋开国。 宋太祖立国之后，遇到同样情形，南方还有诸国没有平复，而北方则有契丹之患。然而，宋太祖统一江南诸国，再平北汉，终不能征服契丹。 隋唐与宋代，力量之差别、战略之高下、胸襟之不同，于此可见。

疆域开拓是对权力的真正界定，甚至是唯一的界定。 充满帝国想象力的政权不仅想象建立起宏伟壮观的京师，想象进一步开发运河，让运河成为帝国的大动脉，而且凭借想象力不断地构想帝国周边的轮廓线。 想象力经过策划、调整、组织，包括妇女在内的劳作变成现实，并再次成为开拓疆域的新动力。 隋文帝继续将他的军队推到了林邑（今越南中部地区），林邑王逃至海中，而隋军在那里对照着自己的版图，规划出三个州之后，班师回朝。

继任的皇帝隋炀帝实在没料到，后人只记得他纵情声色的故事，却忘掉了他作为一个伟大帝王的功勋。 他在位十四年（605—618），真正让他魂牵梦绕的是在帝国的东西两翼上广开疆土。 在西方，大业五年（609）他西巡河右，渡过黄河，亲征吐谷浑。 吐谷浑故地自此设置西海（今青海湖西端）、河源（今青海兴海县）、鄯善（今新疆若羌）、且末（今新疆且末南）四郡。 慑于隋军声势，高昌王、突厥的伊吾吐屯设等献西域数千里之地，归附隋朝。 故地设伊吾郡（今新疆哈密）。 尽管一路征战，隋军的损失巨大，但随之大兴屯田、设置西域校尉，终于使隋朝有效地控制中原通向西域的通道，为唐代进一步打开西域奠定了重要基础。

大业五年（609），帝国达到极盛："天下凡有郡一百九十，县一千二百五十五，户八百九十万有奇。"①东至于海，西至且末，南至于海，北至五原（今内蒙古自治区五原南）；东西九千三百里，南北一万四千八百里，农田五千五百八十五万顷。

隋炀帝仍然忧心忡忡。 大业八年（612）正月，皇帝下诏大举兴兵，水军从东莱出发，舳舻相接，浮海先行；陆军浩浩荡荡从陆路前进。 士卒二十四军共计一百一十三万，号称二百万，水陆夹击，直奔高丽。 战争的艰苦可能是隋帝始料不及的。 征战没有获得实质性进展，七月班师。 第二年（613）春天，隋炀帝不顾国内不断兴起的叛乱，坚持第二次征战，三月幸驾辽东，四月渡辽。 六月，国内传来消息，杨素之子礼部尚书杨玄感背叛朝廷。 皇帝令将军宇文述从东北战场撤下前去平乱，第二轮征战于是匆匆结束。 高丽让隋帝难以释怀。 连续两年征战，天下疲病，军民毫无喘息，而且有各种迹象表明，国内形势很不安宁，但隋帝似乎忘掉了这一切。 恢复汉代疆域，建立强大帝国的梦想驱使他第三年继续征讨高丽。 大业十年（614），隋帝亲自督阵，三月幸涿郡，七月次怀远镇。 会饥馑，六军递相掠，复多疾疫，高丽亦困弊，遣使请降。 隋帝乃息兵。 第三次征战仍不了了之。 芮沃寿说："远征高丽——这种企图的目的我相信是合理的，即使是传统的——随着每次失败，却使他越来越着迷，而着迷对于拥有最高权力的专制君主及其统治的人民来说往往是致命的。"②隋炀帝的执着是无法仅仅用"着迷"来解释的。 尽管三次征战无果，但他是真正伟大的君

---

① 《资治通鉴》卷一八一，炀帝大业五年，北京：中华书局1956年，第5645页。

② ［英］崔瑞德编《剑桥中国隋唐史》，北京：中国社会科学出版社，1990年，第149页。

主，因为他非常清楚，必须用疆域并且只有用疆域来定义权力，定义帝国。

大业十三年（617），李渊父子于晋阳（今山西太原）起兵。 次年三月，隋炀帝在江都被杀，恭帝禅位李渊，国号唐，改元武德，建都长安，隋朝灭亡。 隋炀帝连续三次征战，高丽蒙受重大损失。 适逢高丽君主权力交替，李唐建立新王朝，于是两国关系再度恢复友好。 武德二年（619），高丽再次承认中国的宗主权并向唐朝纳贡。

唐朝初期忙于消灭其他众多的对手，征服突厥，开拓西域。 随着唐太宗军事上的步步成功，国内经济不断恢复发展，他才重新提起征服高丽这个让他同样不能释怀的问题。"隋炀帝在高丽的灾难性失败对太宗来说逐渐变成了一个难以忘怀和带挑战性的问题。"[1]贞观十五年（641），太宗遣职方郎中陈大德出使高丽，此行实为对高丽军事力量的侦察。 太宗清楚表明态度："高丽本四郡地耳，吾发卒数万攻辽东，彼必倾国救之，别遣舟师出东莱，自海道趋平壤，水陆合势，取之不难。 但山东州县凋瘵未复，吾不欲劳之耳！"[2]太宗与隋炀帝一样富有想象力，但冷静得多。 他小心翼翼地准备了很长时间，终于在贞观十八年（644）十月，"以刑部尚书张亮为平壤道行军大总管，帅江、淮、岭、峡兵四万，长安、洛阳募士三千，战舰五百艘，自莱州泛海趋平壤；又以太子詹事、左卫率李世绩为辽东道行军大总管，帅步骑六万及兰、河二州降胡趋辽东，两军合势并进"[3]。 朝臣劝太宗不要亲征，实际上，他不能不亲自出征，他不能不将汉时的边疆开拓、隋帝的多次东征与大唐帝国的这次征战联系起来。 他对侍臣明确地说出了自己的这种意识："辽东本中国之地，隋氏四出师而不能得；朕今东征，欲为中国报子弟之仇，高丽雪君父之耻耳（高丽渊盖苏文弑其主，犯新罗，今讨其罪，是为高丽雪耻）。 且方隅大定，惟此未平，故及朕之未老，用士大夫

---

① ［英］崔瑞德编《剑桥中国隋唐史》，北京：中国社会科学出版社，1990 年，第235 页。

② 《资治通鉴》卷一九六，太宗贞观十五年，北京：中华书局 1956 年，第 6169、6170 页。

③ 《资治通鉴》卷一九七，太宗贞观十八年，北京：中华书局 1956 年，第 6214 页。

余力以取之。朕自发洛阳，唯噉肉饭，虽春蔬亦不之进，惧其烦扰故也。"①东征成了帝国军事实力、皇帝雄才大略的终极考验。在太宗看来，东征成功，则意味着可以将他治下的帝国置于隋代之上，而与鼎盛强大的汉帝国相提并论。

唐军一气攻克了盖牟、白岩等十城，其中包括曾顶住隋炀帝几次远征的高丽重镇辽东城（今辽宁辽阳）。至少有两次，臣属建议直取平壤：在进攻安市城时，高丽、靺鞨合兵为阵，长四十里。江夏王道宗建议："高丽倾国以拒王师，平壤之守必弱，愿假臣精卒五千，覆其本根，则数十万之众可不战而降。"②甚至高丽降将高延寿都献计："乌骨城耨萨老耄，不能坚守，移兵临之，朝至夕克。其余当道小城，必望风奔溃。然后收其资粮，鼓行而前，平壤必不守矣。"太宗群臣亦曰："并力拔乌骨城，流鸭绿水，直取平壤，在此举矣。"③最终太宗都没有采纳。"看来太宗犯了一个战略上的错误，因为他没有放下辽东不很重要的目标而深入朝鲜半岛占领平壤。太宗可能想依靠海上攻击去占领这个目标。但看来他这个计划失败了。"④贞观十九年（645）深秋，"太宗以辽东仓储无几，士卒寒冻，乃诏班师"⑤。贞观二十一年（647）太宗从臣之计，对高丽改变战略，遣偏师更迭扰其疆场。牛进达、李海岸入高丽境，凡百余战，无不捷。这一策略似起到了效果。同年高丽王使其子莫离支任武入谢罪。但太宗不愿这样结束，这年八月，敕宋州刺史王波利等发江南十二州工人造大船数百艘，欲以征高丽。⑥贞观二十二年（648）仍遣薛万彻、裴行方将兵三万余人及楼船战舰，自莱州泛海以击高丽。⑦太宗此时虽得风疾，但其雄心不已，六月仍

---

① 《资治通鉴》卷一九七，太宗贞观十九年，北京：中华书局1956年，第6218页。太宗此言："自洛阳以来，只吃肉与饭，不吃蔬菜。"东北寒冷蔬菜少有，太宗不欲进蔬以扰臣民，示与兵士同甘苦。太宗东征归，"过易州境，司马陈元璹使民于地室蓄火种蔬而进之；上恶其诣，免元璹官"。参《资治通鉴》卷一九八，太宗贞观十九年，北京：中华书局1956年，第6231页。

② 《资治通鉴》卷一九八，太宗贞观十九年，北京：中华书局1956，第6225页。

③ 《资治通鉴》卷一九八，太宗贞观十九年，北京：中华书局1956年，第6229页。

④ ［英］崔瑞德编《剑桥中国隋唐史》，北京：中国社会科学出版社1990年，第237页。

⑤ 《旧唐书》卷一九九上《高丽传》，北京：中华书局1975年，第5326页。

⑥ 均见《资治通鉴》卷一九八，太宗贞观二十一年，北京：中华书局1956年，第6248、6249、6251页。

⑦ 《资治通鉴》卷一九八，太宗贞观二十二年，北京：中华书局1956，第6252页。

与群臣议"以明年发三十万众，一举灭之"，并遣剑南道伐木造船。[①] 但不到一年，贞观二十三年（649）四月，太宗崩。

太宗的梦想托付给了唐高宗李治。李治面对朝鲜半岛形势，进一步改变战略，显庆五年（660）遣大将苏定方率水陆大军十万，灭百济，以此在半岛站住脚跟。唐军在百济"渐营屯田，积粮抚士，以经略高丽"[②]。乾封元年（666）高丽渊盖苏文卒，其国内乱，唐军旋遣大将徐世绩率军二万，攻入高丽。总章元年（668）攻克平壤，并设安东都护府，以薛仁贵为安东都护，镇守平壤。

这一时期，帝国在西部、北部的拓展极富成效。

贞观四年（630），灭东突厥，置顺、佑、化、长等十州。

贞观十四年（640），平高昌，置西州（今新疆吐鲁番东）。

贞观二十年（646），灭薛延陀，置燕然都督府。

贞观二十一年（647），铁勒诸部降，于其地置羁縻州府，以回纥部为瀚海都督府。

贞观二十二年（648），黠戛斯内附，置昆坚都督府；契丹内附，置松漠都督府；奚内附，置饶乐都护府；平龟兹，得七百余城。

显庆二年（657），灭西突厥，置蒙池、昆陵二都督府。

至总章元年（668）平高丽，设安东都护府，唐帝国疆域达到极限："其地东极海，西至焉耆，南尽林州南境，北接薛延陀界。东西九千五百一十一里，南北一万六千九百一十八里。"[③]若加上帝国控制的周边民族地区，则东至库页岛（萨哈林岛），西到咸海，南入越南中部（北纬18度），北抵贝加尔湖北岸及叶尼塞河中游。这是当时世界上疆域最为广阔的帝国，在中国历史上是空前的。

当然，唐帝国并非始终拥有如此辽阔的疆域，对有些边疆区域的控制，有时很短，如咸海以东区域的控制是在龙朔元年（661），麟德二年（665）撤回到葱

---

① 《资治通鉴》卷一九九，太宗贞观二十二年，北京：中华书局1956年，第6258、6261页。

② 《旧唐书》卷八四《刘仁轨传》，北京：中华书局1975年，第2792页。

③ 《新唐书》卷三七《地理志一》，北京：中华书局1975年，第960页。

岭，实际只持续了三年时间。① 但这些行动的政治意义远远大于控制本身，它代表帝国开放的精神和朝向世界的视野。 后来的王朝逐渐失去了汉唐的政治视野和权力意志的冲动。

隋唐疆域的开拓有赖于帝国的军事制度和英勇善战的军队。 唐前期沿用隋代府兵制度。 中央的左、右卫等十二卫各领四十到六十个折冲府（军府或兵府），每一府再统领千人左右的卫士。 全国重要的地方关中以及河东、河南等地折冲府设立最多。 卫士们平日从事农业生产，农闲时接受军事训练，遇有战事，随即应征作战。 中央政府这样就能够随时调集大量的兵员，保证国家强大的军事力量。 一般的折冲府以调集兵员一千人计，六百三十四个折冲府就可以在短时间内调集到五六十万大军。 民族的融合为北方地区集中了大量具有马上作战经验和能力的汉化游牧民以及有异族血统的汉人，这为唐帝国建立一支强大的精锐部队提供了条件。 此时的北方贵族、望族子弟大多在国家的精锐部队中担任军官。 他们在作为世家大族即将退出历史舞台之前，还发挥着一种其他阶层所不能发挥的特有作用。 这些北方游牧民族的后裔，具有草原文化熏陶出来的各种特长：崇尚武德，追求荣誉，强健豪爽，富于挑战性，能够胜任各种战争事务，爱好马匹，又长于饲养与调教骏马，等等。 没有这批将士，隋唐帝国在前期不到百年的时间里如此大规模地开拓疆土就难以设想了。

军事的强大、开拓的成功，是统治合法性的重要来源。 它不仅维护本土在相当长的时间里不受外族的侵扰，同时结合着帝国的各项巨大成就，也给国人带来了前所未有的视野和想象力，大大激发起其他时代少有的自信心和自豪感。

高丽降将高延寿入军门，膝行而前，拜伏请命时，太宗语之曰："东夷少年，跳梁海曲，至于摧坚决胜，故当不及老人，自今复敢与天子战乎？"②

李白的父亲带着全家从楚河河畔的碎叶城（唐时属安西都护府，今属吉尔吉斯斯坦）来到内地，纵游于西蜀、山东一带，行程万里，这一路上大唐帝国辽阔的疆土和千姿百态的风光所给他们的感受、体验和想象绝非小国寡民所能领略到的。 若没有这一经历，李白无论如何发不出"一百四十年，国容何赫然"的

---

① 参葛剑雄《统一与分裂：中国历史的启示》，北京：商务印书馆 2013 年，第44 页。

② 《资治通鉴》卷一九八，太宗贞观十九年，北京：中华书局 1956 年，第6226 页。

感慨。

当杜甫于天宝四载（745）遇到李白时，吟唱出的《赠李白》，竟是如此狂放："秋来相顾尚飘蓬，未就丹砂愧葛洪。痛饮狂歌空度日，飞扬跋扈为谁雄?"不论自嘲、自赞，其中狂荡不羁的神情姿态，不仅代表当时一代士人的豪情，更代表了整个隋唐时代的精神面貌。

这是帝国的鼎盛时代，也是民族的鼎盛时代。如果把整个传统时代看作一个帝国的历史，那么，大唐前期的一百五十年，正是这个帝国最为强盛的时期；若是把这个民族视为个体的话，那么，他正值青春。

2. 初盛唐的清明政治

唐帝国建立以后，经历了两个重要的时期，一是太宗贞观时期（627—649），一是玄宗开元时期（713—741）。若论经济发达，开元时代堪称后来居上；若论政治清明，贞观之治则代表了唐代前期良好政治秩序的最高典范。贞观以后，虽然政治上出现过短时期的不稳定，但是唐初制定的有关土地、税收等政策一直在促进着生产的发展，经过一百多年的积累，唐帝国终于在开元、天宝间达到了隆盛的顶点。唐太宗在政治上很有建树，创立了许多开明、有效的行政制度及政策措施，随后几代皇帝与朝臣大多有"政令皆依贞观故事"的明确主张。[①] 贞观之治在随后的时期里形成了有力的政治规范作用，这是唐朝前期政治相对稳定、清明的重要原因。

唐太宗是高祖李渊的次子，初被封为秦王，其兄李建成以长立为太子，其弟李元吉被封为齐王。李世民战功卓著，勇武而有谋略，通过玄武门之变，清除两个兄弟，迫使高祖让位，旋即登基，掌握国家政权。此时他年仅24岁。

唐初各种政治势力极为复杂，矛盾重重，但太宗凭借自己的能力，调动各种政治力量，并使之纳入相互平衡的权力体系之中，使王朝政治保持稳定，大大促进了社会的繁荣以及文化学术的发展。唐太宗开明睿智，尽管有时不免易怒、冲动，但更多时候他的态度冷静而客观：

---

① 《资治通鉴》卷二〇八，中宗神龙元年，北京：中华书局，1956 年，第 6589 页。

上(唐太宗)谓太子少师萧瑀曰:"朕少好弓矢,得良弓十数,自谓无以加,近以示弓工,乃曰'皆非良材'。朕问其故,工曰:'木心不直,则脉理皆邪,弓虽劲而发矢不直。'朕始寤向者辨之未精也。朕以弓矢定四方,识之犹未能尽,况天下之务,其能遍知乎。"乃令京官五品以上更宿中书内省,数延见,问以民间疾苦,政事得失。①

要让至高无上的权力者认识到自己知识与能力的局限,几乎是不可能的事情。因为能够掌握至高无上的权力本身,就是他拥有超凡的能力与知识的结果,而就是在这关节点上,权力的傲慢——因为掌握最高权力而相信自己拥有最高智慧与知识的姿态,使得所有英明的统治者都难免滑落到愚蠢的行列。

从一件平常事情上,看到自己治理国家的知识及能力的局限,而不是自以为是,这在功业显赫的君主身上确实难能可贵。唐朝立国之初,形势错综复杂,太宗处事谨慎,励精图治。他富有洞见,曾与侍臣论周秦修短,萧瑀对曰:"纣为不道,武王征之。周及六国无罪,始皇灭之。得天下虽同,人心则异。"太宗曰:"公知其一,未知其二。周得天下,增修仁义;秦得天下,益尚诈力:此修短之所以殊也。盖取之或可以逆得,守之不可以不顺故也。"②逆得顺守也是他自己经历的写照。当封德彝称他"以神武平海内,岂文德之足比"时,他却说:"戡乱以武,守成以文,文武之用,各随其时。卿谓文不及武,斯言过矣!"③他又说:"官在得人,不在员多。"④当有人建议:"愿陛下与群臣言,或阳怒以试之,彼执理而不屈者,直臣也,畏威顺旨者,佞臣也。"他根本不屑于这样的小技:"朕方以至诚治天下,见前世帝王好以权谲小数接其臣下者,常窃耻之。"⑤可见他虽然年轻,然而在政治上却富有经验。

政治清明意味着行政运作过程中存在着一定的监督与制约机制。首先,君主将自己置于某种制约的关系中,自愿或迫使自己"自愿"接受群臣的意见或监督。太宗甚至将谏书贴在寝室的墙壁上,加以深思。史籍记载了他许多纳谏的

① 《资治通鉴》卷一九二,太宗贞观元年,北京:中华书局 1956 年,第 6034 页。
② 《资治通鉴》卷一九二,太宗贞观元年,北京:中华书局 1956 年,第 6036 页。
③ 《资治通鉴》卷一九二,太宗贞观元年,北京:中华书局 1956 年,第 6030 页。
④ 《资治通鉴》卷一九二,太宗贞观元年,北京:中华书局 1956 年,第 6043 页。
⑤ 《资治通鉴》卷一九二,太宗贞观元年,北京:中华书局 1956 年,第 6035 页。

故事，这是他被后世视为圣明君主的重要原因。

与唐太宗一样，玄宗干练、明智、富有政治策略，善于听取群臣的意见。开元元年（713）擢姚崇为相，姚崇建议禁止宦官、贵戚干预朝政，禁绝营建佛寺道观，奖励群臣劝谏等，玄宗皆一一采纳。开元四年（716）又以宋璟代姚为相，宋主张限制女宠，疏远谄臣，精简刑法，减轻苛政，严格控制边将轻动干戈，玄宗亦多听从。玄宗早期励精图治，以灵活而现实的态度处理政事，在姚、宋两位宰相辅助下，赋役宽平，刑罚清省，百姓富庶安定，使唐帝国迎来了又一个政治清明、经济繁荣、可与贞观相提并论的盛世。

"主明臣直"，君主的明智才能赢得大臣的直言。唐朝前期不少名臣都能够犯颜直谏，说明当时的朝政相对宽松。当然，群臣的谏言常常使君主不悦，甚至激怒，但理智的君主往往能够克制自己的情绪，认真考虑大臣谏言的合理性。他们需要做出权衡，是逞威而图一时之快，还是纳谏以求国泰民安，所以，明智就意味着克制。当然，即使是唐太宗，想做到克制也很困难。一次罢朝，太宗"怒曰：'会须杀此田舍翁。'后问为谁，上曰：'魏征每廷辱我'"[1]。而魏征之所以能够做到这样，至少是因他觉得皇帝有纳谏的可能。

其次，唐太宗不仅将自己置于群臣的监督之下，同时希望政府机构、群臣都能够相互监督与制约：

> 上谓黄门侍郎王珪曰："国家本置中书、门下以相检察，中书诏敕或有差失，则门下当行驳正。人心所见，互有不同，苟论难往来，务求至当，舍己从人，亦复何伤！比来或护己之短，遂成怨隙，或苟避私怨，知非不正，顺一人之颜情，为兆民之深患，此乃亡国之政也。炀帝之世，内外庶官，务相顺从，当是之时，皆自谓有智，祸不及身。及天下大乱，家国两亡，虽其间万一有得免者，亦为时论所贬，终古不磨。卿曹各当徇公忘私，勿雷同也！"[2]

> 上始御太极殿，谓群臣曰："中书、门下，机要之司，诏敕有不便者，皆

①　《资治通鉴》卷一九四，太宗贞观六年，北京：中华书局1956年，第6096页。
②　《资治通鉴》卷一九二，太宗贞观元年，北京：中华书局1956年，第6041页。

应论执。比来唯睹顺从，不闻违异。若但行文书，则谁不可为，何必择才也！"……故事：凡军国大事，则中书舍人各执所见，杂署其名，谓之五花判事。中书侍郎、中书令省审之，给事中、黄门侍郎驳正之。上始申明旧制，由是鲜有败事。①

当然，这种制约来自群臣"徇公忘私"的自觉，而非组织结构上的制约力量。但太宗如此强调官员们各抒己见，相互讨论，权衡得失利弊，最后做出决策，这做法本身在当时的体制之下便具有合理性。

政治清明意味着君权、政体具有一定的包容性、开放性，容纳社会不同阶层的代表，容纳、接受不同的政治意见。

唐朝前期，特别是太宗时期，政体体现出很大的包容性：唐代的贵族集团势力很大，他们在政权机构中扮演着重要的角色，而唐承隋制，实行科举，处于社会下层的杰出之士可以由此进入仕途。不由科举，一些出身卑寒的士人还可以通过自己的才能得到达官显贵的赏识与推荐，介入政权机构。此时佛教、道教中人又积极参与政治，有些还发挥出重要的作用。不同团体、不同区域的人们都可以享有一定程度上均等的机会。唐太宗以为"为政莫若至公"②。"公"不仅包括政治行为、政治运作的公正，而且还包括不论亲疏、不论南北，参与政治的机会公平。当时虽不能说完全做到了这样，但至少唐太宗主张推行这样的理念：

> 或上言秦府，宜尽除武职，追入宿卫。上谓之曰："朕以天下为家，惟贤是与，岂旧兵之外皆无可信者乎！汝之此意，非所以广朕德于天下也。"③

> 上尝语及关中、山东人，意有同异。殿中侍御史义丰张行成跪奏曰："天子以四海为家，不当有东西之异；恐示人以隘。"上善其言，厚赐之。自

---

① 《资治通鉴》卷一九三，太宗贞观三年，北京：中华书局 1956 年，第 6064 页。
② 《资治通鉴》卷一九二，太宗贞观二年，北京：中华书局 1956 年，第 6048 页。
③ 《资治通鉴》卷一九二，太宗贞观元年，北京：中华书局 1956 年，第 6040 页。

是每有大政,常使预议。①

唐太宗为秦王时就设文学馆,选十八学士作为自己的智囊团,出谋划策。 玄武门事变后,太宗旋即设弘文馆,精选天下文学之士为学士。 胡三省注曰:"唐太宗以武定祸乱,出入行间,与之俱者,皆西北骁武之士。 至天下既定,精选弘文学士,日夕与之议论商榷者,皆东南儒生也。 然则欲守成者,舍儒何以哉!"②魏征隋末时曾参加瓦岗军,投唐后为太子李建成洗马,常劝李建成早除秦王。 建成被除,李世民质问魏征说:"汝何为离间我兄弟!"众人听到这话皆危惧不安,魏征举止自若,对曰:"先太子早从征言,必无今日之祸。"③李世民不以为忤,反而很快将其视为股肱。 唐太宗这种"视四海如一家,封域之内,皆朕赤子,朕一一推心置其腹中"④的态度,充分赢得了来自不同层面、不同集团的臣僚对新政权的认同,调动了他们的积极性与主动性。

唐代前期,朝野上下的政治气氛相当宽松,特别是唐太宗能够及时警惕自己接受不同的意见,以防独断专行。 他在政治上明智而宽容的态度为他赢得了声誉,从而获得了最广泛的支持。 魏征、褚遂良等人犯颜直谏固不待言,就是涉及历代传统最敏感的皇权尊严"大问题"时,唐太宗也表现出坦荡、宽大的胸怀。 史载:

> 林邑献火珠,有司以其表辞不顺,请讨之,上曰:"好战者亡,隋炀帝、颉利可汗,皆耳目所亲见也。小国胜之不武,况未可必乎! 语言之间,何足介意!"⑤

> 上录系囚。有刘恭者,颈有"胜"文,自云"当胜天下",坐是系狱。上曰:"若天将兴之,非朕所能除;若无天命,'胜'文何为!"乃释之。⑥

① 《资治通鉴》卷一九二,太宗贞观元年,北京:中华书局1956年,第6044页。
② 《资治通鉴》卷一九二,高祖武德九年,北京:中华书局1956年,第6023页。
③ 《资治通鉴》卷一九一,高祖武德九年,北京:中华书局1956年,第6013页。
④ 《资治通鉴》卷一九二,高祖武德九年,北京:中华书局1956年,第6022页。
⑤ 《资治通鉴》卷一九三,太宗贞观四年,北京:中华书局1956年,第6078页。
⑥ 《资治通鉴》卷一九三,太宗贞观三年,北京:中华书局1956年,第6063页。

太宗工王羲之书，尤善飞白，尝宴三品已上于玄武门，帝操笔作飞白字赐群臣，或乘酒争取于帝手，（刘）洎登御座引手得之。皆奏曰："洎登御床，罪当死，请付法。"帝笑而言曰："昔闻婕妤辞辇，今见常侍登床。"寻摄黄门侍郎，加上护军。①

君主的明智意味着他不是以某种成见为依据，而是以现实的态度区分重大问题与琐屑小事。行为、言辞之间的敬与不敬，在根本上不能影响帝国的利益。而临终时处理李世勣的问题事关重大②，太宗毫不含糊，坚忍果断。

君主制的政治清明体现在当时君臣之间普遍怀有"天下乃公器"、"天下非一人之天下"、"不以天下奉一人"的共识：

前幽州记室直中书省张蕴古上《大宝箴》，其略云："圣人受命，拯溺亨屯，故以一人治天下，不以天下奉一人。"又曰："壮九重于内，所居不过容膝。彼昏不知，瑶其台而琼其室；罗八珍于前，所食不过适口。惟狂罔念，丘其糟而池其酒。"又曰："勿没没而闇，勿察察而明，虽冕旒蔽目而视于未形，虽黈纩塞耳而听于无声。"上嘉之，赐以束帛。除大理丞。③

太宗嘉之，说明他认同这样的观念。杜佑《通典》中说："夫天生烝民，树君司牧，是以一人治天下，非以天下奉一人。"④可见"不以天下奉一人"的思想在当时不是一两个人的想法，而是颇为普遍的认识。天子处九五之尊，这是必要的，但这并不意味着皇权不受约束，相反，王公贵族、直臣言官都可以批评君主，这在一定程度上制约了皇帝的行为。传统习俗、朝廷规仪都可以引导君主的言行。天子以四海为家，只表明皇帝以天下百姓为怀，以治理天下为己任，而不是以四海为私有，穷奢极欲，为所欲为。形成这样的政治氛围，与当时士族阶层仍有充分的影响力分不开。在这样的背景下，天下非一人之天下才可能

中国政治思想史

282

---

① 《旧唐书》卷七四《刘洎传》，北京：中华书局1975年，第2608页。
② 《资治通鉴》卷一九九，太宗贞观二十三年，北京：中华书局1956年，第6266页。
③ 《资治通鉴》卷一九二，高祖武德九年，北京：中华书局1956年，第6028页。
④ 《通典》卷一七一《州郡一·州郡序》，北京：中华书局1988年，第4450页。

成为共识，群臣直言极谏才可能说动人主，政治才可能得到改善。

汉朝建立之初，皇室与贵族都曾共同参与夺取政权、建立政权的过程，两者势均力敌。君主不得不对贵族集团表示让步，并指望他们成为拥戴皇室的中坚力量。刘邦晚年意在建立皇族与贵族联手的共同体。高祖十二年（前195）下诏："吾立为天子，帝有天下，十二年于今矣。与天下豪士贤大夫共定天下，同安辑之。其有功者上致之王，次为列侯，下乃食邑。……吾于天下贤士功臣，可谓亡负矣。其有不义背天子擅起兵者，与天下共伐诛之。"①汉文帝仍然坚持这一思想，以为皇室与贵族共有天下："高帝始平天下，建诸侯，为帝者太祖。诸侯王列侯始受国者亦皆为其国祖。子孙继嗣，世世不绝，天下之大义也。"②从两诏可以看出，当时的贵族，无论在现实当中，还是人们的观念中都拥有与皇族相提并论的势力。经过六朝，世家大族在各方面都形成相应的传统：他们政治上具有极高地位，担任政府的高官；标榜德行与清高，掌握着人才的品鉴与推举；作为文化精英，能诗善赋；坚持士族间的通婚，以保证后代在血缘、文化、家族传统上对所有这些优点、特权的天然继承。

隋唐去六朝不远，特别是唐前期，士族门阀的势力还很强。③

贵族阶层强盛之时，皇帝仅仅被视为诸多贵族中杰出而幸运的人物而已，"创业君臣，俱是贵族"④。贵族作为相对稳定的政治集团，对皇权形成一定的抗衡，并在权力上有所制约。抗衡至少意味着某种形式的平等。尽管后代言官并没有绝迹，但当言者与听者在本质上没有某种形式的平等时，言者的监督与制约往往流于形式，形同虚设。当来自贵族集团或由其支持的官员谴责皇帝时，皇帝面对的不再是他一个人，而是政坛上的一个阶层；皇帝要拒斥他时，就意味着要拒斥一个集团。当贵族集团与皇权相互抗衡的环境形成时，那么官员据理力争、直谏发难等都将成为可能而平常的事情。即使出身贫寒，不属于贵族集团也可能由于这种氛围的激励而进谏皇帝。贞观十六年（642），太宗谓谏议大夫褚遂良曰："卿犹知起居注，所书可得观乎？"对曰："史官书人君言动，备记

---

①　《汉书》卷一下《高帝纪》，北京：中华书局1962年，第78页。

②　《汉书》卷四《文帝纪》，北京：中华书局1962年，第111页。

③　谢和耐将隋唐帝国称为"贵族帝国"，见《中国社会史》，南京：江苏人民出版社1997年，第198页。

④　《唐会要》卷三六《氏族》，上海：上海古籍出版社1991年，第774页。

善恶，庶几人君不敢为非，未闻自取而观之也！"上曰："朕有不善，卿亦记之邪？"对曰："臣职当载笔，不敢不记。"黄门侍郎刘洎曰："借使遂良不记，天下亦皆记之。"上曰："诚然。"褚遂良出身士族，父祖各出仕梁、陈、隋三代，"并著名前史"①，而刘洎出身寒门，这里虽然不是进谏，对话中透露出的强硬态度却是后代大臣望尘莫及的。《资治通鉴》载："（魏）征状貌不逾中人，而有胆略，善回人主意，每犯颜苦谏；或逢上（太宗）怒甚，征神色不移，上亦为霁威。尝谒告上冢，还，言于上曰：'人言陛下欲幸南山，外皆严装已毕，而竟不行，何也？'上笑曰：'初实有此心，畏卿嗔，故中辍耳。'上尝得佳鹞，自臂之，望见征来，匿怀中，征奏事固久不已，鹞竟死怀中。"②魏征之所以能够如此强谏，不仅因其胆略，也与当时贵族集团能够牵制皇权的背景有关。太宗曾对侍臣说："人言天子至尊，无所畏惮。朕则不然，上畏皇天之监临，下惮群臣之瞻仰，兢兢业业，犹恐不合天意，未副人望。"③在当时贵族与皇权势均力敌的条件下，太宗此言诚为实情。

当科举成为选官的主要途径时，官员作为天子的门生除了感激皇恩之外，其背后没有任何其他组织性的背景。官员上疏直谏时，除了自己的正直之外，一无依傍。正直，在政坛上无法成为一种强制性的结构力量。科举中第进入仕途的寒门士子在欢呼自己对世家大族的胜利的同时，他们在崇高的君主面前已降到只是微臣的地步。唐代之后，六朝意义上的贵族作为阶层分崩离析。元、明、清三代的专制体制下，君臣之义，大行其道，百官都降至抬不起头来的奴仆地位。臣僚与皇帝的距离被过分拉大，皇权成为难以制约的怪兽。官僚阶层一盘散沙，汲汲于自己的前程，以门生故吏的关系为维系，所形成的派系大多为了争夺利益，多变而不稳定，根本不可能形成有自觉意识的政治力量。在贵族能够抗衡皇权的时代，贵族集团似乎并没有充分意识到自己作为某种阶层的政治作用。加上皇权对贵族大力抑制排挤，贵族作为政治力量彻底瓦解，或者说，六朝及隋唐士族的政治传统彻底消亡。豪门士族的消亡，虽有缓解社会矛盾的一面，但能够制约君权趋于专制的最后一股力量终于被瓦解了。

---

① 《旧唐书》卷七二《褚亮传》，北京：中华书局1975年，第2578页。
② 《资治通鉴》卷一九三，太宗贞观二年，北京：中华书局1956年，第6058页。
③ 《资治通鉴》卷一九二，太宗贞观二年，北京：中华书局1956年，第6048页。

3. 杜佑《通典》:政治上的总结

从大唐立国到玄宗一朝,帝国经历了一百多年政治清明、社会稳定的时期。社会安定的现实本身,就是当时政治观念的绝好体现。这促进了帝王、大臣、学者对政治进行思考分析,对历代政治进行考察,对政治经验进行系统的总结。

贞观五年(631),唐太宗命魏征、虞世南、褚亮、萧德言等大臣撰《群书政要》五十卷,以了解历代帝王统治之得失。[①] 太宗亲自撰《帝范》十三篇,并赐太子李治,顾谓王公曰:"圣躬阐政之道,备在其中矣。"[②]太宗朝,于志宁以太子李承乾"数亏礼度,志在匡救,撰《谏苑》二十卷讽之,太宗大悦"[③]。 武后朝,李延寿"撰《太宗政典》三十卷表上之";"调露中,高宗曾观其所撰《政典》,叹美久之,令藏于秘阁"[④]。

开元初[⑤],吴兢(670—749)以"太宗时政化,良足可观,振古而来,未之有也",撰《贞观政要》十卷四十篇,对太宗朝"垂世立教之美,典谟谏奏之词,可以弘阐大猷,增崇至道者,……备加甄录",并期望这部著作:"庶几有国有家者克遵前轨,择善而从,则可久之业益彰矣,可大之功尤著矣,岂必祖述尧、舜,宪章文、武而已哉!"[⑥]

开元末,史学家刘知几之子刘秩"采经史百家之言,取《周礼》六官所职,撰分门书三十五卷,号曰《政典》。 大为时贤称赏"[⑦]。 中唐时期的宰相杜佑在

---

① 《唐会要》卷三六《修撰》,上海:上海古籍出版社1991年,第759页。

② 《唐会要》卷三六《修撰》,上海:上海古籍出版社1991年,第765页。

③ 《旧唐书》卷七八《于志宁传》,北京:中华书局1975年,第2694页。

④ 《旧唐书》卷七三《李延寿传》,北京:中华书局1975年,第2600页;《旧唐书》卷四六《经籍志》录作:"《太宗文皇帝政典》三卷李延寿撰。"第2008页。 或当为三十卷。 书成于调露二年(680),见《唐会要》卷三六《修撰》。

⑤ 吴兢在《贞观政要·序》中称源乾曜为"侍中安阳公"、张嘉贞为"中书令河东公",两人任是职均在开元八年(720),故此书成稿和进呈时间大约在此前后。 见《贞观政要》"出版说明",上海:上海古籍出版社,1978年。

⑥ 见《贞观政要·序》,上海:上海古籍出版社,1978年。

⑦ 《旧唐书》卷一四七《杜佑传》。 又卷一〇二《刘子玄传》:"(刘)秩,给事中、尚书右丞、国子祭酒。 撰《政典》三十五卷、《止戈记》七卷、《至德新议》十二卷、《指要》三卷。 论丧纪制度加笾豆,许私铸钱,改制国学。"

刘秩《政典》的基础上扩展编撰而成《通典》二百卷。

元和四年（809），宪宗制《君臣事迹》十四篇。宪宗"以天下无事，留意典文，每览前代兴亡得失之事，皆三复其言。又读《贞观、开元实录》，见太宗撰《金镜书》及《帝范》上下篇，玄宗撰《开元训诫》，思维前躅，遂采《尚书》、《春秋后传》……等书，君臣行事可为龟鉴者，集成十四篇"[①]。开成四年（839），唐文宗谓宰臣曰："新修《开元政要》如何？"杨嗣复曰："臣等未见。陛下欲以此书传示子孙，则宜付臣等，参定可否。缘开元政事与贞观不同，玄宗或好畋游，或好声色，选贤任能，未得尽美。撰述示后，所贵作程，岂容易哉！"[②]唐宣宗大中五年（851），"太子詹事姚康献《帝王政纂》十卷，又撰《统史》三百卷，上自开辟，下尽隋朝，帝王美政、诏令、制置、铜盐钱谷损益、用兵利害，下至僧道是非，无不备载，编年为之"[③]。

从这些撰述中可以看出两点：

一是唐人非常重视从实际的治国实践中总结经验。从初、盛唐到中唐，无论是帝王还是大臣，都有著述，成果很多。对于贞观之治、开元盛世，唐人给予了很高的评价，并且引为楷模。他们希望通过系统的总结，能够使太平盛世的治理经验永久地流传下去。

二是唐人重视从历史文献的解读中获得政治的经验教训。中国政治思想著作很少纯粹理论的探讨，理论概括往往都是与实际的事例结合在一起，不离事而言理。而中国的各种历史著作提供了大量的政治、经济、社会、军事等方面的事例，唐人正是通过这些历史记载的梳理展开政治学的研究，总结治国理政的历史经验。

在唐人的这些著作中，《通典》可以作为代表。作者杜佑（735—812），字君卿，京兆万年人。出身名门望族，以荫入仕，曾任岭南、淮南节度使，德宗、顺宗、宪宗三朝宰相，多年掌管大唐财政。《通典》从历史、学术层面上讨论历

---

① 《唐会要》卷三六《修撰》，上海：上海古籍出版社，1991 年，第 770 页。

② 《旧唐书》卷十七下《文宗本纪》，北京：中华书局 1975 年，第 577 页。从文宗及杨嗣复对话推测，《开元政要》当时似未能编成，故唐宋书目皆未著录。明《国史经籍志》始录其书十卷，绝可疑。张固也"疑即《明皇政录》。然《政录》德宗时人李康所撰，文宗不得云新修"。参见张固也《新唐书艺文志补》，长春：吉林大学出版社 1996 年，第 75 页。

③ 《旧唐书》卷十八下《宣宗本纪》，北京：中华书局 1975 年，第 630 页。

代的各种政治制度及措施，并希望从历史的沿革、演变中概括出指导性的原则，以此对未来的现实政治有所启发。

杜佑阅读《政典》，"寻味厥旨，以为条目未尽，因而广之，加《开元礼》、《乐》，书成二百卷，号曰《通典》"①。这两部书侧重讨论历代政治、经济制度，这种体裁前所未有。它们确立了古代文献中"政书"一体，实际上开创了中国传统政治学的研究方式。这一学术形式对后世影响深远，此后郑樵的《通志》、马端临的《文献通考》，都是沿用了这种体裁而加以扩充变化的。政书形式出现在唐代这一具有清明政治传统的时代是非常耐人寻味的。

《政典》今已亡佚，具体内容无从考论，但由于《通典》对其"因而广之"，所以刘书体例与内容大体上当是包括在《通典》中。今本《通典》时有直接引录刘秩之论。如《选举》五：

> 左监门卫录事参军刘秩论曰："王者官人，必视国之要，杜诸户，一其门，安平则尊经术之士，有难则贵介胄之臣。夏殷周选士必于庠序，非其道者莫得仕进，是以诱人也无二，其应之者亦一。"②

于此可窥见刘书之一斑。《通典》编撰的宗旨完全指向现实政治，其序曰："所纂《通典》，实采群言，征诸人事，将施有政。"《进通典表》亦称："将施有政，用又邦家。"作者期望此书的政治思想、策略、构想能够对现实政治有所帮助，能够得以实施。

《贞观政要》的编纂有着同样的目标。编者吴兢正是想在太宗朝"垂世立教之美，典谟谏奏之词"中寻找"至道"，"于是缀集所闻，参详旧史，撮其指要，举其宏纲"，"备加甄录，体制大略，咸发成规"。吴兢与杜佑两人的著作有着同样的宗旨，只是编纂的路径不同。《贞观政要》的目录中，第一到第三卷，包括君道、政体、任贤、求谏、纳谏、君臣鉴戒、择官、封建等八篇，皆针对君主而言，第四卷训诫太子，第五、六卷包括仁义、忠义等德行方面的内容，第七卷

---

① 《旧唐书》卷一四七《杜佑传》。又卷一○二《刘子玄传》："（刘）秩，给事中、尚书右丞、国子祭酒。撰《政典》三十五卷、《止戈记》七卷、《至德新议》十二卷、《指要》三卷。论丧纪制度加笾豆，许私铸钱，改制国学。"

② 《通典》卷十七《选举》五，北京：中华书局 1988 年，第 415 页。

有礼乐、第八卷有务农、刑法、赦令、贡赋，涉及典章制度方面，第九卷有征伐、安边，第十卷有行幸、田猎等，共计四十篇。《通典》的内容被分为九个门类：一曰食货、二曰选举、三曰职官、四曰礼、五曰乐、六曰兵、七曰刑法、八曰州郡、九曰边防。 两者比较，不难看出，《通典》在政治理论上的变化。

《贞观政要》开篇即《君道》，即为君之道。 计五章：

第一章，魏征强调君王身治则国治；

第二章，魏征分析明君与暗君；

第三章，太宗、房玄龄、魏征讨论守成之难；

第四章，魏征上疏强调君主居安思危，戒奢以俭；

第五章，魏征再论守居之难，居安思危。

全书除了第七、八、九卷中有礼乐、贡赋、刑法、安边等涉及典章制度方面的内容外，大部分篇幅都是针对君主而言。 在《贞观政要》的体系中，君道被视为政治的核心，故列在篇首，而且第一章文字正是阐发了古代道术传统的政治观点："身治则国治。"《淮南子》卷十三《道应》载楚庄王问詹何："治国奈何？"詹何对曰："臣未尝闻身治而国乱者也，未尝闻身乱而国治者也。"《老子》也讲"修身"，第五十四章曰："修之于身，其德乃真。"《庄子》中也多处讲"修身"，并且阐明了修身与治国之间的密切联系。 道家主张治天下始于治身。

儒家后来讲修身，讲修、齐、治、平，实从道家、道术家这里发展而来，但儒家修身，重在道德修养，所谓"克己复礼"、"无终食之间违仁"；而道家修身，实与身体的修炼状况、寻求至道紧密相关。 儒家把身体的概念集中在道德层面上，而在道家那里，所谓治身、修身是包括了身心统一的锻炼，统一于道。只有"体道"的身体才能够悟道，才可能将治国纳入道的范畴。

道术是帝王之术，所以它重在君道，讲君王修身、节俭、寡欲、清静；儒家政治侧重臣道，所以讲臣下效忠君主，守职敬业，移风易俗。

然而，杜佑《通典》既不讲君道臣道，也不讨论道德人心方面的问题，而是用了另一种观点来看待政治。 他把注意力完全集中在典章制度方面，通过典章制度去阐述政治。 在《进通典表》中，杜佑说明了自己对政治的认识，曰："夫《孝经》、《尚书》、《诗》、《礼》、《易》、《传》，皆父子君臣之要道，十伦五教之宏纲，如日月之下临，天地之大德，百王是式，终古攸遵。 然率多记言，罕存法制，愚管窥测，岂达精深，辄肆荒唐，试为臆度。 每念懵学，冀探政经，略观历代众贤高论，多陈紊失之弊，或阙匡拯之方。"儒家经典如日月高悬，天地大德，然而"率多记言，罕存法制"，这个"法制"意即可以作为法式、模范效法的制度。 中国的古典政治，即儒道占支配地位时代的政治理论，大多讨论君道臣德。 此时君臣是本，制度是末。 而杜佑谦称"才不逮人"，不能领会儒家的精深，所以，他把"冀探政经"的重点放在制度行政上。

中央集权的体制之下，君主显然具有首要的地位与绝对的支配力量。 不仅现实如此，而且相应的政治理论也是这样认识。 在道术、道家的政治传统中，国治依赖于君主的身治。 而儒家政治理论的前提就是君主在国家政治中占据着核心的地位，否则臣属的忠诚就基本上失去了意义。 唐初魏征还是强调君主身治则国治；唐玄宗时，吴兢编撰《贞观政要》仍然以君道为核心。

君主体制中，君主对于国家政治而言，具有相当大的不确定性。 皇帝作为体制中的关键，却不是政治学研究的合适主题。 除了开国皇帝有着某种历史必然的选择之外，后来的王位继承者原则上都是世袭而来，这大大增加了君主制政治的偶然性与不确定性。 贤明的君主可能会促进王朝政治的稳定，昏庸的君主则可能将社稷天下拖入黑暗。 在世袭的国家，人们无法保证君主德行智慧的可靠性。 未来的君主是否贤明，人们可以控制的因素太少。 尽管朝臣们千方百计促成一个良好的局面，但人们通常无可选择，只能面对因为各种偶然性而登上王位的君主。 古人曾为君位世袭提供过一个聊胜于无的解释。 汉哀帝丞相王嘉说："'继世立诸侯，象贤也。'虽不能尽贤，天子为择臣，立命卿以辅之。 居是国也，累世尊重，然后士民之众附焉，是以教化行而治功立。"[①]这是说世袭的诸侯虽然不一定贤明，但因其相貌像他贤明的先父祖，所以在有辅臣帮助他时，这样的世袭君主也能够获得臣民的尊重，实现社会安定。 实际上，如果政治的核心是君道，那么只有在统治者是贤明君主时，谈论政治才具有真正的意义。

杜佑采取了完全不同的立场、观点，他看到政治当中包含着某种客观的过程。 尽管政治非常复杂，但其中多少蕴含着某些不以人的意志为转移的内容。这是新的认识。 这意味着政治并不能完全在君主的意志下展开，即使这个意志

---

① 《汉书》卷八六《王嘉传》，北京：中华书局 1962 年，第 3489 页。《礼记·郊特性》曰："天子之元子，士也，天下无生而贵者也。 继世以立诸侯，象贤也。"

是善良的，他也依然需要遵循政治领域中某些必须遵守的客观法则。这些法则往往与行政制度密切相关，必须在制度创建以及运行过程中充分考虑这些法则。这是杜佑对于中国古代政治学最重要的贡献。这样看来，政治研究的核心就并不是君主，而是这些法则。应该说，他把政治研究引向了与传统完全不同的方向，为政治领域中探索客观知识指明了一条道路。应该说，传统思维中具有现代意义的政治学探讨是从杜佑《通典》开始的。在中央集权的条件下，国家政治可以言说的部分，实际上只有集中在国家行政上时，才具有一些政治学上的意义。

杜佑努力地使政治成为可以理性思考、加以客观考察的对象。他的分类首先体现了国家行政运行的最基本的法则：

> 夫理道之先在乎行教化，教化之本在乎足衣食。《易》称聚人曰财。《洪范》八政，一曰食，二曰货。《管子》曰："仓廪实知礼节，衣食足知荣辱。"夫子曰："既富而教。"斯之谓矣。夫行教化在乎设职官，设职官在乎审官才，审官才在乎精选举，制礼以端其俗，立乐以和其心，此先哲王致治之大方也。故职官设然后兴礼乐焉，教化隳然后用刑罚焉，列州郡俾分领焉，置边防遏戎敌焉。是以食货为之首。选举次之，职官又次之，礼又次之，乐又次之，刑又次之，州郡又次之，边防末之。或览之者庶知篇第之旨也。[1]

序中所阐明的"致治大方"与传统儒家的思想完全吻合，其政治方略有着具体的实施内容。包括一曰食货、二曰选举、三曰职官等九个门类。它们是治理国家的各个环节以及施政上轻重缓急的次序。

整个编纂体现了编者的政治理论。政治的构成在于统治者与被统治者，用传统的术语描述，则是君、臣、民；君，通过臣，实现对民的统治。被统治者的关键在民生，故食货为先。而且《洪范》中八政，也是食货为先。统治者的关键在于君与臣，即最高统治者与执行最高统治者意志的行政机构。《通典》主要讲行政机构，而行政机构在于官员以及职位设定，故分以选举和职官来说。礼

---

[1] 《通典》卷一，北京：中华书局1988年，第1页。

乐是维系国家的文化手段，是软手段；兵刑则是统治的硬手段。统治的基础在基层，外部安全在边防。这当然不是行政工作的时间表、程序表，它只是行政分析上的顺序。对于政治来说，所有这些环节共同构成了一个行政整体。

作者明确地将各个治理环节纳入统一的政治方略之中，相比《贞观政要》，杜佑的国家行政体系非常清楚，没有掺杂其他的内容。我们认为，这基于唐代行政体制的发展以及杜佑对此清晰准确的理解。此书以这九个门类为中心，每个门类下面又分列若干题目，每个题目下按朝代编次，分别记述各项制度的沿革。全书不仅汇集历代的典章制度，而且引录许多前人相应内容的评论以及作者的意见。

杜佑长期从政，主持财政工作，有着丰富的实际经验，因此这些评论，包括各门类的序论都颇为精辟。

如《食货》七"历代盛衰户口"载：隋平陈前，户止三百六十万，平陈得五十万，十八年后户增加四百八十余万。户数何时在如此短的时间里猛增，作者论曰："泊于大业二年，干戈不用，惟十八载，有户八百九十万矣。其时承西魏丧乱，周齐分据，暴君慢吏，赋重役勤，人不堪命，多依豪室，禁网隳紊，奸伪尤滋。高颎睹流冗之病，建输籍之法。于是定其名，轻其数，使人知为浮客，被强家收大半之赋；为编氓奉公上，蒙轻减之征。先敷其信，后行其令，烝庶怀惠，奸无所容。隋氏资储遍于天下，人俗康阜，颎之力焉。功规萧、曹，道亚伊、吕，近代以来未之有也。"①作者之所以高度称赞高颎，在于他能够设轻税之法，使编户的负担来得比依附豪室为轻，先为之宣传，后加以实施，水到渠成，有效地将浮客归入编户。作者拳拳于此，实际上是想通过借鉴前代行之有效的方法，来解决当时类似的问题。

学者认为《通典》的体裁是从纪传体史书中的"志"发展而来的。不过，断代史中的"志"常常会因自身的断代而受到限制。梁启超《中国历史研究法》说："苟不追叙前代，则原委不明；追叙太多，则繁复取厌。况各史非皆有志，有志之史，其篇目亦互相出入，偶有阙遗，见斯滞矣，于是乎有统括史志之必要。"②从史志的角度来说，《通典》成了唐以前贯通历代的"志"。它弥补了史

① 《通典》卷七《食货》七，北京：中华书局 1988 年，第 156、157 页。
② 梁启超《中国历史研究法》，北京：东方出版社 1996 年，第 25 页。

志局限当代、原委不明的缺陷，集中呈现出唐以前历代典章制度的原委、脉络，成为"我国历史上第一部典章制度通史"①。 史志的体例固然是《通典》写作上的参考对象，但我们认为，最关键的是杜佑从国家政治错综复杂的问题中，凝练出了行政的框架与机制，在这个国家行政体系的基础上，讨论各种可以评价衡量、客观化的问题。

杜佑经历代宗、德宗、顺宗、宪宗四朝，从地方官做到淮南节度使，贞元十九年（803）入相，后被封为岐国公。 他于大历年间任淮南节度使时开始写作《通典》，历三十多年完成。 他开始撰写时，安史之乱刚过去不久，唐帝国由鼎盛急剧走向衰落。 经历过开元盛世的有识之士，无不万分感慨。 因此，从历代的政治举措中吸取经验，加以借鉴，以改善当时不景气的局面，确为当务之急。杜佑花费如此巨大的精力完成这样的巨著；同时代的韩愈以道统自居，攘斥佛老，谏迎佛骨；王叔文、柳宗元等人永贞元年（805）试图推行诸多革新措施，等等一切，都表明当时的士人面对遭受重创后的帝国，面对政治上混乱腐败，仍然怀有充分的信心，他们相信帝国，相信帝国的政治，相信只要采取有效的措施就可以挽救大唐的颓势，这不能不说是唐前期一百多年清明政治对士人心态深刻影响的结果。

---

① 参《通典》"点校前言"，北京：中华书局 1988 年，第 3 页。

第十一章

宋朝社会转型与改革

精英政治时代的最后一个王朝——宋代，成为历史的关节点。 这一个重要的时期，按照我们的理解，应该是一个朝向近代化、现代化的转型过程。

此时社会生活变得复杂起来，民间经济迅速发展，物质繁荣，文化发达，市民社会兴起，然而更严峻的变化是周边民族与政权日益强大，他们的政治动员与组织能力远非此前的政权可比。 无论对内还是对外，宋王朝都遭遇到了巨大的挑战。 国家需要一个改革，史学家称之为"大胆的试验"，来应对时局。 事实上，宋代从一开始就在改革。 宋太祖赵匡胤立国之初就以务实的态度实施政治经济改革。 神宗时王安石实行更为重大的变法，"企图以现代金融管制方式管理国事，其目的无非都是想借由经济力量支持国防军备，以应付来自辽和西夏的威胁"①。 所有这些主动的革新虽然一定程度上促进了两宋政治、知识、人、生产方式的转变，但显然根本性的革新并没有到来。 朝着近代转型的熙宁变法中途受阻，政治转型没有在根本上实现，应该说，精英时代的最后一个伟大使命没有完成。

但两宋还是承担了一个不以我们意志为转移的真实变化。 在它之前，是精英政治时代，在它之后，迎来了一个专制体制；在它之前，中原地区都是汉族政权，在它之后，却是蒙元统治。 在它之前，官员尚有贵族遗风，如褚遂良能够毫不犹豫拒绝唐太宗翻看起居注的要求，在它之后，官员则习惯了奴才的地位。宋代之前，汉唐精神一向都是尚武，然而宋代以后，却开始尚文。 当然或许正是这种尚文，才造就了两宋文化的繁荣。

---

① 见黄仁宇《中国大历史》，北京：三联书店 1997 年，第 127 页。

1. 繁荣之下的贫弱

宋代是一个繁荣的时代，人口众多，物产丰富，社会生活富裕。从一般意义上来说，一个王朝经济繁荣，军队庞大，就能够具有较强的应对外来侵扰的综合实力。我们在宋王朝这里看到的却是非常矛盾的状况：疆土广阔，人口众多，经济发达，而王朝却没有力量应对周边小小的部族。显然，它缺乏非常有效的大规模组织动员各种资源以实现王朝目标的机制与能力。既有的组织手段、经济形式，特别是政治体制跟不上当时的形势，因此在应对外族侵扰方面，显得力不从心，贫弱至极。

资源最终的组织手段是政治。从这个意义上讲，政治是共同体最重要、最核心的资源组织形式。宋代不是物产不丰富，经济不发达，而是政治贫弱，组织力量缺乏。宋代需要建立一整套与当时的社会经济实际发展状况相契合的现代制度，但宋人显然来不及实现这一点。尽管熙宁变法表明王安石已经认识到现代制度的许多特征，但是要让整个时代、让整个精英集团都认清并实现这一转型，实在太困难了。改革失败，宋代政治虚弱的特征并没有根本性改变。更严重的贫弱是整个国家内在的精神状态，它不再是唐人的那种大胆、扩张、强悍，而是小心翼翼、隐忍、内敛。这只要对照唐宋版图就可以明了。

宋代是小农经济，大量分散的小农经济的收益如何集中以实现国家的目标，这是非常困难的事情。

赵宋立国之初就有契丹之患。契丹人在北宋的东北建立起自己的王朝辽。但辽不再是汉唐时代单纯的游牧民，已经有了相当程度的汉化，他们的政治治理以及组织能力有了很大的提升。不仅契丹占领的中原地区有汉人的官员治理，在辽境后方，也有很多来自中原的汉人官吏、文人、工匠、僧尼、优伶等。处于北宋西北的西夏也并非蛮族。初唐时期他们已是半汉化的国家，400 年后与宋廷对峙时已经是汉化的政权。西夏以藏语为基础创立了自己的文字，并用西夏文翻译儒家经典，可见西夏已达到一定的文明程度。宋朝此时所遭遇的契丹、西夏，已经不同于汉唐时的对手。

北宋王朝始终受到北方辽与西夏的困扰。不但石晋所割燕云十六州未能收复，而且与辽澶州战后，屡增岁币，以求苟安。西夏强大，数次内侵。元昊请和，宋廷亦无力征战，"岁赐缯、茶增至二十五万。而契丹邀割地，复增岁遗至五十万"①。整个宋朝隐忍异族，以大事小，实是王朝奇耻大辱。或谓"当时君臣居然肯受者，殆亦深知兵弱财乏，故不得不姑忍之也"。然而，宋朝军队并非一开始就虚弱。澶州之战，亦有得胜之役，然而当时朝野上下，多倾向于和议，甚至以和议所费之少为荣。看起来，北宋是在加强中央集权，通过诸多措施的实施，应该说中央集权以及国力是加强了，为什么宋廷显得如此虚弱呢？

唐王朝是在割据势力中覆灭的。自唐玄宗天宝十四载（755）安禄山叛乱，到宋太宗太平兴国四年（979）北汉降服，这二百二十四年间，地方割据接连不断。这意味着朝廷的军事实力大为下降，政治上的凝聚力减弱，不足以慑服地方势力。

宋祖赵匡胤就是在地方割据势力中成长起来并建立起了自己的王朝。鉴于唐五代割据之害，惩于末代兵强之险，宋太祖深明藩镇对于中央集权的影响，于是采取"务弱其兵，弱其将以弱其民"的方针。宋太祖问赵普："天下自唐季以来，数十年间，帝王凡易十姓，兵革不息，苍生涂地，其故何也？吾欲息天下之兵，为国家建久长之计，其道何如？"普对曰："其故非他，节镇太重，君弱臣强而已矣。今所以治之，无他奇巧也，唯稍夺其权，制其钱谷，收其精兵，天下自安矣。"②太祖采纳这个建议，将地方军权、行政权、财权、司法权全收归中央。削弱臣属势力，将权力集中于中央，这成为当时政治精英所理解的中央集权的普遍法则。自赵宋立国到清朝末期，中国长期的地方割据再也没有出现。这可否作为一个标志，表明中央集权真正实现了？

宋廷在如下几个方面有意识地加强中央集权力量，一些措施显然在短期内确实加强了中央的权力，但长期来看则适得其反。

一是皇帝亲政。汉唐皇帝，名义上都是亲政，军国大政都必须得到皇帝的允准。但实际上皇帝主要是作为名义上的统治者，大多不介入具体日常行政管理。大臣负责日常政务，汉有丞相，唐有宰相。唐玄宗时李林甫执政十九年，就是例子。但宋代以后皇帝多亲力亲为，介入实际事务，熙宁变法措施，神宗与王安石多次讨论。宋代宰相分权，皇帝成为政策制定的协调人。正如叶适所

---

① 参《宋史》卷一七九《食货志下一》，北京：中华书局 1977 年，第 4352 页。

② 司马光《涑水纪闻》卷一。

说："国家因唐五代之极弊，收敛藩镇，权归于上，一兵之籍，一财之源，一地之守，皆人主自为之也。"①神宗以前，宫中设审刑院，复核大理寺审判的案件。对于京师地区的案子，皇帝定期亲自决狱，限令各州十日一报囚帐。 地方长官接受差遣后，按照规定在朝辞日觐见皇帝，皇帝亲自审察，中书也阅其可否，然后到任。 总体上，君主参与实际的行政事务大为增加。 但君主亲政看起来能够直接掌控朝政，但它更大的妨碍是统治合法性的基础受到影响。 君主是君主制的信仰来源，必须保持神圣性，正因此，宰相制度是君主制的根本机制。

二是中央加强对地方行政的监督管理。 各府、州、军、监的官员悉由朝廷任命的文官担任，他们是以中央政府官员的身份来处理地方行政事务，故称"权知州事"（简称知州）等，他们直接受朝廷管辖，知府或知州可以直接向朝廷奏事，府、州的财赋也是直接送交朝廷。 但全国州县，各地差异很大，中央的统一管理，看起来加强了中央集权，但不同地方的差异性、特殊性很难得到地方行政充分的重视以及政策措施上的切合，地方行政不得不更多考虑中央的指令，实际上降低了地方的效率。

三是总天下之兵于京师，集中军权。 宋太祖"杯酒释兵权"之后，天下兵权集中于中央，一扫以前藩镇拥兵自重的局面。 改革兵制，实行佣兵制，兵员给养全由国家出资。 又改用文官充任武将。 朝廷掌握着军队的供给，看起来完全掌控了军队。《邵氏闻见后录》载宋太祖的话："吾家之事惟养兵为百代之利益，凶岁有叛民而无叛兵。"看起来，宋廷非常得意这一制度的创立，然而，宋代兵员之众，而战斗力之弱，却为历朝少见。 宋廷设立禁军、厢兵、乡兵和藩兵四种，禁军是王朝的精锐军队，由朝廷直接指挥，规模占了全国军队半数以上，装备精良，待遇优厚，且半数驻扎在京师，其他皆非正规部队。 王朝担心的不是政治体的保全，而是用了半数禁军保证王朝的安全，耗费巨资却不能保证国土安全，甚至要称臣纳贡，军队并没有体现出它的真正效能。 况且，常规军过于庞大，巨大的财政支出影响到国民经济的基础，这无疑是王朝自行套上了枷锁。

这些中央集权的措施，按照统治者的想象是在加强中央集权，但我们看到的现实是，宋代国家力量并没有随着这些措施得到加强。 统治过程充满了辩证关

① 《水心文集》卷四《始议二》，《叶适集》，北京：中华书局1961年，第759页。

系,《老子》书中讲得最多、最值得关注的就是统治当中的辩证法。 单纯加强集权，恰恰是在削弱集权。

2. 统治的困境

从定义上来讲，总是很简单。 统治，是最高统治者通过某种组织形式，如官僚体制，实现区域中大规模的管制，实现其意志的过程。 最高统治者可以是具体的个人，如君主，也可以是一个机构，如人民代表大会、国会。 但具体的统治过程非常复杂。 早期社会，虽然是统一的政权，但由于通讯交通等方面的客观限制，一元的统治更多是名义上的，地方、村落乃至军队都拥有较高的自主性。 如诸侯封国，汉代郡县，这些区域的治理，实际上完全交给了诸侯、地方官全权负责。 军队更是有"将在外，君令有所不受"的自主权。 后期随着官僚体制的完善，地方行政的相对成熟，中央的一元统治越来越体制化、制度化，君主的意志越来越强烈地体现在整个行政以及地方治理中。 军国大政充分显现了君主的意志。 意志向下渗透，权力向上集中。 全国权力集于中央，中央大权集于皇帝，形成了专制统治的形态。

但统治落实在具体的地方、具体的事项、具体的环节时，情况往往会变得非常复杂。 通常，中央或上级针对具体的工作任务有一系列的指导原则、操作规则，具体工作的主管根据这些原则、法规来实施管理、治理。 这个一元体制看起来非常完善，但具体的实施中会遇到如下根本性的矛盾：

一是统治与管理的高层无法普遍客观了解基层的具体信息。

官僚体制越是庞大，高层就越难了解基层具体的情况。 中国幅员广阔，各地基层的状况千差万别，面对如此大量复杂的信息，在当时的技术条件下，中央政府很难详尽地了解，并做出准确的分析与推测。 也就是说，中央机构不可能集中收集、分析、使用那些分散在全国各地为基层行政人员所独有的信息与知识。 这种不知情，往往导致最高决策层的指令与基层环境之间形成各种冲突。所以，在集权的地方，不是指令空泛、不切实际，就是指导性原则本身存在方向性、根本性的错误。 更关键的在于，对特定情境的认知实际上是随着这一情境中人们所面对的问题或目标的不同而发生变化。 一个面对洪灾的县令与一个面对流寇侵扰的长官，同样一个县，工作情境是完全不同的。 这是官僚体制尤其是集权体制内在的根本性矛盾，政策指令越到基层，处于具体的情境中时，就越难产生真正的行政效能。实际上，即使是在专制制度下，中国传统时代的社会基层除了完成税收、征兵、治安等目标之外，基本都属于自治或很少行政管理的状态。

二是传统时代的技术条件下，集权的运作根本无法实现集权。

集权主要的运作机制就是下达指令，下层执行指令，反馈调整，再下达指令。但如何准确了解工作对象，确保自身指令正确，并在部门或地方行政中奏效，这是集权的官僚体制的大问题。

在传统技术条件下，中央集权的统治必然是忽略了具体情境变化的抽象、整齐划一的统一过程，它不可能预设无限多的情境，然后针对不同的情境下达各种具体的指令，以实现真正的集权控制。集权只能发布作为原则来把握的政策指令，这是道家所强调的最高领导者秉要执本，"要"与"本"都是抽象的原则。但从能够实现的意义上来说，在传统时代的组织与技术条件下，集权的运作恰恰否定了集权的本质。集权的本质要求它下达统一的政策指令，然而，越是统一的指令就越抽象，只能作为原则性陈述来把握，而无法针对一个特定的情境下达具体的指令。

中央政令高度概括的指导性，对于具体情境并没有多少控制力。落实与实施的关键不在政令本身，而在于地方官员或部门官员所具有的创造性、能动性。他们才是将高层的抽象原则与具体情境创造性结合的关键性因素。我们在汉代能够看到许多地方自主性治理的例子。但创造性的工作需要地方官拥有很大的自主权，这样一来，从行政的角度讲，集权就必须给予基层或部门以充分的自由处置权，而这正是集权最不情愿的事情。

这一矛盾在传统时代后期的专制体制中更加突出。就朝廷而言，它希望通过集权的方式使得财政、军队、地方行政等权力尽可能集中于中央，并且集中于最高统治者手中。但事实上，中央不可能对大量的、具体情境千差万别的基层组织实施直接的领导，它在诸如信息、交通等技术方面将遭遇巨大的困难，无法真正实现专制目标。后期王朝采取了更多的集权措施，权力集中在中央，地方官的自主权力大大削弱，他的地方治理能力不是提高而是降低了，中央集权对地方的控制力也不是加强而是减弱了。具体情境下的工作任务交给当地的官员，却没有给予他们足够的处置权力，地方治理、地方组织、地方综合实力的提升根本无法实现。

三是专制以及中央集权分散了官员的权力，削弱了基层官员基本的行政能力。

从权力的变化形态来看，我国的政治权力总体上是一个不断向中央、向最高统治者集中的过程。[1] 历史的前期，由于社会生活相对简单，技术手段有限，最高统治者不得不以极大的信任，给予属下很大的自主权，诸侯、上卿、太守、节度使等都在自己的职权范围内拥有很大的自主权。 历史的后期，社会生活不断发展，行政管理日趋复杂，朝廷已经很难像前期王朝那样给予派出的官员充分自主权，相反，为了防微杜渐，不得不削弱其臣属的权力或分散他们的权力以实现相互牵制。 从某种意义上来说，一宽一严，都会带来问题，正如顾炎武所说："封建之失，其专在下，郡县之失，其专在上。"[2]前期，臣下专权容易凌驾君上，故宋以前多有权臣当道，藩镇割据之事；后期，大权集于皇帝，地方事权分散而臣弱，故宋以后藩镇割据之事再也没有出现过，但臣弱而无所事事，地方与国民缺乏活力，一至于弱。

西周封建，诸侯除了名义上尊崇周王，周天子对诸侯并无多少干涉，诸侯拥有整个地方的行政权、军事权以及对封地的世袭权利等。 这一政治模式影响到汉代地方行政，汉代郡守，任职时间长，可以自辟掾属，朝廷对地方行政的干预亦少。 理论上来讲，郡守可以集中资源搞好地方事务。 至宋，中央集权的诸多措施，大大削弱了地方长官以及军事长官的权力。 地方长官，直接受朝廷的委任，而他的属官也早在唐代就是朝廷任命的了，自己无权干涉。 人事权集中于中央。 财政也是集中于中央，地方收入，扣除地方政府规定的费用外，一律送缴中央，州郡不得私藏。 所谓"制钱谷"，就是地方财赋皆集中于中央，地方财政毫无积蓄。 各路转运使，掌握各路之财政，接受中央的垂直领导。

地方官员的行政权力有限，资源不到位，却要应付上级诸多差事。 唐代州县，只需应对观察使。 而宋代，太宗以后在全国设十五路，具有半监察区半行政区划的性质，设立帅、漕、仓、宪四司，其长官为经略安抚使、转运使、提举

---

[1] 吕思勉曰："古代君权，盖甚微薄。 然至后世则渐重。"见吕思勉《中国制度史》，上海：上海教育出版社 1985 年，第 454 页。

[2] 顾炎武《亭林诗文集·郡县论一》，《顾炎武全集》，上海：上海古籍出版社 2012年，第 57 页。

常平司、提点刑狱公事，分别职掌一路军、政、财、司法大权，互不统属，均直接对皇帝负责。 地方长官需要同时接受四个上司的领导，疲于奔命。 钱穆说："此四司（帅、漕、宪、仓）中，以漕使，即转运使为最重要。 地方财政都在他手，他须把地方全部财富转运到中央去。 在唐代，地方收入，一部分解中央，另一部分保留在地方。 宋代则全部解中央，地方更无存储。 平常就很艰苦，临时地方有事，更不可想象。 所谓宋代的中央集权，是军权集中，财权集中，而地方则日趋贫弱。 ……惟其地方贫弱，所以金兵内侵，只中央首都（汴京）一失，全国瓦解，更难抵抗。 唐代安史之乱，……两京俱失，可是州郡财富厚，每一城池，都存有几年的米，军装武器都有储积，所以到处可以各自为战，还是有办法。 宋代则把财富兵力都集中到中央，不留一点在地方上，所以中央一失败，全国土崩瓦解，再也没办法。"①究其根本，实为当时对中央集权的片面理解，以为集权就是尽可能地扩大中央的权力，削弱地方以及军队的自主权。

这一观念有着很深的渊源。 中国传统政治观念中对民有两种观念，主要以儒家为代表的思想家强调富民，而法家则主张弱民。《商君书·弱民》曰："民弱，国强；国强，民弱，故有道之国务在弱民。 ……民辱则贵爵，弱则尊官，贫则重赏。"总之，民众穷贱屈辱则君主易使，民弱则易于维护统治。 法家在中国传统政治中并没有占据主导性地位，但"弱民"措施在两千多年的政治实践中几乎从未被放弃过。 时至晚清，在遭遇西方列强之后，时人更加意识到晚清的民众力量、社会组织动员、国民意识都虚弱到极点。

实际上，权力是组织性的结构，中央集权并不简单地意味着资源集中在中央，而是说中央具有强大的动员组织能力。 中央集权的真正力量来源于各种强有力的社会团体、民间力量的拥戴，基层组织的支持。 社会力量强，通过动员，则中央集权的力量也强；社会力量虚弱，缺乏组织动员，中央集权的力量势必虚弱。 然而，国家组织动员的有效性并非仅仅依赖于行政命令与权力的强制，它基于并且只能基于最普遍、最深层的信仰与信念。 对政权合法性的认同，对于国家的信仰，对统治者的信任以及宗教、习俗等都构成了民众拥戴与支持的深层动机。 有这种信念，才可能形成强有力的支持与衷心的拥戴。 所以，国家只根本存在于国民的内心之中。 一般地说，在这种情况下，顺从是心悦诚

---

① 钱穆《中国历代政治之得失》，北京：三联书店 2012 年，第 88 页。

服的自然结果。

当然，强制可以迫使广大臣民顺从。王朝可以通过暴力手段，使民众因为恐惧而屈从于它的统治，但这种屈服与顺从是消极的，无法给王朝带来活力。当政权合法性存在内在的质疑、天下只是可据为己有之物时，统治者就会时刻提防任何强大的力量——不论是割据势力、掌握兵权的将军，还是饥饿的暴民、富裕的商人——对于自身统治权的威胁，即使这些威胁有时只是出于想象，有时是过敏式的防微杜渐，但这不得不消耗相当多的社会资源。

历代王朝对工商业的抑制，法律保障的缺失，使得相应的工商社会力量的发展受到严重阻碍，特别是财富很难得到真正的积累。工商业界对精英阶层缺乏足够的吸引力。钱穆说："若要解决中国社会之积弊，则当使知识分子不再集中到政治一途，便该奖励工商业，使聪明才智转趋此道。……自两汉以来，早已把政权开放给全国各地，不断奖励知识分子加入仕途，而同时又压抑工商资本。只鼓舞人为大学者，当大官，却不奖励人为大商人，发大财。节制资本，平均地权，大体上是中国历史上的传统政策。"①西方现代化的进程中，社会的工商力量起到了举足轻重的作用。

行政领域中，过度分散的事权，使行政协调的难度增加，成本增大，主事官员缺乏积极性，极其不利于行政。黄宗羲以边疆守臣为例，说明事权不一所带来的消极影响："今各边有总督，有巡抚，有总兵，有本兵，有事复设经略，有权不一，能者坏于牵制，不能者易于推委，枝梧旦夕之间，掩饰章奏之上，其未至溃决者，直须时耳。统帅专一，独任其咎，则思虑自周，战守自固，以各为长子孙之计，一也。"②在信任与监督之间，存在着巧妙的平衡。前期政治中，中央王朝尚能以血缘、家族等因素维持对官员的信任，但后期，失去了这些天然的关系，朝廷如何信任官员、信任封疆大吏成为大问题。然而，王朝宁愿分权以降低行政效率，也不愿授与大权以造成日后隐患。但事实上中国历史发展的后期，王朝所面临的威胁已经不再是单纯的内部藩镇的问题，而是外部世界不断崛起的竞争力量。宋王朝费尽力量解决了旧世界的某些难题，却没有意识到新时代更大的危机——辽、西夏的威胁已经到来。

---

① 钱穆《中国历代政治之得失》，北京：三联书店 2012 年，第 59 页。
② 黄宗羲《明夷待访录·方镇》。

　　过度的分权，复杂的监管，使官员的行政责任心降低，对事情缺乏综合思考，失去了在处理实际事务中的自主性。 现实生活中，人具有一定的自主性要求，即在自己支配的领域中做什么、怎样做等，他至少能够做出自己愿意或认为正确的选择。 如果所有的程序都预设好，人只是按照既定的程序或监督的要求做出相应的操作，人的行为就降低到一般物的、机器的水平。 当自主性的要求不能获得满足时，人就会出现绝望、懈怠、缺乏积极性等状况。 地方官员的自主性被大量剥夺时，即使完成上级指定的任务，差不多也只是例行公事，缺乏热情投入。 这样的地方治理很难有值得称道的地方。 例行公事总是不可避免地包含着官僚体制中特有的懈怠。 所以，汉代被派往"剧郡"的地方官，提出的条件就是"便宜行事"，希望朝廷给予更多的自主权，能够有效地处理地方事务。朝廷或上级限定得越多，基层官员变通的余地就越小，工作就越难有真正的成效。

　　限制基层行政的自主性，不仅影响到官员个体，甚至影响到整个基层的活力和创造性。 社会发展所需的活力从来都不是来自权力上层的设计，而是来自基层民众生活的渴望，来自他们的社会生产实践。 统治阶层容易看到集权、强制有利的一面，却往往忽略了它不利的一面。 在传统时代的技术条件下，中央集权过度分散官员的行政权力，实际上也就降低了职能部门以及基层的活力。 真正把事业交到称职的负责人手中，责任人才会真正负责，并且能够调动他的智能与积极性投入事业当中，这时事业才会有真正的发展。 在封建制早已不存在的时代，人们仍然热衷于谈论封建制，并非是封建体制本身有多少优势，而是从政治的角度上来看，这种体制中所给予的那种全权负责。

　　正因此，明末黄宗羲仍然主张边疆实行方镇制度，方镇节度使拥有充分的自主权。 他认为，唐末乱于方镇，但方镇制度本身并没有错，他提出来以某种更合理的形式恢复方镇。 顾炎武也提出同样的办法，"寓封建之意郡县之中"。 这意味着"放权"。 他认为朝廷的地方官员被各种指令、条例、监督限制，根本无法真正因地制宜处理好当地的问题。 官员忙于应付上级，很难做到哪怕"为其民兴一日之利"。 究其根本，在于地方治理与官员自身缺乏固有的关系，所以，他主张"寓封建之意郡县之中"。 所谓封建之意，正是地方官员职位能够得以世袭。

　　这一措施与现代官僚体制的发展方向不相吻合，现代体制都强调职位的非人格化,不得世袭,但此说的关键在于当时的论者都看到了传统官僚体制中,牵制过多,地方官员无心治理的事实。

在传统政治中,最高统治者的意志是通过其下属行政机构的运作实现的。从某种意义上来说,只有当行政机构以及民众完全认同统治者的意志,将统治者的意志当作自身的意志,或者说统治者将人民的意志当作自身的意志时,这时真正的统治才是可能的,即行政机构与民众充分调动其积极性,真正实现统治的意志。 否则,即使统治者采用强制手段,迫使民众服从,在实现统治的任何环节上都有可能形成抵触,形成对抗,从而使得统治的旨意无法得到贯彻。

任何统治都同时包括了两种不同的力量:一是强制,即强制性地调动一切力量以实现统治的意志;一是给予自由,给予一切力量行动的自由。 社会力量自由充分地发展才可能为政治共同体提供强大的基础和力量。 只有这一矛盾实现统一,一切可以动员的力量为了自身的意志,亦即统治的意志时,一切社会力量才可能被真正动员起来,统治也才能真正地实现。 只有在不统治的时候才是真正的统治,只有给予充分自由时才可能实现完全的强制。

在现实中,如何让臣民认同最高统治者的意志,忠诚于国家,这是一个大问题。 道家思想主张,君主无为,即不要体现出意志,以民众的意志为自己的意志。 儒家思想主张仁政,在一定程度上,可以理解这是君主努力为民众意志服务的意志。 后世君主则不断体现自己的意志,战国诸侯意欲强国,秦始皇征服六国,汉武开拓疆域等,过分强调君主自身的意志时,与民众的意志就会发生较大的偏离。 至于君主穷奢极欲,荒淫无度,奴役天下,则只是君主的意志堕落到常人享乐欲望的水平上,根本谈不上是君主意志。 君主意志是超越日常领域、意欲为国家长存的意志。

在国家遭受外族侵略时,君主的意志与民众的意志往往能够实现高度的统一。 保家卫国的战争之所以壮烈而多能胜利,正在于上下意志的统一。 此时,战争目标明确,最高统治者发布命令,军民万众一心,调动起了所有的积极性、主动性、自主性。 军民已经把统治者的命令视为自己本来就渴望完成、义不容辞的使命,无论多么艰难。 从这个方面来说,最典型的统治就是专制。 保家卫国,这是客观情势所造成的意志统一;宗教战争,多半是来自信仰所造成的意志统一,两种情势都能够促进上下意志的认同,因此整个军事系统、国家行政以及万民都能够主动积极地实现统治的意志,亦即万民自身的意志。

最强的统治需要极大限度地发挥官民的积极性、天赋和能力，但这意味着被统治者同时作为主人享有最大的自由和自主性。一个富有理智的人，只有在拥有充分自主权的时候，才可能完全发挥其才干，也就是说，在他认同统治的意志时，充分的自主性才可能使他积极地完成其使命。当然，为了保证这种自由与自主性始终处于正常范围内，必须完善健全整个社会生活的法律体制。在法律的规定下，个体与团体的自由与自主性才是可能的。

在中国历史的前期，我们看到的往往是官民都具有较大的自主性。尽管这种自主性并非统治者主动给予或者官员争取获得的，而是统治者此时还来不及将各种权力集中在自己手中的缘故。封建时代，诸侯在自己的领地上拥有极大的权力，中古时期地方官也有很大的行政自主权。这种分散的权力形式能够长存，在于权力的分享者能够保持对最高统治者的忠诚，并且认同君主所做出的决断，执行其命令并且在与其意志保持高度统一的意义上采取行动。在这里，忠诚虽然不尽可靠，却是政治的首要起点。一旦政治忠诚出现问题，所有的自主性权力实际上都成了问题。诸侯势力过大，势必引起天下纷争；藩镇具有自主权，则可能完全将朝廷中央置之度外，直至颠覆王朝。在缺乏政治忠诚，并且也无法实现政治忠诚的王朝，唯一能做的就是削弱整个行政系统，打击各种有崛起迹象的社会力量。藩镇之祸根源并不在于其拥权坐镇本身，而在于政治忠诚。

政治忠诚出现疑问或危机时，历史上后期的统治者有着相当一致的措施，即竭力分散削弱整个行动部门的权力。宋代对于宰相、军队以及地方行政采取分散权力的措施，大大加强了王朝政权的稳定，行政体制上设二府、立三司之分割事权，台谏合一以加强皇权；但由此也降低了行政的效率，官员即使胸怀抱负，也难有作为。军事上罢藩，解除将军的兵权，养兵防叛，三衙独立，兵无常帅，帅无常兵，可谓自行削弱军队的战斗力。地方长官，直接接受朝廷的委任，地方军政都受到朝廷的直接管辖。明清行政更是有着同样的特征。总之，朝廷中央一收紧，部门及地方就完全失去了活力；中央一放松，部门及地方又会呈现中央管控不住的局面。

这构成了中国政治长期起伏动荡的重要原因。对于统治者而言，或者说，对于统治艺术而言，关键在于在这两者之间找到一种平衡，既赋予执行者以充分的自主性，又能够保证他的行动合乎国家利益。对于真正的政治而言，这是内在的政治忠诚问题。

3. 现代世界

对中国政治思想史的考察，不能仅仅局限于中国的范围内，还要把它放在当时的世界背景下来观察。这样才有可能看出，王朝当时的政策、策略是否明智，是否恰当。政治作为保全政权、捍卫国家的策略，不仅体现在国内的组织管理上，也体现在应对外部世界的挑战与威胁上。自身的实力决定了王朝应对外来挑战是否成功。

如果中国与西方世界没有任何交集，两者只是沿着各自的方向发展，那么，中国政治思想史就不必关注西方世界社会、政治、经济的发展变化，但事实是，我们在某个历史时期遭遇西方，并且与西方世界有过"长期的创伤性接触"①。西方世界对中国造成了极大的影响，这不能不使我们重新评价在此之前数百年间中国的政治，它究竟从什么时候开始，在哪些方面失去了对外部世界坚韧的适应性。

中国历史的前期，当时的全球化相当有限，中国的传统政治一向能够成功应对外在的威胁。因为交通、技术等因素，帝国对周边的影响或者受到周边影响的程度相对有限，有一位李广式的将军，就可以镇守边陲数十年。中国应对外部世界冲突的观念、实践以及制度设置等因素还没有上升到国家政治的突出地位，但传统政治中，成功应对外来的挑战始终是政治的核心思想。

但中国后期历史则不同，特别是明清时期，全球化——全球许多地区都形成密切联系的这种状况显现出来，而我们对世界的这一变化并不知情。

1400 年以后全球因为贸易、交流的扩展引发现代性的转型，西方世界随之兴起。然而我们对此了解不多，甚至毫不了解，自然就谈不到跟上这个世界的步伐，或考虑我们将在这个新世界中如何生存等重大问题。直到 19 世纪末，中国遭受西方世界的强大压力时，我们才意识到有一个外部世界，然而这本该是在明代就需要了解并且开始应对的问题。我们的政治虚弱，并没有任何准备，完

---

① ［意］马蒂内利《全球现代化：重思现代性事业》，李国武译，北京：商务印书馆 2010 年，第 89 页。

全不了解这个世界，更不知道应该如何与这个世界打交道，如何应对外来的威胁。

这一历史事实，使我们对政治思想史有了一个重新评价的基点。即使再强大的帝国也是处于与外部世界的关系当中，并在与之交流、对抗、融合的进程中成长、壮大、衰落。国家政治不能仅仅从国内的社会经济状况来评估，还必须通过它能否在下一阶段的外部冲突、挑战中赢得成功来衡量。它必须准确了解世界变化的潮流，对自身内部做出适应性、结构性调整，以迎接外部世界的发展所激起的挑战。

全球范围来看，1500 年以后，亚欧地区五大帝国仍然强盛，东部的中国、北部的俄罗斯、南部印度莫卧儿帝国、西南部伊斯兰萨法维帝国和西部的奥斯曼土耳其帝国，都在急剧扩张。俄罗斯和中国是其中两个扩张最为显著的国家，俄罗斯领土面积扩大了三倍多，中国也扩大了一倍多。[①] 清朝入主中原，随即开始了一系列的军事征服，乾隆皇帝（1736—1795 年在位）时期尤其。他派兵征服了西藏、蒙古和其他地区的少数民族，疆域扩大了一倍。

此时，帝国体制尽管仍能处理国内的政治和经济问题，成功地管理辽阔的疆域并保持扩张的态势，但其内在力量已经跟不上形势的需要，或者说这种帝国体制已经无法与新兴的欧洲国家相对抗。尽管相比之下，欧洲国家显得非常脆弱，看起来根本无法与这些庞大的帝国相抗衡，但欧洲新兴国家创造性地利用自身社会、政治方面的条件，特别是利用其科学技术方面的成就，形成了强大的竞争力，很快在世界范围内占据了优势。

欧洲国家体系是一种新型的国家组织形式，它们的政治经济运作在很多方面不同于老式的帝国政治。首先是它们形成了现代国家体系。正是这种新型的国家体制，使得它们不仅解决了政权合法性等问题，而且形成了高效有力的国家动员机制，新型的国民教育使得国民综合素养普遍有了极大的提高。

欧洲国家体系的形成，是中世纪欧洲政治、经济、法律条件下创造性发展的成果。中世纪的欧洲，构成现代国家的一些关键因素就已经出现，包括政权合

---

① [美]马克斯《现代世界的起源》，夏继果译，北京：商务印书馆 2006 年，第95 页。

法性的形成，永久性的财政和司法事务制度①，国家权力之外的社会力量（行会等）颇为强大等，这些都为进入现代提供了很重要的前提条件。

其次是在欧洲国家体系形成的过程中，经济成为国家最重要的支柱。"经济高于一切的时代已经到来"，尽管在当时人们并不完全能够认识到这一点。但帝国的体制显然不能灵活地应对新的危机，"查理五世掌握欧洲的雄心壮志未能实现，安特卫普却顺顺当当就达到了目的。路易十四想使法国成为世界的中心，遭到了失败，小小的荷兰却马到成功。在保守和革新之间，欧洲选择了后者，或更确切地说，革新征服了欧洲。同欧洲相反，世界的其他地区始终在玩老把戏。……满洲人在打败明朝以后，继承明朝的统治方式。唯独欧洲革新了政治（不仅仅是政治）"②。新兴的现代国家在保持国内相对稳定的前提下，首要的任务就是处理国家经济。

相比较而言，欧洲国家体系与中国帝制对待经济是两种完全不同的倾向。从重商到资本主义，经济是现代国家能否正常运转的关键。欧洲国家体系形成之时，社会经济已经形成了自身独立于政治权力之外的势力，所以国家权力总是充分利用社会积累的财富，特别是通过城市积累起来的财富来为国家权力的增长服务，它不得不把国家的正常运转奠定在良好的经济运行上。权力与资本有着默契的合作关系。中华帝国未尝不重视国家的经济。然而帝国的权力是一个金字塔式的结构，统治权力处于顶尖，其他一切势力都受到统治政权的抑制。帝国的主体是零散的小农经济，缺乏庞大、富有的商业群体，而帝国对于独立权力之外的经济势力总是深感恐惧。秦汉以来，不论是对长途贩运商品的"商"，还是对坐拥列肆的"贾"，总是采取抑制甚至打击的手段，纯粹的商人社会地位低下。商人或生产者将其商品运抵都市，由贾收买或介绍给市场中的求购者。东汉以后，贾的经营形成邸店模式，自有旅舍、牙人等。但邸店对于商贩的货物一贯是压价收购，而邸店多是豪商达官开设，商贩的经营利润很难得到保证。熙宁五年（1072）诏曰："天下商旅物货至京，多为兼并之家所困，往往折阅失

---

① [美]斯特雷耶《现代国家的起源》，华佳等译，上海：格致出版社、上海人民出版社 2011 年，第 19 页。

② [法]布罗代尔《十五至十八世纪的物质文明、经济与资本主义》第二卷，顾良等译，北京：三联书店 2002 年，第 567 页。

业。 至于行铺稗贩亦为较固取利，致多穷窭。"①宋代都市里行会组织虽然不少，但行会缺乏力量，又无法律上的支持，多为政府苛派和胥吏强索所苦。

在帝国体制的经济领域中，常可以看到权力以机构或个体的方式介入经济活动，并以权力强制的方式攫取财富。 所以，传统时代的经济在相当程度上并不完全依赖法律环境，而是依赖各种社会关系所形成的惯例、不成文的规矩等。这些规则往往缺乏公平、公正。 在帝国体制下，经济是为政权服务，在经济出现问题时，权力可以发挥超经济的作用；而在政治遇到问题时，经济则随时为政治做出牺牲。 这使得帝国的法律始终无法在经济领域中独立地发挥作用，经济的发展往往缺乏连续性，用于投资生产的财富很难形成大规模的积累。

资本主义和现代国家则几乎同时在市场经济的范围内出现。 欧洲中世纪的政府，由于入不敷出，政权总是感到巨大的财政压力，这种压力迫使国家制度创新，这就是国债。 国债在 13 世纪流行于西欧，在 17 世纪末、18 世纪为英国所采纳。 欧洲政权依靠短期或长期贷款来进行战争，他们因此鼓励投资者定居在本国城市，城市由此不断积累财富。 贷款来自本国臣民，政府同样也得偿还。英国通过英格兰银行（创建于 1694 年）发行债券，以银行签名的资金做保证。"国债不仅为英国统治者预先备好进行战争的现金，而且给了投资者相对保险的投资手段，从而也为英格兰银行吸收了更多存款。"②中国的宋王朝应对外部战争不知所措时，英国则几乎是把战争当成了投资性的经济活动。③ 这种经济上的循环，当然还包括其他方面的特征，如推选重商主义的经济政策，重视国民教育，强调统治的合法性等，最终形成欧洲国家体系，并成为占据优势的政治模式。

帝国的强盛隐含着难以挽救的衰败，而弱小的欧洲蕴含着强大的活力，诞生了新型的国家体系。 18 世纪末，全球形成结构完全不同的新旧两大世界，一是

① 《宋会要》卷三四一《食货》六市易。

② ［美］马克斯《现代世界的起源》，夏继果译，北京：商务印书馆 2006 年，第120 页。

③ 马克斯说："英国统治者愿意而且有能力把国家权力用于经济目的。 ……1700 年英国已经有了这样一个政府……她已准备好使所有的外交政策都服从于经济目的，其战争目标也是商业性的。"《现代世界的起源》，夏继果译，北京：商务印书馆 2006 年，第122 页。

以中国为中心的东亚世界体系，一是以英国为中心的欧美世界体系。两大世界必然发生碰撞，而 19 世纪见证了势力均衡的天平向西方倾斜，中国遭受了巨大的痛苦。①

正是后来的这段痛苦的历史，使得我们有必要返回北宋，重新评价王安石的熙宁变法。黄仁宇说："中国在公元 11 世纪已经在某些方面感受需要现代化的压力。"②王安石变法之所以重要，不在于它给宋王朝带来了经济上的好处，而在于它尝试性地转向"现代世界"。尽管这种转向当然还不是在自觉意识下做出的，现代性此时仍只露出与传统交织在一起的端倪，但这无疑是中国 11 世纪最具原创性、原生性的现代化尝试：经济的地位日益显著，通过金融管制来解决国家财政问题，依赖法律实施社会以及经济变革，增强军备，彻底解决来自北方的威胁，建立一个市民社会，等等。尽管这些仅仅只是端倪，但它已经带有现代社会的某些特征，其政治视野不是局限于国内，而是宋王朝所处的世界，所以学者称宋代"仿佛进入现代"，或是将之归入"近世"的开端，都感觉到了宋代不同于传统社会的现代特征。

但是，这场中国历史上几乎是绝无仅有的现代化冲动，终于被扼杀了。王安石的改革，对于当时人而言，无疑是一种太过超前的理念与方案。这并不是说它是一个充满乌托邦想象的产物。王安石变法是基于对社会变化的准确理解而形成的改革方案，而且在他担任地方官时，某些措施已然试行。超前主要表现在对传统古典政治原则的突破上，尽管王安石多方强调改革与传统政治之间的紧密联系，但变法在很多方面已经不是古典政治哲学的自然延伸。正因此，熙宁变法遭到当时几乎整个精英阶层的误解与反对。即使司马光、苏轼这样的一流人物也不能理解这一改革，遑论其他。熙宁变法失败了，宋代没有把这个国家引向某种现代进程，积贫积弱状况并未真正改善。当强大的蒙古政权入侵之时，中原毫无招架之力。

到了明成祖时代，中国再次扩大了它的政治视野，并且通过航海了解了世界，但这一全球化的进程很快就止步了。朝臣中有一派坚持要求航海，另一派则强调要把国家的财力集中起来对付来自北方的威胁。更值得关注的是，航海

---

①　[美]马克斯《现代世界的起源》，夏继果译，北京：商务印书馆 2006 年，第 94 页。

②　黄仁宇《赫逊河畔谈中国历史》，北京：三联书店 1992 年，第 166 页。

以及传教士所带来的知识和理念并没有对我国最重要的政治、经济结构产生重大的影响。此后的明清两代，不仅失去了现代化的冲动，而且采取闭关锁国政策，偏离世界的潮流越来越远。中国的发展在世界之中，然而在很多方面却与世界的进程脱节了。

4. 两种改革方向

宋代是一个问题。德国汉学家库恩（Dieter Kuhn）的《宋代文化史》认为，它是中国中世纪的结束，又是现代的开始。

北宋末年人口增加，人口已经达一亿四千万。传统农业如水稻由于品种、种植方法上的改进，产量增加。江南麦作的推广以及稻麦二熟制的形成，标志农业生产进入了一个新阶段。此时，农村中涌现出专门种植蚕桑、茶叶、蔬菜、漆树、花卉、果树、甘蔗等经济作物的专业户，这带来了个体小商品生产的发展。农业的发展为工商业的发展奠定了基础。西方学者费正清、赖肖尔在《中国：传统与变革》中把宋代商业的发展称为当时的"商业革命"。斯塔夫里阿诺斯《全球通史》对宋代的评价，也是认为除了令人瞩目的文化成就外，宋朝的商业革命更值得注意，它对整个欧亚大陆都有重大影响。黄仁宇《中国大历史》说，当时商品交换的价值，约合1500万到1800万盎司黄金，约合当今60亿到70亿美元。这样巨大的商品流通，在当时全球范围内当是绝无仅有。当时的贸易发达，金属货币已经跟不上商业需求，出现了世界上最早的纸币。但是如此繁荣发达的经济基础，却并没有促成国家的现代转型。究其原因，体制具有一种顽固的惰性。军队冗兵过多，战斗力缺乏，国家的冗官、冗费非常严重，大大消耗了国家好不容易聚积起来的财富，国家体制并未努力契合当时社会生产生活的实际。

如何改变现状，整个宋代呈现出内向与外向两种不同的基本倾向：一是外在解决的路径，这是注重实际的思想家的路径。习惯上人们称他们是功利主义者。一是内在解决的路径，这是理学家的思路。他们总体认为，个体首先能够实现高尚的德行，然后才能解决外在的现实政治问题，所谓"内圣外王"。他们探讨以心、性、理、气为中心的哲学，这是"内圣之学"，更进一步则是"外王"，即一系列政治实践的努力。

传统古典政治思想都是竭力反对功利，追求利益总是在道德上受到鄙视，从事商业在社会地位上也相对低下。 但中唐以后，农业生产庄园经济得到发展，城市文化生活兴盛，城市商业逐渐发达，货币的需求随着商业的繁荣越来越强烈。 到了宋代，整体的社会生活比以往复杂了很多。 不谈论经济、不讨论利益问题是行不通了。 关注社会现实的学者，很自然地注意到利益问题，并且认为解决社会矛盾的关键是当时的经济问题，由此形成了很松散的主张功利的一派。他们多出于江西、浙江，主要代表有北宋的欧阳修、李觏、王安石，南宋有薛季宣、吕祖谦、陈傅良、陈亮、叶适等。

两派路径相反，在政治上相互对立，知识形态上也存在差异。 理学继承传统儒学，基本是从儒家思想的范围内来寻求解决现实政治问题的答案，而且主要关注的要点是心性道德的问题。 但功利一派的人物，特别是王安石已经有所不同，当然，他的学术框架仍然是儒家的传统，但他注意到经济运行中出现的新情况，这不是儒家的传统知识内容，而是这个时代的新知识。 如此时出现的纸币，在一定程度上将当时的经济带入货币时代，经济呈现出新的局面，这不是传统学术所能解释的内容。 旧学人物并不关注这类经济知识，他们仅仅只是把王安石的改革视为申、商之术的重复。 时代已经变化，对新知识的关注有力地促进了功利一派人物思想观念的转变，但这部分思想、知识遗产并没有得到有效的继承，更遗憾的是没能真正推动宋代的转型。

5. 王安石变法

王安石（1021—1086），字介甫，号半山，临川（今江西抚州）人。 庆历二年（1042）进士及第，历任扬州签判、鄞县知县、舒州通判等职，政绩显著。 熙宁二年（1069），任参知政事，次年拜相，主持变法。

王安石是学者，但并不打算专门从事经学研究；他是诗人，但也不打算专门去做诗人。 他的理想是经世致用，他说："经术正所以经世务……变风俗、立法度，最方今之所急也。"（《宋史·王安石传》）可见其志向。 他熟悉诸子百家思想，但其基本出发点是在儒家。 嘉祐初，他在《上皇帝万言书》中就推崇孟子，讲求儒家的仁政，以为执政者须有仁心仁闻，泽加于百姓，通过一系列经济、政治改革，实现强国富民，"家给人足，天下大治"。 熙宁变法的主导思想正是基于这一点。 晚年，他用诗歌再一次表达了心中的政治理想。《后元丰行》曰："麦行千里不见土，连山没云皆种黍。 水秧绵绵复多稌，龙骨长干挂梁梠。 鲥鱼出网蔽洲渚，荻笋肥甘胜牛乳。 百钱可得酒斗许，虽非社日长闻鼓。 吴儿踏歌女起舞，但道快乐无所苦。"这既是他对熙宁变法历程的肯定，也是对后人的昭示。 他始终将让天下百姓丰衣足食、安居乐业看作国家政治最重要的目标，这不仅体现出他个人深广的仁爱之心，也体现了他对孔孟儒家政治思想的深刻理解。

王安石的改革思路非常清晰：王朝要抵御外来侵扰，又防止地方拥有重兵，便只有组建一支常备军，直接掌握兵权。 当时，府兵制存在的社会基础荡然无存，府兵已经不可能，王朝又没有其他征兵办法，只能采用募兵制组建军队，由国家财政养活一支专业化的军队。 而君主政体拥有常备军队，正是现代转向的重要特征。[①] 另一方面，从军队的专业化、战斗力来看，亦兵亦农式的府兵已经不能适应当时的战争，国家需要一支正规化的军队，需要大批受过专门军事训练的士兵。 此时辽与西夏的行政以及社会组织都有相当程度的发展，宋廷抵御其侵扰，无疑是一场严峻的考验。

但维持一支常备军队的费用异常巨大，军费成为国家急需解决的首要问题。神宗谓文彦博："当今理财最为急务，备边府库不可不丰。"宋廷储备不可谓不丰，但当时的财政管理显然跟不上。 宋太宗赵匡义时代库房里的军用雨衣和帐篷霉烂有"好几万段"，《宋史·食货志》称神宗时内殿库房所积绢三十二库全满，更积羡赢二十库。 黄仁宇说："如此庞大的物资，实在有用商业方式管理处置之必要。 最低限度也要让它和民间的市场交流。"[②]应该说，王安石的改革正是想用类似"现代金融管制方式"来处理国家事务。[③]

时至北宋，社会发展的复杂程度已非先秦时代可比，由于货币的普遍化，经济作为国家支柱性的作用突显，而且变得日益复杂。 这是新的现实，新的状况，变法实际上是对现实的创造性应对，绝非如反对新法者所认为的那样只是

---

① 亚当·斯密说："有了好纪律的常备军，一个文明国才能抵御外侮；同样，有了好纪律的常备军，一个野蛮国才能突然而相当地文明化。"［英］亚当·斯密《国民财富的性质和原因的研究》（下），郭大力、王亚南译，北京：商务印书馆1974年，第269页。

② 黄仁宇《中国大历史》，北京：三联书店1997年，第166页。

③ 黄仁宇《中国大历史》，北京：三联书店1997年，第127页。

申、商异端的重复。 功利派的兴起，大谈利益，实是现实变化使然。 凡是能够真正洞察现实问题的政治家都不得不在一种全新的思路下，提出新的解决方案。 所以，王安石变法既非先秦法家的观念所能范围，也不是儒道思想的自然延伸，这是当时政治实践家真正面对社会现实所采取的行动。

熙宁元年（1068），神宗皇帝即位，王安石奏进《本朝百年无事札子》，总结北宋立国以来治理天下的状况，指出国家存在的隐患，力劝君主励精图治，大有作为。 此时王安石四十八岁，无论在地方，还是在中央，都有很多丰富的实践经验。 在神宗的支持以及部分朝臣的大力协助下，王安石实施变法，先设"制置三司条例司"，专门负责筹划新法，并以条例的形式推行均输法、青苗法、农田水利法、免役法等重大新政。

青苗法：北宋建国之初，仿前代办法，建立常平仓，即地方政府在丰收季节，为防止谷贱伤农，大量收购粮食，而在灾荒之年，又将贮粮以低价卖给农民。 此法到北宋中叶，基本上已名存实亡。 王安石根据自己在鄞县时"贷谷与民，立息以偿"经验，参照其他官员类似的做法，实行青苗法。 即地方政府按照一定的价格，将农民自愿请贷的粮食折成现款借贷给他们，收获时，农民以现款或粮米的形式归还贷款与利息。 由于政府直接控制借贷，可使农民免受高利贷者的盘剥。

募役法（免役法）：北宋的纳税户按规定都要在各地政府服差役。 由于具体规定及操作上的不合理，差役给农民带来了极大的负担。 新法改变这一做法，按照服差役的家庭所有的地产等级的不同，缴纳相应的免役钱，政府用此钱款募人代役。

方田均税法：当时的部分农民宁愿伪立契券，将土地假卖与当地官绅形势户或豪强之家，冒充其佃户，向其缴纳租课，而逃避政府的税敛与差役。 此法旨在清丈田亩、检查漏赋、均定田税。 所谓方田，即按规定丈量土地，随陂原平泽而定其地，因赤淤黑垆而辨其色，参定肥瘠，分为五等。 均税即在方田的基础上重新均定农户的田税。

农田水利法：此法主要鼓励熟悉农耕及水利工程的官员与平民向地方政府提出建议；各州县详细调查本辖区的荒田以及需要浚修兴建的水利工程，制定方案，呈报上级审核勘查后加以实施。 该法还对各地兴建水利在政策上给予多种支持。

市易法：借鉴西汉桑弘羊平准法的经验，在京城及大城市中建立市易务机构，招募当地诸行铺户的经纪人担任市易务的牙人，过往商旅可到市易务投卖货物，商贩以一定的资产做抵押，向市易务赊购货物，再到市场上出售，一年或半年后，偿还货物的本钱与利息。此法本意在于打破豪商富贾对商业的垄断，平抑市场物价，使小商贩的经营得到政府的保护，政府亦可从中获利。

均输法：自五代以来，汴京及京畿由于人口密集，消费需求极大，北宋开国之初即设发运司，负责物资调运。但发运司权限较小，信息不灵，运作上存在很多问题，造成国家资产的流失，而商贾却从中牟利。均输法首先扩大负责官员的职权，朝廷设发运使总管东南六路的财赋，同时主管茶、盐、酒、矾等税收，付与钱货，使其可根据物资需求以及各地市场行情、运输条件等，灵活征购各类物资。运输上一改完全官办的做法，由官船与商船分运，从而节省运费，减少物资运输中的损失。

王安石通过并营、减员等办法调整军队建制，修改更成法，用将兵法在并营的基础上设立军队的指挥、管辖的机构①，强化军队的训练与管理；又实行保甲法、保马法等对社会治安及马政等方面进行制度改革；又对科举制和学校制度进行了多项改革。

王安石的变法主要集中在农业、商业、军队、学校、科举等关系到国家命脉的重大方面，这不仅在相关领域里产生了很大的变化，而且也带来了人事上的极大震动。变法实施的过程中亟须一大批得力的官员以及经济、军事、农业、水利等方面的专门人才，因此当时机构的建制、官员的提拔等方面都有不拘常规的做法。

新法成效究竟如何，如何评价，向有争论。从立意来说，新政试图革除宋朝长期存在的弊端，解决民生问题，促进社会发展。如青苗法，意在青黄不接时，通过地方政府借贷，使农民渡过难关，不再向高利贷者借钱，从而避免破产或被兼并。从推广方式来讲，王安石推行新法十分慎重，如青苗法，他早年在鄞县就做过尝试，当时也有其他地方官采取过类似的做法。在一些官员的建议下，王安石委托属下起草法令，又会同官员审查。接着先在三个大行政区实

---

① 关于将兵法，参见邓广铭《北宋政治改革家王安石》，石家庄：河北教育出版社2000年，第237页；漆侠《王安石变法》，河北人民出版社2001年，第111页。

施，然后推行于全国。 从政策推行的步骤上来说，绝非草率。 实际上，新法持续有十年之久，仅此来看，就可说明它具有成效，很难想象一个于民不利的政策能够持续十年之久。 有研究者认为，新法改善了当时的财政状况。"从仁宗时期起，直至南宋末年，除神宗的熙宁（1068—1077）、元丰（1078—1085），经过新法理财，取得很大成就，国家财政状况一度明显好转外，其余时期，中央计司几乎无时不是处于开支日增月长，财用困匮窘乏的状况之中。"①从整体上来说，新法确实取得了很大的成果。

当然，新法实施过程中确实存在问题，如青苗法在农村放贷，一定本钱，春散秋敛，收息二分。 但有些县官不问农民是否需要或愿意，就将青苗钱整数发放若干农民，只责成他们秋后连本带利归还。 甚至有的农民并没有收到青苗钱也要上缴利息。 这样，青苗法反成了不法官员、行政懈怠者渔利的工具。 但需要区别清楚，这并不是青苗法本身的问题，而是官僚体制的问题。

王安石在基层有长期的历练，深知其中的状况。 嘉祐三年（1058）他的《上仁宗皇帝言事书》中最核心的内容正是造就人才一事。 书中王安石分析当下隐患，以为欲致太平，必变法度，然而没有人才，虽有良法亦不能真正实施而有所成效。 他以为："在廷之臣，庸人则安习故常而无所知，奸人则恶直丑正而有所忌。 有所忌者倡之于前，而无所知者和之于后，虽有昭然独见，恐未及效功，早为异论所胜。"②可以说，新法实施之前，王安石对未来可能遇到的阻碍非常清楚。 新法实施，果然如其所预料。 如此深广的变革对于因循成习的传统社会而言似乎过于猛烈，朝廷中相当一部分官员针对新法实施的过程中难免产生的问题而激烈地反对新法，攻之者多自命为君子而拥之者又多属冒进孟浪小人，不免横生枝节，致使变法举步维艰。

王安石以过人的毅力与胆略，不顾朝野上下的强烈反对，坚持推行新政策。 经过几年的实施，新法初具规模。 但保守人士并没有改变原有的态度，而王安石似乎也没有精力兼顾到对持不同意见者展开进一步的说服、争取，以赢得他们的同情或支持，也无暇顾及在更广泛的领域中进行新法的宣传，更为严重的是此时新党内部也产生了很大的分歧。 王安石为顶住来自各方面的压力而心力交

---

① 包伟民《宋代地方财政史研究》，上海：上海古籍出版社 2001 年，第 85 页。
② 《通鉴长篇纪事本末》卷五九。

瘁，终于在熙宁七年（1074）罢相，以吏部尚书、观文殿大学士出知江宁府。 熙宁八年（1075）二月至熙宁九年（1076）十月间，虽然再次执政，但并没有看到国家政治新的前景，加上其子王雱早逝，他遭受沉重的精神打击，再次辞去宰相，退居金陵。 元丰八年（1085）三月，神宗去世，不满十岁的哲宗即位。 朝政实由太皇太后主持。 太皇太后起用司马光等旧党人物。 司马光执政，一切更化，新法尽废。 新党人物王安石是有明确的政治理念与实施规划的，而旧党则几乎全无，司马光本人也谈不上具有政治理念与方案，他执政后，凡是新政主张的都要反对，凡是新政实施的都要废除。 熙宁变法终告结束。 第二年，即元祐元年（1086），王安石卒。

在这里，中国传统政治再次遇到自己的难题，即改革的成果如何形成一定的政治积累，政治如何不断积累而有所进步。 王安石的变法过程中，具体的改革措施固然重要，但更值得深思的应当是其设立"制置三司条例司"。"制置"表明它是经过皇帝的特许；"三司条例司"，显然与国家财政有关，但它的主要功能在于制定、颁布有关"条例"，即有关的法律。 显然，这是一个围绕整个改革设立的带有立法性质的机构。

中国政治观念中很早就意识到普遍性的原则，行政、法律等都是依靠统一的原则行事。 老子强调统治者秉要执本，治道就是政治领域中的根本原则。 荀子也特别强调"类"，即在一类事物当中所具有的原则。《荀子·王制》中认为统治者须"以类行杂，以一行万"，"听断以类"。 应该说，传统政治在经验层面上，对于行政原则、办事准则等认识得很清楚。 宋代门下省习惯上处理"尚书省六部所上有法式事"，而中书省在通常事务中还须处理"中外无法式事应取旨事"①。

但进一步来看，王朝如何立法，如何修改法律，又如何在君主或大臣反对的情况下，通过更为基础、更具有强制性的法律保卫既定法律的应有地位，这是一个大问题。 从根本上来说，这是以法律影响政治、通过法律的形式保证政治延续性的重大问题。 但中国传统的一元体制，使得政治领域与法律领域在很大程度上是混合重叠的②，这使得政治家不会把改革重点放在法律建设上。 在庆历

① 《宋史》卷一六一，《职官一》，北京：中华书局1977年，第2776、2782页。
② 政治与法律的复杂关系，参［德］尼克拉斯·卢曼《社会的法律》，郑伊倩译，北京：人民出版社2009年，第214页。

新政中，改革者显然没有意识到法律可能具有的特殊地位。范仲淹在《答手诏条陈十事疏》中提出了"端本澄源"如下十事：明黜陟，抑侥幸，精贡举，择官长，均公田，厚农桑，修武备，减徭役，覃恩信，重命令，主要都是通过政令的形式推行改革。

相比而言，王安石更具有超越当时认知意义上的法律意识。他非常清楚法律在政治以及社会生活中的重要作用。他给神宗皇帝的奏疏中就说："有司议罪，惟当守法，情理轻重，则敕许奏裁。若有司辄得舍法以论罪，则法乱于下，人无所措手足矣。"①他强调法律裁决必须依法，一般官员无权根据情理加以轻重量刑调节。改革期间，他建议设立"明法"新科，考试的科目就是律令、《刑统》大义以及断案。不参加进士科考试者，都可参加"明法"科考试。王安石采取各种措施强化整个行政司法的专业化，规定"应得替合守选人"，须"流内铨投状，试断案二道，或律令大义五道，或议三道，差官同铨曹主判官撰式同考试"。考试评判分为三等，"上等免选注官，入优等者依判超例升资，无出身者赐出身。如试不中，或不能就试者，及三年与注官，即不得入县令、司理、司法"②。很显然，官员专门化的法律训练受到很大的重视。而随着时代变迁，传统把《春秋》作为判案依据的做法，在王安石看来并不可取。于此可见，王安石对于法律有着颇为系统的想法，熙宁变法，他推出"条例司"充分表明他通过类似立法形式推行整个改革的明确意图。

这是熙宁变法的创新之处。熙宁变法中，诸如青苗法等具体措施固然重要，但它试图通过体制化手段——设置"条例司"总揽改革整个方案，并且以较为固定的法律形式使政治运作能够按照预期的方式定形下来，这是整个变法的关键。尽管在当时政治与法律的条件下，朝廷的政令与法律之间的区别究竟有多大，确实很难界定，但王安石意识到必须以法律的形式使改革的每一步变得非常明确，并且能够获得某种保障。如果说宋代有某种现代性转型的尝试，那么，这一点是王安石改革中最值得重视的思想。

然而在这里，王安石却遇到了与商鞅同样的问题：通过什么方式或手段，来

---

① 《文献通考·刑考九》，另参邓广铭《北宋政治改革家王安石》，石家庄：河北教育出版社 2000 年，第 113 页。

② 《续资治通鉴长编》卷二二七"熙宁四年"（1071），北京：中华书局 1979 年，第 5520 页。

保证他们所进行的改革在未来的君主那里仍然有效？ 商鞅与王安石等一系列改革者，实际上都遇到了同样的问题。

中国传统是一元政体，君主个人的倾向对王朝的治理有很大的影响，尽管现实当中，君主的统治受到传统礼俗、习惯以及诸如宋朝"家法"的很大影响①，但如果适逢强势的君主，理论上讲，王朝并没有任何实际的强制力量制约君主，臣子唯一能够做的就是等待时间的平复。 幸好历史上温和平庸的君主占了大多数，只是少数伟大的君主与强悍的暴君促成了整个政治史的起伏波动。 我们的政治观念史中始终没有明确，需要建立一种能够制约君主或者最高权力者的强制性手段，即君主政体的根本法，或者说宪法。 根本法就是宪法，它是"一个既不能修改也不能被打破的绝对稳固的规范"，即使修改，程序极其繁难。 它是"政治统一体和总体秩序的终极统一原则"②。 应该建立让未来所有的君主、执政者都必须认同的规则——君主政体的根本法、基本法。 政体的基本法意味着在法家变法、熙宁变法之前，首先必须制定一整套更为根本的法律，以确保具体法律以及法律实施的稳定性，确保国家政治的延续性以及在特定法律框架下的政治变革。

基本法不明确的君主体制下，任何政治、经济、法律方面的变革，实际上都很难保存其成果。 变革一旦触动社会上层的利益，势必会引致反对派的阻止。 甚至，即使变革并没有给其带来多少影响，反对者也会仅仅因为变革动议是他们的前任所提出便加以反对。 缺乏政治认同的"政治"，引来的往往是无谓的官场动荡。 神宗去世，司马光执政。 他处在与王安石完全相同的行政位置上，但他不了解政治，根本无法洞悉北宋带有现代社会变化性质的各种因素，立刻动议废除所有新法。

熙宁三年（1070），司马光在《与王介甫书》中以为王氏是"儒而有为"，岂尝有契于治国烹鲜之旨哉！ 然而在他执政之后，立刻废止新法，却要让庞大的国家机器突然掉头，岂不是忘掉了"治大国若烹小鲜"的古训！ 司马光指责新

---

① 参邓广铭《宋朝的家法和北宋的政治改革运动》，邓广铭《北宋政治改革家王安石》"附录"，石家庄：河北教育出版社2000年，第347页以下。

② ［德］卡尔·施米特《宪法学说》，刘锋译，上海：上海人民出版社2005年，第47、48页。

法"舍是取非，兴害除利。 名为爱民，其实病民，名为益国，其实伤国"①，当一切废罢。 很快方田均税法、市易法、保甲法、免役法、青苗法等相继被废止。此时，王安石早已不与政治，当他"闻朝廷变其法，夷然不以为意"。 可是，"又闻罢助役复差役，愕然失声曰：'亦罢至此乎！'良久曰：'此法终不可罢。安石与先帝议之两年乃行，无不曲尽'"②。 我们在王安石设立"制置三司条例司"的举措上，看到了他试图通过法律手段来确保变革的开展，但限于当时的政治、法律体制，他还不可能看到变法真正的成功有赖于更加基本的根本法的确定。 在他的那个时代，君主的根本法超出了他的政治认知，而且也是不可能实现的事情。

王安石为人正直，严于律己，无论是亲近者，还是反对者，称赞其人品皆无异辞。 他的改革思路，特别是金融管理方面的措施，根本不是儒、法所能范围的事情，具有超前性，超出了当时普遍的知识水准，新法也在一定程度上失去了政界的理解与支持。 更深的原因当然是变法触动到利益集团的既得利益，而遭到顽固抵抗。 熙宁变法最终没有实现它的预想。

熙宁变法，君臣相得，贤能的大臣辅佐开明的君主治理国家，实现太平。王安石本当是传统时代政治家的又一典范，但变法失败了。 更有甚者，此后近千年的历史，王安石一直被视为致使北宋灭亡的罪人。 在南宋一片贬斥之声中，只有陆九渊坚持肯定王安石，他在《荆国王文公祠堂记》一文中称："英特迈往，不屑于流俗声色利达之习，介然无毫毛得以入于其心，洁白之操，寒于冰霜，公之质也。 扫俗学之凡陋，振弊法之因循，道术必为孔孟，勋绩必为伊周，公之志也。"③从人格品德方面称赞王安石，可谓知人，但略去了对熙宁变法的评估。 历代几乎没有人能够看清变法的真正意义，那场现代性的革命来得实在太早。 直到中国近现代再次经历巨大的痛苦与灾难，强烈渴望变革时，王安石改革的重要性与超前性才迟迟展现出来，晚清的梁启超等人，在中国急切需要变法的情势中看到了王安石的伟大意义。 黄仁宇说："（王安石变法）这事情的真意义，也只有我们今日在 20 世纪末期，有了中国近代史的纵深，再加以西欧国

---

① 《乞去新法病民伤国者疏》，《司马文正公传家集》卷四六。

② 顾栋高《王荆国文公年谱》卷下引《厄史》，《王安石年谱三种》，北京：中华书局 1994 年，第 124 页。

③ 《陆九渊集》卷十九，北京：中华书局 1980 年，第 232 页。

家现代化的经验，才比以前的人看得清楚。"①王安石变法是理解中国政治观念的重要节点。

6. 理学家的政治

理学家与新学人物一样，非常关注现实政治，但两派的方法、路径有很大的区别。李觏、王安石等人虽然深受儒家思想的影响，不过，他们更多关注的是具体的社会治理、现实政治等问题。他们远没有程朱理学家那样醉心于抽象观念的思维。而当时的理学家，在佛道强大影响的压力下，普遍感受到需要急切地弘扬传统儒学。他们始终都是把立足点放在学术上，放在儒家的框架内。他们更多具有哲学思维的气质，热衷于讨论心性命理等抽象的问题。他们谈论理气，是从心性方面说；讲王霸义利，也是从心性方面说。心性理气，构成了他们哲学思想的核心概念。他们拒斥佛道，但又援佛入儒，援道入儒，兼收并蓄，使宋明儒学发展成为一个庞大的思想体系。

至少在王安石那里，他非常清楚地意识到实际行政中所面临的许多具体难题。所以早年他不是选择进京做官，而是更愿意在基层工作，开展诸如青苗钱之类的尝试。在鄞县时，他兴水利，放农贷，民受其利。在行政治理方面，他的观念来源极其庞杂，这差不多也是理学家不能接受他的想法的重要因素。值得注意的是，王安石对现实具有一种新的知识学态度。黄仁宇评价说："在20世纪末叶提及王安石，我们只更感到惊异：在我们之前900年，中国即企图以金融管制的办法操纵国事，其范围与深度不曾在当日世界任何其他地方提出。当王安石对神宗赵顼说'不加税而国用足'，他无疑已知道可以信用借款的办法刺激经济之成长。当生产增加货物流通时，即使用同一税率也能在高额的流通状态里收到增税之成果。这种扩张性的眼界与传统的看法不同，当时人的眼光将一切视为不能改变的定数。"②王安石基于经验观察得到的某些概括，更接近我们今天所谓的客观事物之理，而理学家注重的则是道德之理。

理学家虽然强调"格物致知"，但这个"格物"而来的"知"主要不是为了

---

① 黄仁宇《赫逊河畔谈中国历史》，北京：三联书店1992年，第162页。
② 黄仁宇《中国大历史》，北京：三联书店1997年，第141页。

开拓并建立一个认识客观事物的知识体系，而是为阐发人文道理、实现道德觉悟服务的。 朱熹《大学章句》说："《大学》始教，必使学者即凡天下之物，莫不因其已知之理而益穷之，以求至乎其极。 至于用力之久，而一旦豁然贯通焉，则众物之表里精粗无不到，而吾心之全体大用无不明矣。 此谓物格，此谓知之至也。"严格说来，这里的格物所求之理与现代所理解的客观事物之理存在很大的差异。 侯外庐等学者强调，朱熹穷理的途径，"都与研究探讨客观世界的科学真理了不相涉"，它只是对"天理的体验认识"①。

理学的格物兴趣并非是在物上，而是在人伦上。 外物表里精粗之理，只是理学所追求的"已知之理"的外证而已。 王阳明格物失败，恰好证明了这一点。 王阳明早年受朱熹影响，"思先儒谓'众物必有表里精粗，一草一木，皆涵至理'，官署中多竹，即取竹格之；沉思其理不得，遂遇疾"。 两次格物（1492、1498）均以无果而告终，后他谪至贵州龙场驿，"始知圣人之道，吾性自足，向之求理于事物者误也"②。 理学本不在"求理于事物"，"格物"一说只在增强人伦道理的"客观性"。 王安石新学显然与理学家异趣，社会、政治、经济的改革迫使新学关注客观事物之理：即在一个与我们主观愿望、意志无关的情况下，那里发生了什么，我们该怎么办。

不同的政治实践路径带给新学与理学完全不同的政治视野。 王安石早年怀有政治理想，在知识储备、行政实践方面都有大量的准备，长期投入不同层级的行政管理。 进入京城，尤其关注经济、财政工作。 仁宗嘉祐四年（1059），即直集贤院，担任三司度支判官，旋知制诰，逐渐进入决策层。 神宗即位后，深得信任，着手变法。 这样的行政经历，使得王安石不得不把政治思考的重点放在解决复杂的现实问题上。 熙宁变法之时，北宋理学几乎刚刚兴起，早期几位理学家名位不显，影响甚微；理学与王安石新学相比，也不可同日而语。 理学家关注的焦点仍然集中在传统学术的范围内，并致力于儒学的新发展。 当时，儒学颇有衰落之势，理学家毅然将儒学的振兴作为自己的使命。

前期的儒学主要是以经学的形式存在。 西汉经师注释经典，今文经学着重

---

① 侯外庐、邱汉生、张岂之主编《宋明理学史》（上），北京：人民出版社1997年，第399页。

② 《王阳明全集》卷三三《年谱一》，上海：上海古籍出版社2012年，第1002、1007页。

阐发微言大义，在当时都有一定的发展。东汉学者转而注重章句训诂，重视对具体字词文句的解释，所谓古文经学随之兴盛。其后的经学虽然间有讲义理的，但直到隋唐之世，大体都是章句训诂一路。到了宋代，教育普及，文化兴盛，士人心智成熟，汉唐以来重视训诂的经学在思想上、智力上日渐失去吸引力。经文的章句解释，烦琐乏味，人们从中很难获得认知上的满足，相反佛学精深玄奥的教义却不断地吸引着儒教中人。宋儒在辟佛的过程中，亦兼采佛学之长，重新赋予儒家经典更加精细、思辨的义理解释。

印度佛教传入中国，经历了 6 个世纪，逐渐实现中国化。佛教最初借助中国道家的哲学范畴传播教义，后经不断发展变化，逐步深入中国人的精神世界，而中国的本土宗教——道教吸收了佛教的教义、组织以及修炼形式等形成自己的模式。时至隋唐，佛、道两家非常兴盛。佛教以其特有的观念以及复杂的学理形式吸引了很多人，而儒学仍然是传统纯朴的内容以及论说形式，影响力不断减弱。唐代佛教派别众多，有所谓"教下三家（天台宗、法相宗、华严宗），教外别传（禅宗）"，而且名理奥义，层出不穷。影响力方面，上至天子，下至平民，包括王公贵族，文武百官，信奉佛道者甚众。这无疑给占据统治地位的儒学提出了严峻的挑战。而儒学要再次振兴成为具有主导作用的精神力量，就必须能够回应佛教与道教的挑战，同时针对新的形势，创造性地重述儒家思想，使之在整个文化当中再次形成强大的吸引力和凝聚力。

应该说，理学家充分意识到了自身的使命。张载的"横渠四句"谓"为天地立心，为生民立命，为往圣继绝学，为万世开太平"[①]，理想之高远，气势之宏大，自信之完满，非其他时代儒生可得而比。宋明时期周敦颐、张载、程颢、程颐、朱熹、陆九渊以及王阳明等思想家，在传统儒学的基础上，上下求索，历时数百年，创立了理学，实现了儒学的重构。他们在应对佛教挑战的同时，在思想方法、理论形态方面又受到佛学的很大影响，兼收并蓄，拓展转换，逐渐形成儒学史上学术规模与思想内容最为宏富的观念体系——理学。

北宋五子周敦颐、程颢、程颐、张载、邵雍确立了理学的基本思想。概括

---

① 见［清］黄宗羲《宋元学案》卷一七《横渠学案上》，北京：中华书局 1986 年，第 664 页。《张子语录·语录中》："为天地立志，为生民立道，为去圣继绝学，为万世开太平。"与《宋元学案》文句稍异。见《张载集》，北京：中华书局 1978 年，第 320 页。《四部丛刊》影宋本首句又作"为天地立心"。

地说，他们关注两个问题，一是为什么道德、道德高尚是必需的，它在本体上依据是什么？二是如何实现道德崇高？理学家认为，前者是"本体"，后者是"功夫"①。到了南宋，朱熹继承发展二程学说，汲取多种思想来源，熔铸成为庞大的理学体系。此时陆九渊提出"心即理"，与朱熹之学不同，故陆九渊、王阳明一派的学说称之为"心学"，程、朱一派的学说仍称之为"理学"，两派颇有争论。宋代文士地位很高，这在一定程度上促使他们有意识地砥砺名节，提高自身的道德境界。理学，从这个角度上来说，是宋儒自我境界提升的一场运动。

但北宋时期理学的影响力相当有限。二程出来，已是北宋末期，程颐身后二十年，北宋即为金国所灭，理学的发展缺少时间的积累。由于政治纷争，北宋理学起初受到贬斥，屡遭禁绝，二程之学被明令禁止传授。南宋时，朱熹也被列入"伪学逆党籍"，他的学术亦遭取缔。朱熹去世，形势才开始转变，宋宁宗嘉定二年（1209），赐朱熹谥号曰"文"，理宗时又特赠朱熹为太师，追为信国公（后改徽国公）。嘉定五年（1212），朱熹注释的《论语》、《孟子》立于学官，成为官方指定的标准注本，这意味着人们理解孔孟的言论，都以朱熹的注释为准。周敦颐、二程、张载皆被赐予谥号，并与朱熹一道从祀学官，受到后人的膜拜。宋宁宗、理宗之后，以程朱为代表的理学在思想学术上的统治地位逐步确立起来。其后，学校教学、科举考试、学者撰著等大都以理学的义理为准绳，文学以及通俗读物都渗透着理学的价值观。理学的基本观念通过《三字经》、《千字文》等童蒙读物进入社会普通民众当中。明代吕坤《社学要略》说："初入社学，八岁以下者先读《三字经》以习见闻，《百家姓》以便日用，《千字文》亦有义理。"文学特别是通俗的戏曲作品也逐渐体现出理学的道德伦理。

元代理学北传，流播更广。明代程朱理学成为正统官学，陈献章由宗朱（熹）转向宗陆（九渊），王阳明继承陆氏心学，理学的另一种形式心学获得巨大的发展。清初理学仍为正统，康熙编纂《性理精义》，重用李光地等理学大臣，在官方的思想领域中，理学有着崇高的地位。就理学最终成为中国传统时代后期占统治地位的思想而言，它似乎比王安石的新学更直接地找到了与现实政治的结合点，尽管不是以理学家自己期望的方式，但理学事实上获得了对现实政

---

① 参见崔大华《儒学引论》，北京：人民出版社 2001 年，第 368 页。

治漫长而强大的影响力。

当然，就在理学成为官方支持的学说并在社会各个领域中发挥巨大影响的时候，理学作为儒学的一种理论形态就遭到了非理论化的否定，宋明以后理学自身的理论创造力衰减就是明证，它再也没有产生出具有足够分量的著作。 在现实中崇高而不容置疑的地位限制了理学自身的理论发展。 在学术层面上，乾嘉考据学的兴盛又进一步转移了学者、思想家对理学的兴趣。 乾隆、嘉庆时期（1736—1820）重视各种学术细节问题考证的学术形式兴起。 学者提出来要回到原始儒家经典、回到汉儒的经注上，重新揭示儒家经典的真正含义。 他们不断纠正宋儒对经典的解释中文字音韵上的谬误、名物制度考订上的疏陋等，批评他们在义理阐发上的不当，这在一定程度上动摇了理学的统治地位。 理学自两宋兴起，影响深远，前后相接，延续近千年，直到清末，它的影响才减弱。

理学与政治的关系颇为复杂。 就理学家的思想重点而言，他们更关注为道德心性提供一个学理性的框架，而不是对现实政治的思考。 不过，理学家通常对政治都有着准确、清楚的认识。 如陆九渊曰：

> 古者势与道合，后世势与道离。何谓势与道合？盖德之宜为诸侯者为诸侯，宜为大夫者为大夫，宜为士者为士，此之谓势与道合。后世反此。贤者居下，不肖者居上，夫是之谓势与道离。势与道合则是治世，势与道离则是乱世。[1]

又曰：

> 自周衰以来，人主之职分不明。《尧典》命羲和敬授人时，是为政首。后世乃付之星官、历翁，盖缘人主职分不明所致。孟子曰：民为贵，社稷次之，君为轻。此却知人主职分。[2]

> 秦不曾坏了道脉，至汉而大坏。盖秦之失甚明，至汉则迹似情非，故

---

① 《陆九渊集·语录上》，钟哲点校，北京：中华书局1980年，第412页。
② 《陆九渊集·语录上》，钟哲点校，北京：中华书局1980年，第403页。

正理愈坏。①

对于政治的人本、民本的本质，对于"道"与"势"，政治法则与政治权力的关系都有清楚的认识。

理学家谈论政治，大多观点正确而不能具体切实。周敦颐《易通》说："治天下有本，身之谓也；治天下有则，家之谓也。本必端，端本，诚心而已矣。则必善，善则，和亲而已矣。"曰："圣人之道，至公而已矣。"立论多据传统儒道的观念，然而如"不复古礼，不变今乐，而欲至治者远矣"，则又迂拙而不切实际。旧党的代表人物司马光亦颇有中肯然而缺乏政治洞察的言论，曰："臣窃惟人君之大德有三：曰仁，曰明，曰武。……兴教化，修政治，养百姓，利万物，此人君之仁也。……知道义，识安危，别贤愚，别是非，此人君之明也。……惟道所在，断之不疑，奸不能惑，佞不能移，此人君之武也。"②又曰："安危之本，在于任人；治乱之机，在于赏罚，二者不可不察也。若中外百官，各得其人，贤能者进，不肖者退，忠直者亲，谗佞者疏，则天下何得不安？"③或问陆九渊："如见用，以何药方医国？"答曰："吾有四物汤，亦谓之四君子汤。"曰："任贤、使能、赏功、罚罪。"④此类观点，"大体蹈袭前人，缺乏系统"。而苏轼文名虽高，然其政治观念也"较近于守旧"⑤。当然，并非仅仅理学家或旧党人物如此，传统时代类似的言论亦很多。

理学家固守某些教条，尤其显得不合时宜。张载以为，恢复政治秩序的捷径在于恢复古代井田封建制。他说："治天下不由井地，终无由得平，周道止是均平。"又说："井田至易行，但朝廷出一令，可不以笞一人而定。盖人无敢据土者，又须使民悦从，其多有田者，使不失其为富。借如大臣有据土千顷者，不过封与五十里之国，则已过其所有。其他随土多少与一官，使有税租，人不失故物，治天下之术，必有此始。今以天下之土，棋画分布，人受一方，养民之本也。"在井田基础之上，再实行封建。曰："所以必要封建者，天下之事分得

① 《陆九渊集·语录上》，钟哲点校，北京：中华书局1980年，第404页。
② 《温国文正司马公文集》卷十八《三德》。
③ 《温国文正司马公文集》卷二十五《上皇太后疏》。
④ 《陆九渊集·语录上》，钟哲点校，北京：中华书局1980年，第407页。
⑤ 萧公权《中国政治思想史》，北京：商务印书馆2011年，第468、476页。

简则治之精，不简则不精。故圣人必以天下分之于人，则事无不治者。"①这些主张并非没有道理，但与当时王朝需要协调社会整个经济运作过程，积累财富，动员社会力量抵御外来侵扰的形势很不相吻合。

恪守儒家教义而较少变通成了理学家的形象特征。程颐曾为崇政殿说书，当时官员都是站着讲解，程颐却坚持遵循古礼，要求坐着讲。《邵氏闻见录》载："以师道自居，每侍讲，色甚庄，继以讽谏，上畏之。"司马光去世，官员们前往吊唁。可是众人刚刚参加过一个庆典，程颐认为一天之内又歌又哭与古礼不合，不能这么做。苏轼嘲笑程颐"此乃枉死市叔孙通所制礼也"，意即为了尊崇古礼而无端地委屈自己，众人闻言皆大笑不已。②又："哲宗皇帝尝因春筵讲罢，移坐小轩赐茶，自起折一柳枝。程颐为说书，遽起谏曰：'方春万物生荣，不可无故摧折。'哲宗色不平，因掷弃之。"司马光对门人说："遂使人主不欲亲近儒生，正为此辈。"③

相对于王学以及功利一派，理学最大的特点，在于偏重从一个人的内在道德品质、心性命理方面来阐述政治。《孟子》中已有心性讨论，《尽心》篇曰："尽其心者，知其性也。"《大戴礼记·本命》曰："穷理尽性，以至于命。"唐代韩愈之辟佛，讲道统，撰《原性》，李翱撰《复性书》等开理学的端倪。萧公权说："理学家哲学思想之内容互殊，而其政论则多相近，约言之，皆以仁道为政治之根本，而以正心诚意为治术之先图。"④诚如所言，理学家的政论大多正是从性命义理方面来阐述。他们关注心性，并且把个体的道德修炼从一开始就放到政治的背景中，在他们看来只有统治者自正其心，其他的政治问题才可能迎刃而解。周敦颐以为"诚者，圣人之本"，"圣人之道，仁义中正而已矣"⑤。又说："圣人在上，以仁育万物，以义正万民。天道行而万物顺，圣德修而万民化。大顺大化，不见其迹，莫知其然谓之神。故天下之众，本在一人。"⑥理学家期待

---

① 张载《经学理窟·周礼》，《张载集》，北京：中华书局 1978 年，第 248、249、251 页。

② 《孙公谈圃》所记为"颐可谓鏖糟陂（汴京城外地名）里叔孙通"。见丁傅靖辑《宋人轶事汇编》卷九，北京：中华书局 2003 年，第 453 页。

③ 丁傅靖辑《宋人轶事汇编》卷九，北京：中华书局 2003 年，第 452 页。

④ 萧公权《中国政治思想史》，北京：商务印书馆 2011 年，第 491 页。

⑤ 《周敦颐集》卷二《通书》，北京：中华书局 2009 年，第 13、19 页。

⑥ 《周敦颐集》卷二《通书》，北京：中华书局 2009 年，第 23、24 页。

"得君行道"，而其"得君"正是为了引导君主实现道德的完善。 朱熹也强调"得君"，"自君心上为之"。 或问朱熹："设使横渠、明道用于当时，神宗尽得其学，他日还自做否？"曰："不然，使二先生（张载、程颢）得君，却自君心上为之，正要大家商量，以此为根本。 君心既正，他日虽欲自为，亦不可。"①这里虽然说的是"大家商量"，但"自君心上为之"、"君心既正"，却是理学家的目标。

王安石"汲汲以财利兵革为先务"，意欲通过社会、经济、军事、教育等一系列改革，实现国富兵强，百姓安居，社会安定的目标，这是王安石的政治理想。 他的思路，包括金融方面的改革具有超前性，人们很难理解这些改革措施的深远意义。 所以，王安石在当时与群臣辩论，显得偏激执拗，实属不得已。大臣们只有具备与王安石相类似的基本认识和知识结构，"大家商量"才是可行的。 熙宁变法的总体方案都是王安石与神宗皇帝无数次商议研究的结果，并不是撇开了君主"自做"的事情。

理学的政治品格，在熙宁变法阶段中充分体现出来了。 神宗时，在学术上，理学与新学异路；在政治上，旧党与新党相争。 尽管旧党人物并非全是理学家，但随着王安石变法的展开，理学家与旧党人物一起汇集成为反对派阵营。

宋朝此时积贫积弱，已经到了不能不改革的地步。 朱熹曰："本朝自李文靖公（沆）、王文正公（旦）当国以来，庙论主于安静，凡有建明，便以生事归之，驯至后来天下弊事极多。 ……且如仁宗朝是甚次第时节！ 国势如此缓弱，事多不理。 英宗即位，已自有性气要改作，但以圣躬多病，不久晏驾，……神宗继之，性气越紧，尤欲更新之。"②苏轼初期奏章，表达了强烈的变法愿望。 王安石变法初期，得到了程颐等人的支持，但很快，程颐等人采取了反对态度，形成了旧党阵营。 旧党一去，实施改革缺了很多端正忠厚之人。 王安石变法，选用人才就没有了多少余地，启用"一等庸人备左右趋承"在所难免，新党虽间有才干之人，但人品多为旧党所不齿。 这在相当程度上影响了新党的事业。

宋代这样一个新旧交织的时代，政治呈现出复杂的面貌与发展趋势，只有高瞻远瞩，足够敏锐，才可能在传统的政治理论、行政创新以及复杂的社会现实之

---

① 《朱子语类》卷一三○《自熙宁至靖康用人》，北京：中华书局 1986 年，第3096 页。

② 《朱子语类》卷一三○，北京：中华书局 1986 年，第 3095 页。

间寻找到衔接点。 相比而言，司马光等人就过于囿于书本了。

7. 政治话语

熙宁变法持续十年，并且取得一定成果。 然而，为什么在这种情况下，仍然遭到大多数朝臣的反对，并且最终导致失败，这是非常耐人寻味的现象。 我们的主要观点是，尽管熙宁变法没有取得它预期的成果，其中的原因很多，但一个重要的因素是传统政治并没有充分发展出有效的话语机制，形成普遍的政治认同，并对现实政治产生恰当的影响。

北宋长期贫弱的状况引发了当时很多有识之士要求改革的呼声，但没有一个话语平台能够让人们围绕重大问题展开讨论，进行思想上的交流。 廷议还不能真正实现这一功能。

从范仲淹、欧阳修到司马光、苏轼等都有强烈的改革愿望，而事实上熙宁变法初期，很多人都表示赞同，程颐、苏辙等都曾积极参与，青苗法会同审查的官员中就有"条例司检详文字"苏辙。 而苏轼在一封信中说，新政之事主要在王安石、陈升之，时任检详官的苏辙"不可不协力讲求也"①。 然而很快，新法遭到强烈的反对，王安石在朝中除了少数高官韩绛、吕惠卿等愿意合作之外，变得异常孤立。

人事因素而非新政本身的缺陷，是导致变法失败的重要原因。 朝廷本来就有众多宗派小团体，因为变法，宋廷形成明显新旧两大阵营。 早在嘉祐六年（1061）苏洵即作《辨奸论》讥讽王安石，以为"误天下苍生者，必此人也"②。 又说："衣臣虏之衣，食犬彘之食，囚首丧面，而谈诗书，此岂其情也哉？ 凡事之不近人情者，鲜不为大奸慝。"宋人笔记中颇有坐实王安石囚首丧面、误食鱼饵的记载，皆为不实之词。 王、苏或因《辨奸论》而早有隔阂。 反对新法者，

---

① 见孔凡礼《苏轼年谱》卷八"熙宁二年"，北京：中华书局 1998 年，第 158 页。

② 《辨奸论》真伪尚存争议。 此文宋本《嘉祐集》不载，初见于南宋吕祖谦编选的《宋文鉴》。 一说为邵伯温托名苏洵而作。 参清李绂《书〈辨奸论〉后》、王水照《再论〈辨奸论〉真伪之争——读邓广铭先生再论〈辨奸论〉非苏洵所作》。《辨奸论》即是他人伪托，也反映了新旧党争的事实。

斥责王氏之学为申（不害）商（鞅）之异端。① 司马光、苏轼等皆指责王安石好言财利，后来朱熹也批评王安石"汲汲以财利兵革为先务"②，而不是"自君心上为之"③。 苏轼、朱熹都说王安石喜于人同，容不得别人不同的意见，刚愎自用，固执己见。 司马光在《与王介甫书》中批评新法，曰：

> 今介甫为政尽变更祖宗旧法，先者后之，上者下之，右者左之，成者毁之，矻矻焉穷日力继之以夜而不得息，使上自朝廷，下及田野，内起京师，外周四海，士吏兵农，工商僧道无一人得袭故而守常，纷纷扰扰，莫安其居。④

在弹劾王安石的奏章中，他措辞更加激烈，以为王安石"首倡邪术，欲生乱阶，违法易常，轻革朝典。 ……窥伺神器，专处福威，人心动摇，天下惊骇。 苟陛下不遏其端，则安石为祸不少"⑤。 但是，在这些颇为夸张的"文学化"谴责中，看不到对王安石变法的具体问题及失误的批评。 也就是说，根据司马光的指责，我们并不能判断王安石的变法中究竟哪一个具体措施、哪一个政策环节存在问题，是什么样的问题。 具有代表性的是，司马光式的表达常见于历代朝政争论辩驳的文章当中，它们已经构成中国传统社会中政治"反思"、"批判"的基本话语模式。

当时政坛诸如司马光、苏轼等精英人物，名闻遐迩，但其政治见解多固守传统学说，很难切合宋代已有根本性变化的社会现实，立论往往经不起推敲。 司马光认为，推行新法的原因在于神宗渴望扩张宋朝的疆土，比肩汉唐；如果没有用兵扩张的计划，就不需要实施新法了。 他认为，宋王朝能够与外部政权之间

---

① 明邹元标《崇儒书院记》以为"入于申商则未也"，其人实"儒而有为者"，《王安石年谱考略》卷首之二引。 参萧公权《中国政治思想史》，北京：商务印书馆2011年，第448页。

② 《宋史》卷三二七《王安石传》。

③ 《朱子语类》卷一三〇《自熙宁至靖康用人》，北京：中华书局1986年，第3096页。

④ 《温国文正司马公文集》卷六十《与王介甫书》。

⑤ 《温国文正司马公文集》卷七《奏弹王安石表》。

实现力量的平衡，甚至主张归还从西夏"侵占"的土地。① 自宋太宗伐辽大败之后，宋人绝口不言兵事。 整个宋朝三百一十九年的历史记载，充满了军事挫败与退却，国家太平只是以"岁币"的名义向北方少数民族购得的暂时和平。 宋朝如此贫弱的状况，哪是能够与北方政权实现力量平衡的状态？ 事实证明这只能是一厢情愿而已。 当时亚洲的政治格局正在悄然变化，国家贫弱已经不再是传统意义上的王霸义利的问题了。 然而，苏轼《上神宗皇帝书》中却说："夫国家之所以存亡者，在道德之浅深，不在乎强与弱，历数之所以长短者，在风俗之厚薄，不在乎富与贫。 道德诚深，风俗诚厚，虽贫且弱，不害于长而存；道德诚浅，风俗诚薄，虽强且富，不救于短而亡。"②上古时代，地域狭小，民风纯朴，诸侯贫弱，确实"不害于长而存"，但此时北宋面对的是辽、西夏这样的对手，根本不是"不在乎强与弱"而能"长而存"的状况了。 耐人寻味的是，司马光是一位朴实忠厚、道德高尚的人物，他不仅受到旧党阵营的推崇，而且也赢得新党人物王安石的高度称赞。 可见，人的道德水准与其政治见解之间的相关性非常复杂。

应该说，变法初期的一些政治讨论还是富有建设性的。 苏轼早年政论都主张革新。 熙宁二年（1069）在一份《议学校贡举状》中，苏轼提出自己对于科举的看法。 当时王安石设想科举制度改革的长远目标是废除科举，由学校承担选拔人才的职能；近期目标则是在科举考试中取消"诗赋"项目，以"策论"写作选取人才。 考"诗赋"，侧重考生文学写作水平的考查；考"策论"，则能通过考生写作的议论文衡量他对政治、社会、经济的看法。 对于选拔政府所需要的治理人才而言，这两种考试实际上都很难真正发挥作用，只是相对而言，考"策论"比较切合实际。 苏轼也说："自政事言之，则诗赋、策论均为无用矣。"不过，他认为还是应当保留诗赋的考试。 理由大体有三：一是长期以来就是这样做的；二是"自唐至今，以诗赋为名臣者，不可胜数，何负于天下，而必欲废之"，这是说以擅长诗赋写作的名臣有很多，都没有辜负天下，就不必改变考诗赋的做法；三是考诗赋难，考策论容易，考得容易，区分选拔就比较困难。 当

① 参包弼德《政府、社会和国家：关于司马光和王安石的政治观点》，[美]田浩编《宋代思想史论》，北京：社会科学文献出版社 2003 年，第 157 页。

② 苏轼《上神宗皇帝书》，《苏轼文集》卷二十五，北京：中华书局 1986 年，第737 页。

时包括司马光在内的许多官员都赞同取消诗赋，苏轼却坚持诗赋取士。　不论怎样，这样的争论还是有益的。

但在《上神宗皇帝书》中，苏轼把批评的焦点集中在"制置三司条例司"。对于新政核心的"三司条例司"，苏轼说，治理国家财政，原本有财政官员，宋代立国百年之久，并没有什么事情办不了，何须"无故又创一司，号曰'制置三司条例'。　使六七少年日夜讲求于内，使者四十余辈，分行营干于外，造端宏大，民实惊疑，创法新奇，吏皆惶惑"。　三司条例司，在苏轼看来，只是六七年轻人闭门造车的地方，造出"宏大"而"新奇"的新政措施，再派遣四十多个"使者"，奔赴各地指导实施，百姓惊疑，官吏惶惑。　又声称"制置三司条例司，求利之名也。　六七少年与使者四十余辈，求利之器也"。　罢了条例司，如果有利之事不行，有害之事不除，则不废除。　如果罢废之后，天下悦，人心安，兴利除害的事情都可以做，则何苦而不罢。　行政作为一个整体，一个机构总是与其他机构协同起来发挥作用，很难说兴利除害是靠一个机构、一个部门实现的。　我们已经强调，条例司与王安石试图通过更基本的法律形式而不是一般政令推行改革有关。　苏轼并不理解新政有着与传统改革不同的地方，按照有的学者的看法，这是向近现代社会转型的改革。

苏轼说，诚欲富国，本无需条例司，当使财政官员与负责漕运的官员配合，皇帝"与二三大臣孜孜讲求，磨以岁月，则积弊自去而人不知"。　那么，"十年之后，何事不立"？　此说似是而非。　有宋开国至今，从来不缺皇帝与二三大臣"孜孜讲求"的机会，财政与漕运官员也是历来就设有的职位，却没有人能够把宋王朝引向改革的道路。　在这份上书中，苏轼所要谈的是三大主张："愿陛下结人心，厚风俗，存纪纲。"全部都属于非常宏观的指导性原则，但在当时的社会经济条件下，政治的具体措施，改革的确切路径，实际上他都没有提及，也不可能提及。　天子与二三大臣究竟"孜孜讲求"什么，他恐怕也不甚了了。　即使"孜孜讲求"，尚且需要十年之后才能有所成就，而评价新政的成绩，苏轼却说，君臣通宵达旦忙碌差不多一年，而"富国之效，茫如捕风"，又何其急切？设置三司条例司，看起来只是与国家财政有关，但实际上它是以某种法律形式推广改革的措施。　这是熙宁变法的创新之处，反映了王安石对于改革方案整体而深入的思考。　而苏轼建议罢除条例司，可以看出他与王安石之间有着很大的差距。

当然，新政并非没有问题，但有些问题并不是政策本身的缺陷，如青苗法的本意就是保障农业生产，帮助农民在青黄不接时顺利渡过难关。这一指导思想没有任何问题。但青苗法在实施的过程中，朝廷为了迅速推行这项政策，以放贷款额作为地方官政绩考核的指标，于是导致有些地方强行摊派，一些官员利用实施新法的机会，从中渔利，徇私枉法。

这是政策实施过程中遇到的障碍。新政实施过程主要依赖各级的政府官员，得公正仁德之循吏，新政即良法；因懈怠贪鄙之县官，新政即盘剥的工具。这是传统官僚体制的常见现象。旧党批评青苗法，很多是官僚体制自身的问题，而不是青苗法本身的局限。理论上讲，废除青苗法也不能杜绝官场中贪污腐败的行径。防止青苗法实施过程中官员的腐败与滥用职权，并不是通过改善青苗法本身能够解决的问题，它需要依靠整个行政、司法以及官员队伍建设等各种机制，需要诸如官员选拔、晋升、监督等多项制度的配合。所以旧党的很多批评，并没有找到新政的关键问题。

政策与制度的顶层设计固然重要，但实施是更为艰巨的任务。很多情况下，即使细致周密的政策也未必能够实行得好。宋人已经认识到"天下之法，未有无弊者"①。任何一项政策都是按照某些原则、想法进行设计，即使它在讨论审议的阶段完全合理、无可挑剔，也不能证明它在实施中没有问题。政策一旦进入实施，设计想法一旦进入现实环境付诸实践时，将遇到许多难以预料的问题。政策本身、各项政策之间的衔接配套、实施的方式、由什么样的人去实施以及社会的状况、民众的态度等每一个环节都可能产生问题。所以一项理论上能够接受的方案，只有在实际的过程中不断加以调整修补，才有可能变成一个好的政策。新政需要反对派更具有建设性的意见，而不是笼统的批驳。

《老子》说："治大国若烹小鲜。"讲的就是大国的政策实施需要相当长的时间才可能显现出成效。所以，关键性的政策实施，即使遇到困难，也必须坚持下去，等到其他配套政策发挥作用时，这些关键性的机制才可能产生它应有的效果。理论上讲，不被表面的问题所困扰，找到真正属于政策本身的问题，正确分析这些问题在整个变革过程中的性质，采取措施调整改正，这是更为重要的工作。但这需要知识，需要时间。如果说一项新政推行需要十年的话，那么，评

---

① 刘安世语，见马永卿《元城语录》卷上。

价这个新政的效果必然需要更长的时间。 应该说，王安石非常清楚这个状况，因此在变法过程中，表现出了异乎寻常的坚定性。 但这在反对派眼中，成了固执己见、刚愎自用，以至于宋人通俗文学当中就有"拗相公"的称呼。 似乎没有人有足够的耐心等待新政显现出它真正的功效，甚至包括它的副作用。 反对派没有耐心等待，他们认为，新法从一开始就错了。 一片反对的声音加剧了新政急于求成的紧迫性，神宗皇帝、王安石也不得不急于看到新政的效果，以此来证明新政的正确。

新旧两派的争论从一开始就非常激烈。 随后两派观念上的分歧逐渐演变为毫无意义的意气之争，无端指责，直至官场倾轧。 即使在王安石身后，斗争也未止息。 宋朝党争，包括历代党争，都没有使变法、改革变得更有建设性，获得更多的积累性成果，人们并没有注意到政治需要建立理性反思的环境。

中国传统社会一直没有能够形成一种比较稳定的机制。 这种机制一方面能够汇集来自各种不同阶层的甚至敌对相反的意见，通过说服、争论、妥协，形成某种合理的意见或决策；另一方面，它能够把这一意见或决策反馈到国家的行政中去，使具体的政策得到调整、修正。 当然，在历代政治中又是程度不等地包含着类似于这种反思、反馈的机制。 如唐宋政事堂会议制度，中书省取旨，门下省封驳，尚书省负责实施三省配合的方式，再如历代各种言官、监察制度等，它们都在一定程度上作为政策反思与调整的机制而存在。

按照某种理想的状况，政策建议与政府机构之间需要保持独立性。 政策建议具有一个持续而相对独立的平台，通过这个平台，学者可以分析评价公共政策。 政府因为科学决策的强烈倾向而关注这样的建议。 于是，政府与来自体制外解决社会问题的建议之间既具有分开独立的机制，又有着密切的信任关系。①

但在熙宁变法中，我们看到了政策反思过程的复杂性。 政治反思、政策上的批评建议总是与朝中官员的名利、个人的晋升、派系的斗争等各种复杂因素混杂在一起。 这样，反思、建议作为一种政治学知识的客观性就无从保证，旧党对新政的尖锐批评就很难排除隐含着为自己争利的动机，而事实上新党的失利给旧党执政创造了机会。 这种派系利益使得相关的政策反思丧失了客观中肯的

---

① 参 [美] 罗伯特·古丁等主编《政治科学新手册》下，北京：三联书店 2006 年，第 789、790 页。

立场。

作为一种实践性的政治，它需要具有客观性的知识立场，而不涉及利益的反思与建议的平台，理论上讲能够提供这样的立场。这一机制的扩展就是政治的公共话语领域。

所谓公共话语领域指的是人们能够对共同关心、涉及国家政治的问题展开共同讨论、辩论的实践。这种实践的前提是参与者具有平等地位；在这样的对话、辩论中，没有既定的权威，没有国王，没有人可以轻易地宣称自己掌握了真理；任何人都可以发表自己的看法、见解，唯一可做的是条理清晰地展开自己观点的每一步，每一步都能在概念层次上以其正确性被诚实理智的人所接受，直到大家获得一致的认识。① 讨论中，话语成为主宰。也就是说，话语的问题只能用话语的方式解决，而不是最高权力的强制。任何一种观点必须具有确实的道理，能够接受其他人的反驳、质疑，并且只能通过坦诚的言说、辩护、争论的方式说服人们，最终使人们达成一致，形成共识。说服人们的不是强制、操控，也不是欺骗、情感诱导，而是理性。② 当理性而不是最高权威成为话语的首要原则时，人们的共识才可能真正形成。当然，理性的进步不可能一下子完成，它需要漫长的积累，但舍此一途，理性是无法发展起来的。辩论有可能持续很长的时间，而如何进行辩论同样需要建设性的努力，但没有话语的交流、辩论，要形成真正的共识是不可能的，因此排除权威干扰，保持一个相对独立的公共话语领域是政治观念获得理性发展的关键。

统治固然可以通过利益、恐吓、强制等手段驱使人们行动一致，但这种行动的一致性中缺乏共识。缺乏共识的群体不可能具有促进自身进步的力量，人类社会之所以能够团结在一起在于具有共同的想法，具有共识。政治的基础在于人们的共识；没有思想上的交流、对话、辩论，就很难达成共识。

早期儒家非常重视说话。《论语》、《孟子》都是通过具有说服力的言说方式表达自己的政治见解，特别是孟子辩论中的观点非常具有说服力。先秦诸子都具有论辩色彩，名家以及稷下学派等对于辩论的概念、逻辑、形式等都有重要贡

---

① 参〔法〕夏特莱《理性史》，冀可平等译，北京：北京大学出版社 2000 年，第 11 页以下。

② 这是在自然科学领域中表现得最为明显的事实。〔德〕伽达默尔《赞美理论》，夏镇平译，上海三联书店 1988 年，第 49 页。

献，从残存的文献来看，名家已经明确了概念的界定、内涵、外延以及各种悖论等。 从庄子与惠施的辩论来看，他们的讨论已经相当专业化，彼此非常熟悉相关的规则、形式，在很大程度上，他们的争论使人们的认识得以提高。 从这方面来看，先秦时代确实存在特定的群体相互交流讨论的话语领域。

先秦诸子论辩的思想遗产在玄学思潮中仍有继承。 玄学注重清谈，充满了各种论难。 尽管当时论辩的很多材料已经亡佚，但在嵇康《养生论》、《声无哀乐论》等论文中仍然可以清楚地看到玄学辩论所达到的高度。 围绕着养生的问题，嵇康与向秀有过深入的讨论。 现存的论辩文字由嵇康《养生论》、向秀《难养生论》以及嵇康《答难养生论》这三篇文章组成，实际上是一次完整的玄学讨论记录。 史称"嵇康以高契难期，每思郢质"，而向秀"与康论养生，辞难往复，盖欲发康高致也"[1]。 可见，他们对论辩有着明确的自觉意识。 向秀未必不同意嵇康的论点，但他更知道，需要通过尖锐的反驳，让朋友的思想得到充分的发挥，所谓发其"高致"。 论辩是思想展开的一种方式。 向秀因此承担起"郢质"的角色，成为嵇康讨论问题的有力对手。 至少，魏晋南北朝时期，思想家仍然很清楚论辩对于提高人的认识所具有的重大意义。

但中国传统中又有一种独断的观念，就是英明的圣人有资格也有能力提出自己的观点，做出决断，而其他人由于贤明不及圣人，所以只需遵从圣人的指示即可。《墨子·尚同》篇认为，如果天下人各怀自己的主张，指责他人的主张，则将天下一片大乱。 所以治理天下的起点在于"尚同"，它不主张人们坚持自己的偏见，而是鼓励人们赞同他人的观点。 如果天下人都赞同一种观点，那么天下就达到大治了。 那么，与哪一种观点保持统一呢?《墨子·尚同中》墨子说："选择天下贤良圣知辩慧之人，立以为天子，使从事乎一同天下之义。"天子一人不足以治天下，故选贤良者为三公、诸侯、左右将军、大夫，直至乡长、里长。 他们对自己的臣民说："凡国之万民上同乎天子，而不敢下比。 天子之所是，必亦是之；天子之所非，必亦非之。 去而不善言，学天子之善言；去而不善行，学天子之善行。 天子者，固天下之仁人也，举天下之万民以法天子，夫天下何说而不治哉?"墨子这一主张过于理想，一则后世天子，从来没有实行过"选择贤良圣知辩慧之人"。"天子之义"是否真的是万全至善，就很难保证了。 二则墨子

① 《晋书》卷四九《向秀传》，北京：中华书局 1974 年，第 1374 页。

让天子之义"上同乎天"，尽管进一步加强天子之义的可靠性，有天作为保证，但"上同乎天"是一个什么样的现实过程，墨子没有也不可能有解释。 即使天子有万全至善之义，然而如何让"万民上同乎天子"本身就是一个难题。 墨子的说法，与其说是理想状况的描述，不如说是对现实的解释。 现实是最高统治者之义，不论如何，都被视为正确至善，万民（不论愿意与否）皆同此义。 天子不仅是现实政治的权威，而且代表了观念的万全至善。"政治"与"话语"这两个既相联系又相区别的领域，在墨子的观念中，实际上也是在中国传统的观念中变得融合相通，现实中的天子同时在两个领域中保持了"统一"的权威。

"政治"与"话语"两个领域，为什么不能完全重合呢？ 话语领域原本是政治实践的反思，完全重合，话语领域中理性的反思就容易受到现实权力的干扰，政治实践领域缺少了理性的镜子。 上古文献中行政就是"听政"，听而后斟酌决断就是处理话语问题。 天子如何听政，《国语·周语上》周邵公曰："天子听政，使公卿至于列士献诗，瞽献曲，史献书，师箴，瞍赋，矇诵，百工谏，庶人传语，近臣尽规，亲戚补察，瞽史教诲，耆艾修之，而后王斟酌焉，是以事行而不悖。"此段文字可谓是对中国政治话语性质的最早描述。 中国古代政治话语的范围是限定性的，就像雅典政治讨论仅限于自由民一样，它主要针对接受过教育的统治阶层。 理论上讲，全社会的人都属于这个话语范围，都可以根据时政得失发表政见，庶民也可以提意见，只是不便到达现场，须经过相应的官员或部门"传语"①。 君主左右的各类人不仅要发言，而且所讲的内容具有不同的侧重点，有着不同的功能：或是"尽规"、"补察"，或是"教诲"、"修之"。 就此而论，古典政治话语领域的发展非常健康，而且对于君主政治起到了有益的作用。

当然，这一话语体系的本质在于广泛听取意见之后的集中都是落实在"王"那里的，"王斟酌焉"。 这意味着权力与话语体系不可重合条件下的重合，不可同一条件下的同一。 这又回到了墨子那里，我们何以能够确定王是"贤良圣知辩慧"，他的意见是万全至善的？ 因为权力体系仅凭权力本身无法回答这一问题，它通常只是搁置或终止这一问题。 也就是说，仅凭王是王这一事实，我们并不能确定王最后的斟酌就是最为可靠的，王的决断是最为明智的。 尽管事实上，民众始终愿意相信王的决断是最为明智的。 所以，大多数情况下，人们愿

---

① 《大戴礼记·保傅》："工诵正谏，士传民语。"

意接受各种争端皆由最高统治者决断这一简便易行的原则。 当然，看起来它确实解决了各种争执。 最典型的例子莫过于汉代今古文学之争中，皇权所具有的决断作用。

西汉有今文经学和古文经学，两派争论不休。 争论如果能够排除其他因素的干扰，回归到真正的学术问题上，那么对于提高学理上的认识总是有益的。但今文经学得到朝廷的支持，立于学官的《五经》博士都是今文经学。 到汉哀帝时，刘歆建议将古文经《左氏春秋》、《毛诗》、《逸礼》、《古文尚书》皆立于学官。"哀帝令歆与《五经》博士讲论其义，诸博士或不肯置对，歆因移书太常博士，责让之。"①引发今古文学派第一次激烈的大争论。 经学的争论并非完全是学术上的，混杂着利益分配的问题。

经学上的问题争执不下，就由君主出面裁决。 汉宣帝甘露三年（51），"诏诸儒讲《五经》同异，太子太傅萧望之等平奏其议，上亲称制临决"②。

东汉章帝建初四年（79）下诏，以为《五经》章句烦多，议减省，"欲使诸儒共正经义，颇令学者得以自助"。"于是下太常、将、大夫、博士、议郎、郎官及诸生、诸儒会白虎观，讲议《五经》同异，使五官中郎将魏应承制问，侍中淳于恭奏，帝亲称制临决，如孝宣甘露石渠故事，作《白虎议奏》。"③

这两个例子都是说诸儒在解释《五经》时产生分歧，最终都由皇帝来决断。话语领域的难题最终通过最高权力加以裁决，人们并没有觉得哪里不妥。 当然，人们很清楚高贵卑贱与其持论是非无关，不能仅凭他们的贵贱身份决定是非。《淮南子·主术》曰："夫人主之情，莫不欲总海内之智，尽众人之力，然而群臣志达效忠者，希不困其身。 使言之而是，虽在褐夫刍荛，犹不可弃也；使言之而非也，虽在卿相人君，抡策于庙堂之上，未必可用。 是非之所在，不可以贵贱尊卑论也。 是明主之听于群臣，其计乃可用，不羞其位。 其言可行，而不责其辩。"但通常，君主是作为超越人们话语之外来考虑的特殊项，他代表着绝对标准。 现实中，权力对于话语领域的过度支配不可避免地导致了荒谬与危机。

《国语·周语上》载，周厉王暴虐，民众谴责厉王。 王使人监视，再有谤者

① 参见《汉书》卷三六《刘歆传》，北京：中华书局 1962 年，第 1967 页。
② 《汉书》卷八《宣帝纪》，北京：中华书局 1962 年，第 272 页。
③ 《后汉书》卷三《肃宗孝章帝纪》，北京：中华书局 1965 年，第 138 页。

即杀之。"国人莫敢言，道路以目。"厉王自以为能够"弭谤"，其实只是暂时堵住了人们的口。 秦始皇禁止私学与此类似。 李斯以为："诸侯并作，语皆道古以害今，饰虚言以乱实，人善其所私学，以非上之所建立。 今皇帝并有天下，别黑白而定一尊。 私学而相与非法教，人闻令下，则各以其学议之，入则心非，出则巷议，夸主以为名，异取以为高，率群下以造谤。 如此弗禁，则主势降乎上，党与成乎下。"因此，禁止私学。 然而禁止私学，并不能消除人们的"心非"和无声"巷议"。 不过，西周厉王时还有周邵公的劝谏，而秦始皇时就不闻有人挺身反对了。 周邵公称"弭谤"：

> 是障之也。防民之口，甚于防川。川壅而溃，伤人必多，民亦如之。是故为川者决之使导，为民者宣之使言。……民之有口，犹土之有山川也，财用于是乎出；犹其有原隰衍沃也，衣食于是乎生。口之宣言也，善败于是乎兴，行善而备败，所以阜财用衣食者也。夫民虑之于心而宣之于口，成而行之，胡可壅也？ 若壅其口，其与能几何？[1]

此段文字清楚地阐明了中国古典政治对于权力与话语两个不同领域的理解。 两者尽管联系紧密，但仍然存在着区别。 国人谤王，是话语领域中的问题，需要通过话语的方式来解决，但不能使用权力强制来征服话语。 在很大程度上，即使消灭了话语者，话语仍然存在。 相反，通过权力强制性阻止话语，只会增强话语本身的力量，正所谓"川壅而溃，伤人必多"。 邵公解决话语的危机是"宣之使言"。 民众话语的力量并非止于表达，愤怒对于王朝政治具有影响。

极端的情况下，话语领域会受到权力的过度挤压，这不仅是禁言，甚至取消了人的所有自主性。 人让渡了自己基本的理智与常识，如果基本理智都放弃了，还有什么不能放弃？ 最极端的就是"指鹿为马"的例子。《史记·秦始皇本纪》载："赵高欲为乱，恐群臣不听，乃先设验，持鹿献于二世，曰：'马也。'二世笑曰：'丞相误邪？ 谓鹿为马。'问左右，左右或默，或言马以阿顺赵高。 或言鹿，高因阴中诸言鹿者以法。 后群臣皆畏高。"权力意欲获得的服从甚至到了让人放弃正常理智的水平，这种政治环境中，人谈不上任何理智与能动性。

---

① 《国语·周语上》。

不难看出，传统的话语体系，包括历代王朝建言献策、直言进谏等劝谏制度，确实可以对政治、政策的调整修正产生有益的影响。正如汉人所理解，妻子劝谏丈夫，正在于"夫妇一体，荣耻共之"，而不是妻子要与丈夫对立。臣所以谏君，也在于"尽忠纳诚"①。然而尽忠纳诚只是动机、态度，并不直接涉及话语本身的合理性。在本质上话语与权力一体，并以依附权力体制为正常，这使得它无法与权力体制保持距离、保持相对的独立性。话语体系的政治功能由此大为减弱。

在很大程度上，传统话语领域中，话语交流的功能更多是为了建立或保持某种社会关系，这一功能或许超过了话语的理性功能。我们说，话语体系发展的目标是达成共识，是话语本身所具有的说服力，所能给予人们的确信②，话语本来是求真的。不同阶层、不同实践领域的人们，代表着自身的利益而来面对同一个问题进行交流，才有可能获得接近事实的认识。理论上来说，话语体系只有在不受干扰的情况下才有可能面对自身的真正问题——求真。而当话语体系受制于权力，一旦讨论受阻或者有违当下政治意图时，讨论就移交给了权力。所以，中国传统话语体系虽有不断的发展，但发展的中途，就将自己的使命委托给了权力体系，而权力体系所能实施的就仅仅只是权力，权力本身不思考，它无法回答话语领域的问题。这种状况下，观念的进步、理性的精神就难以发展起来。

一个独立的话语领域实际上是能够对政治有所裨益的。权力如果没有那么专横、自负，那么可以从各种学术思想的探讨中获得教益。如明代谢肇淛对满清的预见。明谢肇淛《五杂组》卷四曰："女真兵满万则不可敌，今建酋是也，其众以万计不止矣，其所以未暇窥辽左者，西戎、北鞑为腹背之患，彼尚有内顾之忧也。防边诸将诚能以夷攻夷，离间诸酋，使自相猜忌，保境之不暇，而何暇内向哉？不然，使彼合而为一，其志尚未可量也。"又曰："辽左兵极脆弱，建酋时时有轻视中国之心，所赖互市羁縻之耳。然互市盟好，边境虽偷目前之

---

① 《白虎通·谏诤》。

② 柏拉图认为存在一种普遍话语，它是一个结构严谨，展开的每一步都很合理，能使每一个诚实的人都因其正确性而不得不接受的陈述统一体。灵魂或者精神正是通过这种话语的构造领会理念世界或者本质。见［法］夏特莱《理性史》，冀可平等译，北京：北京大学出版社2000年，第38、44页。

安，而武备废，士卒惰窳，久而上下相蒙，不知有战矣。夫初立互市，本欲偷闲以缮治守御，生聚教训也，今反因之而废战具，不亦惑之甚也。"作者在杭州写作此书时，在甲申之变三十多年前；作者卒后不到二十年，建州八部之众倾覆明室。学者已经注意到的重大政权问题，丝毫没有引起明王室的关注，而学者又没有相应的渠道促使明廷重视自己提出来的问题。

明清之际黄宗羲已经注意到公共话语的功能。他认为学校的作用不仅在于养士，更在于培养健全的舆论。"使朝廷之上，闾阎之细，渐摩濡染，莫不有诗书宽大之气。天子之所是未必是，天子之所非未必非。天子亦遂不敢自为是非，而公其是非于学校。"这样，学校就成为具有特定话语功能的公共领域，如何实现这样的理想，则须"郡县学官毋得出自选除，郡县公议，请名儒主之"，"其人稍有干于清议，则诸生得共起而易之"；"学官讲学，郡县官就弟子列，北面再拜"；"郡县官政事缺失，小则纠绳，大则伐鼓号于众"；"太学祭酒推择当世大儒。其重与宰相等，或宰相退处为之。每朔日，天子临幸太学，宰相、六卿、谏议皆从之。祭酒南面讲学，天子亦就弟子之列。政有缺失，祭酒直言无讳"①。在当时的体制之下，这是非常难得的设想。黄宗羲已经意识到这样的领域应该与行政保持距离。

回到宋代王安石的变法上。新旧党争，在政治上并非坏事。两派的争论可以适当制度化，并且持续下去；双方建立一系列讨论、议事的规则；任何与讨论议题无关的东西都不应当介入，避免情感用事、意气之争、以权势压人等做法；以理服人。但当时的形势下，两派很难实现真正思想上的沟通，分歧最终转变为毫无意义的官场倾轧。新旧两派之间，缺乏共同的富有建设性讨论政治问题的实践以及空间场域，这无疑是变法失败非常重要的原因。缺乏这样的领域，政治，实际上就无法通过深入的讨论积累为真正的政治经验、政治知识。旧党人物苏轼对新法的不同意见，无论在什么意义上都没能成为执政的借鉴，而在旧党首领司马光执政推行元祐（1086—1093）更化时，苏轼的不同意见同样没能通过适当的方式影响政局。政治成了随着不同宗派倾向变化而草率改变的意见，而不是有着清醒冷静的政治思考形成的共识、理性的见解。

学术对于政治的反思与思考，包括政治学的各种研究都应当成为政治引导、

---

① 黄宗羲《明夷待访录·学校》。

作用于现实政治的力量。 当然，这样一个话语领域既是历史形成的产物，也是人们努力建设的结果。 也就是说，政治成为一个相对开放的领域，个体以及各种不同的群体可以通过适当的渠道以及场所表达自己的诉求和利益，形成一定的政治舆论，并且现实地影响政治。 只有人们的意见能够影响政治时，政治才会成为人们积极参与其中的领域。

第三部分　专制统治时代

　　元、明、清三代，中国进入专制统治时代，这是政治蛮化的过程。

　　我们使用"蛮化"一词，主要强调元、明、清政治在根本上背离古典政治精神，其残暴的统治中包含着各种令人恐怖的手段，政治失去了真诚，失去了信仰，失去了令人心悦诚服的氛围。中国古典政治精神至此已经所剩无几。当然，蛮化的统治自有其政治观念上的源头，古典政治理论包含着某些专制观念，这些观念一直遭到抑制，但在现实条件成熟之下，专制的观念与统治终于大行其道。

　　蒙古入侵是造成传统政治蛮化的直接因素，随之而起的明代，并没有阻止这种蛮化，相反，变本加厉。清代，国民遭受到更加深重的专制统治与民族压迫，直到在动荡的局势中，通过革命手段，彻底摆脱了专制的命运。

　　蛮化政治并非不能实现统治，相反，它在强势时期的治理看起来似乎更有成效，但这往往是依赖强制的手段实现的表面稳定的社会秩序，内在反映出来的却是统治无能的焦虑。它越不能获得广大民众的认同，就越是恐惧，就越会使用残酷暴力的手段使人民服从。民众的反抗意识体现在思想对专制体制的激烈批判上，尽管这些批判在当时很难撼动专制的体制，但它们无疑是专制时代最重要的思想。专制体制是统治短视、傲慢、自负的产物，它对世界不感兴趣，根本不关心世界正在发生的巨大变化。知识界的虚弱，既是专制的根源，也是专制的结果。依赖客观知识的发展是抑制统治自负的可能路径。

　　专制体制是传统时代的统治模式，世界进入现代之后，这种模式很快就失去了竞争力。 清代前期号称"盛世"，但在与西方现代体制的较量中，一个庞大的帝国却完全处于劣势。 虽然这是各种因素导致的失败，但所有的因素从根本上来说都是处于政治的绝对视野之下。 也就是说，近代的这场失败是政治的失败，是专制体制的失败。

专制的恐怖之下，民众降低成为物类，完全失去自主性与活力。 更为严重的是，这种貌似有效的治理使我们失去了现代化的准备时间。 而此时的世界正逐步走向现代社会，政治不仅在于保持既有的秩序，更在于它所承担的对国民性的塑造。 正如我们所看到，伴随专制王朝的鼎盛时代而来的总是令人无法想象的虚弱。 世界后来的竞争，不仅依赖于政治动员与组织的手段，更依赖于国民自主性、主动性所发挥出来的巨大力量。 专制的那种令人恐怖的控制手段，败坏了统治所需要的最重要资源——国民，这使得统治难以为继。

第十二章

专制统治及其后果

专制统治的根本是对人的忽略。它完全忽略了它的对象国民的自主性存在，傲慢到把他们视同物一般的存在，在控制上不择手段。不择手段可以实现某些预设的目标，达到自己的目的，但它有着自身难以消除的后果。专制是缺乏理智、理性的统治，它往往忽略后果分析，因此面对严重后果时，专制将导致更加残酷的专制。从这个意义上讲，专制是不可能持续的统治。它必然导向混乱的局势，而专制时代培养起来的统治者，只会在混乱的局势中重建专制。

1. 政治的蛮化

所谓蛮化，就是政治堕落、恶劣的野蛮化过程。它不仅指统治所采取的各种野蛮手段，更为内在的是指政治实践过程中，统治集团自古典政治以来所保有的精神性的丧失，特别是高贵气质的丧失。①

统治过程为什么需要一种精神，而且是高贵的精神？这由古典政治的特征所决定。统治的核心内容是面对它的民众。

统治就是对民众的统治。但统治是一件复杂的事情，有的时候做得好，有的时候做得不好，但在它所有应对措施背后，是可以透露出统治者根本的态度，一种对民众好或对民众不好的基本态度。保持对民众的善意时，即使政策措施

---

① 传统政治中是否体现出气质，气质究竟指什么，确实很难界定。不过，我们在英国政治哲学家迈克尔·欧克肖特（Michael Oakeshott，1901—1990）那里找到了类似的理解。他认为政治中的保守行为不是据于一个信条、学说，而是一种气质。"保守就是容易以某些样式来思考和行事。"参欧克肖特《政治中的理性主义》，张汝伦译，上海译文出版社 2003 年，第 126 页。

方面存在问题，民众仍然能够容忍。缺乏对民众的善意时，统治的某些善行也不会在根本上改变民众对统治者的态度。所以，古典政治强调统治者内在的仁德。

但内在的仁德来自统治者自身高贵的身份，正是高贵促使他产生了对民众真正的怜悯。我们在《孟子》中可以看到古典时代统治者对这种内心怜悯的关注。从某种意义上来说，贵族式的高贵身份是古典政治的保证。

大多数贵族是世袭身份，他不是依靠自己奋斗得来，而是依靠父祖血统继承而来。这种天然优越感使他不必过分展示自己的优越感，不需要时刻表明自己身份的高贵以及权力的占有。① 反倒是第一代贵族完全依靠天赋与拼搏获得自己的地位，会时刻沉浸在自己的成就之中。正是世袭的贵族身份，容易促进统治者保持高尚的道德品德，坚守基本的道德和行为原则。② 贵族世界有着贵族的法则，他们通过坚守这种法则体现自身的存在，如荣誉。对于他们而言，原则往往高于利益得失。宋襄公不袭击未阵之敌，不擒二毛，虽然在军事上并不可取，但它体现的正是当时贵族世界的原则。贵族是通过遵循这些原则体现自身的精神，体现出贵族世界的高贵，这是比战役的胜利更重要的事情。宋襄公在后世遭到否定，恰恰表明贵族世界的消失，人们已经遗忘了统治者的精神性，包括后世的君主。

中国古代前期政治虽然得失参半，但政治领域中贵族式的传统基本没有中断。

先秦时代主要是西周封建贵族，贵族政治奠定了中国传统政治观念的主要框架。精英时代，主要是中古时期的门阀士族，虽然他们已经无法像封建贵族那样精于领地的行政与战争，但他们延续着古老的文化。文化的传承主要依靠的是贵族，他们传承文化，具有文化使命感。所以，虽然上古封建贵族消失了，但士族作为他们的精神后裔尚且能够通过古代文化传承贵族的基本品质。经

---

① 李商隐《富平少侯》："不收金弹抛林外，却惜银床在井头。"此句尤能反映贵族对于自己身份与财富的认同。

② 罗素说："在权力是世袭的地方，人们所钦佩的品质是当时优游的生活和视为当然的优越地位所产生的品质。……只有在权力是（或不久以前是）世袭的地方，才以礼貌作为评价他的标准。"伯特兰·罗素《权力论》，吴友三译，北京：商务印书馆1991年，第28页。

学、玄学、文学以及艺术是士族深受熏陶的文化内容，通过这些环节，上古的政治思想得到传播与继承。 门阀时代，士族与古代贵族相比，虽然多少已有貌合神离的地方，但贵族的精神气质还在。 当然，士族统治者已经很难从自己的身份认同中形成仁德的天然品质，外在的名教成为人们行为的规范与准则，人们更多是将仁德视为道德要求与责任。

隋唐以下，朝廷以诗赋取士，士人渐以科举入官。 门阀士族逐渐失去对于高官的垄断权、优先权，东汉尚有袁安家族四世三公的例子，而唐代卸任的宰相很快就家道中落了。 朝廷中官员逐步转变为清一色通过科举考试进身的普通士人。 世家大族的门第衰落，现实中的贵族早已不复存在，不过士族文化尚存，士林尚能记忆犹新，《氏族谱》、门第的讲究表明了一般士人对正在消失的名门望族的普遍向往。 唐宋，贵族以及贵族的精神形如神话，官场的风气彻底改变。由于职位的非世袭性，官员忠于职守的荣誉感很快转变为职位的晋升欲求，内在的德行冲动转变为外在的功利驱动，正因此，理学家一直强调心性修养，强调良知，并且通过《大学》指明了官员格物致知、修己治人的一条成长路径。 从这方面来说，理学试图再造具有古典政治品格的官员，在其政治生涯中，善意德行源自内在的品质。 从保存古典时代士人精神性方面来说，理学的路径不失为一重大的举措。 但异族入侵，使得最高统治者的内在品德成为不可知的内容，官方倡导的理学由此成了徒有虚名的东西。

蒙古入侵直接造成中原传统政治的蛮化，古老政治的精神性荡然无存。

自 13 世纪初，蒙古人进入历史舞台，他们骁勇好战，不断扩张，摧毁西夏王朝、金国，征服中国北方，又征服中国南部诸省，彻底改变了亚洲大陆东北部的政治格局。 他们还挺进西亚和欧洲，所到之处，势如破竹。 整个蒙古帝国扩张迅速，但从未建构起良好的行政系统。 诸汗为争夺蒙古的统治权，战乱不断，生民涂炭，未有宁日。

蒙古入主中原，既无能力传承中原传统政治，也无意识创建新的治理模式。对于社会发展还处于氏族社会末期的蒙古民族，文明发展程度相对较低，向来重视征战，而在治理一个庞大的农业帝国方面则毫无经验。

蒙古文教很不发达，蒙古文字还是成吉思汗攻下花剌子模后被俘的文士借用回纥文字创制的。 如钱穆所说，蒙古人的统治，虽然他们都是蒙古贵族，但完全没有如春秋时代贵族阶级一样，具有"一种珍贵的文化修养"，"他们在武力的镇压与财富的攫占之外，缺少一种精神生活的陶冶"。没有精神性的追求，政治就只能沦为纯粹的功能性操作。"他们（蒙古人）欠缺了一种合理的政治理想，他们并不知道所谓政治的责任，因此亦无所谓政治的事业。他们的政治，举要言之，只有两项：一是防制反动，二是征敛赋税。"太祖甚至赞同赶走汉人，"使草木畅茂以为牧地"的建议。世祖入治中国，此种观念也没能彻底改变。钱穆又曰："故元之诸帝，多不习汉文，甚至所用官吏，有一行省之大而无人通文墨者。因此其政治情态，乃与中国历来传统政治，判然绝异。"①元政府中官员来自治下各个族群，虽然也起用许衡等汉人，许衡还劝元朝统治者实行"汉法"，但汉人儒生，只是整个官吏中的一部分，而且地位很低。许倬云说："单以统治中国的蒙元政权言，一群官员，专业训练、志趣、理念，各有不同，很难组织成有效率的行政系统。……蒙元政权，并未出现有组织的行政系统。……蒙古的统治、政权与行政系统，两者都未建构为一定的运作系统。"②而这样的统治，持续了109年。中国传统政治由此形成了一个严重的断裂。

更残酷的是，蒙元的专制统治混杂着民族压迫。人分四等：蒙古人地位最高；其次是色目，指蒙古族、汉族之外的西域部族，共计三十余族；第三等汉人，指淮河以北原金人统治下的汉族，包括契丹、女真等；第四等南人，即长江流域以及长江以南原南宋统治下的汉人，又称新附人。汉人、南人地位低下。

虽然江南多有汉人通过各种方式保住了自己前代承袭下来的大土地，被俘的儒士享有免于为奴或得到赎身的机会，还有士人进入了官僚阶层，甚至间有进入台省者，但是，元朝历时109年的统治中，汉人从未担任过执政高官。从根本上讲，汉人没有地位。元世祖设立的法令，很多都是专门用来防范汉人的。元有里甲制度，二十家为一甲，甲主只能以蒙古人担任。对汉人多所限制，禁田猎、禁习武艺、禁持兵器等。元世祖时，廉希宪建言曰："国家自开创以来，凡纳土及始命之臣，咸令世守。至今将六十年，子孙皆奴视部下。郡邑长吏，皆其皂隶僮使。前古所无。"③成吉思汗法令，杀一回教徒罚黄金四十巴里失，杀一汉人，其偿价与一驴相等。

---

① 并见钱穆《国史大纲》下册，北京：商务印书馆1996年，第654、643、638页。

② 许倬云《我者与他者：中国历史上的内外分际》，北京：三联书店2010年，第91、92页。

③ 《元史》卷一二六《廉希宪列传》，北京：中华书局1976年，第3090页。

在这种残酷的民族压迫与歧视环境中，汉族上层原有的高贵精神、政治传统根本无法传承，实际上是中断了。尽管元世祖忽必烈在藩王时代就热心汉化，向汉人请教儒学治国之道，即位后实行汉化，改革旧俗，提倡文治，表面看起来，汉族文化在元人那里还是被继承了。但百年被"奴视"的环境中，政治的精神性沦为被奴役的奴性。汉文化中的政治精神、政治传统都在那种奴役中荡然无存。

政治传统的内在精神，确实中断了。传统政治观念绝非仅仅依赖书本知识即可完成传递，它需要口耳相传，师承传授。西周武王访箕子，获得《洪范》，就是后代继承前朝治国经验的典型例子。秦汉之际士人多学"帝王之术"，张良、陈平尤可见出传承的痕迹。唐代李泌持黄老之学，为唐四朝谋臣，颇有帝王之师的规模。入宋之后，这种传承已难寻觅。中国传统古典政治观念发展到宋代，已经有了很大改变。一则政治观念本身在演变过程中有很大变化。二则社会日趋复杂，生产生活形态已经与上古、中古时代相去较远，传统政治观念因为社会现实的巨大变化而被疏远，学人已经在内在精神上感到陌生，如以"岁币"的形式而求得和平，并且自喜所费不多，这在古代政治中是不可思议的事情，而宋人竟然安于这种现实。

时至元末，中国古代贵族文化、贵族精神早已销声匿迹，"汉人"、"南人"经历了百年为奴的驯化，难以自振，汉文化走入低谷。在这种背景下，平民出身的皇帝明太祖虽然一统天下，然而传统政治中的精神性已难恢复。中国历史上有两次平民直起做皇帝的事件，刘邦、朱元璋都对政治造成了极大的影响。明太祖几乎可以说在元人的基础之上进一步摧毁了古典政治的全部精神实质。

汉高祖提三尺剑取天下，本无贵族气质。好在汉代去古不远，宰相主政，天子对体制以及日常行政的影响尚浅，辅佐之臣深得传统精髓，崇尚黄老，与民休息，因此朝政并未失去古典政治精神。这就使得两汉还能够在古典政治的影响下持续四百年，余绪波及魏晋南北朝。唐宋伴随科举制度的成熟，进入精英政治时代。

钱穆说："除却汉高祖，中国史上由平民直起为天子的，只有明太祖。"当时纷纷起义的领导者，或白莲教师，或盐布贩者，或渔父舟人，或卖卜之子，朱元璋也只是皇觉寺僧人，其追随者皆农民，所以钱穆说，"元末群雄，较之秦末，更见其为平民色彩"；"这是说明蒙古人的政权之下，绝没有汉人的地位。因此在蒙古政权被推翻的过程中，没有让政权之自身酝酿出权臣或军阀来操纵这个变局"①。 这里的"平民色彩"显然不是指平民政体或者平民政体所具有的特征，而是指统治者的气质、统治的手段更多平民习气。

明初政治观念的基础非常单薄。 先秦时代的古典政治思想以及中古时代的精英政治观念经过元代百年荒废已经荡然无存。 虽然古典政治的典籍都在，人们一般意义上仍然可以通过书本掌握政治思想，但政治精神很难通过文字直接领会，而现实政治需要各种经验。 社会变迁巨大，古典政治的文本很难直接成为现实政治的教导，它只有经过创造性转换才有可能发挥它的内在价值，而转换的中介正是富有经验的政治实践者。 政治是伟大的实践知识，它本身毋宁说是一种偏重长时段的经验积累，没有这种积累，政治很高瞻远瞩。 朱元璋缺少这种积累，他虽然恢复了汉人统治，但他平民出身，对于治国理政以及传统政治本不甚了了，一切都是以当下的经验为基准。 前朝也没有富有政治实践经验的重臣转移至本朝，所以明代初期缺乏政治思想以及富有经验的行政人才，行政人才几乎都是从战场上的功臣名将转移而来。

从专制压迫中成长起来的统治者，很容易复制、再现专制的体制。 明代统治集团早期作为底层的被统治者，感受到的是蒙元时代极端专制与奴化的统治，一旦他们成为统治者，反倒更容易走上专制与奴化的统治。② 他们唯一熟悉的就是元人的统治，政治的蛮化成了他们的教科书。 所以，明朝立国，政治上的蛮化仍在继续，甚至变本加厉，废除宰相制，大搞特务监视，实施政治上的恐怖手段。

朱元璋把特务组织看成加强专制的重要手段。 在历史上，朱元璋搞特务统治最为突出。 吴晗在《朱元璋传》中称朱元璋的特务足迹"无处不到"。"钱宰被征编《孟子节文》，罢朝吟诗：'四鼓咚咚起著衣，午门朝见尚嫌迟。 何时得遂田园乐，睡到人间饭熟时。'第二天，元璋对他说：'昨日的好诗，不过我并没

---

① 钱穆《国史大纲》下册，北京：商务印书馆 1996 年，第 663 页。

② 罗素说："他（阿德勒）说：'命令式教育的最大弊端在于对儿童起了权力的示范作用，而且向他们显示了各种与享有权力有关的快乐。'我们可以补充一句：这种教育不但产生专横类型的人，而且产生奴隶类型的人，因为它使人感到，在实行合作的两个人之间，唯一可能的关系是一个人发号施令而另一个人服从命令的关系。"罗素《权力论》，北京：商务印书馆 1991 年，第 9 页。

有嫌啊，改作忧字如何？'钱宰吓得出了一身汗，磕头谢罪。 国子祭酒宋讷独坐生气，面有怒容。 朝见时朱元璋问他昨天生什么气，宋讷大吃一惊，照实说了。 元璋叫人把偷着给他画的像拿来看，他才明白。"事情或有夸张，但朱元璋的特务网络在大臣中构成了一种威慑力量，使臣属完全处于恐惧之中却是事实。特务网络由检校和锦衣卫组成。 最著名的特务头子高见贤等人，专门搜集和告发人们的隐私，官员人心自危，都很害怕他们。 在高见贤等人得势时，就连朱元璋亲信的元勋李善长也畏惧他们，日夜提心吊胆。 特务的名声极为恶劣，加上大小特务假借皇威作恶多端，特别是后来迁都北京，演化成东厂，更成为明代政治劣迹。 但前代学者更多地看到了它在加强集权方面的作用。 吴晗说："要组织这样的力量、机构，进行全国规模的调查、登记、发引、盘诘工作，必须付出极大的努力和准备周密的计划，以及必需的监督工作。 差不多经过三十年的不断斗争，朱元璋和他的助手们积累了丰富的经验，把自己的统治机构，威慑力量，逐渐发展、巩固，使之比前代更为完善。"朱元璋急于强化自身的专制力量，完全没有基本政治知识、行政常识。 洪武十三年（1380），明太祖朱元璋下诏，废除丞相及其办事机构中书省，"事皆朝廷总之"。 这意思是皇帝亲自兼任丞相职务，总理朝政。 明太祖得天下之后的所作所为，尽管在措施上看起来似乎有一定的效果，在精神上却是与古典政治大相径庭。

有清一代，汉人遭受到更加深重的民族压迫。 这种压迫不仅体现为物质上的侵夺，更残酷地表现在精神上的压迫与窒息。 清朝康、雍、乾三代号称盛世，作为正处于上升时期的统治集团，其君主尚能励精图治，此时国力强盛，社会秩序总体稳定，经济比较繁荣。 一般来说，当时的民众总是可以从这种繁荣的经济、稳定的秩序、安定的社会环境中享有富裕安宁的生活。 但即使民众能够获得一定的财富，其民族地位仍然很低。 清统治者视蒙、藏为盟友与亲人，视藏僧为国师，优礼有加，而汉人则是作为被征服者，骨子里从没有将汉人视为自己的子民。 特别是清初镇压阶段，"扬州十日"，"嘉定屠城"，以极其残暴的强制手段迫使汉民归顺，民众心灵受到严重的创伤，精神完全处于窒息状态。如果国民还能有所谓政治生活的话，那就只有保持一种僵硬的、失去能动性的顺从。 汉族士人虽然可以通过科举入仕，但绝大多数情况下，只是担任一般官员，朝廷高官勋爵向来都是满人贵族享有，汉族官员往往只是陪衬。 在决策领域，汉人更难参与其间。 清廷又利用文字狱、钦定传统典籍等手段，对士人实施思想压制，学者几乎完全从政治话语领域撤出，或者说失去了自觉的意识，进而转向朴学、考据学，偏重于技术层面的文献研究领域。在考据等学术领域，清学取得了很大的成就，但无疑，学者的精神世界仍然处于窒息状态。当然即使在如此压迫的状况下，汉人的民族意识也并没有消除。面对晚清朝廷的腐败无能，中国的革命意识再次激发出仇恨以及要求现代化的强烈愿望，以此实现革命力量的凝聚与团结。甚至清廷已实行新政，但兴起的革命，仍坚持推翻满清政权。正如许倬云说："满汉界限，十分严峻。是以满汉我他轸域，积压两百多年，未曾消融。"①确是事实。所以，清代早期的强盛、繁荣并没有带来政治上的进步，相反，专制统治中渗透着民族压迫，使汉人遭受更加深重的苦难，政治上是更加严重的倒退与蛮化。

明清两代，虽然经济、综合国力的某些数据，都曾达到全球领先的水平，但自元代以来蛮化的政治进一步蛮化，并没有在根本上有所改变。它已经成为没有政治传统的政治，在本源上它失去了中国古典政治精神；在外源上，清廷闭关锁国，故步自封，完全不了解世界的发展变化，更不了解现代世界的政治动向。

"蛮化的政治"完全毁掉了中国文化传统中有关国家政治最重要的核心，其阴毒残忍的毒害至深至远，不仅葬送了明王朝，葬送了清王朝，更严重的是这种"蛮化的政治"葬送了中国古典政治的传统，毁掉了中国人的精神性。在充满恐惧、狭隘、蒙昧的政治环境中，人根本谈不上能动性与创造性的发展。国民性的再造不仅失去了在自身传统中一次次重要的发展机会，而且也失去了跟随16、17 世纪以来全球发展的机会。

2. 统治的焦虑与专制

宋之前，虽然历代王朝不断更迭，但政治经验大体上总是随着新朝继续任用的旧朝老臣而得到传承。政治传统借助这种人事惯例多少得以保存，但元、明两代兴起，元朝不重用汉人，明代则已无甚前朝老臣可用，古典政治观念至少在实践层面上已经中断。政治思想失去实践经验层面上的联系后，书本上诸如保

---

① 许倬云《我者与他者：中国历史上的内外分际》，北京：三联书店 2010 年，第111 页。

民、仁政的陈述，皆仿佛冠冕堂皇的套语，毫无着落。 当然，通过文本，某些政治观念仍然会再度流传，但难免貌合神离，基本精神往往会相去甚远。 上古的尊王与明清的君主专制，外表看起来相似，但内在精神有着很大不同。 没有政治经验的对照，君主，特别是像朱元璋这样军事上获得成功的君主，也就解除了历史所固有的约束，变得异常傲慢与盲目。 明清大兴专制，不能不说与古典政治思想传统的中断有关。

明清两代，虽然前期都表现出社会安定、经济繁荣局面，如积极推行建设性政策，重视民生，重本兴农，建立黄册、鱼鳞册制度，减轻百姓负担，整顿吏治，建立合理的卫所兵制等，政治的内在本质却是专制统治。

专制统治是一种复杂的政治现象。 不论君主体制，还是民主体制，权力都包含着趋向于专制的冲动，只不过政治理性的发展，会约束这种专制倾向。 如果这种政治理性发展正常，那么君主体制中最高权力实际上会受到很大的约束，并不必然走向专制。 当然复杂的是，我们很难在开明君主到专制君主之间宽泛的过渡轴线上画一个明确的坐标，指明专制统治的界限。

专制体制突出的是统治者的个人意志，而不是国家意志。 专制统治者不是放弃国家意志，而是以个人意志冒充为国家意志。 因为从最高权力来说，国家意志是强制性的，但国家意志通常并不具体涉及日常生活范畴。 所以，当统治者把自己的意志视为国家意志，声称自己就代表国家的时候，就是专制性质的了。

明清两代专制体制最根本的特征，首先是把民众降为物的存在，工具的存在。 它压抑民众的生存空间，民众仅仅只能满足最基本的生存需求，而缺乏更广大的社会空间以实现自身的能动性、自主性。

其次，专制统治在根本上并不依赖于法律，专制的本质与法律精神实相冲突。 法律精神是将所有人，包括统治阶层都置于法律的规定之下，以保证社会正义的存在。 明、清两代虽然都有自身系统、严格的法律，但大多数情况下，它们只是统治的工具。 法律什么时候发挥作用，如何发挥作用或者完全失效，都不是完全事先程序明确的事情，特别是在统治者意志、上级意志出现时，法律就成了可以根据统治者意志随时更改或者被毫无理智可言的意志所取代的东西。法律的背后并不是最高原则，而是最高统治者的意志；最高统治者决定了法律的作用和地位。 在这样的社会环境中，即使根据法律，人们也无法确保自身无罪。 人们不仅需要面对法律，还需要面对统治阶层变化无常的意志。 人们不知道什么时候就会触犯法律（或者统治者的意志），更无从根据法律为自己的行为辩护，官民无所适从。

统治者的意志占支配地位时，法律就只是专制统治肆意残虐官民的借口或托词。 明王朝屡兴大狱，尤其是太祖朱元璋为了巩固自身的统治，推行严刑峻法，所谓"以重典驭臣下"，利用各种党案等事由，大开杀戒，清除了一大批跟随自己南征北战的开国功臣。 清除功臣势力对于未来皇权潜在的威胁，是巩固自身专制政权的法宝。 胡惟庸党案、蓝玉党案持续了很长时间，株连蔓引，前者概计被杀至三万余人，后者连坐被杀者也有一万五千人。 李善长、宋濂、汪广洋等元老大臣以及陆仲亨等七侯均被诛杀或自杀，或充军死于贬所，仅是李善长一案就有其家人亲族七十多人被杀。 此外还有朱亮祖、胡美、周德兴、王弼、谢成、傅友德、冯胜等冤案。 惠帝时靖难之变，方孝孺被夷十族，坐死者八百四十七人。 天下功臣宿将可谓伤残殆尽。

明廷还强化特务机构以监视官民。 胡蓝之狱的审理大多依赖当时的特务机关，而不是正常的司法机构，这对于国家政治而言，极不正常。 明洪武年间在正常的监察机构都察院之外①，又设立检校、锦衣卫，另行监视、查办官民等所谓不法行为。 检校的职责是"专主察听在京大小衙门官吏不公不法及风闻之事"，直接报告皇帝。 洪武十五年（1382）设锦衣卫，全称锦衣卫亲军指挥使司，本属京卫之一，是皇帝亲近的侍卫机构。 因直接听命皇帝，行事直接体现皇帝的意志，又具有众多特权，随之职能日渐扩大，除了负责皇帝侍卫外，又监管一切与王朝安全有关的事情。 下设镇抚司，掌管诏狱，即皇帝直接下达的案件，具有侦察、缉捕、审讯、判刑等权力。 其刑狱手段无所不用其极，文武百官闻风丧胆。 洪武二十年（1387），"以治锦衣卫者多非法凌虐，乃焚刑具，出系囚，送刑部审录，诏内外狱咸归三法司，罢锦衣卫"②。

明成祖登基之后，复置锦衣卫，迁都北京，寻增北镇抚司，原镇抚司称南镇

---

① 洪武十五年（1382）改元御史台为都察院，长官为左右都御史，"职专纠劾百司，辩明冤枉，提督各道，为天子耳目风纪之司"；十三道监察御史"主察纠内外百司之官邪，或露章面劾，或封章奏劾"，皆有纠察百官之职。《明史》卷七三《职官二》，北京：中华书局 1974 年，第 1767 页。

② 《明史》卷七六《职官五》，北京：中华书局 1974 年，第 1863 页。

抚司，专治诏狱。 成祖永乐十八年（1420）再设东厂，由宦官主持，专门从事侦缉和刑狱，缉访"谋逆、妖言、大奸恶"等，其体制、职能与锦衣卫实际上完全类同。 朱棣想在厂卫之间形成一种特殊的监视机制。 他一方面抽调锦衣卫成员担任东厂吏员，这样锦衣卫长官可以通过调任者打探东厂情况，同时又令东厂提督太监监视锦衣卫的动向，这样厂卫相互牵制、彼此监视，无法暗中行事，背叛皇帝，皇帝自以为可以有效地控制掌握整个局面。 然而，正如学者所说，这些手段是"明朝专制主义的最可鄙的形式"①，它丝毫没有改善政治，更不能改变明廷走向衰落的命运。

厂卫的设置源于君主对于常设官僚机构的不信任。 这种专制工具，即不依赖于正常官僚体制和约束机制建立起来的特殊"信任"体制是很难传承、沿用的。 越是效忠个人的机构，就越难将同样的效忠转移到他人身上。 所以，理论上讲，皇帝都希望建立一个自己能够信任的机构。 成化十三年（1477），宪宗成立西厂。 虽然废立几经反复，但最终不仅没有废除西厂，正德初还又设内行厂（内办事厂）。 刘瑾专权，为伺察东厂、西厂，再行成立内行厂，刘瑾亲自提督，权势更大，监视官民的范围也更广，除京师，各省府州县，都遍布其爪牙，刑狱更加酷烈。 正德五年（1510），刘瑾伏诛，废除西厂和内行厂，但东厂、锦衣卫如故。 明朝末年，社会矛盾进一步激化，统治者更加依赖厂卫的专制压迫。

锦衣卫、东厂、西厂这些特殊的机构，由于直接听命于皇帝，不受政府司法机关制约，实际上成了皇帝的私法庭，是皇帝个人意志的体现。 他们的权势远远超过一般的机构，暗中监视朝野上下，擅自抓捕审讯朝臣，使用各种酷刑，滥用职权，在全国上下造成了极度恐怖的气氛。

更有所谓"廷杖"。 上至公侯，下至官吏，都有可能因为不称旨意或者根本没有什么原因而当庭遭受鞭笞捶楚。 洪武九年（1376），叶伯巨上书曰："今之为士者，以混迹无闻为福，以受玷不录为幸。 以屯田工役为必获之罪，以鞭笞捶楚为寻常之辱。"②终明之世，廷杖逮治不绝于书。

在后来清人的统治中，也可以看到类似的两种截然不同的统治手段：一方面

---

① ［美］牟复礼等《剑桥中国明代史》，北京：中国社会科学出版社 1992 年，第238 页。

② 《明史》卷一三九《叶伯巨传》，北京：中华书局 1974 年，第 3991 页。

是积极的建设性政策，关爱百姓，分民土地，与民休息，优待士人，给予功名荣誉。康熙十七年（1678）诏征博学鸿儒，全国共举一百四十三人，取一等二十人，二等三十人，俱授翰林。又开《明史》馆，《四库全书》馆，网罗文士；另一方面却是肆意的暴虐与杀戮，使官民深陷恐惧之中。清兵攻占江南，即下令薙发，并限十日开薙，声称"留头不留发，留发不留头"。江阴、嘉定遂遭屠城之祸。顺治年间，张晋彦即以文字得罪，此后雍正、乾隆时代皆大兴文字狱，用意深刻，深文周纳，诸如胡中藻《坚磨生诗》有"一把心肠论浊清"，徐述夔《一柱楼诗》有"大明天子重相见，且把壶儿搁半边"及"明朝期振翮，一举去清都"句，皆获罪。

恐惧正是专制权力所依赖的社会氛围①，它可以远远放大专制的权威。在无法探知权力的边界时，深怀恐惧的人民只会把它想象成无穷大，让渡自身几乎所有的权益。厂卫肆意妄为，民人震恐，其中充斥各种冤假错案，皇帝并非不知道，但他更乐意看到那个被无限放大了的帝王权威。检校头目高见贤、夏煜、杨宪和凌说等四人，专门搜集和告发官民隐私勾当，士庶人人自危，恐惧不已。刘辰《国初事迹》记载朱元璋的话："惟此数人，譬如恶犬，则人怕。"正反映了专制统治者有意识地利用恐惧手段，试图加强自身的权威。

然而，残暴的专制手段反映出的是统治的焦虑、合法性的缺失，统治者对于自身所拥有的统治权信心不足。在一个普遍信仰天神的社会中，如果统治者被视为天神，那么，他的统治就获得了合法性。在一个民主社会中，如果民众普遍认为政府是自己意愿的代表，这样的政府也就获得了合法性。在一个君主制国家，民众普遍认为，一个具有君主血统的人很自然就是他们的统治者，所以太子继位，他的统治也就获得了合法性。合法性并没有统一的尺度，它只是在特定的历史文化条件下民众的普遍观念。当民众普遍认为成为统治者的某种理由是正当的、应该的，那么这种统治就获得了合法性。很显然，这种观念并非自然形成，而是包含着复杂的塑造、成形及演变的路径。

中国传统统治合法性一直存在问题。虽然存在着各种观念的解释系统，但没有一个具有充分的绝对性，天命、血统、武力等，都有无法解释、无法涵盖的

---

① 孟德斯鸠说："共和政体需要美德，君主政体需要荣宠，专制政体则需要畏惧。"［法］孟德斯鸠《论法的精神》上，许明龙译，北京：商务印书馆 2009 年，第 33 页。

地方。

天命，是很有说服力的解释。普遍的看法是当一个新兴统治者用武力取代了旧王朝时，就证明了天命已经转向这个新兴政权，它代表了天命的转移。天命蕴含着许多神秘色彩，在历史上天命为许多王朝的统治赋予了很强的辩护力。当然，天命信仰在民众当中的基础本身并不牢固。中国很多信仰都是存在于有无之间，有时相信，有时又表示怀疑。天命在中国既不是一种严格意义上的宗教信仰，也没有明确的教义，又缺乏相应的组织形态和仪式传统。因此，天命的观念对于政权合法性的支持是相当有限的。天命观念往往与武力的胜利结合在一起。

武力的强盛在很多情况下直接证明了军事领袖的英明神勇，也直接证明了他的统治的正当性。用武力打败对手，获得胜利，这是一个胜者为王的既成事实。但在有的情况下，胜者为王的事实并不能直接带来统治正当性的观念，它有时只是一个不得不让人接受的事实，特别是异族通过武力征服而成为统治者的情况下，民众内在的排斥是很难消除的。

君主制的统治，就其本质来说是不存在合法性的问题。也就是说，君主作为统治者具有某种不可剥夺性，诸如神性、高贵血统等因素。但正因前朝君主某种神性、天命庇护的意识形态，任何一个取代前朝君王而登上王位的人，或多或少都会感受到内在的焦虑。事实上，君主很难完全具备最高统治者所要求的某种不可剥夺的东西。这种危机会在君主的心理上折射出来，并在很大程度上导致中国传统时代后期统治趋于专制的特征。

明朝统治合法性来源主要有三个方面的因素。一是中原恢复了汉族统治。明朝以汉族统治取代元朝蒙古人统治，汉族重新回到中原统治传统的正当地位上来。蒙古统治，对于汉人压迫很深，汉族始终没有获得平等地位，明朝立国，这是民心所向。

二是武装夺取政权。在中国改朝换代之际，前朝统治不得人心，人们纷纷起义，武装夺取政权，建立新政权者因其正当的武力而获得其正当性。这种政权合法性的信念在中国有其历史。明太祖通过起义夺取政权，在元末被认为是正当的。

三是新政权初期的有效统治。明朝政权的合法性依赖于它沿袭了传统的行政模式，并且在早期阶段已经能够实施有效的行政管理。新政权不仅建立起来，而且组建起来的政府以及政府管理的目标、规范、手段都是人们所熟悉，为人们所认可的，这使得从属于权力的人们能够肯定并认同政权所具有的权威地位。

不过，明朝的新政权尽管具有上述有利的因素，但明太祖仍然感到自己的统治受到了各种威胁。

第一种危机是开国功臣功高震主，对皇权及其未来形成威胁。这种威胁是否真实存在，在很大程度上取决于功臣所处的客观情势以及主观动机，但此时事实已经不重要，重要的是明太祖想象它存在，那么它就现实存在，并且必须采取措施予以消除。明太祖想象那些功勋卓著的功臣、宰相都对他的统治构成了威胁，所以他不仅要清除功臣，还要废除宰相制。

针对功臣情况，历史上早已形成了鸟尽弓藏、兔死狗烹的"政治经验"。开国君主立国之后，大凡都会采取"狡兔死、良狗烹"的措施，清除功勋势力对自己特别是对后代皇权的威胁。朱元璋登基之后，大兴胡蓝之狱，前后十四年中，诛杀四万五千余人，"元功宿将相继尽矣"①。朝廷中具有很大影响力的人，无论他是否真有过错，大多被锋羽翦灭。

对于政治上影响更大的是，明太祖废除了宰相制。宰相制度在中国延续了一千多年，它不仅是君主制度的一个基本法则，也是传统行政中非常重要的岗位。而且，一个大臣而不是君主作为行政首脑更有利于国家政治，也更有利于提升作为国家象征的君主形象。但明太祖完全不放心"总理军国重事"的宰相，在以谋逆罪清除胡惟庸的同时，定制："以后子孙做皇帝时，并不许立丞相。"《皇明祖训》中也记载朱元璋的话："自秦始置丞相，不旋踵而亡，汉、唐、宋因之，虽有贤相，然其间所用者多有小人，专权乱政。"秦亡，与置丞相无甚关联。汉、唐、宋王朝被取代，也不是因为设置了宰相的缘故。但显然，明太祖并不关心事实，只不过借口抑制并清除宰相、功臣的政治势力。这无疑反映了明太祖朱元璋的内心焦虑，只有极度焦虑、丧失自信的君主才会过分地压迫、抑制官民，从而给自身的统治造成非常稳固的幻象。

第二种危机是明太祖自身的身份焦虑。明太祖是历史上第二个从平民而登上皇帝宝座的人，取得了常人所能取得"成功"的极限，尽管如此，我们不但没

---

① 《明史》卷一三二《蓝玉传》。

有看到明太祖的政治自信，相反却是超乎理智所能想象的猜忌。

在武力夺取政权的正当性中，隐含着对政权所依赖的重要规则的颠覆。 这使得新兴力量在武力夺取政权的过程，遇到两难境地：革命之前，它必须鼓动民众解除对旧政权的忠诚；革命之后，它又必须规训民众忠诚于新政权。 而更加隐秘的问题是，为什么一个农民能够做皇帝？ 如果一个农民能够做皇帝，那么其他农民是否也有"资格"做皇帝？ 这种质疑即使不被任何一个农民提及，也会被明太祖自己提及。 应该说，他自身贱民的经历、百姓的思维、农民的性格以及从至贱到至尊的巨大变化，都可能从正面与负面影响他的统治策略与措施，影响当时的政治观念。 从某种意义上来说，恰恰是因缺乏身份自信，明代政治才更加趋于残酷与专制。

3. 暴力的作用

专制统治并非不能成功地统治，它们能够甚至可能比其他温和而开明的统治形式来得更有成效。 明清两代鼎盛时期，行政治理看起来都非常成功，但问题在于这种治理为什么没能持续下去？ 鼎盛之后随之而来的是极度的虚弱，直至王朝覆灭，进入下一个王朝的循环。 从三百年一个王朝周期来看，尽管它的衰落比较缓慢，但终究会被新王朝所取代，为什么会王朝循环?

在社会治理方面，明、清两代王朝前期看起来都很有成效。 如明代户籍与土地登记制度。 如实登记，合理的赋役就有了切实的依据。 明洪武二十年（1387），命国子生武淳分行天下州县，随粮定区，区设粮长。 度量地亩方圆，次以字号，登记所有者主名及面积大小形状，编类为册，状如鱼鳞，称鱼鳞图册。 又先行编制黄册（洪武十三年，1380），以户为主，详具旧管、新收、开除、实在之数为四柱式。 鱼鳞图册以土田为主，诸原坂、坟衍、下湿、沃瘠、沙卤之别毕具。 于是以鱼鳞册为经，土田之讼质焉；黄册为纬，赋役之法定焉。此法实行，"经界由此正，产权由此定，奸巧无所用其影射之术"，而"明于开国之初，即遍遣士人周行天下，大举为之，魄力之伟大无过于此"[①]。 这一制度有力地加强了农业生产与税赋管理，清代完全承袭了这一制度。

---

① 孟森《明史讲义》，上海：上海古籍出版社 2002 年，第 36 页。

又重视民本，鼓励农桑。 洪武年间以中原田亩荒芜，命省臣议，计民授田，设司农司，开治河南。 北方近城地多不治，召民耕，人给十五亩，蔬地二亩，免租三年。 每岁，中书省奏天下垦田数，少则千计，多则至二十余万。 洪武二十六年（1393），核天下土田总计八百五十万七千六百二十三顷，盖骎骎无弃土矣。 垦荒政策的推行，使明初涌现出大量自耕农或半自耕农。 抑制豪族土地兼并，减轻徭役税赋等，大大鼓励了农民生产的积极性。 兴修水利得到重视，明代中后期，潘季驯等人治理黄河，成绩卓越。 又开凿运河用于航运，设坝建闸、通渠筑堤用于农田灌溉，大大促进农业生产。

整个社会都高度重视农业生产，如王征设计"虹吸"和"鹤饮"等新的灌溉工具，虽然未见推广，但可见整个社会对农业的重视。 明中叶常熟谭晓、谭照兄弟，在农业的综合经营上，俱有设计。 低洼之地，凿以为池，用于养鱼；池上架木围圈，养猪养鸡。 又设柜饲养鸟凫昆虫，柜满则打开，"悉罗取而售之"。高敞之地遍植果树，污泽之地种植菰芷菱芡，畦田种植蔬菜。 总计收入超过了平原土地的六倍。[①] 说明当时生产者已经掌握了综合经营的手段与管理。

明代的陶瓷业兴盛。 浙江处州、福建德化、河南禹州、北直隶曲阳、南直隶宜兴等地皆为陶瓷业重镇，特别是明中后期，诸如景德镇等地的制瓷业每日佣工不下数万人，"列市受廛延袤十三里许，烟火逾十万家，陶户与市肆当十之七八"[②]，规模很大。 棉纺丝织、造纸印刷等手工业都有长足发展。 棉花种植，纺纱织布，养蚕织丝，都形成一定规模，具有商业生产的性质，即所有的产品皆用于商业目的。 商业由此得到空前发展，流通也十分发达，"滇南车马，纵贯辽阳；岭徼宦商，衡游蓟北"[③]。 在长江下游的江南地区以及东南沿海，形成了各种繁华的商业中心，由此带来了城镇的繁荣发展。

明代学校贡举制度，颇为完善。《明史》卷六九《选举一》曰："选举之法，大略有四：曰学校，曰科目，曰荐举，曰铨选。 学校以教育之，科目以登进之，荐举以旁招之，铨选以布列之，天下人才尽于是矣。"洪武年间诏令天下普立学

---

① 《昭常合志稿》卷四八《轶闻》。 引自南炳文、汤纲《明史》，上海：上海人民出版社 2003 年，第 461 页。

② 《景德镇陶录》引黄墨舫《杂志》。 引自南炳文、汤纲《明史》，上海：上海人民出版社 2003 年，第 482 页。

③ 宋应星《天工开物》序。

校，永乐以后，形成了中央所属的两京国子监、地方的府州县学以及军队系统的卫所学构成的完备的学校体系。史称："郡县之学，与太学相维，创立自唐始。宋置诸路州学官，元颇因之，其法皆未具。迄明，天下府、州、县、卫所，皆建儒学，教官四千二百余员，弟子无算，教养之法备矣。"①最基层的乡里也办"社学"，三十五家置一学。府、州、县学舍的生员（秀才），以民间俊秀及官员子弟选充，有已读四书等要求。明中期形成了规范化的入学考试制度（童子试）。其学科有经、史、礼、律、乐、射、算等项。具有相应的考核制度，每月考验，三年一大比。优秀者贡至行省，再选拔优秀者送至京师。进士一甲授翰林院修撰，二甲为编修等，宣德年之后，独重进士一科，虽乡举、岁贡莫敢与之抗衡。②二三甲除考选庶吉士外，或授给事、御史、主事，或授府推官、知州、知县等官。③钱穆叹谓："学校之盛，为唐宋以来所不及。……又凡生员入学始得应举，则学校与考试两制度已融合为一，此实唐宋诸儒所有志而未逮者。"④

在培养选择官员方面，明人有自己从实践出发的创制。如国子监"历事监生"之制。监生历事，始于洪武五年（1372），即派遣监生分赴诸司实习吏事。各部皆有固定名额，又有相应考核之法。亦有派遣外任整理田赋、清查黄册、兴修水利等事。此法不仅能够培养官员实际能力，而且有利于对监生的综合考察。

明代翰林院制度，尤为学者称道。翰林院之制始于唐代，本是内廷供奉艺能技术杂居之所。唐玄宗时，别置学士院，自此翰林学士与翰林待诏有别，专掌内命，号称内相。宋代翰林学士，亦掌制诰、侍从备顾问，并有侍读、侍讲、说书等经筵官，与翰林院同为清显之职。而馆阁之选，更为士人的荣任，实为当时王朝储才养望的清职。到了明代，经筵官、史官皆归入翰林院，翰苑规模扩大，俨然成为中央政府唯一高贵的学术集团。这一集团与王室保持着密切的关系，内阁学士即来自翰林院。而翰林院庶吉士的增设，与国子监历事监生一样，增加了让新科进士观政以熟悉了解朝廷政务的环节，自有庶吉士，翰林院遂

---

① 《明史》卷六九《选举一》。

② 参张居正《张太岳集》卷十八《杂著》。

③ 参《明史》卷七十《选举二》。

④ 钱穆《国史大纲》下册，北京：商务印书馆 1996 年，第 682 页。

带有教育后进之性质。①

在其他制度建设方面，明代也都颇有成效，诸如察举制度，选拔人才，不拘一格。洪武以后，吏治澄清者百有余年。卫所设立，亦有唐代府兵制度的遗意，早期的武功亦可方驾汉唐。

明成祖朱棣登基，迁都北京，开通大运河，编纂《永乐大典》，以武力征服安南，安南自唐以后沦于蛮族之手四百多年，至此尽复版图，设布政局。又五次亲征漠北，遣使南洋，派遣郑和率大规模舰队航海，季年朝贡者，殆三十国。又遣陈诚、李暹出使西域。明成祖时国势达到全盛。明代前期经过洪武（1368—1398）、永乐（1403—1424）的治理，到仁宗、宣宗宣德年间（1426—1435），进入鼎盛时期，社会安定，人口增加②，城镇发达，经济繁荣。清学者谷应泰谓"明有仁宣，犹周有成康，汉有文景"③，然而，世宗嘉靖（1522—1566）、穆宗隆庆（1567—1572）以后，王朝衰落，民生局促，国势衰退以至灭亡。清王朝大体上也有着同样的盛衰历程。

一个繁盛的王朝为什么会衰落？一个成功地实现了社会治理的王朝为什么仍然避免不了灭亡？在这里，我们遇到了中国政治史、政治思想史上非常重要的问题。秦汉从封建制转向郡县制，此后两千年的历史，我们看到的只是王朝不断轮回的历史，不论是一百年王朝，还是三百年王朝，总会趋于灭亡，死而复生，生而复死，循环往复。所有的王朝都演绎着相同的命运。

王朝的不断循环，表明了它的政治结构存在固有的缺陷，这种结构无法缓解王朝自身的矛盾。当人们共同生活并构成一个政治体时，总是存在着各种不平等，诸如社会关系亲疏的区别、地位等级的差异、资源分配的不均衡等，这种不平等作为某种客观存在的事实不可能因为意识形态的敉平而消失。理论上讲，如果王朝政治结构本身能够缓和这些社会固有的矛盾，那么王朝政治就没有理由走向崩溃。我们以为，这里恰恰是王朝的政治结构存在着问题。由于结构的一元特性，它缺乏社会不同阶层共在的政治空间。社会固有的不平等使得不同阶

---

① 参钱穆《国史大纲》下册，北京：商务印书馆 1996 年，第 687 页。

② 明成祖永乐元年（1403）户与口分别为 11 415 829 户和 66 598 337 人，为明代官方统计最高值。何炳棣估计在 14 世纪末，中国的实际人口至少超过了 6500 万。参〔美〕何炳棣《1368—1953 中国人口研究》，上海：上海古籍出版社 1989 年。

③ 谷应泰（1620—1690）《明史纪事本末》卷二八《仁宣之治》。

层有着不同的利益诉求，它们需要在王朝政治结构中获得独立的政治表达，并且以政治斗争的形式得到解决。① 群体的诉求作为一种社会力量形式，得不到满足时，并不会自动消解。 正如我们分析的"民怨"，尽管压制、转移或替代性满足可以在一定程度上缓解群体诉求的压力，但压抑的不满更多时候只是以个体"积怨"的形式储存在那里。 一旦积怨与不满找到缺口或"导火索"，就会形成"川壅而溃"的形式，吸收分散储存于大量个体的怨愤，形成社会动荡。 新兴力量出现时，将会加速王朝的衰落，形成取代之势。 因此，社会底层的矛盾日益积累并激化时，王朝便最终崩溃。

但纵观历代王朝更迭，新兴王朝总是重复着旧王朝的框架，它们从没有意识到昔日王朝政治结构上的严重缺陷。 当然，古典政治的理想向来主张回到过去，回到上古。 这一取向也严重影响了新兴力量的政治自觉。 更替之际，战乱本身就消解了前朝社会制度保障的财富资源分配及占有上的极度不平等，新朝统治者所采取的强制手段以及行政措施进一步缩小差距，以此缓解社会的基本矛盾。

王朝更替成了缓解积累性不平等的减震器。 前一个王朝积累形成的各种社会矛盾、巨大的不平等，特别是贫富不均，等待着下一个"正义"王朝暴力的冲刷与清算，从而达到一种相对均平、平衡的状态。 但这种强制与暴力的平均，不仅造成社会资源、财富资源的不可利用（积累的大资本分散之后无法实现大的投资和社会建设），而且缺乏更多的政治意义。 因为社会结构性的不平等依然存在，在下一个王朝的衰败过程中，这种不平等将再次达到严重的程度。 也就是说，面对不平等所造成的不公，传统社会缺乏政治性的解决。 历代王朝倡导礼教，从社会功能上讲，都是致力于维护既有的等级秩序，这给予了社会不平等以某种正当性、合法性。 所以每个王朝原则上来讲都具有一定的道德目标、社会理想，但缺乏政治上的设计，即缺乏政治意义上致力于消除那些不平等的意识与方案。

---

① 这里的"政治斗争"主要指其他社会力量能够直接向王朝表达政治诉求、意愿，能够与王朝官方力量对峙、较量的可能性。 现代的社会运动及斗争形式包罗广泛，革命、罢工、战争、种族动员、民族主义等。 可参［美］道格·麦克亚当等《斗争的动力》，李义中等译，南京：译林出版社 2006 年；［美］西德尼·塔罗《运动中的力量：社会运动与斗争政治》，吴庆宏译，南京：译林出版社 2005 年。

财富的强制性平均，只能暂时性地缓解不平等所带来的矛盾，它并不触动财富分配体制以及生产关系等核心因素，并没有从造成不平等的根源处着手解决问题。　也就是说，造成极度不平等的机制仍然存在并发挥作用。　这是王朝政治固有的致命缺陷。　承平既久，王朝的结构性缺失，伴随着无法消除的不平等，必然导致它不可克服的覆灭危机，贫富悬殊，行政腐败，民心溃散，最终导致王朝灭亡。　但是，王朝用自身的灭亡保存了政治体内部的不平等；对于每个新王朝而言，它们所取代的都是罪恶的王朝。　然而，没有一个王朝能够逃脱循环。　新兴王朝延续既有的政治框架，经历上升、鼎盛、衰落的周期，最终再次走向衰亡。　在王朝循环往复的更迭中，政治体呈现出某种超稳定的结构框架，它不断成型并且固化，在历史的积累中得到加强，不断新兴而至衰落的王朝，仿佛只是在维持这种抽象结构的生命，只是在延续政治文化的基因。

　　包括明、清两代在内的许多王朝，前期都曾出现兴盛的、充分治理的局面，但王朝的意识和它内在结构性的矛盾使它缺失真正的政治目标。　根本性的不平等、不均衡仍然存在，甚至还在进一步加剧。　正因此，王朝的鼎盛成了一个相当浮表、缺乏政治属性的现象，衰败只是鼎盛必然要付出的高昂代价。

第十三章

对专制的批判

在民主体制中，相对容易形成对专制主义的批判；在专制政体中，对专制主义的批判显得尤为困难。专制的含义，不仅是一般行政、政治领域中的独断独裁，而且也是对思想领域的高压钳制，任何包含异质成分的思想都很难从专制思想氛围中产生出来。

中国古典政治思想中就有尊王，主张尚同，崇尚大一统的观念，尽管先秦时期的君主制实际上并非真正的专制，但这些观念无疑为后来专制思想的出现意想不到地造了先声，或者说这些主张很容易就会转化成专制思想。这也是不少学者很自然地把整个中国传统时代视为专制政体的原因。

在这样的思想氛围和思想传统中，要实现对专制的批判非常不容易。但我们还是看到明清两代思想家都有相关的批判，在政治思想史上具有突出的地位。当然，更为深刻、成功的批判，仍有待于思想家领略到民主政体之后所形成的反思。

1. 专制概念

文明史上，全球很多地区在很长的历史阶段中，都出现过专制政体。人类最早的大规模集合体都是建立在专制体制基础上的，无论是亚细亚、古埃及帝国还是萨珊王朝时期的新波斯帝国，其组织形式都是独裁式的。一种政治体制如果能在不同文明中长期存在，说明这种体制在根本上有着与人类政治本性吻合一致的地方，否则不可能表现出如此强大的生存能力。① 人类倾向于统治（发号施令）或者服从的两种天性很容易促成专制体制的出现。 罗素说："平等合作远比专制难以实行，远不及专制符合人的本能。 当人们试图平等合作的时候，自然各人都要力争获得全面的优势，这时服从的动力是不发生作用的。"②

什么是专制？ 简单地类比，"我"能够对自己的身体实施专制，我的身体是我专制的对象。 古人所谓"胸之使臂，臂之使指"，就已经把身体与治国联系在一起了。 日常生活领域中，我的行动是服从于我的意志，在这个类比意义上，身体的各部分都在服从我的意志。 但是，专制并不针对自己的身体而言，而是针对群体、民族而言，它是一个政治概念。 人们甚至不会用专制、极权的概念来解释一个人非法囚禁另一个人的行为。 专制、极权主要指政治领域中的行为，即它涉及社会生活的绝大多数人群。 它强调在社会政治生活中，只有最高统治者能够做出最终决断，行政机构以及民众只能服从它的意志，执行它的命令并且在与其意志保持高度统一的意义上采取行动。

"专制"、"专政"皆是中国古词。《左传·襄公二十一年》中有"（栾）盈将为乱，以范氏为死桓主而专政矣"句；《左传·昭公十九年》中亦有"晋大夫而专制其位"；《韩诗外传》卷七："周公事文王，行无专制，事无由己。"专政、专制，可指君主，也可指大臣，皆专任其事之意。 于此可以看出，专制，不仅在于君主实行的专制，而且也在于整个政体的主管官员也采用同样的治理模式。 从文献中字词的使用情况来看，多有贬义。

中国历史上的君主专制，或称皇权、王权，有时又称中央集权，学者都有许多深入的讨论，但要给出一个明确的概念化定义仍很困难。 专制，虽然都是一种试图不受约束的统治，但不同王朝，包括中国与西方的君主专制在具体的历史情境中都存在着很大的差异。 一个王朝，专制究竟是一种什么样的状况，程度与特征究竟如何，都需要做具体的分析。

西方文献中有所谓的 absolutism，有学者直译为"绝对主义"，也有译为"专制主义"。 absolute monarchy 通常译为"专制君主制"、"专制君主国"，有

---

① 参［意］加埃塔诺·莫斯卡《政治科学要义》，任军锋等译，上海：上海人民出版社 2005 年，第 419 页。

② ［英］伯特兰·罗素《权力论：新社会分析》，吴友三译，北京：商务印书馆1991 年，第 14 页。

学者译为"绝对君主制"。 如《共产党宣言》："在工场手工业时期，它（资产阶级）是等级君主制或专制君主制中同贵族抗衡的势力。"《家庭、私有制和国家的起源》："17世纪和18世纪的专制君主制，就是这样，它使贵族和市民阶级彼此保持平衡。"学者以为，这里的"专制君主制"译为"绝对君主制"可以避免与西语中另一个"专制主义"（despotism）混淆。 在西语中，"专制主义"与"绝对主义"区别非常明确。"专制主义"（despotism），在马克思、恩格斯著作中，如《不列颠在印度的统治》等文献里所称专制主义，多用于东方，特指东方专制主义、东方专制制度。[①]

欧洲的"绝对主义"，或绝对君主制，原指欧洲近代历史上继等级君主制之后发展起来的中央集权政体，是一种要求摆脱法律、宪法和习俗等形式约束的统治，与中国君主专制的蕴含差异很大。 欧洲君主一向弱小，所以向往这种体制，试图摆脱贵族政治和罗马天主教的制约，强化自身的权力。 中国的王权从一开始就是一元而强大，它从来没有宪法的概念，天意与礼俗的约束都不是实质性的限制。

与中国不同，西方社会在古希腊时代就已经历各种政体。 所以，亚里士多德提出四种政体类型，即君主政体、寡头政体、平民政体和贵族政体。[②] 亚里士多德提到，古代的君主政体有五种形态，其中一种僭主专制常见于野蛮民族（而非希腊民族），而另一种"史诗（英雄）时代的王制"可能算是最接近中国的王权统治。"其统治符合于臣民的公意，王位则由父祖遗传于子孙。 王室的始祖都由军事技术（战功）起家，……大家共戴为君王而且议定了传统的世袭制度。这种王室具有三项统治的权位：战时为统帅；祭时为主祭，……遇有法律上的争端也由他们作最后的判决。 ……后来逐渐改变，他们放弃了某些特权，人民又从而争取了另些法权；王权经历代削弱，迄于今日，大多数王室已成虚位，只能主持一邦的传统祭仪而已。 若干邦内虽说还有真王，也仅仅在出征国外时还保

---

① 参［英］佩里·安德森《绝对主义国家的系谱》"中译者序言"，刘北成等译，上海：上海人民出版社2001年，第3页。

② 亚里士多德说，还应该添加一个类型，即立宪政体。 见《政治学》，吴寿彭译，北京：商务印书馆1965年，第196页。

留着军事指挥的权力。"①君主政体虽然都是一人统治，但形态也有差异，具有绝对权力的君主，或者说专制君主只是君主政体中的一个类型。② 有些只是军事领域中才有的专制权力，有的没有世袭，有些专制权力都是法律事先规定好的。 如古希腊时代王室具有的特权，是通过法律或者约定所明确了的，领军、主祭和裁断法案这三项权能，这显然与我们所理解的中国传统君主专制有着几乎是根本性的区别。 中国的君主专制，从没有预先约定它的权能，与西方"有些专制权力都是法律事先规定好的"的模式有很大差别。

中国传统的专制有如下重要特征：一、 它是独裁者试图超越一切权力之上的权力运作，极端情况下它能够超越礼俗、法律的制约，也就是说，其权力的运用既无法律约束，又没有政治上的限制；二、 它有一个精英阶层维护其统治，精英的权威、职位和收入都依赖于统治者；三、 这样的独断权力是按照理智决策的，但也常常可以无条件服务统治者个人缺乏理性基础的意志，也就是说，至高无上的权力服从统治者个人的意志；四、它倾向于世袭；五、 专制统治下臣民地位低贱。③ 简要地说，即专制是独断的权力，它需要官僚体制以及专制观念的支持。④ 我们在下文专门讨论这三个方面。

首先，专制是不受限制的独断权力，表现在两个方面：一是权力的运作，一是权力的范围。

在支配方面，按照学者普遍的说法，王权是至高无上的。 刘泽华认为："王权体系同时又是一种社会结构，并在社会诸种结构中居于主导地位；在社会诸种权力中，王权是最高的权力；在日常的社会运转中，王权起着枢纽作用；社会与政治动荡的结局，最终是回复到王权秩序；王权崇拜是思想文化的核心。"他认

---

① ［古希腊］亚里士多德《政治学》，吴寿彭译，北京：商务印书馆 1965 年，第160—161 页。

② ［古希腊］亚里士多德《政治学》，吴寿彭译，北京：商务印书馆 1965 年，第157—161 页。

③ 参［英］肯尼思·麦克利什编《人类思想的主要观念》，查常平等译，北京：新华出版社 2004 年，第 381 页。

④ 刘泽华认为，王权主义"既不是指社会形态，也不限于通常所说的权力系统，而是指社会的一种控制和运行机制"。 它包括三个层次，一是以王权为中心的权力系统；二是王权系统为骨架形成的社会结构；三是指相应的观念体系。 见刘泽华《中国政治思想史集》第三卷，北京：人民出版社 2008 年，第 2 页。

为作为权力系统的王权具有四个特点："其一，一切权力机构都是王的办事机构或派出机构。其二，王的权力是至上的，没有任何有效的、有程序的制衡力量，王的权位是终生的和世袭的。其三，王的权力是无限的。……其四，王是全能的。"①专制是最高权力王权的运作模式，是集中在君主手中的一系列独特的权力操作、权力运作的集合体，其运作不受限制，主要体现在它将自己置身于法律、礼俗、传统之外，君主就是法律和国家的化身。②君主的支配力量无法以其他的力量加以制衡、约束时，这种支配就变得随心所欲，无法预测。

另一特点在于专制支配的范围不受限制。君主从没有规定过，什么是他可以支配，而什么是他不必过问的。专制不仅是最高的裁决，而且意味着在所有可能的领域中预先保留的决断权。不仅在于权力试图涵盖整个社会生活领域，而且在于它强烈地要求，对于它所留意或者随时打算留意的事情拥有独断，即排斥其他人能够决断的权力。它随时可能决断原本不属于它决断的内容，于是，专制总是倾向于越来越多的专制。正因此，在专制领域迅速扩大的时期，事实上它无法保证自身权力的绝对支配，这也是专制王朝后期必将崩溃的主要原因。在任何领域保留自身决断权这一要求的后果是，人们不得不围绕统治者的意志展开行动，同时缩减自身主动参与、介入社会与政治生活的领域。因为无法预测其他领域自己的行动后果，如积累财富、探索某些领域知识等，人们担心会因违背统治者的意志而遭到残酷的惩罚。这种不可预测、不可确定的惩罚使得君主的专制在被统治者的内心中引起强烈的恐惧。专制君主感到满足的正是这种普遍激起的恐惧感，而不是权力运作过程中所体现出来的非凡勇气、智慧、高尚等优势，有些专制君主甚至愚蠢到要把政权推向毁灭的境地。然而，这种普遍的恐惧感又确实在毫无正常社会生活可言的境况中，维持了一个又一个专制独裁的统治。

君主专制下的权力运作缺乏一贯的指导原则。它既能以充分的理智、经验为指导，也会随时听凭统治者意志的盲目指挥，并且在满足统治者意志的时候，不择手段，毫无理智可言。正如孟德斯鸠回答什么是专制主义时所说："路易斯

---

① 刘泽华《中国政治思想史集》第三卷，北京：人民出版社 2008 年，第 2 页。

② ［法］孟德斯鸠《论法的精神》，许明龙译，北京：商务印书馆 2009 年，第 65 页。

安那的蛮人想要果子的时候，就把果树从根部砍倒，然后采摘。 这就是专制政体。"①

其次，专制需要行政体制的支持。

通过对官制的考察不难发现，王权要实现全面的统治，必须依赖于一个高效而强有力的行政系统。 行政系统不够成熟，王权对社会政治领域的支配就总是有限的。 中国传统的官僚体制并不是一天就成熟的，而且即使成熟定型，实际上仍然在随着时代变化而不断调整。 它需要合理化的设计，需要技术（如通信、交通等）的支持，需要完备的官员培训等一系列配套过程，这些并不是依靠专制意志就可以实现的，而是需要行政方面的客观知识。 专制是统治者个体意志决定的，中央集权是与之相适应的行政过程，更多具有行政的客观性。 所以，专制统治并非是完全没有理智的统治，而是混杂着个体非理性意志的统治。 唐宋时代，无论是设官分职、行政运作，还是官员培训、考核晋级，官僚体制都相对成熟，这为后来的专制体制运作提供了行政支持。

深入权力核心时，权力就只是一个人对另一个人能够拥有的支配力量。 如果甲拥有对乙的权力，那么乙就只能服从，而不可能再支配甲，权力的关系是一种零和游戏（zero-sum game）。② 但是，王权不是个体之间的权力，它在一开始诞生的地方就拥有通过一定规模的组织系统而形成的权力——组织的权力。 一个有组织的社会系统，在传统时代主要是军事系统、官僚行政系统等，还包括权力的话语系统，如果原则上这个组织系统中的成员都效忠最高王权的话，那么王权就获得了远远超过每个个体的力量。 借助这个庞大的官僚组织系统，帝王的权力被推到不可思议的高度。 也就是说，通过这种组织以及关于王权的观念，帝王与平民之间，王权与社会最底层之间的距离被拉开了。 距离越大，王权的力量就越大，底层想象王权就越崇高。

第三，专制需要思想观念的支持。

专制不仅在于最高统治者的权力运作，而且包括整个历史发展过程中，特别是思想史演变过程中所形成的王权是绝对的、至高无上的观念。 它引导一种全

---

① ［法］孟德斯鸠《论法的精神》，许明龙译，北京：商务印书馆 2009 年，第64 页。

② ［英］迈克尔·曼《社会权力的来源》第一卷，刘北成等译，上海：上海人民出版社 2002 年，第 9 页。

面的服从。

专制的形象通常都是以它所具有的否定力量塑造、建构起来的，即权力所掌握的生杀大权，可以置任何人于死地的力量。当然，现实地来看，王权所具有的肯定力量同样是对王权至高无上特征的塑造。古代说立德、立功、立言，即从三个方面肯定了王权的正面力量。

合法性是权力形象塑造的重要因素。君主通过武力争夺、军事对抗胜利而获得统治权，这一结果，被视为正当。明朝通过武装斗争推翻元朝统治，建立自己的政权，具有一定的合法性。但涉及民族问题时，即使经过一番公开而正当的军事较量之后，征服者一方实际上仍然无法获得统治的合法性。正因此，异族的统治更具暴力性。专制都不同程度地带有暴力色彩。这种暴力可以是一种武力，但更主要的，它是"没有得到权力支配对象默认的那种权力"①，具有某种不由分说、不容置疑的性质。罗素说："假如一种权力完全因为它是权力而受尊重，并无其他任何原因，这种权力就是暴力。"②异族统治由于合法性危机，更倾向于通过残酷镇压的手段，激起臣民的恐惧而建立起自己的权威。这种状况下，心怀巨大恐惧的臣民根本无法扩展社会生活的领域，更不用谈介入公共领域，也谈不上对于各种领域的探索、求知的冲动。生活经验告诉他们，多一事不如少一事。长此以往，臣民无法正常地表达自己的诉求，而君主也不在乎听取臣属的劝谏。人们失去了参与社会、政治生活领域的热情、技能与传统。社会生活领域的创新成为一个非常偶然的事情，而不是有着自觉意识的努力。

王权不仅包括了其作为权力系统在现实社会生活当中究竟发挥了什么作用，而且也包括它所带来的"王权的观念"。对王权的阐释形成一整套话语体系，支配着人们对王权的认知、想象和期待。当人们说王权至高无上，是无限、神圣的时候，是指传统时代人们对于王权的看法，对王权的观念。但显然，如果王权真的是至高无上和神圣的，那么，任何一个朝代只要建立起王权的统治，就不可能被推翻。但事实并非如此。所以王权的实践与观念的背离，正是形成革命

---

① ［英］伯特兰·罗素《权力论：新社会分析》，吴友三译，北京：商务印书馆1991年，第59页。

② ［英］伯特兰·罗素《权力论：新社会分析》，吴友三译，北京：商务印书馆1991年，第69页。

意识的端点。

在专制统治的笼罩下，思想如何超越这一体制并对其加以批判，仿佛水中的鱼想象陆地世界，是非常艰难的历程。我们可以看到两种路径，一是与古代的历史与观念相联系而产生的批判；一是与西方政体比较之后形成的认识。但中国对西方政体的了解很晚，明清之际思想的批判，主要依赖的是前一条路径。

2. 天下非一人之天下

明末清初的黄宗羲等人重新阐发"天下"的观念，以为"天下之治乱不在一姓之兴亡，而在万民之忧乐"，充分揭示了国家的人民主体性。但实际上，这是古典政治思想的组成部分，只是后代晦暗不明。

中国历史的前期，大体而言，君主制尚未达到专制的程度。一则有行政以及技术条件的制约，君主不可能随心所欲。二则当时朝野上下，士人普遍怀有"天下乃公器"、"天下非一人之天下"的共识。天子以四海为家，只表明天子以四海百姓为怀，以治理天下为己任的责任，而不是据天下以为私有的特权。这一思想在先秦典籍中均有反映。

《吕氏春秋》虽然成书在战国末，但其中所述多为先秦思想。《贵公》篇即曰："天下非一人之天下也，天下之天下也。"惠栋曰："此逸《书》。"[①]《尚书大传·汤誓》曰："夫天下非一家之有也，唯有道者之有也，唯有道者宜处之。"《逸周书·殷祝》曰："此天子位，有道者可以处之。天下非一家之有也，有道者之有也。故天下者唯有道者理之，唯有道者纪之，唯有道者宜久处之。"两处文献记述异辞，但"天下非一人之天下"的观念是完全一致的。这说明西周时代，"天下公器"，天下非一家之所据、非一己之私有的思想非常明确。

当然，"公器"究竟意味着什么，天子与天下之间关系究竟如何，又如何避免天下为一家所私有等问题，上古文献中皆无细论，但对于超越天子与众人之上的"天下"（近似国家概念）已有相当正确的认识，这是可以肯定的。如果结合商周王位继承法，更可以看出这一点。因为天下是否据为私有，并不能完全根据天子个人意愿、动机的表达就可以明证的，它必须与制度结合起来，是制度，

---

① 参王利器《吕氏春秋注疏》，成都：巴蜀书社 2002 年，第 105 页。

而不是天子个人内心意愿决定了在位者的本质。

后世人们都是以"父死子继"的继承制度为常规，但事实上，商周人的继承法并不像宗法规定的那样简单。它一方面有宗法制度的规定，由嫡长子继承王位①；但另一方面，也存在"兄终弟及"的做法。

殷商时代绝大部分都是"兄终弟及"，但这一法则并没有涵盖世代之间的继承，它仍然需要另一个法则"父死子继"相配合。王国维亦曰："商之继统法以弟及为主，而以子继辅之，无弟然后传子。"②此言即在有弟的情况，弟具有优先继承权。

设如下世代：

一代：父	A1			A2			A3		
二代：子	A11	A12	A13	A21	A22	A23	A31	A32	A33
三代：孙	A111 A112 A113	A121 A122 A123	A131 A132 A133	A211 A212 A213	A221 A222 A223	A231 A232 A233	A311 A312 A313	A321 A322 A323	A331 A332 A333

其中 A1、A2、A3 为兄弟；

A11，A12，A13 为 A1 之子；A21，A22，A23 为 A2 之子；A31，A32，A33 为 A3 之子；

A111，A112，A113 为 A11 之子；A121，A122，A123 为 A12 之子；余类推。

殷商时代继统细分有两种形式：

第一种

A1

→A11→A12

    →A121→A122→A123

        →A1231→A1232→A1233

实例是：太甲传子沃丁,沃丁传弟太庚,太庚传子小甲,小甲传弟雍己,雍己传弟太戊,太戊传子中丁,中丁传弟外壬,外壬传弟河亶甲,河亶甲传子祖乙。

---

① 《春秋公羊传·隐公元年》："立嫡以长不以贤，立子以贵不以长。"

② 王国维《殷周制度论》，见《观堂集林》。

又：武丁传子祖庚，祖庚传弟祖甲，祖甲传子廪辛，廪辛传弟康丁，康丁传子武乙。①

第二种

A1

→A11→A12

→A111→A121

→A1111→A1211

实例是：成汤传子太丁，太丁传弟外丙，外丙传弟中壬，中壬传太丁之子太甲。

又：祖乙传子祖辛，祖辛传弟沃甲，沃甲传位祖辛之子祖丁，祖丁传沃甲之子南庚，南庚传祖丁之子阳甲。

第二种继承模式的主旨是通过兄终弟及，使父亲的所有的儿子（以同母为限，在有条件即位的情况下）都有为王的机会，转入子辈时，之前曾经为王者，至少有一个儿子有为王的机会。此时，兄终弟及实际上转变为堂兄终而堂弟及的模式。简言之，父辈兄弟依次为王结束后，在子辈堂兄弟中再从头排序继承，以此类推，到孙辈时，堂兄弟中再从头依次继承。理论上讲，兄终弟及的好处在于它可以在一定程度上避免父死而幼子继承王位的状况。弟及可以使兄子有更多成长的时间。但这一模式，理论上讲王位始终只是在最初几个立为王的兄弟之间轮转。

另一个问题是，在子辈中究竟由谁来继承王位，确实是一个问题。学者以为这是贵族选举制，或有道理，因为看起来，子辈中父王的儿子中只能有一个儿子继承，最好是通过选贤的方式来确定继承人，但选贤容易引起争端。

殷商还有第三种模式，即纯粹的父死子继。康丁之后世系，都是父子相继。学者以为，此时已有立嫡之制。② 一般说来，嫡长子继承法是最少争议的方式。

康丁之前，殷人都是父辈的兄终弟及再到子辈的兄终弟及的继承方式，宋为殷后，故宋宣公曰："父死子继，兄死弟及，天下通义也。"③康丁之后，皆是传子模式。 这说明，此时政治观念有了很大的变化："天下可为一家之有也。"西

---

① 见《史记·殷本纪》；徐中舒《殷代兄终弟及为贵族选举制说》，《徐中舒历史论文选辑》，北京：中华书局 1998 年，第 761 页。 下同。

② 胡厚宣《殷代婚姻家族宗法生育制度考》，《甲骨学商史论丛》，见徐中舒《殷代兄终弟及为贵族选举制说》引。

③ 《史记·宋微子世家》，北京：中华书局 1982 年，第 1622 页。

周时期王位的继承，几乎都是父子相继。[1] 仅有共王传子懿王，共王弟孝王立等少量例外，其他皆是父子继承。这说明当时习惯的制度是嫡长子继承法。

但值得注意的是，西周之时，鲁国的继承制度始终是"一继一及"，即兼用"父死子继，兄终弟及"这两种方式。鲁国始封于伯禽，伯禽传子考公，考公传弟炀公，炀公传子幽公，幽公传弟魏公，魏公传子厉公擢，厉公传弟献公，献公传子真公，真公传弟武公。武公传少子懿公。懿公兄伯御立。懿公弟孝公立。孝公传子惠公。惠公之后，即进入春秋时代，父子相承的例子增多了，但仍有兄终弟及的例子出现。[2] 惠公之前，则几乎都是先传子、再传弟的做法，而且非常规律，若不是周宣王喜爱武公少子戏、强行立为懿公而出现例外的话，这一规则在鲁国可以说实行得非常好。而且，就在这一规则被打破之后，鲁人重续君统之时，仍然是按一继一及来选择继承人。懿公是以子的身份继承君位，接下来当是以弟的身份来继承，因此，当周宣王伐鲁杀伯御之后，问谁为鲁后时，樊穆仲推荐的是懿公之弟，这样一来，"一继一及"的规则又恢复起来了。正因为鲁国有这种传统，所以鲁庄公病，而问嗣于弟叔牙。叔牙曰："一继一及，鲁之常也。庆父（庄公弟）在，可为嗣，君何忧？"[3]

鲁国的制度非常特别。首先，自上古以来有多种继承模式，有嫡长继承制度，当时周王室就是嫡长继承制度；又有所谓"立爱"；有以卜定继嗣；楚国初年多实行少子继承制，立少不立长等。[4] 鲁国作为周公的封国却实行"一继一及"制度，与王室继承法完全不同。其次，殷商实行"弟及"，秦国初年、吴国

---

① 文王传子武王，武王传子成王，成王传子康王，康王传子昭王，昭王传子穆王，穆王传子共王，共王传子懿王，共王弟孝王立，诸侯复立懿王之子夷王，夷王传子厉王。共和持续十四年。厉王之子宣王立，宣王传子幽王，幽王子平王立。平王传孙桓王（太子早死）。桓王传子庄王。庄子传子釐王。釐王传子惠王。惠王子襄王。襄王传子顷王。顷王传子匡王。匡王传弟定王。定王传子简王。简王传子灵王。灵王传子景王。景王长子悼王（猛）立，悼王弟敬王立。敬王子元王立。元王子定王立。定王子哀王立，哀王弟思王立，哀王少弟考王立。考王子威烈王立。威烈王子安王立。安王子烈王立。烈王弟显王立。显王子慎靓王立。慎靓王子赧王立。

② 鲁惠公传子隐公，隐公传弟桓公，桓公传子庄公，庄公传子闵公，闵公（被弑）传弟僖公，僖公传子文公，文公传子宣公，宣公传子成公，成子传子襄公，襄公传子昭公，昭公传弟定公，定公传子哀公。

③ 《史记·鲁周公世家》，北京：中华书局1982年，第1532页。

④ 参吕思勉《中国制度史》，上海：上海教育出版社1985年，第450页。

在阖庐以前都有兄终弟及继承法，不过他们实行起来，颇多变化或者例外，连续父子相继的例子也有，但鲁国的制度非常严格，这就是"继"与"及"均只有一次，绝没有第二次，这实际上是与殷人制度看起来相似而性质完全不同的制度。殷人在弟及之后，会出现王位传给自己兄长之子，然后转给自己儿子的情况，即上述第二种模式，而鲁国的"继"只传给自己的儿子，没有回到兄长之子的情况。第三，鲁国这一制度是自伯禽时代就开始了，几乎从未中断。

唯一合理的解释只可能是鲁国初封之时就有这样的制度安排，而且很可能就是周公精心设计的结果。这是非常耐人寻味的制度。它综合了殷人早期制度上的特点，但又做了非常重要又极为巧妙的改造。这里至少有两点考虑：一是"弟及"的规定，避免了兄卒早而其子幼的困境。二是只能"一继"，确保没有一家能长据鲁国。从政治上讲，这种继承法使得鲁国始终保持在公族手上，但非一家一系所独有。我们认为，这是"天下非一家之有"的观念在继承制度上的保证。

这一观念在后世仍有流传。《墨子·尚贤下》曰："古之圣王之治天下也，其所富，其所贵，未必王公大人骨肉之亲、无故富贵、面目美好者也。是故昔者舜耕于历山，隐于河滨，渔于雷泽，贩于常阳，尧得之服泽之阳，立为天子，使接天下之政，而治天下之民。"否定了天下可为家族世袭所有。墨子强调说，王公大人要宰羊，"必索良宰"；要制衣，"必索良工"；要给马治病，"必索良医"；强弓不能使用，"必索良工"。这些事情，为何不交给"王公大人骨肉之亲、无故富贵、面目美好者"来做呢？因为他们没有这些才能。请他们来做，只是浪费财物。墨子发问，为什么"逮至其国家则不然"，"临众发政而治民"，却不交给贤能之人，而是"王公大人骨肉之亲、无故富贵、面目美好者，则举之"。孟子对此也有颇多阐述，如《孟子·滕文公下》曰："非其道，则一箪食不可受于人；如其道，则舜受尧之天下，不以为泰。"不以为泰，正是坚持了"道"，不以天下为一人所有。《梁惠王下》一篇，朱熹概括："此篇自首章至此（第五章），大意皆同。盖钟鼓、苑囿、游观之乐，与夫好勇、好货、好色之心，皆天理之所有，而人情之所不能无者。然天理人欲，同行异情。循理而公于天下者，圣贤之所以尽其性也；纵欲而私于一己者，众人之所以灭其天也。二者之间，不能以发，而其是非得失之归，相去远矣。故孟子因时君之问，而剖析于几微之际，皆所以遏人欲而存天理。"①《庄子·大宗师》亦有类似之义，曰："夫藏舟于壑，藏山于泽，谓之固矣！然而夜半有力者负之而走，昧者不知也。藏小大有宜，犹有所遁。若夫藏天下于天下而不得所遁，是恒物之大情也。"藏物再固，总可移易，唯有藏天下于天下，不为己所有，故能长为吾所有。

两汉之世，此义仍极昌明。汉文帝元年（前179），有司请立太子，文帝诏曰："朕既不德，上帝神明未歆飨也；天下人民未有惬志；今纵不能博求天下贤圣有德之人而嬗（禅）天下焉，而曰豫建太子，是重吾不德也，谓天下何？"②汉朝皆行父子相继之法，文帝不急于立太子，多少试图表示出"天下非一人一家所私有"之古义。曹魏时，嵇康在《养生论》里也说：

> 且圣人宝位，以富贵为崇高者，盖谓人君贵为天子，富有天下也。富不可无主而存，主不能无尊而立。故为天下而尊君位，不为一人而重富贵也。

嵇康认为，社会需要组织，万民需要君主，而君主统治只是借富贵而得到天下的尊崇，非为一己而重富贵。在嵇康看来，天子与君位并不是一回事，两者本是分离开来的；富贵是君位的属性，而不是君主的特权。这一观念既是对传统的"天下非一人之天下"思想的继承，又是对君权观念的新认识。

西晋段灼在上表中说："夫天下者，盖亦天下之天下，非一人之天下也。……主非常人也，有德则天下归之，无德则天下叛之。"③潘岳《乘舆箴序》中亦曰："故天生蒸人，而树之君，使司牧之，将以导群生之性，而理万物之情，岂以宠一人之身，极无量之欲，如斯而已哉！夫古之为君者，无欲而至公，故有茅茨土阶之俭。而后之为君，有欲而自利，故有瑶台琼室之侈。无欲者天下共推之，有欲者天下共争之。推之之极，虽禅代犹脱屣；争之之极，虽劫杀而不避。故曰：天下非一人之天下，乃天下之天下。"④史载唐幽州记室直中书省张蕴古《大宝箴》云："圣人受命，拯溺亨屯，故以一人治天下，不以天下奉一

---

① 朱熹《孟子集注》卷二，《四书章句集注》，北京：中华书局1983年，第219页。
② 《汉书》卷四《文帝纪》，北京：中华书局1962年，第111页。
③ 《晋书》卷四八《段灼传》，北京：中华书局1974年，第1346页。
④ 《汉魏六朝百三家集》卷四七《潘尼集》。

人。"太宗皇帝对此表示赞同。①《唐大诏令集》卷二十九《景云元年册皇太子赦》曰:"天下公器。"杜佑《通典》中也说:"夫天生烝人,树君司牧,是以一人治天下,非以天下奉一人。"②可见,"不以天下奉一人"的思想在当时并非少数人的想法,而是颇为普遍的认识。 天子处九五之尊,享有极大的权威,在唐人看来,这是必要的,但这不意味着皇权不受习俗、礼仪、规范的约束,贵族、大臣、谏官都可以在一定程度上制约皇帝的行为。

"天下非一人之天下"这一观念自先秦至汉晋,一直延续到唐代。 这一共识阻止了历史前期君权的畸形膨胀。 唐世之后,贵族消亡,这一共识日渐湮没,直到明末清初的黄宗羲等人重新阐发这一观念,以为"天下之治乱不在一姓之兴亡,而在万民之忧乐"。 但此时天下大义已经不明,元人入主中原进一步引发政治蛮化,中国政治沦为君主专制已难以避免。

3. 对专制的批判

明清之际,有识之士对专制统治展开了激烈的批判。 明朝灭亡,原有的政治束缚、精神约束,对于明末士人而言,已经荡然无存,而明遗民之视清帝,也无献言辅德的愿望,故明清之际形成了特殊的政治环境与士人心态,君主权威在思想领域的制约最为薄弱,士人批判专制统治最为突出。

唐甄《潜书·鲜君》曰:"治天下者惟君,乱天下者惟君。 治乱非他人所能为也,君也。 ……一贤人进则望治,一小人进则忧乱,皆浅识近见,不知其本者也。 海内百亿万之生民,握于一人之手,抚之则安居,置之则死亡,天乎君哉,地乎君哉!"指出乱天下的根本在于君主昏庸。

黄宗羲则区分了天下(国家)与君主之间的差异,两者实不能相混。《明夷待访录·原君》曰:

古者以天下为主,君为客,凡君之所毕世而经营者,为天下也。今也以君为主,天下为客,凡天下之无地而得安宁者,为君也。是以其未得之

---

① 《资治通鉴》卷一九二,高祖武德九年,第 6028 页。

② 《通典》卷一七一《州郡一·州郡序》,北京:中华书局 1988,第 4450 页。

也，屠毒天下之肝脑，离散天下之子女，以博我一人之产业，曾不惨然，曰"我固为子孙创业也"。其既得之也，敲剥天下之骨髓，离散天下之子女，以奉我一人之淫乐，视为当然，曰"此我产业之花息也"。然则为天下之大害也，君而已矣。

在当时的思想环境中，能够对君主视天下为一己之私，做出无情的揭露，并指出天下贫弱混乱，根源正在君主："天下之大害也，君而已矣。"这种勇气，在当时的思想领域确属难能可贵。

国家之长存，在于天下之治乱，而不在一姓之兴亡。国家需要君主治理，但一姓王朝不等于国家。"盖天下之治乱，不在一姓之兴亡而在万民之忧乐。是故桀纣之亡，乃所以为治也；秦政、蒙古之兴，乃所以为乱也。晋宋齐梁之兴亡，无与于治乱者也。"①非常明确地把天下（国家）之治乱从一姓王朝的兴亡中分离出来。

黄宗羲从最早的社会发生中引导出"公利"的概念，实属明见，曰："有生之初，人各自私，人各自利也，天下有公利而莫或兴之，有公害而莫或除之。有人者出，不以一己之利为利，而使天下受其利，不以一己之害为害，而使天下释其害。此其人之勤劳必千万于天下之人，夫以千万倍之勤劳而己又不享其利，必非天下之人情所欲居也。"②君主的本义是为了"公利"，后世君主多不明此义。君臣尊卑不同，名位有差，但职分均在利民为国，故"君之与臣，名异而实同"。群臣佐君为治的根本在于为天下、为公利，而不在奉君之身。故《原臣》篇曰："为臣者轻视斯民之水火，即能辅君而兴，从君而亡，其于臣道，固未尝不背也。"此与李贽谓齐王建之降秦饿死与冯道之历事多君而有利于民的观点，非常一致。

以"公利"的概念作为分析的出发点，故三代以上还有"法"，而三代以下已经无"法"。三代之法为民为公，"固未尝为一己而立也"。黄宗羲曰："后之人主，既得天下，惟恐其祚命之不长也，子孙之不能保有也，思患于未然以为之法。然则其所谓法者，一家之法，而非天下之法也。是故秦变封建而为郡县，

---

① 黄宗羲《明夷待访录·原臣》。
② 黄宗羲《明夷待访录·原君》。

以郡县得私于我也；汉建庶孽，以其可以藩屏于我也；宋解方镇之兵，以方镇之不利于我也。 此其法何曾有一毫为天下之心哉！"①此言看似过激，实则精深真切。

又从天下乃公器、治天下者必为公利的观念出发，以为天下不可藏于山泽之内，不可藏于筐箧之中。 在这里，黄宗羲再从先秦诸子中获得新的认识与理解。《庄子·大宗师》中即有此义："藏小大有宜，犹有所遁。 若夫藏天下于天下而不得所遁，是恒物之大情也。"天下不是一物，不可藏于他物之中，不可私有。 一旦私有，天下亦非天下。 如果说，这里的天下概念接近国家的概念，那么古人的认识已经相当精辟。

黄宗羲曰："三代之法，藏天下于天下者也。 山泽之利不必其尽取，刑赏之权不疑其旁落。 贵不在朝廷也，贱不在草莽也。 在后世方议其法之疏，而天下之人不见上之可欲，不见下之可恶。 法愈疏而乱愈不作，所谓无法之法也。 后世之法，藏天下于筐箧者也。 利不欲其遗于下，福必欲其敛于上。 用一人焉，则疑其自私，而又用一人以制其私。 行一事焉，则虑其可欺，而又设一事以防其欺。 天下之人共知其筐箧之所在，吾亦鳃鳃然日惟筐箧之是虞。 故其法不得不密。 法愈密而天下之乱即生于法之中，所谓非法之法也。"②

后世君主，权势过大，也是这一批思想家批判的内容。 古典政治时代，天子与贵族之间，尊卑差别实不太大，顾炎武以为君臣名异而实同。 他在《日知录》卷五"王公六职之一"条中说："坐而论道，谓之王公。 王亦为六职之一也。 未有无事而为人君者，故曰天子一位。"卷七"周室班爵禄"条曰："为民而立之君，故班爵之意，天下与公侯伯子男一也，而非绝世之贵。 代耕而赋之禄，故班禄之意，君、卿、大夫、士与庶人在官一也，而非无事之食。 是故知'天子一位'之义，则不敢肆于民上以自尊；知禄以代耕之义，则不敢厚取于民以自奉。"

唐甄《潜书·抑尊》也强烈谴责这种尊卑之间的悬殊："君日益尊，臣日益卑。 是以人君之贱视其臣民，如犬马虫蚁之不类于我。"《抑尊》篇又曰：

---

① 黄宗羲《明夷待访录·原法》。

② 黄宗羲《明夷待访录·原法》。

> 人君之尊，如在天上，与帝同体。公卿大臣罕得进见，变色失容，不敢
> 仰视；跪拜应对，不得比于严家之仆隶。于斯之时，虽有善鸣者，不得闻于
> 九天；虽有善烛者，不得照于九渊。臣日益疏，智日益蔽；伊尹、傅说不能
> 诲，龙逢、比干不能谏，而国亡矣。

专制体制的主要特征在于君权独大，君主肆意妄为，毫无制约，视天下百姓为奴仆，以天下财富为私产。黄宗羲、顾炎武、王夫之、唐甄等人对这些专制特征都有深刻的揭露，这在政治观念上是巨大的进步。

对专制的批判，在晚清时期再次形成高潮。此时清廷昏庸无能，内忧外患，民不聊生，士人深受西学的影响，能够从现代民主的角度谴责专制统治的罪恶。如严复说："夫自秦以来，为中国之君者，皆其尤强梗者也，最能欺夺者也。窃尝闻道之大原出于天矣，今韩子（韩愈）务尊其尤强梗、最能欺夺之一人，使安坐而出其唯所欲为之令，而使天下无数之民，各出其苦筋力、劳神虑者以供其欲，少不如是焉则诛，天之意固如是乎？道之原又如是乎？"[1]

专制统治的实质在于专制权力运作的结构特征。表面上看起来，专制统治在于最高统治者专断独行，为所欲为，鱼肉百姓，宰割天下，但为何一个虚弱、昏聩的君主仍能实行专制？正是专制权力的结构形态保证了独裁的实施及其深度和广度。这种结构形成具有一定的历史因素，"积重于隐微"，它是逐步积累形成的。康有为弟子刘桢麟说："中国二千年之政术，皆为王者一家而设，其措施经营之非有所特异，而其箝制压抑之术，实积重于隐微。故后代沿前代之术，后代又沿后代之术，辗转相师，变本愈厉，而王者或知之或并不自知之。至于服领衿缨之徒，惟有喁喁沫沫于文网之中，束手钳舌而不敢动，盖势力之重，积为风气，风气之久，成为义理，童而习闻，壮而率守，虽举天下至小极纤之事虑，无不自设一名分度量以圈限之。"[2]

这是金字塔式的结构，结构顶点是所谓"皇极"，即"皇建其有极"、"惟皇作极"。皇权掌握着各种名利资源，进而将各种社会力量纳入唯一的权力体制。在顶层与底层之间，被加进了许多不同等级（官员），这些等级分享来自最高统

---

① 严复《辟韩论》，《严几道文钞》卷三。
② 刘桢麟《论中国守旧党不如日本》，麦仲华《皇朝经世文新编》卷一下《通论》。

治者的权力，并且传递着最高统治者独裁的方式，直到最底层。通过这种分享，最高统治权力得以强化。尊号、爵位、官职等都是增加层级的措施，意味着君主权势的增长。《淮南子·主术》早就说过："权势者，人主之车舆；爵禄者，人臣之辔衔也。是故人主处权势之要，而持爵禄之柄，审缓急之度，而适取予之节，是以天下尽力而不倦。"如果说，在早期君主权力薄弱之时，思想家试图以此劝说君主加强自己的权势；但到了后期，加强君主权力的理论自然地转变成专制理论，并且已经成为现实。

处在这种结构之中，人们因为专制的恐惧，"束手钳舌而不敢动"。为了避免可能遭受的惩罚乃至杀身之祸，人们完全抑制了自身的自主性和个体意志，不是主动地介入社会政治生活领域，而是习惯等待圣上通过不同层级传达下来的指令。一切圣上专制是天经地义的事情，人们麻木到已经失去对自己生活境遇的基本反思能力。专制结构不仅是一种行政结构，也是人们的心理与行为方式的结构。

当社会力量被控制在权力体制之下时，社会力量成长所需要的法律、多元价值观以及民智就很难发展到较高的水平。社会的不同成员总是处于不同社会阶层、社会群体，各个群体、阶层有着自身不同的利益诉求，它们想要获得自身的利益，首先需要一个公平公正的社会环境。因此，理智地来考虑这个社会环境，必然要寻求一种各个社会群体、阶层都认可的法律环境，而这个环境需要排除强权的干扰，除非权力保持一种公正的立场维护这样的法律环境。权力有自身的立场，恰恰是它从自身的立场出发有可能阻碍某些社会力量、社会阶层的利益诉求，正因此排除强权干扰，对于创建公正的法律环境尤其重要。道家倡导无为，在一定程度上可以视为对正常的习俗决定的社会中，统治的强权主动避免干扰。在具有法律保证的环境下，各社会群体之间在充满竞争、斗争的同时才可能建立起相应的秩序。公认的法律保证的环境中，仿佛有一种客观裁决，理智地讲，人们完全能够接受客观的情势。社会力量的正常发展是社会有机秩序的基础。

各种社会力量在正常的法律环境中，可以获得成长并至成熟。这意味着社会群体的成员，民众在自身的群体当中能够充分发挥自身的潜能，人们知道自己可以做些什么，而不是等待他人的指令，社会的能动性被调动起来。现代性的转变在很大程度上是个人积极性、能动性、创造性的巨大发挥。

第十四章

政治与知识

政治与知识有着密切的联系。 这不仅在于古老的时代，知识就是权力，知识与权力保持着高度的统一性，而且也在于政治共同体的保全需要各方面的知识，首先是地理知识。

政治体本身就是一个空间概念，我们不能设想没有现实空间占有的政治共同体，至少权力在本质上体现为占据空间以及对相应空间的支配。 任何政治共同体，一个部落或者一个王国，试图长期生存下去，都必须了解自身所在位置以及周围的环境，食物来自什么地方，什么地方适合农耕，什么地方适合居住，它必须清楚周围的空间、周围的地理对它是否有利，是否存在隐患，危险会来自哪里，等等。 这是最重要的地理知识，也是政治知识，直接关系到民众的生存。随着生产、交换以及外部交流能力的扩大，人们的地理知识扩大了。 地理知识的扩大是权力空间扩张的基础。 从某种意义上来说，政治领域的客观知识是从地理学开始的。

1. 从《山海经》到《禹贡》

远古时代，中国绝大部分都是未经开拓的蛮荒之地，原始部落星星点点地散居各处。 如今人口稠密、经济发达的江苏南部、浙江一带，当时是大象、犀牛、孔雀的栖息地。 在距舟山群岛不到一百公里的余姚河姆渡遗址就发现了象、犀、红面猴等遗骨，说明这一区域当时是比现在更温暖的热带、亚热带的气候。① 这种环境下，一个部落开发自己的生存空间，扩大地盘，或者迁移到另一个陌生的地方，都会面临严峻的环境挑战，遭遇其他部族。 空间成为一个首要的问题。

空间实践的重要步骤就是将自然的环境加工、组织、改造成为适宜人生存的空间。 即使看起来天然适应人们居住的岩洞，也必定是人寻找的结果。 人与环境之间的相互作用就是空间生产的主要内容，人在这种空间的改造过程中实现自身，成为人，并且将自身在这种空间中对象化；空间显现出适合人们生存的特性，展现出人的意愿与理想，而人也成为具有丰富空间意识的人。 这种丰富的空间意识不能仅仅理解为一般的空间感，它还包括丰富的地理知识、空间规划与谋略，即他知道如何获得相关的地理、气候、物产、风土方面的知识，知道如何在尚存争议的区域开拓并巩固自己的领地，知道如何将超大规模的空间区域组织成统一体。

这意味着空间生产，或者说对于未知或知之甚少的空间开发，首先必须拥有相应区域的地理学知识，然后在那里建立象征性的控制权，直至最终建立行政区划，实现权力的现实统治。《山海经》和《禹贡》恰好记录了最初的权力在空间开发过程中的知识状况。

《山海经》是古代地理书，它按照一定的格局，记录了许多大山河流，矿藏物产，但又记载了精卫填海、夸父追日等许多神话以及怪诞事物。 这些描写大大降低了《山海经》文本在现代的可信度。 但我们现在已经认识到，神话并非出于纯粹的虚构，而是用了不同于今天的话语方式表达当时人们所认识到的世

---

① 竺可桢说，自五千年仰韶文化以来，黄河下游和长江下游各地的正月平均温度降低了 3—5℃，年平均温度降低约 2℃。"近五千年期间，可以说仰韶和殷墟时代是中国的温和气候时代，当时西安和安阳地区有十分丰富的亚热带植物种类和动物种类。"见竺可桢《中国近五千年来气候变迁的初步研究》，包伟民选编《史学文存：1936—2000》，上海：上海古籍出版社 2001 年，第 5、6 页。

界，是远古时代最重要的知识体系。①《山海经》成书时代很晚。 经过学者考证，大致从西周前期开始，最迟不会晚于战国梁惠王十年（前360）。② 但书中怪异内容的叙事远比其成书年代古老得多。 如《五藏山经》中保留了不少动物的药用性能等记录，蒙文通说，这应当是狩猎或畜牧时代所积累起来的经验。再如《大荒东经》记载"日月所出"之山有六个，"日月所入"之山有六个，完全是两组对称的山头，他引用吕子方的说法，这是用星象记时的历法还未发明之前的一种原始历法。 这些知识与经验肯定不是《山海经》成书时代所形成的，它们在书写下来之前作为口述内容应当已流传了相当长的时间。

透过神话叙述模式，我们在《山海经》中看到的是一个广阔区域的地理状况，山川平原，物产矿藏，还有各种部落的分布等。 这些信息起初是以图画的形式画在墙壁上，以形象的方式记录并得以流传。 这是远古时代部落最重要的知识，它们构成了远古部落生存的基础，也是部落政治的基础。

在这里，我们涉及了政治体存在的一个根本问题。 一个部落、王朝、国家的长存，有赖于它周围空间知识、信息的获得。 具备这些知识，政治共同体的长存才有可能。

《山海经》时代的地理知识还相当有限，权力对自身所处空间的控制也比较弱。 它是依据东、西、南、北四个方位来描述周围的世界，它有自己的地盘，但边界模糊，甚至谈不上边界。 整个疆域看不到自身部落与其他部落之间的界限，整个空间没有权力规划的痕迹，基本上还是空间尚未开发时代的产物。

按照东、西、南、北四方位来描述世界是十分自然的认知与规划方式，也是行政理事的"自然"框架。 最初的职官很可能就是按照天地四方的模式设置

---

① 法国社会学家涂尔干说："我们并不是说，神话思想忽略了同一律，而是说神话思想比科学思想更容易经常地、公开地与同一律发生冲突。 反过来说，我们会证明，科学本身也将无法避免地形成与其相互对抗的局面，尽管与宗教相比，科学更加严守同一律。其实，像其他许多问题一样，科学与宗教之间只有程度上的差别；不过，即使这些差别不宜过分夸大，但还是应该多加注意，它们是很有意义的。"见［法］涂尔干《宗教生活的基本形式》，渠东、汲喆译，上海：上海人民出版社 1999 年，第 22 页。 费耶阿本德说："神话远远不是与现实世界相对立的虚构想象，而是由无数直接、有说服力的经验所支持的一个思想体系。""科学是今天的神话，神话是过去的科学。"见［美］保罗·费耶阿本德《知识、科学与相对主义》，陈健等译，南京：江苏人民出版社 2006 年，第 46、48 页。

② 参见蒙文通《略论〈山海经〉的写作时代及其产生地域》，《先秦诸子与理学》，桂林：广西师范大学出版社 2006 年，第 246 页。 下引蒙氏语，皆见此文。

的。《管子·五行》曰："昔者黄帝得蚩尤而明于天道，得大常而察于地利，得奢龙而辩于东方，得祝融而辩于南方，得大封而辩于西方，得后土而辩于北方。黄帝得六相而天地治，神明至。"这些职位进一步分化，才会出现主要以职能区分的司空、司徒、司马之类的职位，而地方官员的出现有待于进一步准确的地理知识。

随着权力控制区域的扩大，地理知识的增长，那种比较宽泛、缺乏明确经界的四方模式显然不能适应政权发展的需要。 在《禹贡》中，我们看到了一种新的空间叙事结构——九州。 从四方到九州，不能简单地认为它仅仅是区域划分方法上的变化，它实际上是政治观念的重大转变：一是政权有了清晰的边界；二是有了相对明确的地方政治。

《禹贡》带来了一种新的地理概念，即所谓"禹别九州"，按照书中的划分：

冀州：即王畿，天子管辖的地方。 蔡沈《书集传》曰："冀州，帝都之地，三面距河，兖河之西，雍河之东，豫河之北。"[①]

兖州：济水、黄河之间。

青州：泰山与东海岸之间。

徐州：泰山以南和淮水以北的区域。

扬州：淮河以南到东南沿海地区。

荆州：荆山与衡山之间。

豫州：荆山和黄河之间。

梁州：华山以南和黑水之间。

雍州：黑水和西河之间。

以上九州，兖、扬、雍州是以水道划分，荆州是以山脉划分，青、徐、豫、梁州是以山川加以分别。 相对于四方而言，这是一种更具有现实意义的空间划分。 宋代郑樵说："州县之设，有时而更。 山川之形，千古不易。 所以《禹贡》分州，必以山川定经界。 使兖州可移，而济、河之兖不能移。 使梁州可迁，而华阳、黑水之梁不能迁。 是故《禹贡》为万世不易之书。 后之史家主于州县，州县移易，其书遂废。 今之地里（指郑樵自己所撰《通志地理略》），以

---

① 《禹贡》没有具体说明冀州的经界，诸家说法颇多，此仅取蔡沈一说。 刘起釪说：没有提明州界，是由于脱简，失去了说明山川经界的话。 参见《尚书校释译论》，第二册，北京：中华书局2005年，第528页。

水为主。 水者，地之脉络也，郡县棋布，州道瓜分，皆由水以别焉。"①山脉河道是自然地形，虽有变化，也极缓慢，确实可如郑樵所言"千古不易"。 更为重要的在于"济、河之'兖'不能移"，"华阳、黑水之'梁'不能迁"，以地理山川确定的"兖州"、"梁州"使得行政有了自身明确的边界。 九州各有边界，则中国的边界也就明确了。 地理边界的意识在根本上讲就是政治权力的自我意识。

《山海经》四方的划分相当含混，缺乏地理上明确的标识；但《禹贡》中借助自然地理的分界，真正的空间设置亦即行政区划得以实现。 换言之，政权、地方权力不再是《周礼》、《国语》中"五百里甸服"这样抽象的一条分界线，而是有了自然山川确指的边界，权力于是也有了自身边界。 正是边界，使得政治权力第一次成为实体。

四方区分在话语上并不具备绝对优势，因为理论上讲，任何一个部族或个人都具备"由自己规定的"四个方向，而九州的划界则必须具备充分而准确的地理学知识。 换言之，这不是所有的人凭借常识就可以建立起来的话语模式，而是拥有特定地理学知识的人所享有的特权。 只有这样的人才能够成为叙事者，只有他才有能力叙述空间与政治的宏大叙事。 九州模式具有话语上的优越地位。但显然，地理知识的积累经历了漫长的时间。 人们在社会生活以及生产实践中会积累起许多地理知识，从《周礼》中不难看到，这些知识通过各地官人汇集到王朝。 王朝拥有最丰富的地理知识。 依赖这些知识，《禹贡》的"九州"概念才可能出现。

九州的划定代表了一种新的政治观念、空间语言。 四方的区分还不能从具体的场景中抽象为一种超越说话者具体所在视点而进入包含绝对坐标的领域；但九州的划定超越了每个说话人具体的空间位置，而成为一种恒定的尺度。 不论在哪里，任何人都能够明确九州的客观位置，九州由此成为基本的地理知识和政治共识。 普遍的政治共识就意味着普遍的服从。 地理事业成为一种新的掌握空间的方式，新的政治方式。

从本质上说，九州区划只是某种政治空间的分片与构架，是一种人为的筹划与设置；可是，四方区划何尝不是一种政治空间的结构？ 问题在于，四方分区

---

① 郑樵《通志二十略》之《地理略》，北京：中华书局 1995 年，第 509 页。

实际上还是虚拟的空间分割，它虽然划分了东西南北四个方向上大致的区域，但无法确指，无法横跨河流、飞越高山"客观地"标出一个区域界限。 这样说来，四方区划并未真正找到自然地理与政治空间的结合点，但九州的划分找到了这种耦合机制：经界主要以山川自然的界限来确定。 没有这种设置，自然的地理一时还无法顺利地转换成为政治财富的清单；有了这种设置，自然的空间就被自然而然地纳入了政治范畴之中。

事实上，在九州区分真正实行之后，其他不同的政治集团、部族团体就很难在根本上重新设定区域划分。 当然，九州区划本身可以调整，或为十三州，或为三十六郡等，但基本的分区已经相当稳定，空间区域形成了自身的传统。 这种作为政治规划设计的分区本身，无疑成功地为大范围的行政统一提供了一种具有现实意义的空间框架。

2. 认识世界

政治体势力范围内的地理知识，诸如矿藏物产等信息，为其生存提供了资源清单；对周边民族或者国家的了解，则构成了政治体对外关系的依据。 政治体的存亡在相当程度上是由政治体之间的关系所决定。 中国历史前期，尤其是汉唐王朝，处于疆域扩张时代，渴望了解周边世界。 但宋代以后，国势贫弱，对外处于防御为主的态势。 明清两朝，虽然疆土仍有开拓，但对世界的知识相当有限。 明谢肇淛（1567—1624）《五杂俎》卷四曰："所云海外诸国，如琉球、日本之类，皆海中，非海外也。 北方沙漠之外，不知还有海否？ 若果有之，则中国与北虏亦在海中矣。"卷三又曰："西北想亦当有大海环于地外，但中国之人耳目所未到也。"谢肇淛身为学者，对当时海外地理尚完全不了解，仍属推想阶段，于此可见当时的一般状况。 更为紧迫的是此时世界发生了根本性的转变，已经脱离传统走向现代，而中国对此全然不知，完全没有介入潮流，随之造成中国 19 世纪以后百年的痛苦经历。

中国自古重视地理知识。 上古时代，中原民族自称"中国之民"，同时把其他民族按照周边四个方向来区分，并且说明他们的民族特性。《礼记·王制》曰：

中国戎夷五方之民，皆有性也，不可推移。东方曰夷，被发文身，有不
火食者矣。南方曰蛮，雕题交趾，有不火食者矣。西方曰戎，被发衣皮，有
不粒食者矣。北方曰狄，衣羽毛穴居，有不粒食者矣。中国、夷、蛮、戎、
狄，皆有安居、和味、宜服、利用、备器。五方之民，言语不通，嗜欲不同。
达其志，通其欲，东方曰寄，南方曰象，西方曰狄鞮，北方曰译。

中国之民居于天下之中央，夷居东方，蛮处南方，戎在西方，狄生北方。《大戴
礼记·千乘》亦描述了同样的景象：

立民之居，必于中国之休地。因寒暑之和，六畜育焉，五谷宜焉。辨
轻重，制刚柔，和五味，以节食时事。东辟之民曰夷，精以侥，至于大远，有
不火食者矣。南辟之民曰蛮，信以朴，至于大远，有不火食者矣。西辟之
民曰戎，劲以刚，至于大远，有不火食者矣。北辟之民曰狄，肥以庚，至于
大远，有不火食者矣。及中国之民曰五方之民，有安民（当作安居），和味，
咸有实用利器，知通之，信令之。

两段文字意思相近，中国之民居于中央，东有东辟之民，南有南辟之民，西有西
辟之民，北有北辟之民。而且五方之民习性不同，但都能安居。四方之外再远
的地方，则是不火食者居住的蛮荒之地。此时对周边民族的了解非常少，但它
们已经构成了早期政治知识的重要组成部分。

两段文字都强调对中国周边民族的认识与沟通。"五方之民，言语不通，嗜
欲不同"，但通过"寄"、"象"、"狄鞮"或"译"，即可"达其志，通其欲"，并
且智慧足以"通之"，诚信足以"令之"。这里实际上揭示了政治的一个重要原
则，即对其他政治体的充分了解是政治自身保全的基本前提。这也是汉唐等伟
大王朝所遵循的原则。

汉唐王朝均重视地理知识。汉代为了保证国土安全以及经济交流的需要，
积极拓边，特别是汉武帝时代开地广境，疆域均有很大的拓展。边疆开拓、设
置郡县以及羁縻，均以边疆知识为基础。汉代非常重视这些知识。武帝时张骞
出使月氏，留匈奴十余载，其"身所至者，大宛、大月氏、大夏、康居，而传闻

其旁大国五六"，返回汉朝后，"具为天子言其地形、所有"①。 正是依赖汉代如张骞这样的使者以及守边将领，汉廷对西域的了解可谓具体详尽，对照《汉书·西域传》，不难看到这一点。 当时臣属也非常留意边疆信息。 汉武帝建元三年（前138），闽越击南越，天子欲遣两将军将兵诛之，淮南王刘安上书劝谏，书中具言南方山川形势民俗土风，颇为详细，甚至有"臣闻道路言"而得来的信息。② 隋炀帝时，"时西域诸蕃，多至张掖，与中国交市，帝令裴矩掌其事。 矩知帝方勤远略，诸商胡至者，矩诱令言其国俗山川险易，撰《西域图记》三卷，入朝奏之"。 炀帝亲问西方之事，裴矩"盛言胡中多诸宝物，吐谷浑易可并吞"。 其后"竟破吐谷浑，拓地数千里，并遣兵戍之。 每岁委输巨亿万计，诸蕃慑惧，朝贡相续"③。 可见积极收罗远方地理信息已是大臣的自觉意识。

隋唐帝国一方面稳定边疆形势，抵御外来侵扰，确立宗主国地位；另一方面积极拓边，扩大势力范围。 唐太宗朝，唐军降服吐谷浑，取高昌，平焉耆，夺龟兹，其他七十余城主动请降，大唐统一西域，重开商路，声威大震。 从隋代裴矩的例子可以看到，拓边的成功都是与充分的边疆知识联系在一起的。 然而最关键的并不在于疆土本身，而在于政治的视野。 地理知识的增长，是国家政治向外保持开放视野的标志。

但中国历史后期，这一几乎不言而喻的法则却发生了重大改变，一是北宋王朝对外态度的改变，一是明清闭关锁国的措施。

北宋立国后，北方有契丹人建立的辽朝，党项人建立的西夏以及女真灭辽而兴的金朝。

辽占据燕云十六州，在山前建南京（今北京市），在山后建西京（今大同市），对北宋形成扼制之势。 宋太宗为收复燕云十六州，曾两次亲征，但几次军事行动均未获得成功。 宋朝对辽态势发生转变，从军事进攻转变为防守，"禁缘边戍兵无得辄恣侵掠，务令安静"④。 并于淳化五年（994）两次遣使议和。 宋真宗景德元年（1004）与辽朝签订"澶渊之盟"。 此前战况双方互有胜败，十分胶着，然而在并未完全失利的情况，宋朝却一意罢兵议和，签订盟约，以辽萧太

---

① 《汉书》卷六一《张骞传》，北京：中华书局1962年，第2689页。
② 《汉书》卷六四上《严助传》，北京：中华书局1962年，第2781页。
③ 《隋书》卷六七《裴矩传》，北京：中华书局1973年，第1578、1580页。
④ 《皇宋十朝纲要》卷二。

后为叔母，岁输银十万两，绢二十万匹。 这不仅是宋辽关系从战到和的分水岭，也是中国对外关系从开拓到内敛的转折点。

后来明清虽然都有一定的对外扩张的态势，但它们都缺乏宏大的政治视野，更令人不解的是，都进一步走向闭关锁国的局面。

即使永乐年间（1403—1424）郑和曾完成七次海上远航，但也很难把它们看成有条不紊的扩张步骤，它缺乏如世界史中后来的海上霸权那样明确的后续行动。 通过海上霸权保证本国海上贸易的利益，这不是中国传统的思维模式。 那么明朝为什么组织如此大规模的航海，是军事行动，还是外交远征？ 是宣扬国威，还是为了皇宫获取异国珍宝？ 这是学者至今仍在争论的问题。 有学者认为，远航的动机可能完全是政治性的，为将中国的进贡制度带给已知的整个世界。 陆上通商的遥远地区已经成为定期的进贡者，海上通商的地区为什么不能这样？①

虽然进贡制度在中国有着古老的传统，但即使在早期，它也主要体现为政治价值，而不是财富价值。 而在后期当"数百名来北京的（海外使团）官员和商人所花费的接待、运送和赠送礼物的费用不是他们所从事的贸易能补偿"时，朝廷仍然会看重进贡在政治上的象征意义。 在传统世界，这种臣服的象征有时是实质性的。 清廷在打败入侵西藏的尼泊尔廓尔喀人（1790—1792）后，廓尔喀人每五年一次派人进贡北京，直到 1908 年。

但值得注意的是，郑和七下西洋所积累的世界地理知识、航行技术知识并没有流传开来。 随着明代禁止海上贸易以及清代闭关锁国政策，中国失去了它早期所具有视野与胸怀。 尽管明清两代中国与西方有各种接触，但并没有引起中国自身主动的变化，特别是文化上的关注不够。 至此，中国人还不能描绘出世界的清晰图像，当然更不能清楚地了解世界正在发生的巨大变化。

3. 博学与无知

中国的知识体系接触西方科学并不算晚，但没有立刻产生实质性的影响，科

---

① 参［美］费正清、［美］赖肖尔《中国：传统与变革》，陈仲丹等译，南京：江苏人民出版社 1996 年，第 197 页。

学融入我们的文化步履艰难。 这一过程可以从另一个层面说明传统知识体系的特征。

中国学者并非接触不到西方科学，明末已有"七千部西书入华"之说，西方传教士也将当时颇为先进的科学知识带入中国。 由耶稣会传教士庞迪我等人参加编写的《崇祯历书》（1634）大量引用哥白尼的著作。 黄宗羲之子黄百家（1643—1709）对哥白尼日心地动说已有恰当的理解和完整的描述。 第谷、开普勒的学说也由传教士引入中国。 第一架望远镜由传教士汤若望在天启二年（1622）携带入境，天启六年（1626）又撰《远镜说》，介绍了望远镜的构造、原理及使用等。 1614 年英国数学家约翰·纳普尔发明对数表，经传教士穆尼阁传入，中国人薛凤祚编写，1664 年刊行的《历学会通》，即有对数表一卷。 德国科学家阿格里柯拉（1494—1555）的《矿冶全书》（1556）是欧洲采矿冶金技术的经典著作，1618 年传教士金尼阁来华时带来了这本书。 利玛窦来中国时对西方生理学颇有介绍，还带来了奥尔特利尤斯1570 年刊行的一幅世界地图，1584 年他完成了中文标注，并以《山海舆地全图》之名刊印。[1]

据学者统计研究，1552—1796 年间来华耶稣会士总计有 880 人，深入中国内地的大约 500 人，已有一定的数量。[2] 钱存训据费赖之《在华耶稣会士列传及书目》、裴化行《欧洲著作汉译书目》统计，耶稣会士译著西书计 437 种，其中宗教类 251 种，占 57%；人文学科（地理、地图、语言文字、哲学、教育等）55种，占 13%；自然科学（天文、数学、医学、生物、军事等）131 种，占 30%。[3]如果不计宗教类著作，那么，自然科学著作是人文著作两倍多的状况与 17、18世纪欧洲注重自然科学的趋向是完全一致的。

明清两代，尽管西方自然科学已经随着传教士的脚步传入中国，但是，除了天文、数学有所反响之外，自然科学本身并没有引起中国学者的普遍兴趣，传统知识体系也并未产生相应的变化。 本应该跟随西方潮流而发生的"自然科学的转向"并没有发生。 这其中有多方面原因，如下几点颇值得关注。

---

① 参见李长林《欧洲文艺复兴文化在中国的传播》，郑大华、邹小站主编《西方思想在近代中国》，北京：社会科学文献出版社 2005 年，第 3—10 页。

② 邹小站《略论明清间中国人对西学的迎拒》，郑大华、邹小站主编《西方思想在近代中国》，北京：社会科学文献出版社 2005 年，第 52 页。

③ 钱存训《近世译书对中国现代化的影响》，《文献》1986 年第 2 期。

一是知识与观念的准备不足。

中国古代有着强烈的探索外部世界奥秘的精神。 汉魏时期，人们对于事物之理非常关注，从《淮南子》中可以看出人们对于各种事物现象都有细致的观察与思考。 但我们的知识传统中，这类探索因缺乏观念层面上的引导、体系化的步骤而显得非常偶然，无法点滴积累构成知识系统。 又因传统政教合一的特点，政治与道德的探讨居于首要的地位，探索外部世界客观知识的冲动受到抑制，系统地研究事物之理的机制与体制都没有成熟。 我们具有非常出色的技术探索和成就，但对客观世界的本质、真相的探讨大体处于日常经验水平，没有上升到普遍的、确定性的层面。 宋明理学兴盛，理学家虽然强调"格物"，但其格物所求之理又并非如现代所谓物之理。 王阳明早年"取竹格之；沉思其理不得，遂遇疾"[①]，于是转向人伦道德上的探索。 事物之理的探究受到阻碍，认知停留在一般日常经验的水平上。 清人俞樾《湖楼笔谈》卷六中曰："凡光景自隙中注射，若其小如豆者，则无论隙之或方或圆，或三角或八角，而其光皆圆满如珠。 至方寸以上，则光各如其隙，不能皆圆矣。 此理绝不可解。 沈休文《咏月诗》云：'方辉竟户入，圆影隙中来。'每叹其体物之工妙。 然月光如此，日光亦如此，凡光皆然。 未见其为咏月（当作日）也。"[②]现在我们比较清楚，俞樾所说的现象就是小孔成像。 西方最晚在 16 世纪，莫罗里库斯（F. Maurolycus，16 世纪光学家）研究过这个现象，即当阳光从一个小开口进入一间暗室时，为什么不管这开口是什么形状，在一个屏上形成的图像总是圆的。 到了开普勒（Johannes Kepler， 1571—1630）手中，这个问题得到了圆满的解释。[③]

小孔成像十分常见，南朝沈约诗中就有描写，说明他注意到了这一现象。 古人一定想解开此谜，俞樾也应当思考过，但百思不得其解，所以才会说"此理绝不可解"的话。 这个问题并不复杂，但俞樾作为经学家、考据学者的知识结构、知识背景显然不足以解释这个现象。 而且，在俞樾那里，这种关注显得非

① 《王阳明全集》卷三三《年谱一》，上海：上海古籍出版社 2012 年，第 1002、1007 页。

② 见俞樾《九九销夏录》，北京：中华书局 1995 年，第 249 页。 沈约诗原题为《应王中丞思远咏月诗》，见逯钦立《先秦汉魏晋南北朝诗》梁诗卷七，北京：中华书局 1983 年，第 1645 页。

③ ［英］亚·沃尔夫《十六、十七世纪科学、技术和哲学史》，周昌忠等译，北京：商务印书馆 1984 年，第 283 页。

常偶然，因为，他很快就把注意力转移到人文方面去了，感叹起诗歌的体物之工。俞樾的例子可以作为代表，说明当时学界的知识结构、研究体制还不足以把握这类自然科学的问题，对事物之理的探讨尚未真正进入学者的视野，并激发持续不断的关注及研究，它只能以另一种形式保持在人文研究的领域之中。即使有学者有兴趣试图解决这类难题，也会在当时的经学一元的知识评价体系中被视为无甚价值的东西。

总之，由于缺乏相应的知识准备与敏感，即使西方科学知识已经进入中国，也未能立刻引起我们本土知识与文化的足够重视，传统的知识研究并未立刻加入现代科学探索的潮流当中。

二是学术视野、文化视野尚未开阔。

经学，自两汉确立官方地位以后，受到历代王朝及其学者的推崇。时至清代，经学已被推到至高无上的地位。学界普遍认为最值得一流学者献身的应当是经学。这种以经学为核心的知识体系、文化体系的再生产，在王朝政治的支持下，更趋集中、一元。经学以及朝廷认可的学术文化活动，可以得到官方调集资源的支持，直接、间接地给予研究者以较高的社会、学术地位以及相应的经济利益。这无疑扩大了官方学术在民间的影响，民间学术亦步亦趋，与官方学术在内容、方法上实无本质的区别。通过教育体制再次确保这类学术以及学术体制的再生产，通过相应的知识评价系统一遍遍地肯定这类研究的重大价值。这种政治直接影响学术以及由此形成的学术史的状况对于学术的均衡发展、特别是拓展新的知识领域极为不利。

清代学术取向过于单一，学术领域过于密集，这在清人张之洞所撰《书目答问》（光绪元年 1875 刊印）中可以得到反映。张之洞是晚清著名的学者，此书罗列当时经史子集四部中的重要书目 2000 种，意在为一般的治学指明门径，因此大体可以说，该书目能够反映清学成果的实际状况。根据书目统计，其中的经学著作占到学术著作总量的 29.8％，史部、子部的著作分别占到 26.7％、19.3％，三项之和超过 75％。也就是说，清代 3/4 的学术著作都是经、史、子学范围内的人文著作。

试比较西方科学杂志的情况。美国学者罗伯特·金·默顿（Robert K. Merton）曾对 17 世纪英格兰出版的唯一科学杂志《伦敦皇家学会的哲学汇刊》在 1665—1702 年间发表的文章进行分类统计。这里的“科学”，实际上包含当时几乎所有的学术门类，既有人文学科，如哲学、语言学等，也涉及自然科学，如物理、化学、医学等。 发表论文数最多的是医学，论文数占总量的11.4％；第二是天文学10.8％；第三是物理学10.0％。 其中也有人文研究，如历史和考古学占到2.5％；哲学、语文学各占0.8％。①

两者比较，不难看出中国传统学术和西方学术不同的特点。 16、17世纪，西方的学术兴趣开始转向自然科学，而19世纪后半叶，清代学者的学术兴趣仍然集中在经学、史学等人文学术的研究上。《书目答问》虽然涵盖了天文算法，但主流仍是人文研究。 17世纪英国传统的哲学、历史研究仍然保持着，但大多数学者关注的领域已经移向自然科学方面。 根据默顿的统计，主要集中在：1物理科学；2生物科学；3医药科学；4人类科学（生理）；5地学；6形式科学（逻辑、数学）。 哲学、历史、语文学的研究成果均大幅减少。② 中西方的这种差别不是编辑者人为所致，而是当时学术研究状况的直接体现。

时至晚清，中国学术仍然保持其整体性、包罗万象这些传统特点；而西方学术正在现代化，学术对象细分，研究方法专门，各种细致的研究都有着自身庞大的学理体系支持，有着一定的研究评价以及交流机制，这些进步主要得益于现代自然科学的研究。《哲学汇刊》中包括的学科划分超过了20个，而且各个学科领域中，学界都有一定的投入。 发展趋势最好的专业，其成果数也仅占成果总量的10％左右，而超过10个专业领域，其成果数都集中在总数的5％到10％范围，这说明他们的探索领域没有过分集中的情况。 应该说，这是学术兴趣比较正常的分布。 相比较而言，清人对经学的兴趣显然过度集中了。

过分集中、过分单一的学术兴趣所带来的后果，一是学科内部的超常博学，二是学科之外的异常无知。

清儒的博学令人惊叹。 在浩如烟海的经学及经学相关领域中，他们勤奋刻苦，坚持不懈，建立起了常人根本无法涉足的经学大厦。 戴震博闻强记，对群经注疏用功极深，自谓"于疏或不尽记，经、注则无不能背诵"，一生所涉极广，对文字、声韵、训诂、名物、典制、数学、天文、地理等皆有精湛的研究。

---

① ［美］罗伯特·金·默顿《十七世纪英格兰的科学、技术与社会》，范岱年、吴忠、蒋效东译，北京：商务印书馆2000年，第87页。

② ［美］罗伯特·金·默顿《十七世纪英格兰的科学、技术与社会》，范岱年、吴忠、蒋效东译，北京：商务印书馆2000年，第87页。

曾谓人曰:"当代学者,吾以晓徵(钱大昕)为第二人。"盖以第一人自居。 钱大昕之学亦颇为可观。 江藩《国朝汉学师承记》卷三中称钱氏"不专治一经而无经不通,不专攻一艺而无艺不精。 经史之外,如唐、宋、元、明诗文集、小说、笔记,自秦汉及宋元金石文字,皇朝典章制度,满洲蒙古氏族,皆研精究理。 ……学究天人,博综群籍,自开国以来,蔚然一代儒宗也"。 就学者个人所能拥有的知识总量、所能涉及的学术领域而言,清儒堪称渊博,至今仍令人钦佩。

问题在于人类知识领域从来不是如人们意愿和想象的那样被划定,现实会将粗笨的机器与宋元的善本并列放在一起,并且迫使人们像对待古学那样对待机器的原理。 现实的因素使人类知识始终保持着开放性,这种开放性是人类进步的重要基础。 袁枚曾说:"学问之道,当识其大者。"①袁氏所谓的"大",不过中国学术之总和。 然而,自现代西方文明第一次传入中国国土时,现实的世界格局随即发生改变。 西方学术,包括自然科学等,已经放在了中国传统学术的面前,或者说,已经将中国固有的知识范畴、文化视野强行地扩大到全球范围,并包括了西方学术等新的内容。 只不过,绝大多数学者都未曾意识到这是一片亟待国民了解并掌握的区域。 袁氏所谓的"大",显然还不能指涉这些新出现的领域。

在这种背景下,评价清儒的博学,就变得异常沉重了。 对于学者个人而言,他们的博闻强记确实令人惊叹,他们的学术成就永远值得人们尊重。 特别是在文本校勘、史地考证等具体的工作中,他们正是凭借着自身渊博的学识,才得以解决许多千百年来无法解决的难题。 问题并不在经学本身,而在于经学所处的一元文化环境。 通过王朝政治的支持,获得崇高地位的经学事实上阻碍了新领域的开拓、新知识的接受。 绝大多数学者都把经学研究作为自己学术生涯的首选领域,戴震、钱大昕等人博学的示范鼓励着每位学者专注于经学领域,并认为经学要比其他学科重要得多。 这种个人的理智与自觉却在无意之间造成了国家、民族文化视野的狭隘。 一般而论,个人知识的渊博与国家、民族文化视野的开阔多少是相适应的。 知识界的取向多元而开放,学者各有专长,他们即使不及清儒广博,但每人所关注的领域积累起来,就可以积小成大,就可以使国

---

① 《与托师健冢宰》,《小仓山房尺牍》卷三。

家、民族的整个文化视野日趋开阔，呈现出无限开放的姿态。 相反，知识界取向单一，过于趋同，绝大多数学者固守相同类似的领域，而不是致力于新的知识领域的开拓，那么，即使人人皆是博学之士，整个国家所掌握的学术领域、整个群体的文化视野，仍然十分有限。 从这个意义上来说，正是清儒的博学造成了文化视野的狭隘，清儒的博学只是狭隘文化视野下的博学。①

4. 客观知识

中西知识体系的比较，对于理解中国政治观念有着相当重要的意义。 传统时代，中西知识体系尽管千差万别，但作为人文观念系统是相同的，两者本质上没有根本性的差异。 但16、17世纪现代科学兴起，西方的知识体系发生了重大改变，对知识的客观性有了更多的关注与理解，理性主义占据主导地位，并扩展到政治领域。 西方政治中的理性主义已是一种强大的、有生命力的思维方式，几乎所有政治都成了理性主义或近理性主义。② 理性主义带来的益处是显而易见的。 尽管欧美政治上的过失乃至罪恶也是源于理性主义，但对于摆脱传统、走向现代而言，接受理性主义是不可或缺的一环。 也正是因为这一环节，西方现代化的政治观念、知识体系与中国的传统体系形成了巨大的差异。

晚清以后，我们的知识构成开始受到西方科学的影响而发生改变。 但改变的结果是，科学技术知识主要作为一种工具被使用，而理性主义观念、科学精神对传统的人文领域，包括政治观念的影响始终非常有限。 晚清洋务运动、新政尝试都能说明这一点。 从某种意义上来说，我们的传统观念尽管在新的社会环境中发生了很大的变化，但未曾在根本上接受科学精神的洗礼。 西方观念体系、知识体系孕育了现代科学，现代科学的诞生是西方（包括阿拉伯、东方）哲学、宗教、技术、社会、政治、艺术等多个领域共同努力的结果，正因此，科学观念、科学精神很自然地渗透到西方政治、社会、宗教、艺术等多个领域。

现代科学的出现为这个世界带来了一种新观念。 在此之前，人们尽管有事物规律的概念，如四季轮转，白天黑夜的交替，但这些重复的现象如果视为规律

---

① 参童强《清人的学术兴趣与文化视野》，《江海学刊》2009年第3期。

② 欧克肖特《政治中的理性主义》，张汝伦译，上海：上海译文出版社2003年，第1页。

的话，总是相对宽泛。邵雍《皇极经世书·心学》曰："物理之学，或有所不通，不可以强通。强通则有我，有我则失理而入于术矣。"《观物内篇》第十二篇又曰："天所以谓之观物者，非以目观之也；非观之以目，而观之以心也；非观之以心，而观之以理也。……圣人之所以能一万物之情者，谓其圣人之能反观也。所以谓之反观者，不以我观物也。不以我观物者，以物观物之谓也。"邵雍已经意识到客观性，但如何揭示事物之理，受限于当时的科学认识水平。传统对事物的解释总体上还是停留在"哲学式"的看法上。当然，传统具有实事求是的精神，但科学追求的"是"与传统的"是"在确定性方面是大不相同的。传统知识中，清楚地知道太阳光是什么，但这些认知都是局限在日常经验的范围内。光有速度，并且能够为我们所测定；日光是可以分解的复合光，这种了解与我们日常对光的认知，有着重大的、本质的区别。直到现代科学出现，一种精确而无情的、不以人的意志为转移的规律才出现。人类的知识获得了一种前所未有的确定性。

西方哲学在柏拉图时代就认为存在理念世界，它是确定的、不变的，是真实的。毕达哥拉斯等对数学的研究，并非在于数学益智或者有用于实际事务，而在于数学世界呈现的是一个抽象、完美、确定的世界，它包含着哲学梦寐以求的确定性，它接近理念世界。从这个意义上讲，古希腊哲学为后来的知识探索指明了方向。随后西方用了几个世纪探索外部世界的内在奥秘，即宇宙的秩序、事物的规律。到了 16、17 世纪，观念、技术、工具，包括研究者相互之间的交流、大学机制等都做好了准备，能够揭示隐藏在事物表面下的宇宙秩序，并且能够用数学形式表达这个秩序时，西方知识体系终于迎来了新的时代。现在，对事物之间的关系的认识获得了确定性，可以运用数学公式加以描述。诸如 $E=mc^2$ 这样的表达，成为放之四海而皆准的规律。科学讲的规律就不再是四季更迭那种粗略的形式，而是可以准确预测彗星出现时间所具有的不容辩驳的力量。科学获得了与最高权力、权威对峙的崇高地位，这是古人从来没有过的知识形态。

只要人们具有基本的理智，科学就能够以其知识的确定性形成强大的说服力。科学获得了人们的尊重。这种尊重不再是依靠"圣恩"、"恩赐"，而是依靠自身普遍客观的知识本身。这种确定的不以人的意志为转移也不以专制意志为转移的客观知识，在理智的人们面前，形成了一种话语力量。在整个话语领域，它获得了重要的地位，打破了传统政治话语的垄断地位。 就此而言，确定性的知识打破了传统政治的傲慢。 政治的存在，不得不俯下身询问知识，统治意志开始有了明确的客观性的牵制力量。

在政治领域中，知识系统有着重要的作用。 在早期，地理知识直接为政治空间的建构提供基本的条件。 现代科学则打破了传统政治话语的封闭体系，政治逐渐融入了理性主义精神，以一种全新的客观态度对待公共领域事务。 科学与技术可以帮助政治，但更为重要的是，科学的批判精神可以为政治的发展提供思想方法上的范式。

第十五章

改 革

中国在历史后期仍然沿着自身的轨迹运动，它对世界的了解严重不足，而此时世界发生了深刻的变化。妨碍中国了解世界的根本在于政治。专制的政治氛围中，人们积极探索世界、改变世界的主动性、积极性、能动性都很难建立起来，而这样的国民又如何能够应对世界的挑战，更何况挑战世界？

1. 洋务运动

1840—1911 年，逐步走向衰落的清王朝，突然遭遇了西方世界。对这个世界中国此前不甚了了。仓促之中，中国开启了从传统向现代社会转型的历史。

清朝的专制统治下，可谓"百废莫举，千疮并溃，无可收拾"[1]。社会动荡，汉人地位低下，长期遭受抑制和民族压迫，中下层的士民怀有强烈的抵触和反抗情绪。特别是在晚清，社会危机日趋严重，各种反抗力量一触即发。

西方世界的涌入是以商品贸易为先导的。西方机器制造的商品销往中国，中国传统手工业遭受重创，民众生活水准下降，官员腐败，社会矛盾日益激化。道光（1821—1850）以后，英国人将鸦片输入中国，逆转了中国贸易的顺差。国内财富的输出，加剧了危机。在英国视为比杜松子酒还要罪恶的鸦片却冠冕堂皇地进入中国。1821 年，一箱鸦片可以卖到 1000 到 2000 墨西哥银元，而1838 年运入中国的鸦片可达 4 万箱（每箱通常 133 磅）。[2] 中国人当然知道那是麻醉药的原料，早在 1729 年就有诏谕禁止买卖以及吸食鸦片。不同利益的驱使

---

[1] 曾国藩《与江岷樵左季高书》。

[2] ［美］费正清、［美］赖肖尔《中国：传统与变革》，陈仲丹等译，南京：江苏人民出版社 1996 年，第 274 页。

引发了两次鸦片战争。 战争的失利以及随之而来的不平等条约迫使中国屈服于西方资本主义。 中国至此才真正接触到西方，发现他们所面对的是什么，但为时已晚。 英国人的巨炮不仅轰开了中国的大门，还引来了其他资本主义国家。随着与英国签订的《南京条约》，清廷又不得不屈服于西方列强，签订了多种不平等条约。 中国陷入巨大的痛苦之中。

中国底层焦躁不安的力量借此加速释放。 1850 年以后的近二十年里，以农民为主要力量的反抗席卷十八个省份的大部分地区。 最具代表性的是洪秀全的太平天国运动，1850 年 7 月他们开始了对清王朝的反抗。 1853 年初攻占武昌，3 月攻克南京，太平天国的事业达到高潮。 受到太平军的影响，黄淮之间大运河西部地区又爆发了捻军起义。 此时，云南回族、贵州山区苗族都有对抗清廷的反抗运动。

咸丰十年（1860），英法联军自海上入侵，攻占京城，火烧圆明园，清廷备受屈辱。 此时内忧外患，朝野上下由此形成改革现状、发愤图强的意识。

当时朝廷中一些开明而又掌握实权的官员，为了挽救时局，实行改革，形成洋务派。 主要人物中央以总理衙门大臣奕訢，地方上以曾国藩、李鸿章、张之洞等督抚为代表，主要活动时期集中在 19 世纪 60 年代到 90 年代中日甲午之战这三十多年。 洋务派正处于各种观念与各种力量的交汇点上。 他们既受到固有的传统文化观念的影响，又了解时局，接触西方后形成了新认识。 他们一方面在体制中，必须效忠朝廷；另一方面他们又不得不超出体制，改变以往的行事办法，购买新武器，开办军械所，大兴洋务。 如他们直接购买洋枪洋炮武装自己，很难操作，但为镇压农民起义，就很容易获得批准。 他们总的指导思想，大体在于中西衔接，既保持"中学为体"的根本，又接受西方先进的东西，以"西学为用"。

在洋务派之前，已经有龚自珍、魏源等改良派人物出现。 他们最初意识到，需要从中国士大夫所接受的传统思想当中突破出来，向西方学习，中国才有出路。 在与西方世界的较量中，他们最先看到西人武器、舰船的先进。 魏源提出学习西方战舰、火器以及养兵练兵之法，提出"以夷制夷"、"师夷长技以制夷"的战略思想。 1844 年他根据林则徐所赠西方著作的译本，撰写了《海国图志》，这是一本关于世界地理和西方状况的资料集。 此书影响很大，后来曾国藩受此书影响，也提出须"学夷技以制夷"，吸收西方物质文明，以加强自身的力量。

　　曾国藩是非常务实的人物，有强烈的经世致用的思想。第二次鸦片战争失败后，他就看到了西方武器和技术的先进性，于是倡导西学，提倡洋务。1861年他上奏清廷，请求购买外国船炮，以后再学习模仿，进而形成中国之长技。曾国藩在奏折中说："请购买外洋船炮，则为今日救时之第一要务。轮船之速，洋炮之远，在英法则夸其所独有，在中华则震于所罕见。若能陆续购买，据为己物，在中华则见惯而不惊，在英法则亦渐失其所恃。购成之后，访募覃思之士，智巧之匠，始而学习，继而试造，不过一二年，火轮船必为中外官员通行之物，可以剿发逆，可以勤远略。"①1871年，他又上书朝廷，主张分批选派青少年赴洋留学，学习技术。

　　洋枪的作用很快就体现出来了，在镇压太平天国以及各地农民叛乱中，洋枪增强了政府军的实力。李鸿章购买了外国武器，扩建了一支7万人的淮军，这是中国当时最强的一支军队。清军依靠现代化武器成功地镇压了捻军（1853—1868）及西南（1855—1973）、西北（1862—1873）的回民叛乱。维持局面稳定方面的成功，使洋务派人士获得了更大权力，洋务运动得以持续。1862年曾国藩创办安庆军械所，1865年又与李鸿章在上海创办江南机器制造局，不限于购买西方现成的技术装备，还开始了自己制造的历程。曾国藩、李鸿章、左宗棠、张之洞等为中国各地兴办了第一批军事工业与民用工业，开始了中国工业化的进程，意义重大。

　　洋务改良思想的形成相对比较容易。当国家政治遇到危机，如清廷在19世纪时所遭遇的内忧外患局面时，人们首先想到的是改变观念，增强自身的力量，以应对挑战。

　　当清廷中掌握实权的人物具有一定的改良意识，进而将改良从观念推向实践的层面时，一场以"自强"、"求富"为口号的洋务运动就形成了。这一运动使得清朝在武器、技术等方面有较大的上升，一度出现所谓"同治中兴"的景象。1888年建立北洋水师，成为亚洲一支强大的海军力量，王朝得到暂时的安宁。但技术层面的改进只是现代化的表层，清廷并未像日本那样彻底变革国家制度，因此即使出现所谓的"中兴"也并未能解决中国的问题。对于中国改革而言，

---

　　① 　曾国藩《复陈购买外洋船炮折》。

如何建立国家制度，实现最广泛的信任与全体民众的认同，增加自身的综合实力，应对未来世界的各种挑战，这是更加本质也更加复杂的问题。

洋务派的"中学为体，西学为用"观念反映了当时客观上的需求和实际的思想水平，它还无法全面认识到技术的本质。洋务派所期望的保持中国学术的本质、框架不变，仅利用西方器用方面的成就，这只能是他们的想象。梁启超《清代学术概论》二十九中说：

> 甲午丧师，举国震动，年少气盛之士，疾首扼腕言维新变法，而疆吏若李鸿章、张之洞辈，亦稍稍和之。而其流行语，则有所谓"中学为体，西学为用"者，张之洞最乐道之，而举国以为至言。盖当时之人，绝不承认欧美人除能制造、能测量、能驾驶、能操练之外，更有其他学问，而在译出西书中求之，亦确无他种学问可见。

最早接触西学的人看到的只是西方技术，而"其他学问"很难在短时间里了解。"中学为体，西学为用"，张之洞解释说："新旧兼学。四书五经、中国史事、政书、地图为旧学，西政、西艺、西史为新学。旧学为体，新学为用，不使偏废。"①他心目中所谓西艺指算术、测绘、矿冶、医学、物理、化学等，西政主要指学校、财政、武备、律例、通商、工业等具体的制度管理措施，恰恰不包括西方的政治制度以及人文理念。这与洋务派所处立场有关。他们不可能针对自身的政治制度，实施根本性变革，并且重新分配政治权力，不可能触动统治者的根本利益。这就使得这一场变革不可能在根本上取得成果。当然有益的是，洋务运动以功利目的来指导行动，包含着某种工具理性观念，这种观念已经突破传统教条的某些束缚，是思想现代化的重要过程。

中学西用的观念引发了当时更深入的讨论。有学者将中西学术划分为道、器两种类型，中国是道，西方是器。同治（1862—1874）初年王韬《与周弢甫征君》书信中说："形而上者中国也，以道胜；形而下者西人也，以器胜。"②又说："诚使孔子生于今日，其于西国舟车枪炮机器之制，亦必有所取焉。器则取

---

① 张之洞《劝学篇·外篇·设学第三》。
② 王韬《弢园尺牍》卷四。

诸西国，道则备自当躬。 盖万世而不变者，孔子之道也，儒道也，亦人道也。"①也有学者主张体用为一，道器一源。 这一观点已经意识到如果引进西方技术，还必须融合西方政治、经济、文化方面的经验，才可能真正发挥器的作用。 严复说："体用者，即一物而言之也。 有牛之体，则有负重之用；有马之体，则有致远之用。 未闻以牛为体，以马为用者也。 中西学之为异也，如其种人之面然，不可强谓似也。 故中学有中学之体用，西学有西学之体用，分之则两立，合之则两亡。"②谭嗣同同样强调道器一源，曰："道，用也；器，体也。体立而用行，器存而道不亡。 自学者不审，误以道为体，道始迷离惝恍，若一幻物，虚悬于空漠无朕之际，而果何物也耶？ ……夫苟辨道之不离乎器，则天下之为器亦大矣。 器既变，道安得独不变？ 变而仍为器，亦仍不离乎道。 人自不能弃器，又何以弃道哉？"③但在当时条件下，人们还不可能充分认识到道器不可分离的意义。

今天回顾这些言论，所谓"器既变，道安得独不变"，就可以看得非常清楚了。 器物不单纯是物，技术也并非是一系列可以从特定的社会文化环境中分离的操作。 望远镜脱离了天文观测、天文学研究的环境，不过是类似西洋镜的东西，钟表离开了现代精确计时工具的发明以及通过作息时间表来规范人们日常生活的现代性语境时，它也不过是奇异的玩具。 器物的创造、使用、更新都涉及观念、技术环境、文化环境等内容。 物无法与物所处的社会文化环境、技术环境割裂开来。 如果割裂开来，物就很难尽其用；在物尽其用的意义上使用物，必然会把物所处的环境因素带过来。 通过各种讨论，应该说当时的认识有了很大提高。

2. 改良思潮

洋务派主张学习西方，主要集中在技术与物质层面。 占主导地位的"中学为体，西学为用"的观点中，多少包含着对延续当时政体的默认。 尽管在19世

---

① 王韬《弢园文录外编》卷十一《杞忧生〈易言〉跋》。
② 严复《严几道文钞》卷四。
③ 谭嗣同《报贝元征书》，《谭嗣同全集》，北京：三联书店1954年，第390页。

纪 40 年代，官员、知识分子以及来华传教士就开始谈论西方民主以及议会制度。 清廷固然衰落，但淫威仍在，人们很难在清王朝的体制之下真正展开新制度、新政体的改革。 那些取法于西方民主政治的主张很难得到普遍的响应。 据学者统计，从 19 世纪 40 年代至 20 世纪初，约有四十多人的著作或详或略提及西方议会制度。[①] 最早谈论西方议会的，当是林则徐，他编著的《四洲志》介绍了西洋议会，特别是英、美、法三国的上下议院。 其后魏源《海国图志》、徐继畬《瀛寰志略》等均有介绍。 但《瀛寰志略》出版后，官方与士绅冷淡。 曾国藩批评其"颇张大英夷"，甚为不当。

19 世纪 70 年代，或为情势所迫，或为认识上的局限，当时维新者介绍西学政治观念大多比较"委婉"，或强调西学源出于中国，或认为其合于中国古意，在认知上完全以中国士人所熟悉的传统文化为类比。 即使革新的意思，也是委婉地从三皇五帝以来世代嬗变的事实来说明当今变革的正当性。 如皮嘉祐说："夫平等之说，导源于墨子，阐义于佛氏，立法于泰西。 墨子之兼爱尚同也，佛法之平等也，泰西之人人有自主权利，爱汝邻如己，而倡君民一体也。 名不同而旨则一也。"[②]在大力倡导西方思想自由、人权平等、政治民主等观念时，学人还是不免托于古义。 关注到西方民主、国会制度的论点也常会与中国传统观念相比附。 如陈炽（? —1899）说："泰西议院之法，本古人悬鼗建铎闾师党正之遗意，合君民为一体，通上下为一心，即孟子所称庶人在官者。 英美各邦所以强兵富国，纵横四海之根源也。"[③]陈虬（1851—1904）说："泰西富强之道，在有议院以通上下之情，而他皆所末。 议院之设，中土未闻，然其法则固吾中国法也。 考之传记，黄帝有明堂之议，实即今议院之权舆。《管子·大匡》篇，凡庶人欲通乡吏，不通七日囚。 郑子产不毁乡校，其知此义矣。 盖古圣铎鼗之义，辖轩之使，皆诱之使言，凡以求通上下之情而已。"[④]这里对西方议会、国会的描述都非常疏略，比附也显得牵强，这与当时了解、接受西方政治观念的水平

---

① 张朋园《议会思想之进入中国》，郑大华、邹小站主编《思想家与近代中国思想》，北京：社会科学文献出版社 2005 年，第 160 页。 以下关于早期议会思想论述多参考此文。

② 《湘报类纂》甲集。

③ 陈炽《庸书》卷七。

④ 《皇朝经世文三编》卷十八陈虬《设议院以通下情》。

与环境有关。 不过，总体上这些文字仍引起了人们对政治体制改革的关注。

比较重要的当是王韬的论著。 当时介绍西方政体、民主政治的文章，或是较为笼统，或是旨在传达，并未细致考虑中国政体具体借鉴西方体制的现实问题，王韬则明确了一种中国政体改良的可能性与方向，其说一出，当时的政论为之一变。 王韬1882年《弢园文录外编》出版，此书集中了他在报章中的文字，集中讨论西方议会制度，以为英国的政治特色是"君民共主"。 他分辨了三种政体：君主之国，民主之国，君民共主之国。 他称英国"所恃者，在上下情通，君民之分亲；本固邦宁，虽久不变"①。"国家有大事则集议于上下议院，必众论金同然后举行。""朝廷有兵、刑、礼、乐、赏、罚诸大政，必集议于上下院，君可而民否，不可行；民可而君否，亦不可行。 必君民意见相同而后可颁之于远近。 此君民共主也。"②

君民共主则强盛，君主专制则腐败。 王韬举1870年普法战争为例，普鲁士之所以能战胜法国，在于它是议会君主制，而法国则是专制君主制。 他倡言中国须推行君民共主，才能强盛："中国欲谋富强，固不必求他术也，能通上下之情，则能地有余地，民有余力，闾阎日饶，尽藏库帑无虞匮乏矣。"③何启（1859—1914）与胡礼垣（1847—1916）的观点更进一步，他们以"民权"论代替"君民一体"论，以为民权才是强国之本，西方因重民权而强，中国因忽略民权而弱，因此必须设议院，立议员，复民权。 而且针对中国情况，他们主张应该只设下议院，而不设上议院，实行一院制。 此时还有冯桂芬（1809—1874）、郑观应（1842—1921）等倡言议会制度。 翁同龢（1830—1904）曾将冯桂芬的《校邠庐抗议》推荐给光绪皇帝，而郑观应的《盛世危言》则非常畅销，亦为普遍士人所关注。 改良派一致主张改革君主专制政体，依照西方政治体制，设立议院，实行君主立宪制。 后来的戊戌变革观念与他们的推动大有关系。

清廷迫于形势，缓慢地做出一些改革的姿态。 1861年成立总理衙门，19世纪70年代以后，又派遣使臣驻节西方，原先闭关自守，稍有开放之势，而官民观念也较之前为自由。 此时涌现了一批早期维新派人物，如王韬、郑观应、马建忠、陈虬、陈炽、何启、胡礼垣、薛福成等。 他们不同于洋务派，大多只是知

---

① 王韬《弢园文录外编》卷四。
② 王韬《弢园文录外编》卷一。
③ 王韬《弢园文录外编》卷三。

识分子，与权力本有着一定的距离。 他们批评洋务运动，只能引进西方船炮技艺，而不能学习西方政治制度，是遗其大体，袭其皮毛；又基于对西方较多的接触，以及对西方资产阶级社会、政治学说的了解，明确主张实行君民共治、君主立宪的政治制度。

改良派人士较之前人具有更清晰的政治主张。 他们明确要求维护国家的独立和主权，已经看到没有国家的主权，就谈不上民族利益。 还认识到发展民族资本主义工商业的重要性。 差不多到这时，国人才明了西人是如何"征服"东方的。 西方世界是通过"藉商以强国，藉兵以卫商"的方式进行扩张。 军事征服只是保护通商的手段，通商的利益才是其目的。 郑观应说："我之商务一日不兴，则彼之贪谋亦一日不辍。 纵令猛将如云，舟师林立，而彼族谈笑而来，鼓舞而去，称心餍欲，孰得而谁呵之战？"①商战即使不比兵战更重要，至少也一样重要。

3. 戊戌维新

19 世纪 90 年代，清廷陷入更加深重的政治危机当中。 从 1842 年到 1895 年，清廷五次对外战争，四次失败，因败而签订的不平等条约多达 700 多个。这些不平等条约，使得西方列强以"合法"的手段大量掠夺中国资源，中国综合国力更趋虚弱。 更发人深省的是，在与海外的较量中，武器并没有解决核心的问题。 清军即使拥有西方坚船利炮也没能避免丧师辱国的悲剧。 光绪二十年（1894）甲午一战，中国仍然是以战败、北洋水师全军覆没、签订《马关条约》而告终。

甲午战争（1894.7—1895.4）给国人带来了极大的震惊。 中国不敌西方列强，耻辱固已极深，何况对手只是邻邦小国。 中国战败，割地赔款之国耻实在难以名状。 有识之士不难看到，日本原为亚洲小国，综合实力根本不可与大清相提并论，且同受儒家文化影响，政体初与中国无大差别。 但通过明治维新，仿效西方，实行变法，仅仅一代人的努力就赶上了西方世界，立于富强国家的行列。 随后 1905 年的一场全面战争中，日本击败世界强国俄国，进一步稳固了它

———————————

① 郑观应《盛世危言新编·商战上》。

在西方世界中的地位。中国的失败，日本的成功，使得当时有识之士更清楚地看到，富强不仅仅是物质层面上的事情，更是指综合国力，特别是与政治体制密切相关。至此倡言变法者强烈地意识到国家政体是国家富强的关键性因素。这是传统政治思想领域中的重要转变。

早在 1884 年中法战争结束之时，清廷昏聩无能，政局混乱，仁人志士已经意识到不改革不足以图存。光绪十四年（1888）康有为上书皇帝，以为当前"外夷交迫"、"兵弱财穷"之时，坚持祖宗旧法已经无法维持，不行新法不能应对时局，并提出"变成法、通下情、慎左右"三条重要建议。但上书并没有通达皇帝那里。

甲午战争结束，光绪二十一年（1895）康有为再次入京，组织强学会，办报纸，宣传维新，联络上千人，组织"公车上书"，以为"筹自强之策，计万世之安，非变通旧法，无以为治"。事无成果，他又以个人名义上书皇帝，终于送达皇帝手上。

光绪二十三年（1897）德国强占胶州湾，康有为再到北京，继续上书皇帝，同时积极组织学会，扩大影响。次年在粤东会馆召开著名的保国会。1898 年撰写《应诏统筹全局折》，为光绪皇帝制定维新方案，这是维新派的施政纲领。他主张皇帝大集群臣，革旧维新；设对策所，广征贤才；开制度局，制定章程。建议仿效日本的经验，设立法律、度支、学校、农、工、商、铁路、邮政、矿务、游会、陆军、海军等十二局，推进变法，实施维新。光绪皇帝将此折"置御案，日加披览，于万国之故更明，变法之志更决"[1]。当年 6 月 11 日，光绪皇帝颁布《定国是诏》决定变法。

维新运动除了推动当时政治改革进程外，对新闻出版、教育、学术、文化以及风俗等都产生了很大的影响。黄遵宪、梁启超等人引发的"诗界革命"开创了诗界的一种新气象，影响波及小说界，很快《新小说》等早期文艺刊物就出现了。梁启超的大量政论文章，"笔锋常带感情"，被称为"新文体"。维新派还倡导新风俗，反对缠足，禁止鸦片，主张剪发辫，易服装，去跪拜，推行新风尚。

维新运动中，思想启蒙的作用明显。特别是梁启超的政论文，传播了很多

---

① 梁启超《戊戌政变记》。

新观念，如国家意识等。

梁启超在《新民说》（1902—1906）中提出了现代国家的概念。他认为国家有四个层次上的意义，即对于个体、朝廷、外族以及对于世界而言不同的蕴含。"国家之立，由于不得已也。即人人自知仅恃一身之不可，而别求彼我相团结、相补助、相捍救、相利益之道也。而欲使其团结永不散，补助永不亏，捍救永不误，利益永不穷，则必人人焉知吾一身之上更有大而要者存。"这"大而要者"正是国家对于个体的意义。对于朝廷而言，"国家如一公司，朝廷则公司之事务所，而握朝廷之权者则事务所之总办也"。比拟虽无法精确，不过在朝廷之外，提出了一个国家概念，而不再是国家与王朝相混，这是观念上的巨大进步。又说："故有国家思想者亦常爱朝廷，而爱朝廷者未必皆有国家思想。朝廷由正式而成立者，则朝廷为国家之代表，爱朝廷即所以爱国家也。朝廷不以正式而成立者，则朝廷为国家之蟊贼，正朝廷乃所以爱国家也。此为国家思想之第二义。"第三对于外族而言，国家是民族独立的标志。他说："国家之名，立之以应他群者也。故真爱国者虽有外国之神圣大哲而必不愿服从于其主权之下。宁使全国之人流血粉身，靡有孑遗，而必不肯以丝毫之权利让于他族。盖非是则其所以为国之具先亡也。"第四对于世界而言，国家是世界秩序的基本保证。他说："夫竞争者文明之母也。竞争一日停，则文明之进步立止。由一人之竞争而为一家，由一家而为一乡族，由一乡族而为一国。一国者团体之最大圈而竞争之最高潮也。若曰并国界而破之，无论其事之不可成，即成矣，而竞争绝，毋乃文明亦与之俱绝乎？"梁启超的解释在今天看起来，稍嫌粗略，但在当时国人只知王朝、不知有国家的时代，这种解释分疏具有重要的意义。

国家意识的薄弱，梁启超以为，是因为中国长期以来只知有天下而不知有国家，只知有一己而不知有国家的结果。他说："知有天下而不知有国家，此不过一时之谬见。其时变则其谬亦可自去。彼谬之由地理而起者，今则全球交通，列国比邻。闭关一统之势破而安知殷忧之不足以相启也。谬之由学说而起者，今则新学输入，古义调和。通变宜民之论昌，而安知王霸之不可以一途也。所最难变者，则知有一己而不知有国家之弊。"[①]

但光绪皇帝决定变法后仅三个月，1898 年 9 月 21 日慈禧太后等发动政变，

---

① 以上并见梁启超《新民说》第六节"论国家思想"。

光绪帝被囚至中南海瀛台，维新派六君子谭嗣同、康广仁、林旭、杨深秀、杨锐、刘光第被杀，康有为、梁启超分别逃往法国、日本，持续 103 天的变法即告失败。史称戊戌变法、百日维新。

维新虽然失败，但仍具有重大的意义，它推动了中国近代政治的一场自我改革，使之有了初步的尝试。1900 年八国联军入侵，西太后、光绪帝逃至西安，最后签订《辛丑条约》。这给慈禧以惨痛的教训，以慈禧为首的保守势力不得不认识到，清王朝再不实施革新，即将覆灭。他们终于决定实施新政，其中包括派遣大臣到欧洲考察宪政，准备实施立宪；成立咨政院、咨议局；鼓励发展工商业，允许民间开办工厂，投资近代工业，设立商部，制定工商章程、律例；废除科举制，兴办新式学堂，奖励留学；裁汰制兵、练勇，停止武科举，编练新军，设立巡警；改革官制等。百日维新虽然失败，但维新的一些主张实际上在新政中有所延续，这在一定程度上，说明现代政治观念正在为人们所接受。

清末新政最重要的内容是宪政改革。

西方政治思想的传入以及晚清政局的残败，使得清廷不得不实行宪政改革。拥护立宪者以当时日俄战争为例，说明这是宪政与专制体制之间的较量。日本由于实行宪政，虽小尤强；俄国仍行专制，虽大亦弱。中国本土经济、商业的发展亦有待于立宪所能带来的良好法治环境。郑观应声称当时商人"既无商律，又无宪法，各股东于专制下无可奈何"，中国民族资本主义的发展明显受阻。张謇积极鼓动君主立宪，代张之洞、魏光焘草拟《拟请立宪奏稿》，又与赵凤昌一同翻译《日本宪法》，并将这些文件送达慈禧手中，表达了当时民族资产阶级要求立宪的强烈愿望。1904 年，清廷宣布预备立宪，张謇、郑孝胥等人兴奋不已，并在上海成立了"预备立宪公会"。

宪政的核心就是保障人民的权利，限制政府的权力。这对于清廷而言，是非常陌生的概念。对于已经习惯了专制的王朝而言，这是它根本不能理解的理念。立宪就意味着最高统治者放弃了专制。

只是清廷穷途末路，到了最后风雨飘摇的地步，士人们陈说宪政，仿佛是给了清廷最后一根救命的稻草。时人皆说："今日外人之侮我，虽由我国势之弱，亦由我政体之殊，故谓为专制，谓为半开化，而不以同等之国相待。一旦改行宪政，则鄙我者转而敬我，将变其侵略之政策为和平之邦交。"①实行宪政，慈禧以为"可使我满洲朝基永久确固，而在外革命党亦可因此泯灭"②。

晚清新政，前后持续十一年。清廷派出五位大臣到海外考察宪政。考察后建议：一是明定国是，祭天誓诰，将立宪大纲，腾黄刊布，使天下臣民，皆以立宪之意为宗；二是宣布地方自治，成立地方议会；三是定集会、言论、出版三律。1906年9月1日，清廷颁布明诏，宣布仿行立宪。1908年8月，颁布《钦定宪法大纲》，其中对于君主权力做了维护性的规定，但它毕竟不同于专制体制中的君主权力，还特别规定了公民的基本权利。1911年又颁布《宪法重大信条十九条》，其中提高了国会的地位，加强了国会的权力和监督作用；还规定实行责任内阁制，扩大了内阁总理的权力。由国会选举产生的内阁有权推举国务大臣，组织内阁；在受到国会弹劾时，有权解散国会。最后还规定了皇权、立法权、司法权和行政权的制衡原则。这是当时最激进的一个宪法性文件。

《十九信条》公布后的两个月，中华民国南京临时政府在南京成立。清王朝被推翻，新政没有了下文。中国政治现代化的一次尝试，以这种与它自身非常适应的方式结束了。从某种意义上来说，它是专制体制内部的一次自我转型，从专制政体转向宪政。按照《十九信条》，宪政体制下的君主只是"空有一顶皇冠"、并无实权的国家象征。

《钦定宪法大纲》、《宪法重大信条十九条》的制定，客观上传播了宪政民主的思想。其中提出了现代政治的主要原则，即分权原则、尊重基本人权的原则、法治原则。清政府宣布立宪后的第一次官制改革中，就拟定了立法、行政、司法三权分立的方案。宪法文件中对基本人权，包括参政、言论、著作、出版、集会、结社以及人身不受侵犯等权利和自由，都有不同程度的说明。资政院和咨议局就是代表民意的机构，体现了人民的参政权。学者评价，这"使当时的国人受到一次全方位的民主训练：从舆论宣传、集会结社、议员选举、议会活动等方面，人们从不同层次第一次憧憬民主的政治生活，这有助于他们的民主政治观念的形成"。"同戊戌变法相比较，晚清宪政改革运动的实际影响要深刻得

---

① 《辛亥革命》，中国近代史资料丛刊第四册，上海：上海人民出版社2000年，第24页。

② 见张枬、王忍之等编《辛亥革命前十年间时论选集》第二卷，北京：三联书店1978年，第70页。

多。 戊戌变法的主要作用在于思想启蒙，对于清末的政治变迁并未产生什么实际的效果。 晚清宪政改革虽然在思想和体制方面受到戊戌变法的影响，但它不仅持续时间长，而且在变革的幅度、范围及实际效果上远较戊戌变法突出，它实际上是对戊戌变法主张的深化、贯彻和发展。"①

但宪政并非只是文本，它是一系列复杂的社会实践过程。 法律条文的颁布只是一个开端，宪法、法律要真正在现实中发挥作用，还有漫长的过程。 政治形态的变革、社会变迁要比人们想象得更为复杂艰难。

4. 晚清革命

自鸦片战争以来，清廷昏聩无能，政局混乱。 仁人志士都意识到非改革不足以图存。 但中国向何处去？ 大体分出两种路线，一是改良，一是革命。 面对当时局面，康有为、梁启超、谭嗣同、章炳麟以及严复等表现出强烈的变法和维新的政治要求，试图通过各种维新活动改良现存体制。 但在革命者看来，改良并不能真正从根本上解决问题。 以孙中山为代表的资产阶级革命派主张以革命的方式推翻清王朝专制统治，建立资产阶级民主共和国。

孙中山早先受到改良主义思想的影响，曾向清廷上书不果。 权力机体的腐败，使他认识到依靠清政府自上而下的社会改良来推动中国社会的现代化是难以实现的，成功唯有革命。 1894 年 11 月 24 日他在檀香山组织兴中会，明确提出推翻清政府，建立资产阶级民主共和国的目标。 1900 年，孙中山领导惠州起义失败，避居日本。 旅日期间他积极宣传革命，其他革命派人士章太炎、邹容和陈天华等，都热情宣传资产阶级民主革命理论，与当时的保皇党展开辩论。

革命不同于暴乱，在于它具有自己的政治理论。

早期的革命理论具有民族主义色彩，他们把满人称为"鞑虏"，革命就是要"将满洲鞑子从我们的国土上驱逐出去"(《中国问题的真解决》)。"革命者志在扑满而兴汉，保皇者志在扶满而臣清。"(《敬告同乡书》)章太炎也在《驳康有为论革命书》中认为满族是"异种贱族，非吾中夏神明之胄"。 在革命初期，这些借助民族主义的言论对于实现广泛的民族动员，推翻清王朝起到了积极的作

① 江荣海《中国政治思想史九讲》，北京：北京大学出版社 2010 年，第 362 页。

用。 清政府已经腐朽，它实行专制统治，不可能在短期内发生根本性的改变，只有下决心用革命的手段推翻它，中国才能有光明的前途。

革命者认为，当时的清政府已经失去了国家主权。 陈天华说："你道今日中国还是满洲政府的吗？ 早已是各国的了。 那些财政权、铁道权、用人权，一概拱手送与洋人，洋人全不要费力，要怎么样，只要一个号令，满洲政府遂立刻奉行。"[1]因此摆脱西方世界的奴役，只有推翻清朝政府。

关键在于，革命者必须提出一个崇高的革命理想。 1905 年孙中山在《民报》发刊词中提出三民主义学说。 它构成了孙中山所倡导的民主革命的纲领。三民主义包括民族主义、民权主义和民生主义。 民族主义的任务就是推翻满清专制统治，求得国内各民族之平等，承认民族自决权，在各民族平等的基础上建立对外独立、对内统一的民主国家。 民权主义的基本内容就是"建立民国"，即推翻君主专制政体，建立资产阶级民主共和制度，人民拥有政权。 民生主义，包括重视民生，发展实业，贫富均等，平均地权（实行耕者有其田）和节制资本（私人不能操纵国民生计）。[2]

具体讨论民权，则是指实行为一般平民所共有的民主政治。 人民拥有创制、复决、选举、罢免官员的四大权力（政权）以监管政府，政府则有立法、司法、行政、考试、监察五权（治权）以治理国家。 政府拥有治权，人民则拥有政权。 政府与人民之间实行"权能分立"，即人民有权而政府有能。 这些主张体现了直接民权与权能区分的核心观念。

孙中山以为，主权在民、权能分立的五权宪法不可一蹴而就，需要经过"军法之治"和"约法之治"两个时期的准备。 军政时期实施"军法之治"，即以军法的强制力，扫除旧势力、旧风俗、旧习惯，同时兴办教育，发展工商业，实施各项建设；训政时期实施"约法之治"，即在这一过渡时期以《临时约法》为依据，"军政府授地方自治权于人民，而自总揽国事"。 地方实行自治，通过人民选举产生地方议会和地方行政长官，而国事即国家政权仍由军政府总揽。 军政

---

[1] 陈天华《警世钟》，《猛回头：陈天华 邹容集》，沈阳：辽宁人民出版社 1994 年，第 59 页。

[2] 学界一般理解民主主义就是"平均地权"和"节制资本"，但郑大华以为应当包括这里所述的四个方面。 参郑大华《民国思想史论》（续集），北京：社会科学文献出版社 2010 年，第 38 页。

期三年，训政期六年。 当地方自治完备，国民得以组织国会并选举总统、制定宪法时，则可解除军政府，全国进入宪政时期。①

　　孙中山是革命家、政治实践者，他提出的主张不仅强调义理上的完满，更注重现实的可行性。 这使得他的革命理论既不是传统政治的自然延续，也不是西方政治学说的直接照搬，而是两方面的结合，同时又根据中国实际状况和处境采取相应的策略。 如对当时的海外列强普遍采取了容忍的态度。 同盟会《对外宣言》就宣称："所有中国前此与各国缔结之条约，皆继续有效"；"偿款外债照旧担任"；"所有外人之既得权利，一体保护"。 未来的革命政府以保证清廷与海外各国原有条约有效性的承诺，来争取境外势力的中立或支持，这也是当时革命形势所迫，革命党需要防止清廷受到海外势力的支持。

　　革命派对于民主也有所考虑，并没有完全照搬西方民主模式。 西方民主有其自身的观念、经济以及社会基础，而中国的社会构成有着完全不同于西方的条件，所以，民主确实需要以某种恰当的方式植入中国这片土地。 革命派设想军政期三年、训政期六年之后才进入宪政时期，但显然，民主进程比革命派想象得要曲折而漫长得多。

　　辛亥革命对现代中国有着很多重要的影响，但从某种意义上来说，这场革命所带来的革命观念的影响更为深刻。

---

　　① 　参孙中山《中国同盟会革命方略》、《中华革命党总章》、《国民政府建国大纲》。

结　语

晚清是一个时代的结束，也是一个时代的开始。

传统政治，在这里走到一个关键的转折点。从政体而言，延续数百年的专制统治在内外交困中轰然倒塌，人们期待建设一个新政权，不管它的政体是创新的，还是从旧体制中再造的。从观念而言，专制体制支配下的各种观念，已经跟不上形势的急剧变化，人们渴望新思想。思想的力量总是根本性的。只要中国与西方世界存在交流，不论这种交流是全方位的，还是仅仅严格局限在经济、技术等领域，新时代的思想总会借助各种技术形式、物质形式、最远离思想的形式冲击旧世界、旧体制、旧观念。从社会或民众角度来说，它需要建立一种新型社会，塑造新型的民众。没有新民众，所有的新机器、新设备都不可能是新的；而仅仅用新机器、新设备是培养不出新民众的。

晚清的几次运动看起来并不成功。洋务运动在甲午战争失败后难以自辩。戊戌维新运动，在坚持了三个月之后，即被王朝中更有势力的集团所否定。当这股势力自己实行新政时，虽然前后持续了十年之久，但人们对旧王朝早已失去信心。

激进派人士普遍认为，只有革命才能够救中国。邹容《革命军》中说："革命者，天演之公例也；革命者，世界之公理也；革命者，争存争亡过渡时代之要义也；革命者，顺乎天而应乎人者也；革命者；去腐败而存良善者也；革命者，由野蛮而进文明者也；革命者，除奴隶而为主人者也。"又说："革命，得之则生，不得则死。"①只有像法国、美国那样实行革命，中国才能成为独立富强的国家。正是这种革命思想，推动着辛亥革命运动蓬勃发展。孙中山从事中国革命事业四十年，坚信只有革命才能救中国，呼吁"革命尚未成功，同志仍须努力"。这一革命思想为新兴的社会力量所继续，并且成功地领导了中国革命，开

---

① 邹容《革命军》，《猛回头：陈天华　邹容集》，沈阳：辽宁人民出版社 1994 年，第 182、185 页。

启了一个新时代。 革命是影响现代中国的核心观念。

从政治思想史的角度说，晚清最重要的遗产，就是有关"革命"的观念。此后整个 20 世纪，中国都洋溢在一阵接一阵"闹革命"的热潮中。

中国上古时代就有"革命"一说。《易·彖辞下》曰："天地革而四时成。 汤武革命，顺乎天而应乎人。 革之时，大矣哉。"这个"革命"，就文本所举汤武的例子，不难看出，最基本的含义就是王朝更替。"王朝革命"正是中国政治史上最持久的运动，也是中国政治思想史上非常重要的观念。 按照古人的理解，王朝都有天命庇护，如果王朝暴虐，那么天命就不再庇护这个王朝，而将庇护转移至新生而有德的力量，进而通过这个新生力量革除旧王朝的命。 概括起来，《易传》这段文字包括了如下主要内容。

一是革命就是变革，一场迅猛激烈的重大变化。《彖辞下》解释："革，水火相息。"革是水火不相容的斗争，是水熄灭火、火气化水那样的过程。 我们可以理解为，就是指政治领域中完全的暴力过程。 革命不是请客吃饭，不是作文章，不是绘画绣花，不能那样雅致，那样从容不迫，文质彬彬，那样温良恭让。革命是暴动，是一个阶级推翻一个阶级的暴烈的行动。 因此，革命，不是小规模的温和变化，而是激烈的大变革，所谓"革之时，大矣哉"。

二是革命具有必然性。 四季更迭具有必然性，《彖辞下》说"天地革而四时成"，但革命的必然性并非每时每刻存在。 政治体的权威完好无损的时候，它的军事力量、强制手段仍能维系正常秩序时，革命根本不可能发生。 革命的成功往往基于一个政权行将崩溃的自身状况。① 当一个王朝的统治存在严重问题时，革命的必然性就上升到被统治者集体意识的层面，所以革命必然性取决于"人"，必须"应乎人"；取决于"天"，必须"顺乎天"；取决于革命者的意志，《彖辞下》说："二女同居，其志不相得曰革。"两种意志决定的力量相争，就是革。 革命是人的革命。

传统有"五德终始"说以阐明这种必然性。"五德终始"说中，对应金、木、水、火、土五行有所谓五德，五德与历代前后相继的王朝相对应，如黄帝为土德，夏为木德，商为金德，周为火德，秦为水德，汉为土德等。 因为金克木，火

---

① ［美］汉娜·阿伦特《论革命》，陈周旺译，南京：译林出版社 2007 年，第100 页。

克金，水克火，土克水等过程是"客观规律"，不可移易的事实，因此与五行相克对应的殷革夏命、周革商命、秦统一、汉代秦等革命就具有了必然性。 这为王朝更替提供了合法性解释。 一个王朝的"德"衰落了，就会被另一个有着天命辅佐的新王朝所取代。 新王朝代表新"德"，"德"于是从一个王朝转移到另一个王朝。"德"在这里的含义比较模糊，"王朝革命"的政治成果于此也很难确定。 大体而言，在历代王朝的后期，社会固有的不平等进一步加剧，矛盾激化，最终导致王朝覆灭。 历代王朝都试图运用各种手段，消除这些不公，实现某种"均平"，但都无法真正解决这些问题。 只有"王朝革命"才可能解决这个难题，当然只是暂时性的而非根本性的解决。 新兴王朝通过革命这一非常形式，敉平、缓解前朝积累下来的无法消解的不平等、不公正，带给百姓普遍的恩惠。"德"代表了王朝体恤百姓、造福于民的恩德，新兴王朝由此确立了自己的恩德形象。"德"的转移，代表了传统政治所认为的"平等"的实现，新王朝重建或恢复了一种相对均平、公正的政治秩序。"改正朔，易服色"正是新建王朝重建秩序的体现。 从恩德上面讲，"德"反映了新王朝新的统治方式。

三是《易传》中的话，并没有强调革命应该带来的政治成果。 如果革命意味着变化的话，那么历代王朝的更替总是伴随着各种变化，如圣明睿智、仁德爱民的新君主取代了昏庸残酷的暴君，统治集团的形象得到提升，经济政策、制度措施或多或少地改善等。 但普遍认为，中国古代改朝换代的实例很多，但很少伴随政治制度、体制、政治观念以及意识形态的改变，也就是说，改朝换代往往没有形成一定的政治成果。

有学者认为周秦易代是一次真正伟大的革命。 秦王朝不仅取代了周室，而且迎来了一场巨大的变革：废井田，开阡陌，废封建，置郡县；设立宰相三公九卿官职，初步形成了官僚制的中央集权；严格法律，恪守规则，强化思想文化的统一；实施书同文、车同轨制度，统一度量衡。 在如何实现对全国的高度控制方面，秦人确实富有开创性。 但从根本的政体上来说，秦王朝的中央集权只是周王朝统一集权以及尊王意识深度而全面的实践而已，秦只是做了西周想做而做不到的事情，政体在本质上保持了许多相同的因素。

西周克商，秦并六国，这样的"王朝革命"正是围绕着统治权，以暴力的手段消除各种阻碍或者消除前代积压的各种不均衡，但由此形成的政治成果十分有限。 特别是在传统时代后期，易代之际几乎谈不上政体的革命、制度上的创新。 从改朝换代来说，王朝革命是一场革命；但从努力建构一种不断消除不平等的政治体制而言，王朝更替从来就不是一场真正的革命。 易代本身并没有直接带来根本制度的建设。

革命的暴力只是否定性的，它在快速消除前代某种不平等、不均衡的过程中，只是给未来建立新制度创造了可能的条件，但它本身并不带来新制度、新政体。 真正体制的改革必须走革命之外的程序，它需要依靠其他的思想资源与知识准备，正如中国传统政治思想中把"逆取"与"顺治"、"文治"与"武功"加以区别一样。

可是，当新王朝自觉不自觉地按照旧朝的方式建立起来时，它着手消除不平等又通过复制的体制再生出来，它打破的行政机器在更换部件后又重新运转。 就革命最终是要建立一种新的政治体制、政治秩序而言，中国历次改朝换代都缺乏这方面的明确意识。 大体而言，新王朝只是想获得统治权而无心也无力构建新的世界，因此他们在统治方式上很自然地沿袭了旧朝的形式，虽在前朝政治结构的基础之上有所微调，而政治的本质变化、体制的创新、制度的开发尤显不足。 不仅王室、贵族推翻既有统治建立起来的王朝是如此，外族入主之后建立起来的王朝也是以某种蛮化的形式保持了原有的基本政治框架，甚至社会最底层的民众通过革命而建立起来的政治共同体也仍然是王朝式的，甚至比王朝更加王朝。 王朝政治牢笼了传统政治思想的所有想象。 关键并不是中国的革命者或"革命者"缺乏想象，而是革命性的变革缺乏社会结构和观念上的基础。

直到晚清，西学东渐，中国革命者以及广大知识分子才意识到一种新的社会形态与政治体制。 传统的革命观念至此接受了西方革命理论的巨大影响，开始对革命的目标有了新的认识。 革命，意在建立一个完全不同的新社会，而这个新社会此时还只能参照西方模式构建。

在西方的传统中，革命 revolution 原本是一个天文学术语，指天体有规律的旋转运动。 还有一个引申意思是秩序恢复、复辟。 1688 年斯图亚特王室被驱逐，"光荣革命"（Glorious Revolution）是指君权复辟，恢复了先前的正当性与荣耀。 但进入现代，革命被赋予了一种全新的内涵，即通过革命，人们实现一场翻天覆地的变化。"历史进程突然重新开始，一个全新的故事，一个之前从不为人所知、为人所道的故事将要展开。"①正如后来革命者及其追随者所期望的那样，通过革命，各种社会问题都得到相应有效的解决，消除贫困，没有奴役与剥削，人人平等，充分实现自由，精神面貌焕然一新，经过革命洗礼的人，完全成为一个新人，总之，人们彻底迎来一个新社会。这种观念，即西方革命的乌托邦性质，在中国传统思想当中较为缺乏，乌托邦对于身处苦难深渊的晚清中国仿佛一盏明灯，激发起了一批批仁人志士的革命激情和浪漫想象。1949 年中国革命的最终胜利充分证明这种革命的想象对于广大民众以及知识分子的强大吸引力。

晚清政治思想论坛，尽管各派都发表着自己的主张，但绝大多数知识分子和民众仍毅然选择了革命。清代用了三百年的统治培养造就了对自己王朝的革命者。对于广大国民而言，清廷已经是一个无法忍受的现实。人们等待着一场彻底的革命风暴，人们相信，未来任何苦难都好过眼前。

革命，开启了中国现代政治的新篇章。

---

① ［美］汉娜·阿伦特《论革命》，陈周旺译，南京：译林出版社 2007 年，第 17 页。

参考文献

《十三经注疏》标点本，李学勤主编，北京大学出版社 1999 年

《中国政治思想史》，萧公权，商务印书馆 2011 年

《中国政治思想史》上、下，陶希圣，中国大百科全书出版社 2008 年

《中国政治思想史》，萨孟武，台北三民书局，2007 年

《中国政治思想通史》九卷，刘泽华主编，中国人民大学出版社 2014 年

《中国政治思想史集》三卷，刘泽华，人民出版社 2008 年

《中国传统政治思想反思》，刘泽华，三联书店 1987 年

《中国政治思想史》，杨幼炯，台北商务印书馆 1989 年

《中国政治思想史》，吕振羽，人民出版社 2008 年

《中国政治史》，周谷城，中华书局 1982 年

《中国传统政治哲学》，周桂钿主编，河北人民出版社 2001 年

《中国政治思想史九讲》，江荣海主编，北京大学出版社 2010 年

《中国政治制度通史》，白钢主编，人民出版社 1993 年

《中国政治制度史》，白钢主编，天津人民出版社 1991 年

《中国政治制度史》，张金鉴，台北三民书局出版，1978 年

《中国政治制度史》，左言东，浙江古籍出版社 1987 年

《中国古代政治制度史》，罗辉映，四川大学出版社 1988

《中国政治制度史》，邵德门，吉林人民出版社 1988

《中国政制史》，杨鸿年、欧阳鑫，安徽教育出版社 1988

《中国政治制度史》，韦庆远，中国人民大学出版社 1989

《中国的思想与制度》，[美]费正清，郭晓兵等译，世界知识出版社 2008 年

《中国制度史研究》，[美]杨联陞，彭刚等译，江苏人民出版社 2007 年

《中国近百年政治史》，李剑农，商务印书馆 2011 年

《政道与治道》，牟宗三，吉林出版集团有限责任公司 2010 年

《中国古代的"家"与国家》，［日］尾形勇，张鹤泉译，中华书局 2010 年

《中国古代的王权与天下秩序：从日中比较史的视角出发》，［日］渡边信一
    郎，徐冲译，中华书局 2008 年

《先秦社会思想研究》，晁福林，商务印书馆 2007 年

《秦汉之际的政治思想与皇权主义》，雷戈，上海古籍出版 2006 年

《三松堂全集》十三卷《哲学文集·论管仲》，河南人民出版社 2001 年

《宋明理学与政治文化》（余英时文集第十卷），余英时，广西师范大学出版社
    2006 年

《中国土地制度史》，赵冈、陈钟毅，新星出版社，2006 年版

《晚清政治思想史论》，王尔敏，广西师范大学出版社 2005 年

《近代经学与政治》，汤志钧，中华书局 1989 年

《中国近代文化思潮》上、下，丁伟志、陈崧，社会科学文献出版社 2011 年

《政治学》，［古希腊］亚里士多德，吴寿彭译，商务印书馆 1965 年

《政治科学要义》，［意］加埃塔诺·莫斯卡，任军锋等译，上海人民出版社
    2005 年

《现代政治分析》，［美］罗伯特·A. 达尔，王沪宁等译，上海译文出版社
    1987 年

《观念的发明者》，［美］坦嫩鲍姆、舒尔茨，叶颖译，北京大学出版社 2008 年

《政治的边缘》，［法］雅克·朗西埃，姜宇辉译，上海译文出版社 2007 年

《当代政治哲学》，［加］威尔·金里卡，刘莘译，上海三联书店 2004 年

《布莱克维尔政治社会学指南》，［英］凯特·纳什，［英］阿兰·斯科特主
    编，李雪等译，浙江人民出版社 2007 年

《权力论：新社会分析》，［英］伯特兰·罗素，吴友三译，商务印书馆 1991 年

《权力：一种激进的观点》，［美］史蒂文·卢克斯，彭斌译，江苏人民出版社
    2008 年

《社会权力的来源》第一卷，［英］迈克尔·曼，刘北成等译，上海人民出版社
    2002 年

《社会权力的来源》第二卷上、下，［英］迈克尔·曼，陈海宏等译，上海人民

出版社 2007 年

《极权主义的起源》，[美] 汉娜·阿伦特，林骧华译，三联书店 2008 年

《绝对主义国家的系谱》，[英] 佩里·安德森，刘北成等译，上海人民出版社
    2002 年

《官僚制》，[英] 戴维·毕瑟姆，韩志明等译，吉林人民出版社 2005 年

《官僚机构》，[美] 詹姆斯·Q. 威尔逊，孙艳等译，三联书店 2006 年

《中国官僚政治研究》，王亚南，中国社会科学出版社 1981 年

《中国古代官僚政治制度研究》，吴宗国主编，北京大学出版社 2004 年

《论法的精神》，[法] 孟德斯鸠，许明龙译，商务印书馆 2009 年

《剑桥中世纪政治思想史：350 年到 1450 年》（上、下），[英] 伯恩斯（J.H.
    Burns）主编，程志敏等译，三联书店 2009 年

《政治学说史》上、下，[美] 乔治·萨拜因著，[美] 托马斯·索尔森修订，
    邓正来译，上海人民出版社 2008 年

《政治与构想：西方政治思想的延续和创新》，[美] 谢尔登·S. 沃林，辛亨复
    译，上海人民出版社 2009 年

主要人名索引

重要词语索引

以官为师，以吏为师　57

以类行杂，以一行万　166，316

意识形态　4，9，71，76，212－214，
219，220，357，362，417

隐秘性　50

隐逸　4，265－267

有天下　94，125－130，138，201，236，
283，338，377，409

鱼鳞册　353，359

预备立宪公会　410

寓封建之意于郡县之中　260，261

月旦评　238，239

宰相　7，9，13，29，32，89，94－96，
112，173－176，178，279，285，286，
295，304，316，340，347，349，
358，417

宰相制　13，174，296，350，358

《贞观政要》　8，28，255，285，287－
289，291

贞观之治　270，277，286

征辟　89，237，238

正义　31，35，37，67，74，106，121，
146，172，252，253，353，363

政权更迭　251

政治表达　21，26，34，38，213，363

政治成果　4，417

政治共同体　21－23，26，41，92－94，
125，180，181，198，249，261，303，
383，385，418

政治话语　33，204，212，229，328，336，
352，399

政治体　3－5，11，17，21－23，25，26，
28，32，38－42，64，65，67，70，72，
76，87，89－92，94，108，116，167，
169－172，177，181，248，249，260，
294，296，362，364，365，383，385，
388，389，406，408，416，418

政治危机　1，35，407

政治性的解决　363

政治遗产　14，67，119，168

政治意识　5，15，20，26，33，35，48，
206，231，233

政治自觉　363

知识体系　38，42，50，51，55，321，
385，391，392，394，397，398

指鹿为马　338

制钱谷　299

制置三司条例司　313，316，319，331

治大国若烹小鲜　50，318，332

治身　76－78，288

中学为体　401，403，404

中央集权　5－8，11，89，90，113，116，
139，150，152，154，158，162，167，
168，178－181，183－186，190，191，
198－200，204，226－228，230－232，
234，237，240，256，258－261，265，
289，290，295，296，298－300，302，
366，367，370，417

忠诚　15，17－19，89－93，149，153，
162，178，180，185，198，231，233，
238，247－250，256，258－261，289，
303－305，359

后 记

一本书的写作出乎意料地持续了七年。 从 2011 年 1 月到 2017 年 10 月，当然，中间曾多次中断。 中断之后，又继续开始。 好在……终于完成了。

但此刻又有了要继续修改的想法。 中国政治思想史时间跨度太长，内容太多，涉及太广，一个人无法完成这样一种历史写作，其中包含着许多以一人之力难以同时把握的问题。 但我对于由多人合作来完成的人文著作又表示怀疑，成于众人之手的著作要想获得理解上的那种明晰、流畅、统一，几乎是不可能的。 这促使我在中国政治思想史的研究与写作中，竭尽全力。 它应该追求准确的历史语境、清晰的观念脉络、切实的政治理解，偶尔能够体现出老练的文笔，那就更好了。

感谢"中国学术思想史"丛书总主编蒋广学教授，是他的信任，让我承担《中国政治思想史》卷的写作。 这无疑使我有机会对中国政治思想的发展历程展开系统的思考，通过研究与写作，我对许多传统政治观念有了更加深入的理解。 由于写作时间持续很长，蒋广学教授非常关切，时加督促，又给予指导，此书的完成离不开蒋广学教授的关心与帮助。

感谢南京大学政府管理学院李里峰教授。 他是政治学领域的专家，我们特别邀请他担任本书的审稿。 他详细地阅读了我的书稿，敏锐地指出了当时书稿中存在的各种问题。 他的意见给我很大的启发，这使后来的修改稿增色很多。更令人感到温暖的是，他善意而委婉的表达，使作者接受他的意见、建议成了欣然又自然而然的事情。 随后的见面，又与他谈起我的书稿，获益甚多，交流非常愉快。

感谢南京大学出版社金鑫荣社长、马蓝婕老师、责编卢文婷老师以及校对等许多同仁，他们为此书的出版付出了辛勤的劳动。

感谢中国思想家研究中心办公室主任赵芳老师，在此书的撰写、审稿以及出版过程中，她做了许多事务工作，给予全力的支持。 感谢中心办公室孙明、马爱兰，一些杂事，她们时常给予帮助，默默付出了自己的时间和精力。

感谢我的妻子关红梅，感谢我的女儿童馨，她们以"几乎不知道我在做什么"式的关切，让我有充分的自由与时间从事我的工作。每当此时，我也会想起我的母亲和我唯一的兄弟，我总觉得我所做的这些与我的亲人密切相关。

写作，就像经营一片果园。不论世界多么精彩，多么喧闹，你总可以安静地来到这里，剪枝，修整，施肥，照看，满心期待果实，享受收获的喜悦。

童　强　南京大学鼓楼校区

2017 年 10 月 20 日

图书在版编目(CIP)数据

中国政治思想史/童强著.—南京:南京大学出版社,2018.6

(中国学术思想史/蒋广学主编)

ISBN 978-7-305-20101-1

Ⅰ.①中… Ⅱ.①童… Ⅲ.①政治思想史-中国 Ⅳ.①D092

中国版本图书馆 CIP 数据核字(2018)第 080418 号

出版发行 南京大学出版社

社　　址　南京市汉口路 22 号　　　　　邮　编 210093

出 版 人　金鑫荣

中国学术思想史

蒋广学　主编

中国政治思想史

童 强 著

责任编辑　卢文婷

责任校对　李延斌

装帧设计　赵　秦

封底篆刻　阎明罡

照　　排　南京紫藤制版印务中心

印　　刷　江苏苏中印刷有限公司

开　　本　718×1000　1/16　印张 27.75　字数 470 千

版　　次　2018 年 6 月第 1 版　2018 年 6 月第 1 次印刷

ISBN　978-7-305-20101-1

定　　价　158.00 元

网　　址　http://www.njupco.com

官方微博　http://weibo.com/njupco

官方微信　njupress

销售咨询　(025)83594756

ISBN 978-7-305-20101-1

南京大学出版社
官 方 微 信

南京大学出版社
淘宝天猫旗舰店
njdxcbs.tmall.com

9 787305 201011 >